Bedingte Übernahmeangebote im Vereinigten Königreich und Deutschland

Europäische Hochschulschriften

Publications Universitaires Européennes
European University Studies

Reihe II
Rechtswissenschaft

Série II Series II
Droit
Law

Bd./Vol. 4274

PETER LANG
Frankfurt am Main · Berlin · Bern · Bruxelles · New York · Oxford · Wien

Jens Nyenhuis

Bedingte Übernahmeangebote im Vereinigten Königreich und Deutschland

PETER LANG
Europäischer Verlag der Wissenschaften

Bibliografische Information Der Deutschen Bibliothek
Die Deutsche Bibliothek verzeichnet diese Publikation in der Deutschen Nationalbibliografie; detaillierte bibliografische Daten sind im Internet über <http://dnb.ddb.de> abrufbar.

Zugl.: Hamburg, Univ., Diss., 2005

D 18
ISSN 0531-7312
ISBN 3-631-54492-8

www.peterlang.de

Meinen Eltern

Vorwort des Autors

Diese Arbeit wurde im Sommer 2004 am Fachbereich Rechtswissenschaft der Universität Hamburg als Dissertation angenommen. Herrn Prof. Dr. Heribert Hirte, LL.M., geschäftsführender Direktor des Seminars für Handels-, Schifffahrts- und Wirtschaftrechts der Universität Hamburg, danke ich für die Anregung des Themas sowie für seine ständige Gesprächsbereitschaft. Herrn Prof. Dr. Dr. Dr. h.c. mult. Klaus J. Hopt, M.C.J. danke ich für die zügige Erstellung des Zweitgutachtens.

Meinen Eltern, Ragnhild Nyenhuis-Rachner und Wolf-Ernst Nyenhuis, danke ich herzlichst für die Unterstützung während meiner gesamten Ausbildung. Sie haben mir die Erstellung dieser Arbeit erst ermöglicht.

Danken möchte ich auch Herrn Brian Stockbridge sowie allen anderen Mitarbeitern des britischen *Panel on Takeovers and Mergers*, die als stets geduldige Gesprächspartner eine große Hilfe bei der Erstellung der Dissertation waren. Den Kollegen Herrn Dr. Peter Versteegen und Herrn Dr. Kai Hasselbach danke ich für ihre Hilfestellungen bei der Themensuche und – ebenso wie Frau Kollegin Dr. Gabriele Roßkopf, LL.M. – für die zur Verfügung gestellten Informationen. Für ihre Bereitschaft zur Diskussion und ihre Korrekturbemühungen danke ich meinen Freunden und Kollegen Herrn Harald Ick, LL.M. und Herrn Dr. Michael Demuth, LL.M.. Ganz besonderen Dank schulde ich meiner Freundin Gesine für ihre Geduld und ihre moralische Unterstützung.

Die Dissertation ist auf dem Stand von Mai 2004. Die jüngsten Änderungen des *City Code on Takeovers and Mergers* vom April 2005, welche die für die Dissertation relevanten Regeln für bedingte Übernahmeangebote betreffen, konnten nicht mehr berücksichtigt werden.

Stuttgart, den 24. Juli 2005

Jens Nyenhuis

Inhaltsübersicht

Inhaltsverzeichnis

Abkürzungen

a.A.	anderer Ansicht
ABl. EG	Amtsblatt der Europäischen Gemeinschaften; vor 1958: Amtsblatt der Europäischen Gemeinschaft für Kohle und Stahl (EGKS)
Abs.	Absatz
A.C.	Law Reports, Appeal Cases
AG	Aktiengesellschaft/Die Aktiengesellschaft (Zeitschrift)
AktG	Aktiengesetz
All E.R.	All England Law Reports
Alt.	Alternative
Am.Econ.Rev.	American Economic Review
AngebVO	Verordnung über den Inhalt der Angebotsunterlage, die Gegenleistung bei Übernahmeangeboten und Pflichtangeboten und die Befreiung von der Verpflichtung zur Veröffentlichung und zur Abgabe eines Angebots
Art.	Artikel
Aufl.	Auflage
BaFin	Bundesanstalt für Finanzdienstleistungsaufsicht
BAKred	Bundesaufsichtsamt für das Kreditwesen
BAV	Bundesaufsichtsamt für das Versicherungswesen
BAWe	Bundesaufsichtsamt für den Wertpapierhandel
BB	Betriebs-Berater
BDI	Bund Deutscher Industrie
BGB	Bürgerliches Gesetzbuch
BGBl.	Bundesgesetzblatt
BGH	Bundesgerichtshof
BGHZ	Entscheidungen des Bundesgerichtshofes in Zivilsachen
BMF	Bundesministerium der Finanzen
BR-Drucks.	Bundesrats-Drucksache
BSK	Börsensachverständigenkommission
BT-Drucks.	Bundestags-Drucksache
bzw.	beziehungsweise
CAR	Cumulative Average Residual
Ch	The Law Reports/Chancery Division
City	Londoner Finanzbezirk
City Code	City Code on Takeovers and Mergers

Colum.L.Rev.	Columbia Law Review
CONSOB	Commissione Nazionale per le Societa' e la Borsa
DAV	Deutscher Anwaltsverein
DAX	Deutscher Aktienindex
DB	Der Betrieb
ders.	derselbe
DGB	Deutscher Gewerkschaftsbund
d.h.	das heißt
dies.	dieselben
DiskE	Diskussionsentwurf eines Gesetzes zur Regelung von Unternehmensübernahmen vom 29. Juni 2000
Diss.	Dissertation
EBIT	Earnings Before Interests and Taxes
ECMH	Efficient Capital Market Hypothesis
ed.	edition
EGV	Vertrag zur Gründung der Europäischen Gemeinschaft
Einf.	Einführung
etc.	et cetera
EU	Europäische Union
EuGH	Europäischer Gerichtshof
EUR	Euro
e.V.	eingetragener Verein
EWS	Europäisches Wirtschafts- und Steuerrecht
f./ff.	folgende/fortfolgende
Fed.Sec.L.Rep.	Federal Securities Law Reporter
FinDAG	Finanzdienstleistungsaufsichtsgesetz
FKVO	Verordnung Nr. 4064/89 über die Kontrolle von Unternehmenszusammenschlüssen
Fn.	Fußnote
FS	Festschrift
FSA	Financial Services Authority
FSMA	Financial Services and Markets Act 2000
FSMB	Financial Services and Markets Bill
GbR	Gesellschaft bürgerlichen Rechts
GmbH	Gesellschaft mit beschränkter Haftung
GmbHG	GmbH-Gesetz
GWB	Gesetz gegen Wettbewerbsbeschränkungen
Harv.L.Rev.	Harvard Law Review
Hrsg.	Herausgeber
IGBCE	Industriegewerkschaft Bergbau, Chemie, Energie

iVm.	in Verbindung mit
J.B.L	Journal of Business Law
J.Bus.	Journal of Business
J.Econ.Persp.	Journal of Economic Perspectives
J.Fin.	Journal of Finance
J.Fin.Econ.	Journal of Financial Economics
J.L.E.	Journal of Law and Economics
J.Pol.Econ.	Journal of Political Economy
JZ	Juristenzeitung
Kap.	Kapitel
K.B.	English Law Reports, King's Bench (1901-1952)
KG	Kommanditgesellschaft
KK	Kölner Kommentar
KWG	Kreditwesengesetz
LBO	Leveraged Buy-out
lit.	litera
Losebl.	Loseblattsammlung
Ltd	private limited company
MAC-Klausel	Material-Adverse-Change-Klausel
MEDEF	Mouvement Entreprises des France
Mio.	Millionen
MK	Münchener Kommentar
MünchHdb	Münchener Handbuch
m.w.N.	mit weiteren Nachweisen
NJW	Neue Juristische Wochenschrift
NJW-RR	NJW-Rechtsprechungs-Report Zivilrecht
No.	number
Nr.	Nummer
NZG	Neue Zeitschrift für Gesellschaftsrecht
OHG	Offene Handelsgesellschaft
Panel	Panel on Takeovers and Mergers
Plc	public limited company
Qu.J.Econ.	Quarterly Journal of Economics
RefE	Referentenentwurf eines Gesetzes zur Regelung von öffentlichen Angeboten zum Erwerb von Wertpapieren und von Unternehmensübernahmen vom 12. März 2001
RegE	Regierungsentwurf eines Gesetzes zur Regelung von öffentlichen Angeboten zum Erwerb von Wertpapieren und von Unternehmensübernahmen vom 11. Juli 2001

RIW	Recht der Internationalen Wirtschaft
Rn.	Randnummer(-n)
S.	Seite
SA	Securities Act von 1933
SARs	Rules Governing Substantial Acquisitions of Shares
SEA	Securities Exchange Act von 1934
SEC	Securities and Exchange Commission
S.I.	Statutory Instrument
SIB	Securities and Investment Board
sog.	so genannte(-r,-n)
SpA	società per azioni
Stanf.L.Rev.	Stanford Law Review
Tel.	Telefonnummer
TransPuG	Transparenz- und Publizitätsgesetz
u.a.	unter anderem/und andere
US	United States
v.	versus
VAG	Versicherungsaufsichtsgesetz
vgl.	vergleiche
Virg.L.Rev.	Virginia Law Review
Vor	Vorbemerkung
WLR	The Weekly Law Reports
WM	Wertpapier-Mitteilungen
WpHG	Wertpapierhandelsgesetz
WpÜG	Gesetz zur Regelung von öffentlichen Angeboten zum Erwerb von Wertpapieren und von Unternehmensübernahmen (Wertpapiererwerbs- und Übernahmegesetz)
Yale J.Reg.	Yale Journal on Regulation
Yale L.J.	Yale Law Journal
ZGR	Zeitschrift für Unternehmens- und Gesellschaftsrecht
ZHR	Zeitschrift für das gesamte Handelsrecht und Wirtschaftsrecht
ZIP	Zeitschrift für Wirtschaftsrecht
zit.	zitiert
ZvglRWiss	Zeitschrift für vergleichende Rechtswissenschaft

Kapitel 1

Einleitung

Im Folgenden wird zunächst der Gegenstand der Untersuchung beschrieben. Im Anschluss werden die einzelnen Schritte der Untersuchung skizziert.

§ 1 Untersuchungsgegenstand

Übernahmeangebote richten sich auf den schuldrechtlichen und dinglichen Erwerb der Aktien von Zielgesellschaften und unterliegen insoweit der bürgerlichrechtlichen Vertragssystematik.[1] Die Besonderheit von Übernahmeangeboten liegt darin, dass sie nicht nur die Interessen der unmittelbar beteiligten Vertragsparteien, also der Bietergesellschaft und der Aktionäre der Zielgesellschaft, betreffen, sondern auch Auswirkungen auf den Kapitalmarkt und die Interessen der Arbeitnehmer der Zielgesellschaft haben. So haben in der Vergangenheit einige spektakuläre Übernahmeangebote, z.B. *Krupp-Hoesch* für *Thyssen* (1997) sowie *Vodafone AirTouch* für *Mannesmann* (1999/2000), ein erhebliches Medienecho ausgelöst. In jüngster Zeit sorgte sogar das in Bezug auf die beteiligten Gesellschaften rein französische Übernahmeangebot von *Sanofi-Synthélabo* für *Aventis* hier zu Lande für Schlagzeilen, weil man den Abbau von inländischen Arbeitsplätzen befürchtete.[2] Der französischen Regierung wurde zudem Interventionismus vorgeworfen, weil sie sich zur Schaffung eines französischen *global player* für die Durchführung der Übernahme und gegen die Abgabe eines konkurrierenden Angebots durch das schweizerische Unternehmen *Novartis* eingesetzt hatte.[3] Auch wenn ein Teil der medialen Aufmerksamkeit für Über-

---

1 Ausführlich dazu KK-WpÜG-*Versteegen*, § 2, Rn. 25 ff.

2 Vgl. zu dieser Befürchtung die Presseberichte von *SPIEGEL ONLINE* vom 26.4.2004, abrufbar unter http://www.spiegel.de/wirtschaft/0,1518,297104,00.html („Beschäftigte wittern zweiten Fall Mannesmann") und der *FINANCIAL TIMES DEUTSCHLAND* vom 27.4.2004, abrufbar unter http://www.positionet.de/ub/in/1083070795673.html?nv=rs („Aventis-Belegschaft protestiert gegen Übernahme").

3 So u.a. die deutsche Politik (vgl. *DIE WELT* vom 19.5.2004, „Clement greift bei Aventis-Übernahme ein", abrufbar unter http://www.welt.de/data/2004/01/28/229521.html) und einige Stimmen in der deutschen Wirtschaft (vgl. *FINANCIAL TIMES DEUTSCHLAND*

nahmeangebote politisch motiviert ist und mit der sattsam bekannten Entflechtung der „Deutschland AG" im Zusammenhang steht, lässt sich die besondere Interessenlage bei der Abgabe von Übernahmeangeboten nicht leugnen.

Die vielschichtige Interessenlage tritt bei der Durchführung bedingter Übernahmeangebote besonders deutlich zu Tage. Das Charakteristikum bedingter Übernahmeangebote ist es, dass bei ihnen potenziell ein Scheitern der Übernahme droht. Da bereits die Ankündigung sowie die spätere Abgabe eines Übernahmeangebots mit erheblichen ökonomischen Auswirkungen für die Zielgesellschaft und den Kapitalmarkt verbunden sind, sind grundsätzlich besondere Anforderungen an die Bindungswirkung von Übernahmeangeboten zu stellen. Auf der anderen Seite hat die Bietergesellschaft ein Interesse, die mit der zumeist wochenlangen Frist zur Annahme eines Übernahmeangebots verbundenen Risiken einer nachteiligen Veränderung der Zielgesellschaft oder der ökonomischen Rahmenbedingungen kautelarjuristisch durch den Gebrauch von Bedingungen zu minimieren. Auf Grund dieser besonderen Interessenlage gelten für die Verwendung von Bedingungen in Übernahmeangeboten besondere Regeln.

Das Ziel dieser Untersuchung ist es, auf der Basis eines britisch-deutschen Rechtsvergleichs die vorhandenen Vorschriften zur Regelung bedingter Übernahmeangebote zu analysieren, um daraus Schlussfolgerungen für die Zulässigkeit von Bedingungen in Übernahmeangeboten zu ziehen. Der als Musterregelung anerkannte britische *City Code on Takeovers and Mergers* (City Code) ist bereits seit dem 28. März 1968 in Kraft und hatte bei der Schaffung des seit dem 1. Januar 2002 geltenden „Gesetzes zur Regelung von öffentlichen Angeboten zum Erwerb von Wertpapieren und von Unternehmensübernahmen" – kurz Wertpapiererwerbs- und Übernahmegesetz (WpÜG) – Vorbildfunktion. Von Interesse wird deshalb sein, in welcher Hinsicht sich der deutsche Gesetzgeber das auf langjährigen Erfahrungen beruhende britische Regelwerk übernommen hat respektive ein eigenes Regelungskonzept entworfen hat. Die rechtsvergleichende Untersuchung beschränkt sich nicht auf die Beurteilung der Zulässigkeit einzelner Bedingungen in Übernahmeangeboten, sondern enthält auch einen systematischen Vergleich der beiden Regelwerke.

Neben den Vorschriften des City Code und des WpÜG basiert die Untersuchung ebenfalls auf den praktischen Erfahrungen der im Vereinigten Königreich und Deutschland zur Überwachung von Übernahmeverfahren zuständigen Aufsichts-

vom 18.3.2004, „Sanofi: Politische Einflussnahme erzürnt Wirtschaft", abrufbar unter http://www.ftd.de/ub/in/1079170665560.html?nv=rs).

stellen im Umgang mit bedingten Übernahmeangeboten.[4] Von besonderem Interesse dabei ist die noch jüngere Entscheidung des britischen *Panel on Takeovers and Mergers* (Panel) in dem Übernahmeverfahren *WPP/Tempus*.[5] Das Panel untersagte der Bietergesellschaft *WPP*, sich vor dem Hintergrund der Terroranschläge auf das *World Trade Center* vom 11. September 2001 und der damit (vermeintlich) einhergehenden Gewinneinbußen bei der Zielgesellschaft *Tempus* auf eine sog. *Material-Adverse-Change*-Klausel (MAC-Klausel)[6] zu berufen und das Übernahmeangebot damit scheitern zu lassen.[7] Das Beispiel wirft die wichtige Frage auf, unter welchen Voraussetzungen sich ein Bieter von einem ökonomisch sinnlos gewordenen Übernahmeangebot lossagen kann. Dabei sind es in der Regel weniger die großen makroökonomischen Ereignisse, die für den Bieter Anlass sein können, sich von dem Übernahmeangebot zu lösen. Während der Frist zur Annahme eines Übernahmeangebots kann die Zielgesellschaft auch durch weniger bedeutsame äußere Einflüsse oder durch eigenes Verschulden in eine ökonomische Schieflage geraten. Darüber hinaus besteht aus Sicht des Bieters insbesondere das Risiko, dass die Zielgesellschaft Abwehrmaßnahmen gegen das Übernahmeangebot ergreift. Vor allem die noch junge deutsche Übernahmepraxis beinhaltet einige gelungene Beispiele zur Eindämmung dieser Risiken durch die Verwendung von Bedingungen.[8]

---

4 Auf der Homepage der Bundesanstalt für Finanzdienstleistungsaufsicht (BaFin) unter http://www.bafin.de/datenbanken/wpueg_14liste.htm sind sämtliche unter der Ägide des WpÜG abgegebenen Übernahmeangebote veröffentlicht. Da im Vereinigten Königreich kein anonymer Aktienbesitz existiert und Übernahmeangebote den betroffenen daher Aktionären direkt zugestellt werden, fehlt es an einer entsprechenden Sammlung britischer Übernahmeangebote. Die Schilderung der britischen Übernahmepraxis beruht daher auf den Veröffentlichungen und unverbindlichen Auskünften des Panel in Bezug auf den Gebrauch von Bedingungen in Übernahmeangeboten sowie auf den im rechtswissenschaftlichen Schrifttum beschriebenen Beispielen und einer Auswahl von Übernahmeangeboten, die dem Verfasser durch das Unternehmen *Grant Thornton* übersandt wurden.

5 Die Entscheidung ist unter http://www.thetakeoverpanel.org.uk/statements/200115.pdf als *Panel Statement 2001/15* abrufbar. Die Entscheidung ist Gegenstand einiger Beiträge zum deutschen Übernahmerecht – vgl. z.B. *Busch*, AG 2002, 145, 150 und KK-WpÜG-*Hasselbach*, § 18, Rn. 44.

6 Diese auch *Force-Majeure*-Klauseln genannten Bedingungen dienen der Sicherung des Erwerbers gegenüber wesentlichen nachteiligen Veränderungen der Zielgesellschaft – ausführlich dazu in Kap. 8 § 4 A auf S. 230 ff.

7 Ausführlich zu dieser Entscheidung in Kap. 6 § 1 B I 2 b aa (4) auf S. 96 ff.

8 Hervorzuheben sind insoweit die Übernahmeverfahren *Bosch/Buderus*, *ITT Industries/WEDECO* sowie *Continental/Phoenix*. Ausführlich zu diesen Übernahmeangeboten in Kap. 8 § 4 A III 2 a aa (1) auf S. 239 ff.

§ 2 Gang der Untersuchung

Die Untersuchung gliedert sich insgesamt in neun Kapitel. Im Anschluss an die Einleitung folgt eine kurze Erläuterung der für die Untersuchung relevanten Begriffe. In Kapitel 3 werden die ökonomischen Auswirkungen von Unternehmensübernahmen skizziert und die gängigsten Erklärungsmodelle für die Durchführung von Übernahmen dargestellt. Neben der Zusammenfassung der größtenteils auf US-amerikanischen Studien basierenden Ergebnisse wird speziell auf die ökonomische Relevanz bedingter Übernahmeangebote eingegangen. Ausgehend von den Ergebnissen der ökonomischen Analyse und einer Darstellung der für die Durchführung bedingter Übernahmeangebote relevanten Interessen werden in Kapitel 4 einige allgemeine Zielvorgaben für die Regelung bedingter Übernahmeangebote formuliert.

In den Kapiteln 5, 6 und 7 werden die Regelwerke des britischen und des deutschen Übernahmerechts unter Bezugnahme auf die Regelung bedingter Übernahmeangebote umfassend beschrieben. In einem allgemeinen Teil werden unter Einbeziehung der historischen Wurzeln zunächst der britische City Code und das deutsche WpÜG sowie die nationalen Aufsichtsstellen vorgestellt. Im Anschluss wird die Historie der nach 15 Jahren der Verhandlungen im Frühjahr 2004 verabschiedeten Richtlinie des Europäischen Parlaments und des Rates betreffend Übernahmeangebote (EU-Übernahmerichtlinie) dargestellt und ihre Auswirkungen auf den City Code und das WpÜG unter besonderer Berücksichtigung der Regelung bedingter Übernahmeangebote beschrieben.

Die Basis der Untersuchung bedingter Übernahmeangebote findet sich in Kapitel 6, welches ausführlich die Regelungen zur Zulässigkeit von Bedingungen in Übernahmeangeboten analysiert. Neben der Darstellung der jeweiligen Grundsatzbestimmungen werden an dieser Stelle bereits einige bestimmte Bedingungen analysiert, soweit diese explizit normiert sind. Darüber hinaus ist die Verwendung von Bedingungen innerhalb der Ankündigung von Übernahmeangeboten Gegenstand der Untersuchung. Es handelt sich insoweit nicht um die Ankündigung der späteren Verwendung von Bedingungen in dem Übernahmeangebot selbst, sondern um Bedingungen, mit denen sich der Bieter bereits die Abgabe eines Übernahmeangebots vorbehält. Die Verwendung von Bedingungen in Pflichtangeboten gehört nicht zum Inhalt dieser Untersuchung und wird deshalb nur am Rande erläutert. Kapitel 7 ergänzt Kapitel 6, indem es sich mit den Folgen der Verwendung von Bedingungen befasst. Dabei wird neben den Folgen von erfüllten, nicht erfüllten oder unzulässigen Bedingungen vor allem der praxisrelevante Bereich der Möglichkeit des Bedingungsverzichts behandelt.

Kapitel 8 und 9 beinhalten Schlussfolgerungen. Kapitel 8 enthält einen nicht abschließenden Katalog besonders praxisrelevanter und/oder häufig diskutierter Bedingungen. Die Basis dieser Zusammenstellung verschiedener Bedingungen sind die in Kapitel 6 gewonnenen Erkenntnisse, die nach Möglichkeit mit Beispielen aus der Praxis abgeglichen und ergänzt werden. Mit der Schlussbetrachtung in Kapitel 9 endet die Untersuchung. Zunächst werden dabei die wichtigsten Ergebnisse bewertet und in Beziehung zueinander gesetzt. Daraus resultierend werden im Anschluss einige Schlussfolgerungen auf die zukünftige Entwicklung bedingter Übernahmeangebote abgeleitet.

Kapitel 2

Begriffsbestimmungen

Zum Zweck einer eingehenden Untersuchung bedingter Übernahmeangebote im Vereinigten Königreich und Deutschland muss der Begriff des „bedingten Übernahmeangebots“ erläutert werden. Bei einem bedingten Übernahmeangebot handelt es sich um ein Übernahmeangebot, welches unter einer Bedingung im rechtstechnischen Sinn abgegeben wird.

§ 1 Übernahmeangebot

Das Übernahmeangebot stellt den zentralen Begriff des Übernahmerechts dar. Die Vielfalt der in der im Übernahmerecht verwendeten Begriffe gleichen oder ähnlichen Inhalts macht es allerdings notwendig, nicht nur den Begriff des Übernahmeangebots zu definieren, sondern auch eine Abgrenzung zu anderen Begriffen vorzunehmen.

A. Definition

Der Begriff des „Übernahmeangebots“, im Englischen als *takeover offer* oder *takeover bid* bezeichnet, ist sowohl im britischen als auch im deutschen Recht legaldefiniert.

§ 29 Abs. 1 iVm. § 2 Abs. 1 WpÜG definiert Übernahmeangebote als

> „freiwillige öffentliche Kauf- oder Tauschangebote zum Erwerb von Wertpapieren einer Zielgesellschaft, die auf den Erwerb von Kontrolle gerichtet sind“.

Der Verweis in § 29 Abs. 1 WpÜG auf den Begriff des „Angebots“ in § 2 Abs. 1 WpÜG erfasst ausschließlich die „freiwilligen“ und nicht die „auf Grund einer Verpflichtung nach diesem Gesetz“ erfolgende Angebote, weil die zuletzt genannte Verpflichtung gemäß § 35 Abs. 2 iVm. § 35 Abs. 1 WpÜG nur denjenigen trifft, der bereits die Kontrolle über die Zielgesellschaft erworben hat.

Im Gegensatz zum deutschen Übernahmerecht enthält der britische City Code keine inhaltliche Definition des Übernahmeangebots. Der City Code bestimmt lediglich, dass der Begriff des *offer* sowohl Übernahmetransaktionen als auch Zusammenschlüsse unter Einbeziehung von *reverse takeovers*[9], Teilübernahmeangeboten, Angeboten von Muttergesellschaften für Anteile ihrer Tochterunternehmen und – nach britischem Recht mögliche – gerichtlich genehmigten Zusammenschlüssen umfasst.[10]

Der Begriff des Übernahmeangebots wird in zwei anderen britischen Regelwerken näher erläutert. *Section 428 (1)* des *Companies Act 1985* beschreibt ein *takeover offer* als

> „an offer to acquire all the shares, or all the shares of any class or classes, in a company (other than shares which at the date of the offer are already held by the offeror), being an offer on terms which are the same in relation to all the shares to which the offer relates or, where those shares include shares of different classes, in relation to all the shares of each class".

Dieser Definition mangelt es an der Erläuterung der Zielrichtung eines Übernahmeangebots, durch welches der Bieter versucht, die Kontrolle über die Zielgesellschaft zu erwerben. Darüber hinaus ist diese Legalinterpretation im Grundsatz zu restriktiv, da sie nicht die Möglichkeit eines sich nicht auf sämtliche Aktien der Zielgesellschaft beziehendes Teilübernahmeangebot (*partial offer*) umfasst. Dagegen enthält die folgende Regelung in *Paragraph 18 (1)* der *Licensed Dealers (Conduct of Business) Rules 1983* die wesentlichen Kriterien eines Übernahmeangebots:

> „An offer to acquire securities of a corporation made to more than one holder of those securities calculated to result in any person acquiring or becoming entitled to acquire, control of that corporation".

Zusammenfassend lässt sich der Begriff des Übernahmeangebots wie folgt definieren: Ein Übernahmeangebot ist das öffentliche, zeitlich begrenzte Angebot einer Gesellschaft an die Gesamtheit der Aktionäre oder der Inhaber einer bestimmten Aktiengattung einer anderen Gesellschaft (Zielgesellschaft), ihr die Anteile oder einen Teil der Anteile an dieser Gesellschaft gegen Barzahlung

---

9 Tauschangebot für eine größere Zielgesellschaft mit der Folge, dass die Aktionäre der Zielgesellschaft Mehrheitsaktionäre des Bieters werden.

10 City Code, Definitions, „Offer".

(Barangebot) oder gegen Gewährung von Aktien (Tauschangebot) zu übertragen, um sich die Aktienmehrheit an der Zielgesellschaft oder zumindest die Möglichkeit der Beherrschung derselben zu verschaffen.[11]

B. Abgrenzung

Im Umfeld des Übernahmerechts kursieren regelmäßig eine Reihe von Begriffen, die von dem Begriff des Übernahmeangebots abzugrenzen sind.

I. Andere Instrumente des Kontrollerwerbs

Neben der Nutzung von Übernahmeangeboten existieren verschiedene andere Instrumente, um eine gesellschaftsrechtlich vermittelte Kontrolle über die Zielgesellschaft zu erlangen.

1. Heimlicher Aufkauf über die Börse

Der Übernehmer kann die Kontrolle über die Zielgesellschaft erwerben, indem er die Aktien der Zielgesellschaft schrittweise heimlich über die Börse aufkauft. Bei dieser Form der Kontrollerlangung läuft der Bieter Gefahr, dass seine Übernahmeabsicht publik wird und der Börsenkurs der Zielgesellschaft durch eine verstärkte Nachfrage steigt. Diese Gefahr kann der Bieter nur umgehen, indem er den Aktienerwerb über einen langen Zeitraum streckt. Dies erweist sich als zeitintensives Vorgehen, welches eine langfristige unternehmerische Planung unmöglich macht. Zudem drohen bei einem zeitlich gestreckten Erwerb Preisschwankungen auf Grund unvorhersehbarer externer Faktoren.[12]

2. Außerbörslicher Paketerwerb

Eine weitere Möglichkeit, den Kontrollwechsel über die Zielgesellschaft herbeizuführen, besteht in dem außerbörslichen Erwerb eines kontrollierenden Aktienpakets. Ein solcher Paketerwerb setzt allerdings voraus, dass ausreichend verkaufswillige Großaktionäre vorhanden sind. Darüber hinaus lassen sich die bis-

---

11 *Zinser*, S. 13.
12 *Koch*, S. 6.

herigen Inhaber ihre Verkaufsbereitschaft aller Regel durch erhebliche Paketzuschläge vergüten.[13]

3. *Proxy fight*

Schließlich kann eine Übernahme im Wege eines *proxy fight* vollzogen werden. Darunter versteht man den Versuch des Übernehmers von anderen Aktionären Stimmrechtsvollmachten zu erlangen, um auf diese Weise Einfluss auf wichtige Entscheidungen der Gesellschafterversammlung der Zielgesellschaft zu nehmen.[14] Die Durchführung eines *proxy fight* hat zwei Nachteile. Die Erfolgsaussichten lassen sich nicht sicher vorhersehen, weil dem Management der Zielgesellschaft wirksame Mittel zur Verfügung stehen, um die Aktionäre in seinem Sinne zu beeinflussen. Zudem ist ein *proxy fight* in der Regel kostspielig, da der Kontrollwechsel an sich keinen unmittelbaren finanziellen Anreiz für die Aktionäre der Zielgesellschaft bietet.[15]

II. Pflichtangebot (*mandatory offer*)

Ein Pflichtangebot bzw. *mandatory offer* muss abgeben, wer durch den börslichen oder außerbörslichen Aktienerwerb die Kontrolle über die Zielgesellschaft erlangt hat. Da das Pflichtangebot die Folge des Kontrollerwerbs ist, während der Kontrollerwerb das Ziel bei der Abgabe eines Übernahmeangebots darstellt, schließen sich beide Angebotsformen logisch aus. Allerdings wäre es grundsätzlich denkbar, dass der Bieter eines Übernahmeangebots im Anschluss an das Überschreiten der Kontrollschwelle, ein Pflichtangebot abzugeben hat. Wie die Ausführungen in Kapitel 6 zeigen, existiert eine solche Angebotspflicht für den freiwilligen Übernehmer jedoch nicht.[16]

---

13 *Roßkopf*, S. 66.
14 *Knoll*, S. 131; *Zinser*, S. 11; *Roßkopf*, S. 65 f.
15 *Roßkopf*, S. 66.
16 Vgl. die Ausführung in Kap. 6 § 1 A auf S. 79 ff. (City Code) und § 2 A auf S. 118 f. (WpÜG).

III. Erwerbsangebot (*tender offer*)

Ein Erwerbsangebot[17], im britischen Sprachgebrauch *tender offer*[18] genannt, liegt vor, wenn auch die vollständige Annahme des Angebots für alle Aktien, auf die es sich bezieht, nicht zum Erwerb der Kontrolle des Bieters über die Zielgesellschaft führt.[19] Es handelt sich um ein kontrollneutrales Angebot.[20] Der Unterschied zu einem Teilübernahmeangebot (*partial offer*) besteht darin, dass ein Teilübernahmeangebot den Erwerb der – wenn auch nicht 100-prozentigen – Kontrolle über die Zielgesellschaft zum Ziel hat.[21]

IV. Zusammenschluss von Unternehmen (*merger*)

Die Übernahme einer Zielgesellschaft ist nicht identisch mit einem Zusammenschluss (*merger*) zweier Unternehmen. Von einem Zusammenschluss von Unternehmen spricht man, wenn zwei Unternehmen einverständlich ihre getrennte Existenz aufgeben. Dabei kann entweder ein Unternehmen das andere aufnehmen oder beide Gesellschaften übertragen ihre Vermögenswerte auf eine dritte Holdinggesellschaft.[22] Im Gegensatz zu einem *merger* bleiben bei einer Übernahme beide Gesellschaften, insbesondere die Zielgesellschaft, bestehen.[23]

§ 2 Bedingung

Der Begriff der „Bedingung“ im deutschen Recht bzw. das britische Äquivalent der „*condition*" können vielfältig gebraucht werden. In der britischen Lehre ist daher von einem „*chameleon-like word*“ die Rede.[24] Die hier vorzunehmende

[17] Teilweise wird auch der Begriff „Wertpapier-Erwerbs-Angebot“ verwendet – siehe die BaFin-Homepage http://www.bafin.de unter dem Menüpunkt „Datenbanken“.

[18] Vgl. Rule 4 der *Rules Governing Substantial Acquisitions of Shares* (SARs); *Stedman*, S. 75 ff.; anders im amerikanischen Sprachgebrauch, wo der Begriff des *tender offer* als Synonym für das Übernahmeangebot gebraucht wird – vgl. *Zinser*, S. 12; *Harbarth*, ZVglRWiss 100 (2001), 275.

[19] KK-WpÜG-*von Bülow*, § 29, Rn 14.

[20] KK-WpÜG-*von Bülow*, § 29, Rn 14.

[21] *Stedman*, S. 79.

[22] *Triebel/Hodgson/Kellenter/Müller*, Rn. 768.

[23] *Basualda*, in: Assmann/Basaldua/Bozenhardt/Peltzer, S. 157, 160.

[24] *Treitel*, S. 62.

Untersuchung beschränkt sich allerdings auf Bedingungen im rechtstechnischen Sinn, die im britischen Recht als sog. *contingent conditions*[25] bekannt sind.

A. Bedingung (*contingent condition*)

Im Folgenden werden der Begriff der Bedingung sowie ihre Einteilung und Wirkungsweise erläutert. Anschließend werden einige im Hinblick auf die Verwendung von Bedingungen in Übernahmeangeboten bedeutsame Sonderfälle dargestellt.

I. Begriff und Einteilung

Die Rechtsfolgen eines Rechtsgeschäfts treten ein, wenn die tatbestandlichen Voraussetzungen erfüllt sind. Bei einem Verfügungsgeschäft treten die Rechtsfolgen grundsätzlich mit seiner wirksamen Vornahme ein und bei einem Verpflichtungsgeschäft mit seinem Abschluss. Die Parteien eines Vertrags sind kraft ihrer Privatautonomie allerdings in der Lage, den Eintritt der Rechtsfolgen nach ihren Vorstellungen abzubedingen. Durch die Verwendung einer Bedingung macht der Erklärende den Eintritt bzw. das Fortbestehen der Wirkungen eines Rechtsgeschäfts von einem zukünftigen, ungewissen Ereignis abhängig.[26] In ähnlicher Weise beschreibt eine *contingent condition* „*some fact or event, on the existence or occurrence of which some or all of the rights and duties under the contract are made to depend*".[27]

Im deutschen Recht ist die Verwendung von Bedingungen in §§ 158 ff. BGB geregelt. § 158 BGB unterscheidet zwischen aufschiebend und auflösend bedingten Rechtsgeschäften. Die aufschiebende Bedingung macht das Wirksamwerden des Rechtsgeschäfts von dem Eintritt eines zukünftigen, ungewissen Ereignisses abhängig (§ 158 Abs. 1 BGB). Bis zum Eintritt des Ereignisses besteht ein Schwebezustand; erst mit dem Eintritt der Bedingung entsteht die Rechtswirkung des Rechtsgeschäfts.[28] Die auflösende Bedingung macht das Wirksambleiben des Rechtsgeschäfts von dem Nichteintritt eines zukünftigen, ungewissen Ereignisses abhängig (§ 158 Abs. 2 BGB). Die Rechtswirkung des Rechts-

---

25 Zu diesem Begriff: *Treitel*; S. 62 ff., 762 f., *Smith*, S. 410 ff.; *Applebey*, Rn. 13.4 ff.; *Jewell*; Rn. 97; Staudinger-*Bork*, Vor § 158, Rn. 85.

26 Vgl. MK-*Westermann*, § 158, Rn. 8; Staudinger-*Bork*, § 158, Rn. 1.

27 *Smith*, S. 410.

28 Vgl. MK-*Westermann*, § 158, Rn. 9, 38; Staudinger-*Bork*, § 158, Rn. 1, 18.

geschäfts entsteht in dieser Variante sofort und endet mit dem Eintritt des Ereignisses.[29]

Das britische Recht nimmt bei der Beurteilung von *contingent conditions* dieselbe Unterscheidung vor wie das deutsche Recht. *Conditions contingent* können aufschiebender (*condition precedent*) oder auflösender (*condition subsequent*) Natur sein. Wie nach kontinentalem Recht ist eine Bedingung *precedent*, „*if it provides that the contract is not to be binding until the specified event occurs*".[30] Hingegen ist sie *subsequent*, „*if it provides that a previously binding contract is to determine on the occurrence of the event*".[31]

Für die Verwendung von Bedingungen in Übernahmeangeboten lässt sich zusammenfassend feststellen, dass ein bedingtes Übernahmeangebot eine Bestimmung enthält, welche die Wirkung des Angebots von einem zukünftigen, ungewissen Ereignis abhängig macht.

II. Wirkungsweise

Das bedingte Rechtsgeschäft ist tatbestandlich vollendet und voll gültig, nur seine Rechtswirkungen sind bis zum Eintritt oder Ausfall der Bedingung in der Schwebe.[32] Charakteristisch für die Wirkung von Bedingungen ist es deshalb, dass das Rechtsgeschäft bis zum Bedingungseintritt ohne die im Rahmen der Bedingung festgelegte Modalität gilt und nach Bedingungseintritt die anvisierte Änderung ohne weiteres Zutun der Parteien (*ipso jure*) eintritt.[33] Steht der Nichteintritt der Bedingung fest, wird der vorläufige, bis zum Bedingungseintritt geltende Zustand zementiert. Bei einer aufschiebend bedingten Verpflichtung entsteht zunächst keine Forderung, bei der aufschiebend bedingten Verfügung steht das Recht dem Veräußerer zu. Tritt die Bedingung ein, entsteht der An-

---

29 Vgl. MK-*Westermann*, § 158, Rn. 9, 38; Staudinger-*Bork*, § 158, Rn. 1, 21.

30 Zitat nach *Treitel*, S. 62; sinngemäß ebenso: *Applebey*, Rn. 13.4; *Smith*, S. 410; *Jewell*, Rn. 97.

31 Zitat nach *Treitel*, S. 62; sinngemäß ebenso: *Applebey*, Rn. 13.4; *Smith*, S. 410; *Jewell*, Rn. 97.

32 Staudinger-*Bork*, § 158, Rn. 18; Palandt-*Heinrichs*, Vor § 158, Rn. 8. Allerdings ist darauf hinzuweisen, dass das Bild des Schwebezustands nur bei aufschiebenden Bedingungen ganz zutrifft, da auflösend bedingte Rechtsgeschäfte zunächst uneingeschränkte Rechtswirkung zeigen – m.w.N. MK-*Westermann*, § 158, Rn. 9.

33 MK-*Westermann*, § 158, Rn. 8 für das deutsche und *Treitel*, S. 62 für das britische Recht. Allerdings wird der Bedingungsautomatismus von der britischen Lehre nicht so explizit hervorgehoben.

spruch und das Recht geht über, ohne dass es dazu einer erneuten Willensbetätigung der Parteien bedarf. Bei einem auflösend bedingten Rechtsgeschäft treten die Rechtswirkungen genau umgekehrt ein. Mit Vornahme des Geschäfts entsteht die Forderung und das Recht geht auf den Erwerber über. Mit Eintritt der Bedingung wird das Rechtsgeschäft unwirksam bzw. verfällt[34] und der vor dem Abschluss der bedingten Regelung geltende Zustand wird wiederhergestellt.[35]

III. Sonderfälle

Der Inhalt einer Bedingung kann an verschiedene Ereignisse anknüpfen. Voraussetzung ist lediglich, dass es sich um ein zukünftiges, ungewisses Ereignis handelt, welches der privatautonomen Gestaltung durch die Parteien zugänglich ist. Nach diesem Grundsatz lassen sich verschiedene Sonderfälle von Bedingungen unterscheiden, die sich in Voraussetzung und/oder Wirkung von den bisher dargestellten Bedingungen unterscheiden.[36] Gleichwohl sind diese Sonderfälle im Übernahmerecht von Bedeutung.

1. Potestativ- und Wollensbedingung

Es ist grundsätzlich zulässig, ein Rechtsgeschäft von einer sog. Potestativbedingung abhängig zu machen, bei der das Geschehen, welches zum Eintritt der Bedingung führt, vom Willen einer Vertragspartei abhängig ist.[37] In diesem Fall liegt der Tatbestand des Vertrags bereits vor, weil der die Potestativbedingung bildende Willensentschluss nicht die vertragliche Annahmeerklärung ersetzen soll und kann, sondern auf andere Inhalte gerichtet ist.[38]

---

34 Im britischen Übernahmerecht wird von einem *lapsing offer* gesprochen. Im Folgenden werden daher beide Begriffe synonym verwendet.

35 MK-*Westermann*, § 158, Rn. 38 für das deutsche und *Treitel*, S. 62 für das britische Recht.

36 Die folgende Einteilung der Sonderfälle beruht auf der deutschen Zivilrechtslehre. In der Literatur zum britischen *contract law*, welches insgesamt weit weniger dogmatisch ist als sein deutsches Pendant, findet sich ausdrücklich keine entsprechende Einteilung. Gleichwohl können die folgenden Ausführungen auch für das britische Recht Geltung beanspruchen, da sich die Sonderfälle aus der zuvor dargestellten Wirkungsweise von Bedingungen ableiten, die sowohl für das deutsche als auch das britische Recht gilt.

37 MK-*Westermann*, § 158, Rn. 19; Staudinger-*Bork*, Vor §§ 158-163, Rn. 16; *Larenz/Wolf*, § 50, Rn. 13 f.

38 *Larenz/Wolf*, § 50, Rn. 14.

Etwas anderes gilt für Bedingungen, bei denen sich der Willensentschluss nicht auf ein maßgebliches objektives Ereignis bezieht, sondern das zukünftige, ungewisse Ereignis allein in der im freien Belieben stehenden Willensäußerung einer Vertragspartei besteht, das besprochene Rechtsgeschäft zu wollen oder nicht zu wollen.[39] Nach zutreffender Ansicht ist eine solche von der Potestativbedingung zu unterscheidende sog. Wollensbedingung[40] nicht anzuerkennen.[41] Während sich der Bieter bei einer Potestativbedingung grundsätzlich binden möchte, sofern das für den Bedingungseintritt maßgebliche Geschehen seinen Vorstellungen entspricht, behält sich der Bieter bei einer Wollensbedingung vor, sich überhaupt vertraglich binden zu wollen.[42] Bei der Wollensbedingung bedeutet die Zustimmung der betroffenen Partei nicht nur die Herbeiführung eines Umstandes, von dessen Eintritt die Wirksamkeit des Rechtsgeschäfts abhängig gemacht worden war, sondern in Wahrheit erst den Abschlussakt selbst.[43]

2. Gegenwartsbedingung

Das entscheidende Merkmal einer Bedingung ist es, dass sie sich auf ein zukünftiges, ungewisses Ereignis bezieht. Es handelt sich deshalb nicht um eine echte Bedingung, wenn sich die Bedingung auf einen objektiv bereits feststehenden, subjektiv jedoch noch unbekannten Sachverhalt bezieht (sog. Gegenwartsbedingung).[44] Gleichwohl ist die Verwendung einer Gegenwartsbedingung nach allgemeiner Ansicht zulässig.[45] Nur die Wirkungen entsprechen nicht denen bei der Verwendungen echter Bedingungen. Da die Einwirkung der Modalität auf das

---

39 Vgl. zu dieser Problematik MK-*Westermann*, § 158, Rn. 21 ff.

40 Die Terminologie ist allerdings nicht einheitlich. *Larenz/Wolf*, § 50, Rn. 17 unterscheidet noch weiter zwischen gebundenen und ungebundenen Wollensbedingungen. Mitunter findet aber auch überhaupt keine begriffliche Unterscheidung statt – siehe Palandt-*Heinrichs*, Vor § 158, Rn. 10.

41 MK-*Westermann*, § 158, Rn. 21 ff.; Staudinger-*Bork*, Vor §§ 158-163, Rn. 16; für die ungebundene Wollensbedingung ebenso *Larenz/Wolf*, § 50, Rn. 17 f.; einen Überblick über die zu dieser Frage ergangene uneinheitliche Rechtsprechung findet sich bei MK-*Westermann*, § 158, Rn. 23.

42 MK-*Westermann*, § 158, Rn. 21.

43 *Larenz/Wolf*, § 50, Rn. 18.

44 Staudinger-*Bork*, Vor §§ 158-163, Rn. 28; *Larenz/Wolf*, § 50, Rn. 7 f.; MK-*Westermann*, § 158, Rn. 52. Dies entspricht auch der Entstehungsgeschichte des BGB, in deren Verlauf eine noch im ersten Entwurf des BGB vorhandene Vorschrift, welche die Gegenwartsbedingung erfasste, später gestrichen wurde – vgl. MK-*Westermann*, § 158, Rn. 52.

45 Staudinger-*Bork*, Vor §§ 158-163, Rn. 28; *Larenz/Wolf*, § 50, Rn. 7; MK-*Westermann*, § 158, Rn. 52.

Rechtsgeschäft jederzeit festgestellt werden kann, entsteht kein Schwebezustand.[46] Je nachdem, ob der Umstand, von dem das gegenwartsbedingte Rechtsgeschäft abhängen soll, vorliegt oder nicht, treten die Rechtsfolgen sogleich mit Abschluss des Geschäfts oder überhaupt nicht ein.[47]

3. Rechtsbedingung

Einen weiteren Fall einer unechten Bedingung stellen die sog. Rechtsbedingungen dar. Es handelt sich dabei um die gesetzlichen, nicht auf der privatautonomen Parteibestimmung beruhenden Wirksamkeitsvoraussetzungen eines Rechtsgeschäfts, die zum Zeitpunkt seiner Vornahme jedoch noch nicht gegeben ist.[48] Ist ihr Eintritt ungewiss, entsteht ein der rechtsgeschäftlichen Bedingung vergleichbarer Schwebezustand. Die Vertragsparteien haben auf das Erfordernis der Rechtsbedingung keinen Einfluss. Für die Wirksamkeit des Rechtsgeschäfts ist daher ohne Bedeutung, ob die Vertragsparteien die Rechtsbedingung in dem Vertrag erwähnen oder nicht. Jedenfalls werden sie durch die vertragliche Erwähnung nicht zu rechtsgeschäftlichen Bedingungen.[49] Allerdings können die Parteien der Rechtsbedingung rechtsgeschäftliche Elemente hinzufügen, die dann ihrer Privatautonomie unterliegen.[50] Beispielsweise kann ein Rechtsgeschäft, welches der behördlichen Genehmigung bedarf, von auflagenfreien Genehmigung abhängig gemacht werden.[51]

B. Abgrenzung

Der Begriff der Bedingung ist von einer Reihe anderer Begriffe zu unterscheiden, die häufig in ähnlichen Zusammenhängen verwendet werden, aber nicht dieselbe Bedeutung haben.

---

46 MK-*Westermann*, § 158, Rn. 52.
47 *Larenz/Wolf*, § 50, Rn. 8.
48 Staudinger-*Bork*, Vor §§ 158-163, Rn. 23; MK-*Westermann*, § 158, Rn. 54; *Larenz/Wolf*, § 50, Rn. 19.
49 *Larenz/Wolf*, § 50, Rn. 20.
50 MK-*Westermann*, § 158, Rn. 55; *Larenz/Wolf*, § 50, Rn. 20.
51 M.w.N. MK-*Westermann*, § 158, Rn. 55.

I. Vertragsbedingungen (*promissory terms*)

Keine Bedingungen im rechtstechnischen Sinn sind Vertragsbedingungen, die sog. *promissory terms* (*conditions* und *warranties*) nach britischem Recht.[52] Vertragsbedingungen legen die Rechte und Pflichten innerhalb eines Vertrags fest, machen aber die Wirkungen des Vertrags nicht von einem zukünftigen Ereignis abhängig. Erzielen die Vertragsparteien eine Einigung über die Vertragsbedingungen, treten die Rechtsfolgen des Vertrags grundsätzlich sofort ein. Die Verletzung von Vertragsbedingungen hat keine Auswirkungen auf die primären Leistungspflichten der Vertragspartner, sondern kann lediglich Rechtsfolgen auf der Sekundärebene – wie z.B. Schadensersatzansprüche oder Rücktrittsrechte – auslösen. Bei den *promissory conditions* des britischen Rechts gilt dabei die Besonderheit, dass eine Pflichtverletzung nicht nur zum Schadensersatz berechtigt, sondern im Gegensatz zu den *warranties* auch ein Recht zum Rücktritt begründet.[53]

II. Geschäftsgrundlage

Die Verwendung von Bedingungen ist zu unterscheiden von Vorstellungen der Parteien über die Geschäftsgrundlage. Diese wurde im Gegensatz zu der Bedingung gerade nicht *expressis verbis* zum Gegenstand des Vertrags gemacht. Es ist allerdings möglich, dass die Vorstellungen der Parteien in die Aufnahme einer entsprechenden Bedingung in den Vertrag münden. Dabei kann man sagen, dass durch die Verwendung von Bedingungen bestimmte Vorstellungen einer Partei zur Geltungsvoraussetzung eines Vertrags erhoben werden.[54] Wie die nachfolgende Untersuchung zeigen wird, sind allerdings Überschneidungen in der Verwendung von Bedingungen und der Anwendung der Grundsätze über den Wegfall der Geschäftsgrundlage bzw. der britischen *doctrine of frustration* möglich, wenn die Bedingung so allgemein formuliert ist, dass das in ihr beschriebene Ereignis nicht zum Inhalt des Übernahmeangebots erhoben wird.[55]

---

52 Für das deutsche Recht: Palandt-*Heinrichs*, Vor § 158, Rn. 3; MK-*Westermann*, § 158, Rn. 8. Für das britische Recht: *Treitel*, S. 62, 762 ff., *Applebey*, Rn. 13.4; *Smith*, S. 410; *Jewell*, Rn. 98 f.

53 *Treitel*, S. 788, *Applebey*, Rn. 13.8; *Smith*, S. 410; *Jewell*, Rn. 99.

54 MK-*Westermann*, § 158, Rn. 50.

55 Siehe die Ausführungen zu der Zulässigkeit von MAC-Klauseln in Kap. 8 § 4 A III 1 b auf S. 235 f.

III. Rücktritts- und Widerrufsvorbehalt

Der Unterschied zwischen einer auflösenden Bedingung und einem Rücktritts- oder Widerrufsvorbehalt besteht in dem Automatismus der Wirkungen des Bedingungseintritts, der beim Rücktritts- oder Widerrufsvorbehalt fehlt.[56] Beim Rücktritts- oder Widerrufsvorbehalt bedarf es einer rechtsgestaltenden Erklärung des Zurücktretenden, damit ein Rückgewährschuldverhältnis geschaffen wird. Bei einer auflösenden Bedingung entfällt bereits mit dem Eintritt der Bedingung der Rechtsgrund für die schon erbrachten Leistungen.

Schwierigkeiten bereitet die Abgrenzung zwischen Potestativbedingungen und Rücktritts- oder Widerrufsvorbehalten. Entscheidend dabei ist die Auslegung im konkreten Einzelfall. Ist die sofortige Rechtswirkung gewollt, zu deren Beseitigung es einer gestaltenden Erklärung bedarf, liegt ein Rücktritts- oder Widerrufsvorbehalt vor. War eine geringere Bindungswirkung intendiert, kommt eine auflösende Potestativbedingung in Betracht.

IV. Auflage

Ebenfalls nicht mit Bedingungen zu verwechseln sind Auflagen. Auflagen verpflichten den Empfänger einer Zuwendung zu einer Leistung, das Rechtsgeschäft ist aber sofort wirksam.[57] Im Gegensatz dazu braucht der unter einer Bedingung Bedachte grundsätzlich nicht den vorgestellten Erfolg herbeizuführen; unterlässt er dies, wird aber die Zuwendung als solche nicht wirksam oder verliert ihre Kraft.[58]

56 MK-*Westermann*, § 158, Rn. 57.
57 Palandt-*Heinrichs*, Vor § 158, Rn. 4.
58 MK-*Westermann*, § 158, Rn. 58.

Kapitel 3

Ökonomische Analyse von Unternehmensübernahmen

Es existiert eine Vielzahl ökonomischer Erklärungen für die Abgabe von Übernahmeangeboten. Im Zentrum publizistischer Betrachtungen steht regelmäßig die Zauberformel sog. Synergieeffekte. Im Folgenden wird untersucht, inwieweit die verschiedenen Erklärungsmodelle für Unternehmensübernahmen mit empirischen Daten übereinstimmen. Von besonderem Interesse ist dabei die Frage der ökonomischen Relevanz bedingter Übernahmeangebote.

Die ökonomischen Aspekte von Unternehmensübernahmen waren Gegenstand einer Vielzahl wirtschaftswissenschaftlicher Studien in den USA. Insbesondere die Übernahmewelle der 80er Jahre lieferte dabei reichhaltiges Anschauungsmaterial. In Deutschland sind Unternehmensübernahmen bislang hauptsächlich Gegenstand rechtswissenschaftlicher Beiträge gewesen.[59] Ökonomische Betrachtungen bilden dagegen die Ausnahme.[60] Aus diesem Grund basiert die folgende Analyse im Wesentlichen auf US-amerikanischen Studien.

§ 1 Empirische Grundlagen

In den USA wurden in den zurückliegenden zwei Jahrzehnten zahlreiche empirische Untersuchungen von Unternehmensübernahmen durchgeführt.[61] Diese Untersuchungen hier in vollem Umfang darzustellen, entspricht nicht dem Ziel dieser Analyse. Es sollen jedoch grundlegende Tendenzen aufgezeigt werden.

---

59 Eine kleine Übersicht findet sich bei *Fleischer*, ZIP 2001, 1653 Fn. 2-4.

60 Einige Bespiele: *Hahn*; *Herkenroth*; *Kirchner*, WM 2000, 1821; *Mülbert/Birke*, WM 2001, 705; *Schwartze*, in: Ott/Schäfer (Hrsg.), S. 264.

61 Einen vorzüglichen Überblick zu diesen Studien bietet der Artikel von *Romano*, 9 Yale J.Reg. (1992), 119. Grundsätzlich basieren die nachfolgenden Ergebnisse auf Kurswertstudien, die sich methodisch auf die sog. CAR-Analyse stützen. Ein positiver CAR-Wert besagt, dass sich der Kurs der beobachteten Aktie besser entwickelt hat, als dies nach der allgemeinen Marktentwicklung zu erwarten war – vgl. m.w.N. *Krause*, S. 96. Soweit vereinzelt Bilanzstudien zum Gegenstand der Untersuchung gemacht wurden, wird ausdrücklich darauf hingewiesen.

A. Analyse der Zielgesellschaft

Betreffend die Charakteristika der Zielgesellschaften von Unternehmensübernahmen bieten die Untersuchungen kein einheitliches Bild. Während einige Studien berichten, dass die Zielunternehmen vor der Übernahme leicht unterdurchschnittlich profitabel waren[62], waren sie gemäß anderen Berichten eher überdurchschnittlich erfolgreich.[63] Laut einer Studie von *Hindley* sind Unternehmen, bei denen eine große Differenz zwischen ihrem aktuellen und ihrem potenziellen Wert besteht, häufige Kandidaten für Übernahmeangebote.[64] Eindeutiger ist die Situation im Hinblick auf das Management von übernommenen beziehungsweise übernahmebedrohten Unternehmen. Nach deren Übernahme zeigt sich eine hohe Fluktuation im Topmanagement, die noch zunimmt, sobald es sich um eine feindliche Übernahme handelt.[65]

B. Ergebnisse der Bieter- und der Zielgesellschaft

Die Aktionäre von Zielgesellschaften gehören zweifelsohne zu den Gewinnern einer Übernahme ihres Unternehmens. Im Anschluss an eine Übernahme können sie regelmäßig erhebliche Kursgewinne in Höhe von etwa 15 bis zu 50 Prozent des Vor-Übernahmewertes realisieren.[66] Im Falle des Scheiterns eines Übernahmegebotes hängt der Erhalt des Kursgewinns davon ab, ob die Gesellschaft innerhalb der darauf folgenden fünf Jahre Ziel eines weiteren Übernahmeangebots wird. Geschieht dies nicht, geht der Kursgewinn endgültig verloren.[67]

Bei den Aktien des bietenden Unternehmens ist die Lage weniger eindeutig. Die Spanne der in den Studien ermittelten Ergebnisse umfasst leichte, statistisch signifikante Gewinne bis zu geringen, statistisch nicht signifikanten Verlusten bei

---

62 *Mandelker*, 1 J.Fin.Econ. (1973), 303; *Asquith*, 11 J.Fin.Econ. (1983), 51.

63 *Herman/Lowenstein*, in: Coffee/Lowenstein/Rose-Ackermann (Hrsg.), S. 211, 225 ff.; *Ravencraft/Scherer*, in: Coffee/Lowenstein/Rose-Ackermann (Hrsg.), S. 194, 196.

64 *Hindleys* Wert „R“ (Sachanlagevermögen pro Aktie / Preis der Aktie) ist der Maßstab für das Verhältnis von potenziellem zu aktuellem Wert des Unternehmens. Seine Studien haben ergeben, dass vom Management kontrollierte Unternehmen mit einem hohen Wert für R eine größere Wahrscheinlichkeit haben, Ziel einer Übernahme zu werden als Unternehmen mit einem niedrigen Wert für R – *Hindley*, 13 J.L.E. (1970), 185, 188, 203.

65 *Romano*, 9 Yale J.Reg. (1992), 119, 130; *Mülbert/Birke*, WM 2001, 705, 707.

66 *Jarrell/Brickley/Netter*, 2 J.Econ.Persp. (1988), 49, 51; *Jensen/Ruback*, 11 J.Fin.Econ. (1983), 5, 7, 10 ff., wobei die Mehrzahl der Untersuchungen Prämien von durchschnittlich etwa 20 bis 35 % zeigen.

67 *Bradley/Desai/Kim*, 11 J.Fin.Econ. (1983), 183, 197.

den Aktien des Bieterunternehmens im Anschluss an eine Unternehmensübernahme.[68] Einige neuere Studien berichten unter Einbeziehung eines längeren Beobachtungszeitraumes von einer Tendenz zu negativen Auswirkungen auf die Aktienkurse des Erwerberunternehmens.[69] Soweit diese Untersuchungen allerdings erhebliche Kursverluste des Bieterunternehmens aufzeigen, darf ihre Aussagekraft bezweifelt werden.[70] Eine aktuelle Studie, welche die Entwicklung von 705 US-Unternehmen über einen Zeitraum von 10 Jahren analysiert hat, geht sogar davon aus, dass Bieterunternehmen eine höhere Aktienrendite erzielen als Unternehmen, die aus eigener Kraft wachsen.[71]

Die Einbeziehung langfristiger Bilanzstudien erhellt das unklare Gesamtbild nur unwesentlich. Einige Studien haben eine Verschlechterung der Ertragslage des Bieters ermittelt.[72] Neuere Untersuchungen gehen vom Gegenteil aus.[73] Bemer-

68 Die positiven Effekte gehen zurück auf die ältere Untersuchung von *Jensen/Ruback*, 11 J.Fin.Econ. (1983), 5, 7, 11 ff. Für die negativen Auswirkungen *Jarrell/Brickley/Netter*, 2 J.Econ.Persp. (1988), 49, 53: *„Most interestingly, is the apparant secular decline in the gains to successful bidders in tender offers. Consistent with previous studies reviewed by Jensen and Ruback (1983)...(*ergaben sich*)...positive excess returns of five percent during the 1960s, and a lower, but still significantly significant, positive average of 2.2 percent over the 1970s. However, the 159 cases from the 1980s show statistically insignificant losses to bidders*".

69 Vgl. *Mandelker*, 1 J.Fin.Econ. (1973), 303, 313 f.; *Dodd/Ruback*, 5 J.Fin.Econ. (1977), 351, 368; *Asquith*, 11 J.Fin.Econ. (1983), 51, 59, 74; *Malatesta*, 11 J.Fin.Econ. (1983), 155, 173 ff.; *Magenheim/Mueller*, in: Coffee/Lowenstein/Rose-Ackermann (Hrsg.), S. 172, 181. Die Kursveränderungen rangierten bei einem Beobachtungszeitraum von bis zu drei Jahren nach der Fusion/Übernahme zwischen +0,2 % und –7,2 % und betragen gemäß der Studie von *Magenheim/Mueller* sogar –42 %.

70 Die Studie von *Magenheim/Mueller*, in: Coffee/Lowenstein/Rose-Ackermann (Hrsg.), S. 172, 181 basiert allerdings auf einer unterschiedlichen Berechnungsmethode, so dass sich der ermittelte Kursverlust von –42 % letztlich auf nicht signifikante –16 % herunterrechnet, vgl. *Bradley/Jarrell*, in: Coffee/Lowenstein/Rose-Ackermann (Hrsg.), S. 253, 256. Grundlage dieser Studien waren größtenteils Unternehmensfusionen. Soweit Übernahmeangebote untersucht wurden, erzielten diese erheblich bessere – wenn auch negative – Ergebnisse als Fusionen – vgl. *Hahn*, S. 79.

71 Diese Studie der *Boston Consulting Group* wurde in der *Süddeutschen Zeitung* vom 17.5.2004, S. 23 („Fusionen ermöglichen höhere Aktienkurse") zitiert und kann unter http://www.bcg.com/publications/files/Growing_Through_Acquisitions_rpt.pdf eingesehen werden.

72 *Ravencraft/Scherer*, S. 75 ff., 205 ff.; *Herman/Lowenstein*, in: Coffee/Lowenstein/Rose-Ackermann (Hrsg.), S. 211, 229, die für Bieter zwischen 1981-1983 in den zwei Jahren nach der Übernahme fast eine Halbierung der Nettoprofitrate (Gewinn nach Steuern ./. Eigenkapital) ermittelt haben. Für den Zeitraum von 1975-1978 hingegen fanden sie eine auch nach der Übernahme weiter steigende Nettoprofitrate des Bieters.

kenswert ist, dass die neueren Befunde einen deutlich längeren Beobachtungszeitraum zu Grunde legen als die älteren Studien. Dabei stellte sich heraus, dass die Erwerbergesellschaften in den ersten zwei Jahren – dies entspricht dem Zeitraum der älteren Studien – weniger profitabel waren und sich die positiven Ergebnisse erst nach fünf Jahren offenbarten.

Entscheidend für die gesamtwirtschaftliche Betrachtung ist jedoch nicht, ob Ziel- oder Bieterunternehmen einen Wertzuwachs erzielen, sondern, ob dies insgesamt der Fall ist.[74] Da die erheblichen Kursgewinne bei den Zielgesellschaften auch die teilweise geringfügig negativen Ergebnisse bei den Bieterunternehmen übersteigen, ist bei Ermittlung eines Gesamtwerts aus Ziel- und Bieterunternehmen eine positive Wertveränderung festzustellen. Der Wertzuwachs erhöht sich in dem Maße, wie man die Untersuchungen zu Grunde legt, die eine positive Entwicklung der Bieterunternehmen zeigen.

C. Bewertung der Untersuchungen

Bei der Bewertung der empirischen Untersuchungen stellt sich die Frage, ob die Kursentwicklungen der beteiligten Unternehmen verlässliche Informationen über die tatsächliche Wertentwicklung von Bieter- und Zielgesellschaften bieten. Theoretische Grundlage dieser Annahme ist die sog. *Efficient Capital Market Hypothesis* (ECMH), wonach der Aktienkurs einer Gesellschaft alle allgemein zugänglichen Informationen widerspiegelt.[75] Die empirischen Untersuchungen haben den Anspruch, dass in einem effizienten Kapitalmarkt der Kurswert der Aktie als der beste verfügbare Indikator ihres wirklichen Wertes gilt und deshalb den Gegenwert eines Unternehmens korrekt bestimmt.

---

73 *Healy/Palepu/Ruback* (unveröffentlicht) – zitiert nach *Romano*, 119, 125 Fn. 17.

74 Dies entspricht der sog. *Kaldor-Hicks*-Effizienz, wonach eine Maßnahme auch dann wohlfahrtssteigernd (effizient) ist, wenn eine Partei Verluste hinnehmen muss, solange der Saldo aus Gewinn und Verlust beider Parteien positiv ist. Je nachdem, welche Studien man im Hinblick auf die Ergebnisse der Bietergesellschaft für überwiegend hält, können Unternehmensübernahmen auch *pareto*-optimal sein. Gemäß der sog. *Pareto*-Effizienz liegt eine Wohlfahrtssteigerung nur dann vor, wenn der Nutzen wenigstens einer Partei steigt, ohne dass gleichzeitig der Nutzen einer anderen Partei sinkt. Einen Überblick zu diesem Themenkreis bietet *Behrens*, S. 83 ff.

75 Diese *Semi-Strong*-Form der ECMH ist die vorherrschende Variante dieser Theorie und geht zurück auf *Fama*, 25 J.Fin. (1970), 383.

Einige Autoren lehnen Aktienkursbewegungen als Bewertungsmaßstab ab.[76] Die Kritik ist vielfältig und soll hier nur kurz erläutert werden. Die stärkste Strömung innerhalb der Kritik bringt grundsätzliche Bedenken gegen die Annahmen der ECMH vor. Nach dieser Ansicht unterliegen Aktienkurse infolge von massenpsychologischen Modetrends und spekulativen Preisbildungen erheblichen Fehlbewertungen. Die Aktienkurse seien Spielball der spekulativen Vorstellungen der Marktteilnehmer. Die Erwartung an die Steigerungsfähigkeit der Kurse und damit die Perspektive einen höheren Preis zu erzielen, ist dem Investor Kompensation genug für das Risiko, Opfer der eigenen Spekulation zu werden.[77] In der Konsequenz sind es die Vorstellungen der Marktteilnehmer und nicht der wirkliche Unternehmenswert, nach dem sich die Marktpreise bemessen.[78]

Ein spekulatives Element des Kapitalmarkts kann und soll hier nicht in Abrede gestellt werden. Es erscheint hingegen sehr zweifelhaft, den Kapitalmärkten in der Konsequenz insgesamt die Fähigkeit abzusprechen, verlässliche Signale der Ressourcenallokation zu geben.[79] Gegen eine solche Schlussfolgerung spricht zunächst die Vielzahl von Studien, die zeigt, dass die Kapitalmärkte effizient im Sinne der vorherrschenden *Semi-Strong*-Form der ECMH sind.[80] Obwohl es eine perfekte informationelle Effizienz von Kapitalmärkten nicht geben kann, sind sie nichtsdestotrotz ein tauglicher Maßstab. Denn es gilt die Gesamtheit der Marktteilnehmer zu betrachten. Dabei zeigt sich, wie beim Handel die unterschiedlichen Informationsniveaus der Marktteilnehmer ineinander greifen, sich ausgleichen und zu einem Preis gelangen, der alle Informationen reflektiert. Nach diesem Modell neutralisieren sich die Fehleinschätzungen der einzelnen Marktteilnehmer. Spekulative Elemente werden durch konservativere Verhaltensmuster in ihrer Wirkung aufgehoben und im Kurs spiegelt sich nur noch die eigentliche Information wider.[81]

Sollte es dennoch einmal zu einer Unter- oder Überbewertung des Gesamtaktienmarkts kommen, ändert dies trotzdem nichts an der Signifikanz der Kursbewegungen von Ziel- und Bieter-Aktie. Denn letztlich spiegeln die signifikanten

---

76 *Herman/Lowenstein*, in: Coffee/Lowenstein/Rose-Ackermann (Hrsg.), S. 211, 218 f.; *Shiller*, in: Coffee/Lowenstein/Rose-Ackermann (Hrsg.), S. 56.

77 Vgl. *Herkenroth*, S. 325.

78 *Shiller*, in: Coffee/Lowenstein/Rose-Ackermann (Hrsg.), S. 56, 61.

79 So dem Grunde nach aber *Shiller*, in: Coffee/Lowenstein/Rose-Ackermann (Hrsg.), S. 56, 65.

80 *Gilson/Kraakman*, 70 Virg.L.Rev. (1984), 549, 551 ff. m.w.N. dieser Studien in Fn. 26.

81 *Gilson/Kraakman*, 70 Virg.L.Rev. (1984), 549, 581, 582.

Kursbewegungen – wenn auch auf einem anderen Niveau – die Bewertung durch den Markt wider.[82] Fehlbewertungen werden hierdurch gleichsam unwahrscheinlicher, wenn auch nicht unmöglich. Darüber hinaus existiert bei der Abgabe eines Übernahmeangebots auf Grund der damit verbundenen zahlreichen Publikationspflichten (vgl. z.B. §§ 10, 11 Abs. 1, 14 Abs. 3, 21 Abs. 2, 23, 27 Abs. 3, 35, 45 WpÜG) ein erhöhtes Informationsniveau, welches den Raum für spekulatives Handeln zusätzlich begrenzt.

§ 2 Theoretische Erklärungen und deren faktische Bedeutung

In der ökonomischen Literatur existiert eine stattliche Anzahl von Erklärungsansätzen für Unternehmensübernahmen. Es ist unbestritten, dass jede Theorie einen gewissen Erklärungswert besitzt, jedoch keine einzige exklusiv alle Übernahmen zu erklären vermag.[83] Nachfolgend werden die bedeutsamsten Ansätze kurz dargestellt, um anschließend einen Zusammenhang mit den empirischen Ergebnissen herzustellen.[84]

A. Theorien zur Effizienzsteigerung

Nach einer weit verbreiteten Ansicht innerhalb der US-amerikanischen Literatur werden Unternehmensübernahmen durchgeführt, um die Effizienz der Zielgesellschaft zu steigern. Dieser Erklärungsansatz wird in verschiedenen Varianten vertreten.

I. Synergieeffekte

Unternehmensübernahmen werden vielfach mit dem Potenzial für operative und/oder finanzielle Synergien begründet.[85] Operative Synergiegewinne lassen sich unterteilen in *economies of scale* (Fixkosten verteilen sich über ein vergrößertes Produktionsvolumen) sowie *economies of scope* (Ressourcenoptimierung bzw. -ergänzung). In finanzieller Hinsicht können sich Gewinne aus der Verringerung von Kreditkosten ergeben.

---

82 *Hahn*, S. 82.
83 *Jensen*, 76 Am.Econ.Rev. (1986), 323, 328.
84 Eine ausführliche Zusammenfassung findet sich bei *Romano*, 9 Yale J.Reg. (1992), 119.
85 *Coffee*, 84 Colum.L.Rev. (1984), 1145, 1166 f.; *Bradley*, 53 J.Bus. (1980), 345; *Bebchuk*, 95 Harv.L.Rev. (1981), 1029, 1031 ff.; *Gilson*, 33 Stanf.L.Rev. (1981), 819, 873, 874.

Auch wenn einige empirische Befunde nicht so recht in das Bild passen wollen, wird der Erklärungsansatz der Synergiegewinne durch die Untersuchungsergebnisse doch überwiegend gestützt. Denn die erheblichen Wertsteigerungen des Zielunternehmens im Anschluss an eine Übernahme sind nicht zu bestreiten. Die Wertsteigerungen sind umso größer bei Übernahmen zur Erweiterung der Produktpalette (Ressourcenergänzung) sowie bei Übernahmen von Unternehmen in verwandten Industrien (Kostenersparnis im Produktionsbereich). Beides spricht für Synergiegewinne im operativen Bereich.

Die Studien, die negative Auswirkungen auf die Börsenkurse oder Profitabilität des Bieterunternehmens zeigen, erzeugen keine grundsätzlichen Zweifel an der Annahme von Synergiegewinnen. Denn soweit extreme Kursverluste festgestellt wurden, ist die Relevanz der Studien zumindestens zweifelhaft. Im Übrigen werden sie durch neuere Befunde, welche langfristig eine überdurchschnittliche Profitabilität des Bieters beziehungsweise des fusionierten Unternehmens zeigen, jedenfalls in Frage gestellt. Es passt in das Bild effizienter Übernahmen oder Fusionen, dass sich die Umsetzung von Synergiepotenzial erst langfristig bemerkbar macht. Zudem sind positive Auswirkungen von Übernahmetransaktionen auf das Bieterunternehmen schwieriger nachzuweisen. Denn Bieterunternehmen sind in aller Regel erheblich größer als Zielgesellschaften und Gewinne können bei Unternehmen mit einer hohen Akquisitionstätigkeit bereits antizipiert worden sein. Allerdings lassen sich auf diese Weise nicht alle negativen Befunde widerlegen. Der Schluss liegt nahe, dass bei einer Reihe von Unternehmensübernahmen kein Synergiepotenzial vorhanden war oder ein vorhandenes Potenzial überschätzt wurde.

II. Markt für Unternehmenskontrolle

Nach dem wohl prominentesten Erklärungsmodell ist der Austausch eines ineffizienten Managements der Grund für Unternehmensübernahmen. Nach der von *Manne* begründeten These spiegelt der Aktienkurs die Qualität des Managements wider. Sinkt der Aktienkurs des Zielunternehmens unter den potenziellen Wert, den der Kurs bei einem besseren Management hätte, begünstigt dies ein Übernahmeangebot. Der Bieter möchte die Früchte eines effizienteren Managements ernten.[86] Übernahmen sind auf dem Markt für Unternehmenskontrolle der Schlüsselmechanismus zur Managerdisziplinierung, weil sie ein Einverständnis des Verwaltungsorgans der Zielgesellschaft nicht voraussetzen. Übernahmen

86 *Manne*, 73 J.Pol.Econ. (1965), 110, 113.

zwingen daher das Management, im Interesse der Anteilseigner tätig zu sein und keine eigenen Interessen zu verfolgen. *Mannes* Erklärungsmodell basiert auf dem Konflikt, der sich aus der Trennung von Eigentum und Geschäftsführung ergibt (*Principal-Agent*-Problem).[87] Die Geschäftsführung (*agent*) nimmt die Interessen ihres Geschäftsherrn (*principal*) wahr. Durch die asymmetrische Informationsverteilung zu Ungunsten der Anteilseigner als Geschäftsherren besteht das Risiko, dass die Geschäftsführung ihre eigenen Interessen zu Lasten der Anteilseigner fördert.

Die empirischen Befunde lassen keinen eindeutigen Schluss auf die Relevanz der Theorie vom Markt für Unternehmenskontrolle zu. Unvereinbar mit dieser Theorie ist insbesondere die Übernahme von profitablen Unternehmen, die – und das kommt erschwerend hinzu – von potenziellen Bietern in der Regel bevorzugt wird.[88] Insgesamt sprechen allerdings gewichtigere Argumente für die Theorie vom Markt für Unternehmenskontrolle. Denn Zielgesellschaften, in denen das Management ersetzt wurde, waren nach der Übernahme im Durchschnitt profitabler als Unternehmen bei denen kein Austausch des Managements stattgefunden hat.[89] Bei Zielgesellschaften mit überdurchschnittlichen Ergebnissen vor der Übernahme fand hingegen kein Austausch des Managements statt.[90] Auch werden Unternehmen, die zuvor Übernahmen mit einem negativen Effekt für ihren Unternehmenswert getätigt haben, in der Folge oft selbst Ziel von Übernahmeversuchen. Dagegen werden Unternehmen mit einer Vergangenheit wertsteigernder Akquisitionen selten Ziel von Übernahmeversuchen.[91] Schließlich lässt die Studie von *Hindley* den Schluss zu, dass Unternehmen mit einer ineffizienten Unternehmensführung eine größere Wahrscheinlichkeit haben, Ziel einer Übernahme zu werden.[92]

---

87 Vgl. dazu *Kirchner*, WM 2000, 1821, 1824, der diesen Konflikt durch die Einbeziehung sog. *stakeholder* (Gläubiger, Arbeitnehmer u.a.) als mögliche Geschäftsherren erweitert. *Kirchner* liefert aber keine allgemein gültigen Erklärungsansätze für Übernahmen, sondern beschränkt sich auf die möglichen Regularien betreffend die Managementpflichten bei feindlichen Übernahmen.

88 So jedenfalls eine Umfrage der Wirtschaftsprüfungsgesellschaft *Touche Ross & Co.*, The Effect of Mergers, Acquisitions and Tender Offers on American Business, S. 12 zitiert nach *Reul*, S. 161 Fn. 201.

89 *Romano*, 9 Yale J.Reg. (1992), 119, 130 m.w.N. in Fn. 43.

90 *Romano*, 9 Yale J.Reg. (1992), 119, 130 m.w.N. in Fn. 44.

91 *Mitchell/Lehn*, 98 J.Pol.Econ. (1990), 372, 396.

92 Vgl. *Hahn*, S. 76.

III. *Free-Cash-Flow*-Theorie

Nach dem auf *Jensen* zurückgehenden Ansatz sind nicht nur erfolglose Unternehmen potenzielle Übernahmekandidaten, sondern auch jene erfolgreichen Unternehmen, die über ein Übermaß an nicht benötigtem liquiden Vermögen (*free cash flow*) verfügen und dieses nicht an ihre Anteilseigner ausschütten.[93] Denn Manager besäßen die Tendenz, dieses Vermögen zu verschwenden, indem sie es reinvestieren und das Unternehmen damit über seine optimale Größe hinaus erweitern. Auch nach diesem Erklärungsansatz dient eine Übernahme zur Disziplinierung des Managements. Durch die Übernahme soll eine höhere Verschuldung des Unternehmens erzielt und *free cash flow* vermindert werden, um möglichen Investoren einen disziplinierten Umgang mit dem Gesellschaftsvermögen zu signalisieren.

Gegen *Jensens* These spricht, dass sie auf der unbewiesenen Annahme beruht, der *free cash flow* werde ohne die Übernahme verschwendet. Auf diese Art lässt sich letztlich jede Übernahme, unabhängig von ihrer Profitabilität, rechtfertigen.[94] Andererseits sprechen die Ergebnisse zweier Studien für *Jensens* Theorie. Ziel einer Übernahme waren danach vorwiegend solche Unternehmen, bei denen ein Missverhältnis zwischen Kapitalstruktur und Wachstum bestand.[95] Der nicht ausgeschüttete *free cash flow* war bei den untersuchten Unternehmensübernahmen der entscheidende Faktor für die Auswahl des Zielunternehmens und die Höhe der Übernahmeprämie.[96]

B. Umverteilungstheorien

Gemäß den sog. Umverteilungstheorien besitzen Unternehmensübernahmen keine effizienzsteigernde Wirkung. Die empirisch nachgewiesenen Kurssteigerungen der Aktien von Zielunternehmen beruhen nach den Umverteilungstheorien in Wahrheit nicht auf Effizienzgewinnen, sondern stellen eine Umverteilung von Ressourcen zu Lasten verschiedener Personengruppen dar.

---

93 *Jensen*, in: Coffee/Lowenstein/Rose-Ackermann (Hrsg.), S. 314, 335.

94 So mit Recht *Reul*, S. 183.

95 *Lehn/Poulsen*, 44 J.Fin. (1989), 771; *Hahn*, S. 72 m.w.N. in Fn. 285.

96 *Lehn/Poulsen*, 44 J.Fin. (1989), 771, 783, die aus ihren Ergebnissen geschlossen haben, dass Unternehmen mit viel *free cash flow* und einem hohen Risiko, Ziel eines feindlichen Übernahmeversuches zu werden, eine zunehmende Wahrscheinlichkeit aufweisen, eine *Going Private*-Transaktion durchzuführen. Dies bedeutet, dass aus einer *public corporation* eine nicht mehr börsennotierte *close corporation* gemacht wird – *Merkt*, Rn. 1033.

I. Schädigung der Anleihegläubiger

Nach dieser Variante erfolgen die Gewinne der Anteilseigner der Zielgesellschaft auf Kosten der Anleihegläubiger. Auf Grund der starken Fremdfinanzierung von Unternehmensübernahmen, insbesondere beim *Leveraged Buy-out* (LBO), verändert sich die Kapitalstruktur des übernommenen Unternehmens zum Nachteil der Anleihegläubiger. Die Anleihegläubiger – als bisherige Fremdkapitalhalter – tragen nunmehr ein höheres Risiko, weil der *cash flow* des Unternehmens die neue Verschuldung möglicherweise nicht mehr deckt.[97] Der Wert ihrer Investition verringert sich.

In den vorhandenen empirischen Daten findet diese These nicht ausreichend Bestätigung. Die Untersuchungen zeigen entweder keine oder nur geringfügig negative Auswirkungen von Übernahmen auf die Anleihegläubiger.[98] Soweit Verluste festgestellt wurden, ist deren Höhe erheblich geringer als die Gewinne der Aktionäre der Zielgesellschaft, so dass sie als taugliches Motiv einer Übernahme ausscheiden müssen.[99]

II. Schädigung der Arbeitnehmer

Eine weit verbreitete und politisch häufig thematisierte Variante der Umverteilungstheorien ist die behauptete Ausbeutung der Arbeitnehmer der Zielgesellschaft im Falle einer Unternehmensübernahme. *Shleifer* und *Summers* haben die These aufgestellt, dass die Anteilseigner im Falle einer feindlichen Übernahme die Gelegenheit nutzen werden, implizite Verträge mit den Arbeitnehmern zu brechen.[100] Das Fundament dieser Annahme ist, dass zwischen den Aktionären des Unternehmens – vertreten durch das Management – und den Arbeitnehmern Vereinbarungen zur Sicherung einer langfristigen Zusammenarbeit bestehen. Diese Vereinbarungen seien wegen der Unmöglichkeit der Berücksichtigung aller zukünftigen Ereignisse und/oder auf Grund der hohen Kosten der schriftlichen Fixierung lediglich implizite Vertragsbestandteile. Inhalt dieser impliziten Klauseln seien eine lebenslange Anstellung sowie die Aneignung unternehmens-

---

97 Vgl. *Romano*, 9 Yale J.Reg. (1992), 119, 136 f.

98 *Dennis/McConnell,* 16 J.Fin.Econ. (1986), 143, 153 ff.; für LBOs *Asquith/Wizman*, 27 J.Fin.Econ. (1990), 195, die Verluste – allerdings beschränkt auf vertraglich nicht gegen eine Verschlechterung der Kapitalstruktur gesicherte Anleihegläubiger – ermittelt haben.

99 *Romano*, 9 Yale J.Reg. (1992), 119, 137. So letztlich auch *Asquith/Wizman*, 27 J.Fin.Econ. (1990), 195, 212.

100 *Shleifer/Summers*, in: Auerbach (Hrsg.), S. 33, 41.

spezifischer Kenntnisse durch die Arbeitnehmer. Im Gegenzug für diese Sicherheit verzichteten die Arbeitnehmer auf ein höheres Gehalt und ließen sich einen Teil dieses Verzichts in Form höherer Pensionen kompensieren.[101] Nach *Shleifer* und *Summers* bilden diese Vereinbarungen die Vertrauensgrundlage zwischen Management und Arbeitnehmern. Den Aktionären könnte es jedoch sinnvoll erscheinen diese Verträge zu brechen, um ihre Erträge durch die Senkung der arbeitnehmerbedingten Kosten zu erhöhen. Da das Management diese Vereinbarungen mit den Arbeitnehmern nicht brechen wird, bedienten sich die Aktionäre einer feindlichen Übernahme. Denn ein Übernehmer würde aus Gründen der Kostensenkung nicht zögern, diese Verträge zu brechen. Die Arbeitnehmer würden auf diese Weise um den Ertrag ihrer firmenspezifischen Investition gebracht.

Die Überlegungen von Shleifer und Summers begegnen in Theorie und Praxis erheblichen Bedenken, die hier in Kürze dargestellt werden.[102] Die Fakten zeigen, dass übernommene Unternehmen im Vergleich zu sonstigen Unternehmen betreffend Gehaltsstruktur und Beschäftigung zumindestens gleich hohe und beizeiten sogar höhere Werte aufweisen.[103] Pensionsfonds haben im Anschluss an eine Übernahme regelmäßig nur marginale Verschlechterungen erfahren, so dass darin kein Motiv für eine Übernahme bestehen kann.[104] Darüber hinaus ist das von Shleifer und Summers gewählte Fallbeispiel der Übernahme der TWA durch Carl Icahn, die zu erheblichen Lohnkonzessionen zu Lasten der Arbeiter geführt hat, nicht exemplarisch. Zum einen handelte es sich bei der Luftfahrtindustrie um einen gerade deregulierten, sehr ineffizienten Industriebereich und zum anderen sind nicht die Arbeiter, sondern das mittlere Management die Leidtragenden von Übernahmeprozessen. Denn die Einsparungen in Bezug auf das Management haben ihre Wurzel weniger in einer intendierten Ausbeutung der Arbeitnehmer, sondern vielmehr in der Beschneidung von übergroßen Verwaltungsapparaten.[105] Mithin scheint gerade die Existenz solcher impliziten Abmachungen, und nicht deren Beseitigung, die Ursache von Ineffizienz zu sein. Zudem ist anzunehmen, dass sich das Management des Risikos seiner Tätigkeit im Falle der Erfolglosigkeit bewusst ist und sich entsprechen kompensieren lässt.[106]

101 *Shleifer/Summers*, in: Auerbach (Hrsg.), S. 33, 37.

102 Eine ausführlichere Darstellung der Bedenken findet sich bei *Romano*, 9 Yale J.Reg. (1992), 119, 137 ff.

103 *Brown/Medoff*, in: Auerbach (Hrsg.), S. 9.

104 *Romano*, 9 Yale J.Reg. (1992), 119, 140 m.w.N. in Fn. 88 und 89.

105 Vgl. *Hahn*, S. 112 f.

106 Zu denken ist hier an Aktienoptionen oder auch an sog. *golden parachutes*, das sind großzügige Abfindungsklauseln zu Gunsten des Managements.

III. Schädigung von Steuerzahlern und Konsumenten

Als weitere Quellen der im Anschluss von Unternehmensübernahmen verbuchten Gewinne werden steuerliche Vorteile und Monopolgewinne genannt. Die steuerlichen Vorteile sollen hier vernachlässigt werden, da diese entscheidend von der nationalen Steuergesetzgebung abhängig sind.[107] Damit bleibt die These, dass Übernahmen Ausdruck von Monopolisierungstendenzen sind und zu einseitigen Preiserhöhungen durch die entstehende Unternehmenskombination führen.

Diese Ansicht findet heute keine Befürworter mehr. Eine Ereignisstudie von *Eckbo* hat ergeben, dass die Aktienkurse von Konkurrenzunternehmen nach der Übernahme keinen nennenswerten Kursanstieg zu verzeichnen hatten.[108] Dies wäre jedoch die logische Konsequenz dieser Theorie, weil die Wettbewerbsintensität der betreffenden Industrie abnehmen und auch die Konkurrenz davon profitieren würde. Zudem bietet das Kartellrecht heute wirksamen Schutz gegen derartige Monopolisierungstendenzen. Auf deutscher beziehungsweise europäischer Ebene ist diesbezüglich an die Anmeldepflicht von Unternehmensübernahmen gewisser Größenordnung beim Bundeskartellamt beziehungsweise bei der Europäischen Kommission zu denken.

IV. Schädigung von Minderheitsaktionären

Große Aufmerksamkeit innerhalb der Umverteilungstheorien genießt eine vor allem deutsche Kritik an den Theorien zur Effizienzsteigerung von Unternehmensübernahmen.[109] Diese Auffassung macht die Ausbeutung der nach der Ü-

---

107 Zu diesem Themenkomplex unter Bezugnahme auf das US-amerikanische Steuerrecht: *Hahn*, S. 104 ff.

108 *Eckbo*, 11 J.Fin.Econ. (1983), 241, 269 ff.

109 Im Zentrum der Kritik steht vor allem die aus den Studien von den Vertretern der sog. *Chicago-School* gezogene Schlussfolgerung der Funktionsfähigkeit des Marktes für Unternehmenskontrolle. Prominente Vertreter der *Chicago School* sind *Manne, Easterbrook, Fischel, Jensen* und *Jarrell*. An der juristischen Fakultät der Universität von Chicago wurde ab den 70er Jahren maßgeblich die ökonomische Analyse des Rechts vorangetrieben. Dort rückte, aufbauend auf die Thesen von *Henry G. Manne*, mit Einsetzen der Übernahmewelle am Ende der siebziger Jahre schließlich auch die ökonomische Analyse des Gesellschaftsrechts in den Blickpunkt. Die *Chicago School* bekam – neben ihren akademischen Meriten – im Zuge der Deregulierungsphase unter Präsident *Reagan* schließlich auch politischen Einfluss. U.a. wurde einer ihrer führenden Vertreter zum *Chief Economist* der *Securities and Exchange Commission* (SEC) ernannt. Die SEC ist die US-amerikanische Bundesbehörde zur Überwachung des Börsenhandels (vgl. *Zinser*, RIW 1999, 844, 845). Einen umfassenden Überblick dazu bietet *Reul*, S. 111 ff.

bernahme in der Zielgesellschaft verbleibenden Aktionäre für Gewinne der Bietergesellschaft verantwortlich.[110] Grundtenor dieser Theorie ist, dass die Eigner dieser Minderheitsanteile durch die Übernahme der Kontrollmehrheit durch den Bieter ihren Einfluss auf die Geschicke der Zielgesellschaft verlieren. Der Kontrolleigner verfolge eine Strategie der Nutzungsmaximierung des durch ihn erworbenen Kontrollpaketes, die jedoch nicht identisch ist mit einer Nutzungsmaximierung des Unternehmens. Während der Kontrolleigner seine Gewinne maximiere, wälze er Effizienzverluste als Kosten auf die Minderheitsgesellschafter ab und handele so zum Nachteil des erworbenen Unternehmens.[111] Die zu beobachtende Steigerung der Börsenkurse des Zielunternehmens im Anschluss an eine Übernahme resultiere aus den überproportionalen Gewinnen des Kontrolleigners zum Nachteil der Minderheitsgesellschafter. Mitunter wird gar ein gesamtwirtschaftlicher Nachteil durch Unternehmensübernahmen angenommen.[112]

Empirisch stützt sich diese Auffassung auf eine Untersuchung, die im Anschluss an eine Übernahme – in Relation zum Übernahmepreis – leicht sinkende Kurse des Zielunternehmens festgestellt hat, die aber immer noch deutlich über dem früheren Börsenkurs lagen.[113] Während der Ersteller dieser Studie aus diesem Ergebnis gefolgert hat, es läge kein *Corporate Raiding*, das heißt ein Erwerb des Zielunternehmens unter seinem Marktwert, vor, zieht die hier besprochene Auffassung den gegenteiligen Schluss. Sie benennt den Übernahmepreis als Ausgangsmaßstab. Er entspreche dem von dem Bieter erwarteten oberen Grenzwert nach der Übernahme, der auch eventuelle Effizienzsteigerungen beinhalte. Die – gemessen an dem Übernahmepreis – (relativ) sinkenden Kursverluste seien folglich Ausdruck der Ausbeutung der Minderheitsgesellschafter, da ein gut rechnender Erwerber ein dem Übernahmepreis entsprechenden Gewinn aus seinen Anteilen ziehe.[114] Der überproportionale Gewinn des Bieters schlage sich im leichten Anstieg der Aktien des Bieterunternehmens nieder.

Die These von der Schädigung der Minderheitsaktionäre betrifft in erster Linie den Bereich des Kontrollerwerbs durch ein Teilübernahmeangebot oder durch einen Paketkauf, da bei einem Vollangebot alle Aktionäre die Möglichkeit ha-

---

110 *Schwartze*, in: Ott/Schäfer (Hrsg.), S. 264; *Reul*, S. 198 ff.; *Krause*, S. 105 ff.

111 *Reul*, S. 134, 198 ff., der dabei auf verschiedene Möglichkeiten der sog. sanften Ausbeutung des Zielunternehmens durch den Bieter hinweist.

112 Vgl. *Schwartze*, in: Ott/Schäfer (Hrsg.), S. 264, 275 sowie – wenn auch weniger rigoros – *Reul*, S. 206 f., dem es allerdings in erster Linie auf den Nachweis der Effizienz der Gleichbehandlung von Aktionären des Zielunternehmens ankommt.

113 *Bradley*, 53 J.Bus. (1980), 345, 346.

114 *Reul*, S. 203.

ben, an der Übernahmeprämie zu partizipieren.[115] Auch unter der Prämisse der Zulässigkeit eines derartigen Kontrollerwerbs[116] bestehen Zweifel an der tatsächlichen Schädigungswirkung gegenüber der Minderheit. Denn auch hier nehmen die Aktien der Minderheitsgesellschafter an der – unbestrittenen – absoluten Kurssteigerung der Aktien des Zielunternehmens teil. Ebenfalls unbestritten ist, dass der Preis, den die Minderheitsgesellschafter für ihre Anteile erzielen können, unter keinen Umständen unter den ursprünglichen Wert der Aktien vor der Übernahme fällt.[117] Erst dann ließe sich aber von einem Verlust für die Minderheitsgesellschafter sprechen.

Soweit die Minderheitsaktionäre einen Preis unterhalb des Übernahmepreises erzielen, käme eine Bevorteilung des Kontrolleigners zu Lasten der Minderheitsgesellschafter allerdings in Betracht.[118] Jedoch ist das vorgebrachte empirische Material mengenmäßig unzureichend und lässt eine andere Deutung wahrscheinlicher erscheinen. Die – gemessen am Übernahmepreis – relativ fallenden Aktienkurse der Zielgesellschaft lassen entgegen *Reul* nicht auf eine Ausbeutung der Minderheitsgesellschafter schließen, sondern sind lediglich Indiz dafür, dass Synergieeffekte naturgemäß nicht unmittelbar nach der Übernahme eintreten. Denn es wird zutreffender Weise bemerkt, dass der Übernahmepreis erhoffte Effizienzsteigerungen beinhaltet, also ein Synonym für die Maximalerwartungen des Übernehmers darstellt. Ein langfristig planender Investor wird die sofortige Ausschöpfung des gesamten Synergiepotenzials nicht erwarten und die Planung seines Investments auch nicht darauf ausrichten. Die leicht ansteigenden Börsenkurse des Bieterunternehmens sind somit nicht das Ergebnis eines Vermögenstransfers vom Ziel- zum Bieterunternehmen, sondern Ausdruck der synergieverheißenden Übernahme der Zielgesellschaft.[119] Bestätigt wird diese

---

115 Insoweit eindeutig *Reul*, S. 132 f.; anscheinend ohne Differenzierung zwischen Teil- und Vollangebot *Schwartze*, in: Ott/Schäfer (Hrsg.), S. 264.

116 Nach deutschem und nach britischem Recht ist der Kontrollerwerb ohne eine Angebot an alle Aktionäre der Zielgesellschaft unzulässig. Bei dem Erwerb eines Kontrollpakets muss der Erwerber gemäß § 39 iVm. § 32 WpÜG bzw. Rule 9.1 City Code ein Pflichtangebot an alle Aktionäre der Zielgesellschaft abgeben. Für die im Fokus dieser Arbeit stehenden Übernahmeangebote statuieren § 32 iVm. § 29 WpÜG und Rule 36.2 City Code eine Pflicht zum Vollangebot.

117 Im Gegenteil geht *Reul* davon aus, dass die Minderheitseigner im Falle einer nach der Übernahme erfolgenden Verschmelzung zwischen Bieter- und Zielunternehmen häufig einen Preis erzielen, der sogar über dem Übernahmepreis liegt – *Reul*, S. 165.

118 Die von *Reul*, S. 203 gewählte Bezeichnung der „Ausbeutung" der Minderheitsaktionäre erscheint unangemessen, da diese – wie gezeigt – keinen Verlust erleiden.

119 Dies verkennt *Reul*, S. 170 f., der bezweifelt, dass eine Übernahme überhaupt zu einem „positiven Gewinn" (anscheinend für den Investor) führen kann. Neuere Langzeitstudien

Annahme durch die absolut, also gemessen an dem Kurs vor der Übernahme, steigenden Werten für Anteile des Zielunternehmens, welche mit der positiven Bewertung der Bietergesellschaft korrelieren. Überdies bestätigt die positive Wertentwicklung des Bieterunternehmens die Tendenz überdurchschnittlich profitabler Bietergesellschaften.

Nach US-amerikanischem Recht können Teilübernahmeangebote allerdings zu Schwierigkeiten bei der Einhaltung des kapitalmarktrechtlichen Gleichbehandlungsgebotes führen.[120] Dies kann in Einzelfällen auch dazu führen, dass die Minderheitsgesellschafter nicht in den Genuss der vollen Übernahmeprämie kommen. Bei einem Ausbleiben der erhofften Effizienzsteigerungen ist eine Benachteiligung der Minderheitsaktionäre durch den Erwerber nicht auszuschließen.[121] Insoweit beinhaltet die Ansicht von der Ausbeutung der Minderheitsaktionäre ein denkbares Motiv für Unternehmensübernahmen. Einen Verlust hingegen haben die Minderheitsaktionäre, gemessen an dem ursprünglichen Kurswert ihrer Anteile, keinesfalls zu befürchten. Ein gesamtwirtschaftlicher Nachteil lässt sich erst recht nicht konstruieren.

Die angesprochene Thematik wird vor allem als *Causa* für die Zulässigkeit von Verteidigungsmaßnahmen bei feindlichen Übernahmeversuchen diskutiert.[122] Diese Problematik ist äußerst umfangreich und kann hier nicht vertieft werden.[123]

---

sowie die Studie *Bradleys* bestätigen die positive Tendenz des Bieterunternehmens, indem sie ein positives Ergebnis der Bietergesellschaft selbst zeigen – vgl. Kap. 3 § 1 B auf S. 20 ff. sowie *Bradley*, 53 J.Bus. (1980), 345, 346. Ein „Nullsummenspiel" (so *Reul*, S. 171) des Bieterunternehmens erscheint deshalb unwahrscheinlich. *Reuls* These vom „Nullsummenspiel" des Bieters ist umso erstaunlicher, als dass *Reul*, der sich im Übrigen zur Widerlegung von Synergieeffekten auf die Studien stützt, welche negative Effekte der Bietergesellschaft ermittelt haben, sich zu einem anderen Zweck auf *Bradleys* Studie betreffend die positiven Auswirkung von Übernahmen auf den Bieter beruft.

120 Die Begründung dafür liegt im gesetzgeberischen Bereich und wird nachfolgend in Kap. 3 § 3 auf S. 37 f. erläutert.

121 Denn die Möglichkeit zur Manipulation von Minderheitsaktionären soll nicht bestritten werden. Die Unternehmensleitung verfügt diesbezüglich über ein reichhaltiges Arsenal – vgl. *Krause*, S. 105 f.

122 M.w.N. *Mülbert/Birke*, WM 2001, 705, 709 ff.; *Schneider/Burgard*, DB 2001, 963; *Schwartze*, in: Ott/Schäfer (Hrsg.), S. 264, 276 ff.

123 Das überreiche Angebot an Beiträgen zu den Verhaltenspflichten des Vorstands der Zielgesellschaft im Falle eines feindlichen Übernahmeangebots ist bei *Fleischer*, ZIP 2001, 1653 Fn. 2 angedeutet.

C. Marktineffizienz

Es existieren zwei Spielarten einer Theorie, welche die Ineffizienz des Marktes zur korrekten Unternehmensbewertung als Motiv für – aus Sicht der Aktionäre der Bietergesellschaft profitable – Unternehmensübernahmen ausgemacht hat.

I. Unterbewertung der Zielgesellschaft

Einige Autoren halten die Unterbewertung der Zielgesellschaften für einen wesentlichen Faktor für Unternehmensübernahmen.[124] Der Bieter profitiere von der Differenz zwischen dem von ihm gezahlten Preis und dem wahren Wert des Zielunternehmens. Diese Auffassung bestreitet die Existenz effizienter Kapitalmärkte und damit die ECMH. Auf Grund der bereits dargelegten Argumente für die Funktionsfähigkeit der ECMH ist diese Meinung erheblichen Zweifeln ausgesetzt.[125] Zudem läge es in der Logik dieser Ansicht, dass der Preis eines einmal als Zielgesellschaft identifizierten Unternehmens auf dessen wahren Wert steigen und auch bleiben müsste, selbst für den Fall des Scheiterns der Übernahme. Eindeutige empirische Studien hingegen belegen, dass Zielgesellschaften ihren Kursgewinn im Anschluss an ein Übernahmeangebot wieder verlieren, soweit sie nicht innerhalb einer gewissen Zeit Ziel eines weiteren erfolgreichen Übernahmeangebots werden.[126]

II. Kurzsichtigkeit der Kapitalmärkte

Nach der etwas ausgefeilteren Variante, welche die Marktineffizienz für Unternehmensübernahmen verantwortlich macht, opfern Investoren langfristige Vorteile zu Gunsten schneller Gewinne.[127] In der Konsequenz seien Firmen, die langfristig planen und deshalb in Forschungs- und Entwicklungsprojekte investieren, unterbewertet. Sie werden zu potenziellen Übernahmekandidaten. Auch diese Variante sieht sich den überzeugenden Argumenten für die ECMH ausgesetzt.[128] Hinzu kommt, dass diese These keine faktische Absicherung hat. Im

124 *Lowenstein*, 83 Colum.L.Rev. (1983), 249, 274; *Shubik*, in: Coffee/Lowenstein/Rose-Ackermann (Hrsg.), S. 31, 41 ff.

125 Vgl. die obigen Ausführungen in Kap. 3 § 1 C auf S. 22 ff.

126 *Bradley/Desai/Kim*, 11 J.Fin.Econ. (1983), 183, 197.

127 Vgl. *Romano*, 9 Yale J.Reg. (1992), 119, 144 f.

128 Siehe Kap. 3 § 1 C auf S. 22 ff.

Gegenteil belegen empirische Untersuchungen, dass der Aktienmarkt Ankündigungen Erfolg versprechender langfristiger Investitionen positiv bewertet.[129]

D. Motive der Unternehmensleitung

Als letzte Kategorie möglicher Auslöser für Unternehmensübernahmen sind die persönlichen Motive der Unternehmensleitung zu nennen. Dabei lassen sich grob die Fallgestaltungen des *Empire Building* und der *Hubris Hypothesis* unterscheiden.[130]

Die Wurzel der Überlegungen zum *Empire Building* und zur *Hubris Hypothesis* liegt in dem *Principal-Agent*-Konflikt, der auch *Mannes* These vom Markt für Unternehmenskontrolle zu Grunde liegt. Im Rahmen der These vom *Empire Building* ist das Streben des Managements nicht am Vorteil der Anteilseigner ausgerichtet, sondern auf den Erwerb weiterer Vermögensmassen zwecks Errichtung eines *corporate empire.*[131] Die Gründe dafür können vielfältig sein. Höheres Gehalt, steigendes Prestige und Schutz vor Übernahmen sind einige Beispiele. Das Motiv der Diversifizierung des Unternehmens wird von diesem Erklärungsansatz mit eingeschlossen. Gemäß der von *Roll* entwickelten *Hubris Hypothesis* versucht das Management des Bieters, bei Erwerb des Zielunternehmens zwar eine Effizienzsteigerung herbeizuführen, überschätzt dabei aber entweder den Wert der Zielgesellschaft oder seine Fähigkeit, das erworbene Unternehmen zu führen.

In empirischer Hinsicht sprechen diejenigen Daten, welche die Theorien von der Effizienzsteigerung von Unternehmensübernahmen stützen, gegen die Thesen von managermotivierten Übernahmen. Hingegen findet dieser Erklärungsansatz Unterstützung in den Untersuchungen, die negative Auswirkungen für die Bietergesellschaft im Anschluss an eine Übernahme zeigen. Beispielhaft für letztgenannte Studien sind einige diversifizierende Unternehmenszusammenschlüsse der 80er Jahre, die zu deutlichen Wertverlusten für die Aktionäre des Bieters führten.[132] Auf Grund der Zwiespältigkeit des Datenmaterials können diese Hypothesen für sich in Anspruch nehmen, zumindestens ein gültiger Erklärungsansatz für Unternehmensübernahmen zu sein.

129 *Jarrell/Brickley/Netter*, 2 J.Econ.Persp. (1988), 49, 55.

130 Eine ausführlichere, feiner untergliederte Darstellung findet sich bei *Romano*, 9 Yale J.Reg. (1992), 119, 145 ff.

131 *Marris*, 77 Qu.J.Econ. (1963), 185; *Mülbert/Birke*, WM 2001, 705, 707.

132 Nachweis bei *Mülbert/Birke*, WM 2001, 705, 708 Fn. 45.

§ 3 Übertragbarkeit der US-amerikanischen Ergebnisse auf Europa

Die ökonomische Analyse des Übernahmerechts in Deutschland ist empirisch sowie theoretisch bisher wenig entwickelt. Dies ist vor dem Hintergrund der relativen Seltenheit von feindlichen Übernahmen in Deutschland verständlich. Allerdings führt die zunehmende Globalisierung der Weltwirtschaft und der Finanzmärkte zu einer fortschreitenden Entflechtung der „Deutschland AG".[133] Während der englische Übernahmemarkt von je her aktiver war als sein deutsches Pendant, führt die Internationalisierung nun zunehmend zu der Einbindung deutscher Unternehmen in Übernahmetransaktionen.[134] Lag schon in Europa im ersten Halbjahr 2000 das Volumen von Fusionen und Übernahmen um 36 Prozent über der Entwicklung des ersten Halbjahres 1999, verzehnfachte sich das Volumen in Deutschland im maßgeblichen Zeitraum sogar.[135] Spektakulärster Fall einer feindlichen Übernahme war die Übernahme der *Mannesmann AG* durch die *Vodafone AirTouch Plc*. Aber auch deutsche Unternehmen finden sich auf der Bieterseite wieder, wie das Beispiel des Erwerbs des britischen Unternehmens *Orange* durch die *Mannesmann AG* zeigt. Nach einem weltweiten Einbruch des Übernahmemarkts im Krisenjahr 2001[136] deuten neuere nationale Zahlen auf eine Erholung des Marktes hin.[137]

Die US-amerikanischen Studien können nur mit aller Vorsicht auf die europäischen Verhältnisse übertragen werden, weil erhebliche Unterschiede betreffend die Märkte und die Anteilseignerstrukturen bestehen. Allerdings kann nicht *per se* von der Ineffizienz der europäischen Kapitalmärkte ausgegangen werden. Dies wäre zu belegen. Im Gegenteil gibt es Hinweise, dass auch europäische

---

133 Vgl. *Liebscher*, ZIP 2001, 853.

134 Weitere aktuelle Beispiele finden sich bei *Land/Hasselbach*, DB 2000, 1747, die von 18 öffentlichen Übernahmeangeboten aus 1997 im Verhältnis zu deren 37 im Jahre 1999 berichten. Im Verhältnis dazu wurden im Vereinigten Königreich 1997 insgesamt 156 und 1999 insgesamt 282 *takeover* und *merger proposals* abgegeben – vgl. die auf der Homepage des Panel unter http://www.thetakeoverpanel.org.uk/areports/1998 bzw. 2000.asp einsehbaren *Annual Reports 1998* und *2000*.

135 *Pötzsch/Möller*, WM 2000, Sonderbeilage Nr. 2, S. 1, 4.

136 Die Zusammenstellung der Übernahmevolumina der sieben wichtigsten europäischen Länder und der USA im Rahmen von Großtransaktionen ergab einen Rückgang von über 50 % – vgl. AG-Report 2002, R 45 ff.

137 Im Laufe des Jahres 2003 wurden in Deutschland gemäß der auf der Homepage der BaFin unter http://www.bafin.de/datenbanken/wpueg_14liste.htm abrufbaren Liste aller unter der Ägide des WpÜG abgegebenen Angebote insgesamt 46 Übernahme- und Pflichtangebote abgegeben und damit sogar der Stand von 1999 (siehe Fn. 134) übertroffen.

Märkte informationell effizient sind.[138] Zudem existieren in Deutschland strengere Vorschriften zum Schutze der Arbeitnehmer und Banken als in den USA, so dass die Geltung der Umverteilungstheorien hier zu Lande kaum als Erklärungsansatz für die Durchführung von Unternehmensübernahmen taugt. Auch dürften europäische Übernahmeregeln, und hier im Besonderen die zu untersuchenden Regeln des deutschen und britischen Rechts, die beschriebenen Befürchtungen betreffend die Ungleichbehandlung von Aktionären des Zielunternehmens weitgehend zerstreuen. Das deutsche Recht kennt bei Angeboten, die auf den Erwerb von Kontrolle über die Zielgesellschaft gerichtet sind, die Pflicht zum Vollangebot.[139] Dies gilt ebenfalls für private Paketkäufe, die zum Kontrollerwerb führen.[140] Bei solchen zunächst grundsätzlich nicht vom WpÜG erfassten Erwerbsvorgängen ist eine preisliche Gleichbehandlung der privaten Vorerwerbe mit dem vorgeschriebenen, zeitlich nachfolgenden Pflichtangebot grundsätzlich sichergestellt.[141] Eine vergleichbare Regelung kennt der britische City Code mit seiner *mandatory offer*.[142] Das Fehlen einer solchen Absicherung für private Kontrollerwerbe ist die Achillesferse des US-amerikanischen Übernahmerechts. Zwar existiert seit 1986 eine zum *Williams Act* ergangene *SEC-Rule 14d-10*, die bei Übernahmeangeboten ein Vollangebot an alle Aktionäre vorschreibt sowie allen Aktionären den höchsten, während der Laufzeit des Übernahmeangebots gezahlten Preis garantiert.[143] Jedoch ist diese Regel nur bei

[138] *Fama/French*, 53 J.Fin. (1999), 1975.

[139] § 32 iVm § 29 WpÜG; der Erwerb von Kontrolle ist gemäß § 29 Abs. 2 WpÜG das Halten von mindestens 30 % der Stimmrechte an der Zielgesellschaft.

[140] In diesem Fall muss der Erwerber gemäß § 35 Abs. 2 iVm. § 35 Abs. 1 WpÜG ein sog. Pflichtangebot vorlegen.

[141] § 39 iVm. § 31 Abs. 7 WpÜG und § 4 AngebVO sichert eine solche Gleichbehandlung aber nur insoweit, als dass die Vorerwerbe nicht länger als drei Monate vor der Übermittlung der Pflichtangebotsunterlage zurücklagen.

[142] Rule 9.1 City Code schreibt bei Erlangung einer Beteiligungshöhe von 30 % des stimmberechtigten Kapitals oder für den Fall, dass eine Beteiligung zwischen 30 und 50 % innerhalb von zwölf Monaten um mindestens weitere 2 % erhöht wird, ein Vollangebot vor. Der Preis darf dabei nicht geringer sein als der während der vorhergehenden zwölf Monate gezahlte höchste Preis für Aktien derselben Kategorie (Rule 9.5 City Code). Erwerbs- und Teilübernahmeangebote dürfen nur mit Zustimmung des Panel abgegeben werden. Diese wird regelmäßig nur dann erteilt, wenn der Bieter nach erfolgreichem Angebot nicht über mehr als 30 % der Stimmrechte verfügen würde (Rule 36.1 City Code).

[143] SEC Release No. 33-6653, Fed.Sec.L.Rep. No. 1186 (July 16, 1986). Der *Williams Act* von 1968 ist als *Section 13 (d)-(g)* und *14 (d)-(g)* dem *Securities Exchange Act 1934* angefügt. Die Verkehrsregeln des *Williams Act* sind deshalb in den *Sections 14 (d)(5)-(7)* des *Securities Exchange Act 1934* erfasst. Da der *Williams Act* als Rahmengesetz ausgestaltet ist, dient er der SEC als Grundlage zum Erlass von Regeln (*Rules*).

Übernahmeangeboten anwendbar. Eine Absicherung in Bezug auf die Erfassung sonstiger Erwerbsmöglichkeiten, beispielsweise den Kontrollerwerb mittels privater Paketkäufe, konnte sich in den USA bisher nicht durchsetzen.[144]

Letztlich spricht auch die Globalisierung der Kapitalmärkte dafür, dass die Befunde aus den USA auch für das europäische Übernahmerecht Ausgangspunkt der Analyse sein können. Denn selbstverständlich investieren auch US-amerikanische institutionelle Anleger aus Gründen der internationalen Diversifizierung einen Teil ihrer Portfolios in europäische Märkte.[145]

§ 4 Ökonomische Relevanz bedingter Übernahmeangebote

Für bedingte Übernahmeangebote gelten grundsätzlich dieselben empirischen Ergebnisse wie sie der ökonomischen Analyse für nicht bedingte Übernahmeangebote zu Grunde liegen. Die Besonderheit bei der ökonomischen Bewertung bedingter Übernahmeangebote liegt in der Wirkung von Bedingungen. Sie geben dem Bieter die Möglichkeit, das Angebot vom Eintritt beziehungsweise Ausfall bestimmter Umstände abhängig zu machen.[146] Bei der Verwendung von Bedingungen droht demzufolge potenziell ein Scheitern des Übernahmeangebots. Das Scheitern eines einmal abgegebenen Übernahmeangebots ist aus ökonomischer Sicht nicht unproblematisch:

Wie empirisch belegt ist, führt das Scheitern eines Übernahmeangebots dazu, dass die Kursgewinne, die eine Zielgesellschaft in der Folge eines Übernahmeangebots zu verzeichnen hat, wieder entfallen, wenn die Zielgesellschaft nicht innerhalb von fünf Jahren tatsächlich übernommen wird.[147] Dabei lässt sich der Studie zwar nicht entnehmen, ob der Aktienkurs der Zielgesellschaft unter Umständen auch unter den Wert des vor dem Übernahmeangebot geltenden Kurses fallen kann und somit zu einer messbaren Schädigung des Zielunternehmens führt. Aber in der Praxis ist häufig zu beobachten, was durch die beschriebene Studie gestützt wird, dass ein einmal durch den Markt als Zielgesellschaft identifiziertes Unternehmen häufig Gegenstand weiterer Übernahmebemühungen wird. Dies führt in erheblichem Maße zu geschäftsschädigender Unruhe für das

144 Vgl. ausführlicher dazu *Krause*, WM 1996, 893 und *Reul*, S. 58 ff.
145 Vgl. *Mülbert/Birke*, WM 2001, 705, 709.
146 Je nachdem, ob es sich um eine aufschiebende oder eine auflösende Bedingung handelt.
147 *Bradley/Desai/Kim*, 11 J.Fin.Econ. (1983), 183, 186.

Zielunternehmen, weil die Abgabe eines Übernahmeangebots oder auch das bloße Übernahmegerücht bei der Zielgesellschaft Kapazitäten bindet, die bei der Aufrechterhaltung des Tagesgeschäfts regelmäßig fehlen.

Darüber hinaus besteht bei der Verwendung bedingter Übernahmeangebote die Gefahr der Abgabe von Scheinangeboten. Dabei gibt der Bieter zunächst ein Übernahmeangebot ab, um sich schließlich unter Berufen auf eine Bedingung der Durchführung der Übernahme zu entziehen. Bei einer solchen Form missbräuchlicher Verwendung bedingter Übernahmeangebote besteht nicht nur die Gefahr, dass der Aktienkurs der Zielgesellschaft künstlich nach oben getrieben wird, sondern auch schädigender Einfluss auf die weitere Geschäftstätigkeit der Zielgesellschaft ausgeübt wird.

§ 5 Fazit

Die empirischen Untersuchung zeigen weitgehend übereinstimmend, dass Unternehmensübernahmen bei gesamtwirtschaftlicher Betrachtung zu einer Wertsteigerung führen. Schwieriger ist es, die Frage nach dem „Warum“ von Unternehmensübernahmen schlüssig zu beantworten. Der Gang der Untersuchung hat ergeben, dass monokausale Erklärungen für Unternehmensübernahmen an der Realität vorbeigehen. Allerdings haben sich als mögliche Auslöser für Unternehmensübernahmen einige Varianten herauskristallisiert. Vergröbernd stehen dabei die Theorien zur Effizienzsteigerung den Erklärungsansätzen von durch Managerverhalten motivierten Übernahmen gegenüber.

Nach der hier vertretenen Auffassung ist die Steigerung der Effizienz der dominantere Faktor zur Erklärung von Unternehmensübernahmen. Dabei stehen die dargestellten Theorien zur Effizienzsteigerung nicht im Widerspruch zueinander. Sie sind vielmehr Teil eines einheitlichen Marktes für Unternehmenskontrolle, in dem verschiedene Managementteams im Wettbewerb um das Recht, Unternehmensressourcen zu leiten, stehen.[148] Managerdisziplinierende Unternehmensübernahmen sind häufig feindlicher Natur, während synergiemotivierte Akquisitionen in der Regel durch eine freundliche Übernahme vollzogen werden.[149]

[148] *Jensen/Ruback*, 11 J.Fin.Econ. (1983), 5, 42 ff.
[149] *Mørck/Shleifer/Vishny*, in: Auerbach (Hrsg.), S. 101.

Jedoch ist bei weitem nicht jede Unternehmensübernahme durch Effizienzgesichtspunkte zu erklären. Nicht zu unterschätzende Ansätze zur Begründung von Unternehmensübernahmen sind die Theorien, die Übernahmen mit dem Machtstreben beziehungsweise der Selbstüberschätzung von Managern begründen. Diese Gründe haben sicherlich in einigen Fällen eine Rolle gespielt. Ob sie aber als generelles Motiv für Unternehmensübernahmen taugen, ist angesichts der großen Übereinstimmung bei den Kursgewinnen für die Aktionäre des Zielunternehmens fraglich. Nicht auszuschließen ist, dass der Erwerber zur eigenen Gewinnmaximierung die außen stehenden Aktionäre des Zielunternehmens benachteiligt. Im Übrigen kommt den Umverteilungstheorien nur marginale Bedeutung zu. Im Einzelfall mögen, je nach Steuergesetzgebung, steuerliche Aspekte eine Rolle spielen. Am wenigsten kompatibel mit den empirischen Daten sind diejenigen Erklärungen, die Übernahmen mit der Ineffizienz der Kapitalmärkte begründen wollen.

Die Analyse hat ferner gezeigt, dass die empirischen Daten dem Grunde nach auch für die europäischen Verhältnisse Geltung beanspruchen können. Sie können demzufolge als Ausgangspunkt für die Untersuchung bedingter Übernahmeangebote im Vereinigten Königreich und Deutschland dienen. Die ökonomische Besonderheit bedingter Übernahmeangebote liegt in der Möglichkeit des Scheiterns des Übernahmeangebots, welches den Verlust der ursprünglichen Kursgewinne der Zielgesellschaft nach sich ziehen kann und sich zudem nachteilig auf die Fortführung der Zielgesellschaft auswirkt. Dabei besteht die Gefahr, dass der Bieter durch die Abgabe eines Scheinangebots nicht nur schädigend auf die zukünftige Entwicklung der Zielgesellschaft einwirkt, sondern auch deren Aktienkurse manipuliert.

Kapitel 4

Ziele der Regelung bedingter Übernahmeangebote

Vor einer eingehenden Untersuchung der Regelung bedingter Übernahmeangebote im Vereinigten Königreich und Deutschland muss der Frage nachgegangen werden, welche Zielvorgaben ein solches Regelungsregime zu berücksichtigen hat. Wie die verschiedenen Erklärungsmodelle zur ökonomischen Analyse von Unternehmensübernahmen verdeutlichen, treffen im Rahmen eines Übernahmeverfahrens Parteien mit unterschiedlichen Interessen aufeinander. Das Ziel sowohl des Übernahmeverfahrens insgesamt als auch der Regelung bedingter Übernahmeangebote ist es, einen gerechten Ausgleich dieser unterschiedlichen Interessen herbeizuführen.[150] Um die Art und Weise dieses Ausgleichs zu konkretisieren, werden zunächst die im Rahmen bedingter Übernahmeangebote relevanten Interessen beschrieben und ihre Auswirkungen auf die Zulässigkeit von Bedingungen skizziert. Im Anschluss werden daraus resultierend einige allgemeine Zielvorgaben für die Regelung bedingter Übernahmeangebote formuliert.

§ 1 Relevante Interessen

Die Aufgabe übernahmerechtlicher Bestimmungen zur Regelung von Bedingungen ist es in erster Linie, einen Ausgleich zwischen den unmittelbar von dem Übernahmeverfahren betroffenen Interessen der Zielgesellschaft und des Bieterunternehmens herzustellen. Darüber hinaus ist auf Grund der erheblichen Auswirkungen öffentlicher Übernahmeangebote auf den Kapitalmarkt auch das Interesse der Allgemeinheit an einem funktionsfähigen Kapitalmarkt zu berücksichtigen.[151]

A. Zielgesellschaft

Die Interessen der Zielgesellschaft sind vielschichtig, da auf Seiten der Zielgesellschaft verschiedene Interessengruppen existieren:

---

150 In diesem Sinne auch KK-WpÜG-*Hasselbach*, § 18, Rn. 3.

151 Ein Überblick zu den betroffenen Interessen findet sich bei *Assmann/Bozenhardt*, in: Assmann/Basaldua/Bozenhardt/Peltzer, S. 1, 14 ff.

Im Zentrum des gesamten Übernahmeverfahrens steht der Aktionär der Zielgesellschaft. Von seiner Entscheidung für oder wider das Übernahmeangebot hängt es ab, ob die Verfügungsrechte über die in einem Unternehmen gebündelten Ressourcen in andere Hände übergehen.[152] Da der Bieter den Aktionären der Zielgesellschaft in der Regel eine Übernahmeprämie für den Fall der Annahme des Übernahmeangebots in Aussicht stellt, haben die Aktionäre grundsätzlich ein Interesse an dem Gelingen der Übernahmetransaktion. Zudem müssen die Aktionäre der Zielgesellschaft bei einem Scheitern der Transaktion fürchten, dass die durch die Angebotsabgabe ausgelösten Kursgewinne wieder entfallen, wenn die Zielgesellschaft nicht innerhalb von fünf Jahren übernommen wird.[153] Um diesen Interessen Rechnung zu tragen und um eine sichere Basis für die Entscheidung der Aktionäre der Zielgesellschaft zu gewährleisten, bedarf es transparenter Regeln zur Durchführung bedingter Übernahmeangebote und eines möglichst verbindlichen Übernahmeangebots. Aus der Perspektive der Aktionäre der Zielgesellschaft sollte der Gebrauch von Bedingungen aus diesen Gründen auf ein Mindestmaß beschränkt werden. Soweit das Übernahmeangebot Bedingungen enthält, muss sich der Eintritt der Bedingungen jedenfalls eindeutig und objektiv beurteilen lassen.

Die Zielgesellschaft selbst soll geschützt werden vor Scheinangeboten oder Übernahmeangeboten, deren Durchführbarkeit nicht gesichert ist. Denn wie die ökonomische Analyse bedingter Übernahmeangebote gezeigt hat, hat das Scheitern eines Übernahmeangebots negative Auswirkungen auf die weitere Geschäftstätigkeit der Zielgesellschaft.[154] Die Zielgesellschaft soll dem Risiko derartiger Folgen grundsätzlich nur bei einem ernsthaften Übernahmewillen des Bieters ausgesetzt sein.

Die Abgabe eines Übernahmeangebots hat darüber hinaus Auswirkungen auf die Interessen des Managements und der übrigen Arbeitnehmer der Zielgesellschaft. Das Management der Zielgesellschaft muss befürchten, nach einem erfolgreichen Übernahmeangebot gegen Personen des Vertrauens des neuen Mehrheitsgesellschafters ausgetauscht zu werden.[155] Das Management wird sich deshalb unter Inkaufnahme gewichtiger ökonomischer Folgen für das Zielunternehmen

152 *Assmann/Bozenhardt*, in: Assmann/Basaldua/Bozenhardt/Peltzer, S. 1, 14 f.
153 Vgl. Kap. 3 in § 1 B auf S. 20.
154 Vgl. Kap. 3 § 4 auf S. 38 f.
155 Vgl. dazu die These vom Markt für Unternehmenskontrolle – *Manne*, 73 J.Pol.Econ. (1965), 110. Eine ausführlichere Darstellung findet sich im Rahmen der ökonomischen Analyse des Übernahmerechts in Kap. 3 § 2 A II auf S. 25 f.

unter Umständen gegen das Übernahmeangebot zur Wehr setzen.[156] Ebenso wie das Management fürchten auch die übrigen Arbeitnehmer um den Verlust ihrer Arbeitsplätze als Folge möglicher Sparmaßnahmen im Anschluss an die Durchführung der Übernahme. Wie die ökonomische Bewertung von Unternehmensübernahmen zeigt, ist diese Sorge in der Regel allerdings unbegründet.[157] Es kann aber *per se* nicht ausgeschlossen werden, dass Arbeitsplätze nach einem Strategiewechsel verlegt oder verändert werden. Die mit der Abgabe eines Übernahmeangebots verbundenen Befürchtungen beim Management und den übrigen Arbeitnehmern der Zielgesellschaft erfordern aus Gründen der Rechts- und Planungssicherheit ein möglichst verbindliches Übernahmeangebot. Ansonsten besteht die Gefahr verfrühter Reaktionen auf das Übernahmeangebot, was insbesondere in Bezug auf mögliche Abwehrmaßnahmen gegen das Übernahmeangebot erhebliche Auswirkungen auf die Zielgesellschaft haben kann.

B. Kapitalmarkt

Aus gesamtwirtschaftlicher Perspektive besteht ein Interesse an der Durchführung öffentlicher Übernahmeangebote, da das Gelingen der Transaktion in aller Regel zu einer erheblichen Wertsteigerung des Zielunternehmens führt.[158] In Bezug auf die Art und Weise der Durchführung öffentlicher Übernahmeangebote steht das Interesse an einem funktionsfähigen Kapitalmarkt und damit zugleich an der Aufrechterhaltung des Vertrauens der Beteiligten, insbesondere der Anleger, in diesen Markt im Vordergrund.[159]

Dabei existiert aus der Sicht der Anleger und des Marktes einerseits ein Interesse an der Durchführung einmal abgegebener Übernahmeangebote. Potenzielle Anleger müssen in die Lage versetzt werden, Übernahmeangebote einer seriösen Beurteilung und Bewertung zu unterziehen, um im Vertrauen auf die Durchführung des Übernahmeangebots, Aktien der Zielgesellschaft zu erwerben oder zu veräußern. Die Allgemeinheit hat ein Interesse an einem funktionierenden Kapitalmarkt, um eine effiziente Ressourcenallokation zu ermöglichen. Es gilt, sach-

---

156 Um nur ein Beispiel zu nennen, könnten wesentliche Vermögensbestandteile des Zielunternehmens (sog. *crown jewels*) verkauft werden. Die verschiedenen Möglichkeiten sich gegen ein „feindliches" Übernahmeangebot zur Wehr zu setzen sind nicht Gegenstand dieser Arbeit. Umfassend dazu: *Harbarth*, ZvglRWiss 100 (2001), 275, 291 ff.

157 Vgl. Kap. 3 § 2 B II auf S. 28 f.

158 Vgl. die in Kap. 3 § 1 B auf S. 20 beschriebenen Untersuchungen.

159 *Assmann/Bozenhardt*, in: Assmann/Basaldua/Bozenhardt/Peltzer, S. 1, 17 f.

lich nicht gerechtfertigte Kursschwankungen bzw. Kursmanipulationen, wie sie durch nicht bindende Übernahmeangebote möglich sind, zu vermeiden.

Auf der anderen Seite liegt es ebenfalls im Interesse der Anleger und des Marktes, dass möglichst frühzeitig über marktrelevante Daten informiert wird, um das Ausnutzen von Spezialwissen zu verhindern. Dies kann in Einzelfällen zu der Notwendigkeit der Verwendung von Bedingungen führen, wenn ohne sie eine verfrühte Bekanntgabe der Übernahmeabsicht droht. Eine solche Gefahr droht, wenn der Bieter das Übernahmeangebot von der Zustimmung der eigenen Gesellschafterversammlung abhängig machen will oder muss und wegen der Größe des Gesellschafterkreises keine Vertraulichkeit gewährleistet ist.[160] Der Bieter ist im Übrigen aber gehalten, bei der Durchführung sonstiger vorbereitender Maßnahmen, wie zum Beispiel der kartellrechtlichen Anmeldung oder bei Maßnahmen der Finanzierung, die Vertraulichkeit zu wahren.

Im Ergebnis bedarf es aus gesamtwirtschaftlicher Sicht der Schaffung transparenter Regeln zur Durchführung bedingter Übernahmeangebote, wobei – von Einzelfällen abgesehen – eine maximale Bindungswirkung der Übernahmeangebote gewährleistet werden muss.

C. Bietergesellschaft

Den Interessen der Zielgesellschaft und des Kapitalmarkts steht das Bedürfnis der Bietergesellschaft nach einer freien Gestaltung des Übernahmeangebots entgegen. Es kann dem Bieter nicht zugemutet werden, die Zielgesellschaft um jeden Preis zu übernehmen. Der Bieter kann ein legitimes Interesse geltend machen, die Zielgesellschaft nur unter bestimmten Voraussetzungen übernehmen zu wollen. Sein Erwerbsinteresse bezieht sich in aller Regel auf das Zielunternehmen in der Form, wie es zum Zeitpunkt der Abgabe des Übernahmeangebots existiert.

Aus der Sicht des Bieters liegt das Risiko bei der Durchführung von Übernahmeangeboten in der meist wochenlangen Frist, die den Aktionären der Zielgesellschaft zur Annahme des Übernahmeangebots gewährt wird.[161] Da es sich bei

---

[160] So auch *Busch*, AG 2002, 145.

[161] Das deutsche Übernahmerecht gewährt gemäß § 16 Abs. 1 WpÜG eine Annahmefrist von mindestens vier und maximal zehn Wochen beginnend mit der Veröffentlichung der Angebotsunterlage. Im britischen Recht sind es nach Rule 31.1 und Rule 31.6 (a) City Code mindestens 21 Tage und höchstens 60 Tage ab der Abgabe des Übernahmeangebots.

einem öffentlichen Übernahmeangebote nicht lediglich um eine *invitatio ad offerendum*[162] handelt, sondern um ein bindendes Angebot, besteht aus Sicht des Bieters die Gefahr, dass sich während der Annahmefrist nachteilige Veränderungen bei der Zielgesellschaft ergeben.[163] Wie das Beispiel der im Rahmen des britischen *WPP/Tempus*-Verfahrens angeführten Terroranschläge vom 11. September 2001 zeigt[164], können äußere Umstände zu einer solchen nachteiligen Veränderung der Zielgesellschaft führen. Darüber hinaus können die Veränderungen aber auch durch die Zielgesellschaft selbst veranlasst werden. Die Zielgesellschaft kann zum Beispiel Abwehrmaßnahmen gegen die bevorstehende Übernahme ergreifen mit der Folge, dass die Übernahme für den Bieter unattraktiv wird. Auf Grund dieser Risiken muss man dem Interesse des Bieters nach Vertragsautonomie Rechnung tragen und eine Verwendung von Bedingungen und damit eine Aufweichung der Bindungswirkung des Übernahmeangebots grundsätzlich erlauben.

§ 2 Allgemeine Zielvorgaben

Die Berücksichtigung vorgenannter Interessen gebietet die Schaffung eines transparenten Rahmens zur Beurteilung bedingter Übernahmeangebote, denen eine starke Bindungswirkung zukommen muss. Da Unternehmensübernahmen gesamtwirtschaftlich förderlich sind, gilt es jedoch, das Interesse des Bieters an einer freien Gestaltung bedingter Übernahmeangebote nicht über Gebühr zu beschränken.

Die Zulässigkeit von Bedingungen in Übernahmeangeboten muss im Rahmen einer Interessenabwägung beurteilt werden, die sowohl dem Bedürfnis nach einem verbindlichen Übernahmeangebot als auch dem Wunsch des Bieters nach freier Gestaltung des Übernahmeangebots Rechnung trägt. Da allerdings neben dem Interesse der Zielgesellschaft auch ein öffentliches Interesse an der Durchführung eines einmal abgegebenen Übernahmeangebots besteht, sollte die Verbindlichkeit des Übernahmeangebots im Rahmen dieser Abwägung im Vordergrund stehen.[165] Im Gegenzug muss das Bedürfnis des Bieters nach autonomer

162 Die öffentliche Aufforderung zur Abgabe von Angeboten ist im deutschen Übernahmerecht gemäß der expliziten Regelung in § 17 WpÜG unzulässig.

163 So auch *Busch*, AG 2002, 145.

164 Ausführlich dazu in Kap. 6 § 1 B I 2 b aa (4) auf S. 96 ff.

165 Ähnlich für die Zielsetzung der relevanten WpÜG-Vorschriften: Geibel/Süßmann-*Geibel*, § 18, Rn. 3.

Gestaltung der Angebotsunterlage im Einzelfall zurücktreten. Der Bieter soll zwar die Möglichkeit erhalten, mögliche Vorbehalte gegen die Durchführung der Übernahme durch die Verwendung von Bedingungen zum Ausdruck zu bringen. Da es sich bei öffentlichen Übernahmeangeboten regelmäßig um sehr großvolumige Transaktionen handelt, wäre es aber kaum verständlich, wenn bereits jede noch so geringe Abweichung von den Idealvorstellungen des Bieters zum Scheitern des Übernahmeangebots führen würde. Die Möglichkeit des Bieters, Bedingungen zu verwenden, ist deshalb auf die für den Bieter wesentlichen Vorbehalte zu beschränken.

Die beschriebene Abwägung sollte im Idealfall auf zwei verschiedenen Ebenen stattfinden. Die Schaffung von Vorschriften zur Regelung bedingter Übernahmeangebote kann als eine erste Ebene nur die Grundlage für Beurteilung der Zulässigkeit von Bedingungen in Übernahmeangeboten sein. Denn die Bewertung der unterschiedlichen Interessen, vor allem des Interesses des Bieters an einer freien Angebotsgestaltung, kann regelmäßig nur in Ansehung des konkreten Übernahmeangebots erfolgen. Die Entscheidung, ob eine Bedingung als zulässig oder als unzulässig anzusehen ist, kann deshalb am besten auf einer zweiten Ebene in Gestalt einer Interessenabwägung im konkreten Einzelfall getroffen werden.[166]

166 So auch KK-WpÜG-*Hasselbach*, § 18, Rn. 3.

Kapitel 5

Rahmenbedingungen im Vereinigten Königreich, Deutschland und der Europäischen Union

Die rechtsvergleichende Untersuchung bedingter Übernahmeangebote im Vereinigten Königreich und Deutschland erfordert zunächst einen allgemeinen Blick auf die übernahmerechtlichen Rahmenbedingungen in beiden Territorien. Der Vergleich zeigt einen fundamentalen Unterschied in der Einordnung und Funktionsweise der existierenden Regelwerke – im Vereinigten Königreich ein System der Selbstregulierung und in Deutschland ein in Gesetzesform gegossenes Übernahmerecht. Nur vor dem Hintergrund einer allgemeinen Analyse beider Rechtssysteme lässt sich die Regelung und Zulässigkeit von Bedingungen in Übernahmeangeboten verlässlich beurteilen. Im Anschluss wird auf die erst kürzlich verabschiedete die Richtlinie des Europäischen Parlaments und des Rates betreffend Übernahmeangebote (EU-Übernahmerichtlinie) eingegangen.

§ 1 *City Code on Takeovers and Mergers*

Am 28. März 1968 trat der britische *City Code on Takeovers and Mergers* (City Code) in Kraft.[167] Der City Code – wegen der Farbe des Einbandes auch *Blue Book* genannt – ist das zentrale Regelungswerk für Übernahmeangebote im Vereinigten Königreich. Er enthält detaillierte Vorschriften zu Übernahmeangeboten, ist jedoch ohne Gesetzeskraft. Vielmehr stellt der City Code einen als freiwillige Selbstkontrolle entwickelten Verhaltenskodex der britischen Finanzwirtschaft dar.[168]

---

[167] Dieser Arbeit liegt der City Code in der siebten Auflage vom 1.5.2002 zu Grunde. Der Text kann abgerufen werden unter http://www.thetakeoverpanel.org.uk oder angefordert werden bei: The Panel on Takeovers and Mergers, 10 Paternoster Square, London EC4M 7DY, Tel.: 0044 (0)20 7382 9026, Fax: 0044 (0)20 7236 7005.

[168] Ausführlich zum System der Selbstregulierung: *Roßkopf*.

A. Historische Entwicklung

Übernahmeangebote waren bis zum Erlass der *Notes on Amalgations of British Businesses*[169] im Jahre 1959 nicht geregelt. Die *Notes on Amalgations of British Businesses* waren eine erste Reaktion auf die steigende Übernahmetätigkeit im Vereinigten Königreich der 50er Jahre. Die wirtschaftlichen Verhältnisse nach dem Zweiten Weltkrieg boten aus mehreren Gründen gute Voraussetzungen für eine steigende Unternehmenskonzentration. Vor allem der nach dem Krieg verhängte Dividendenstopp führte zu einer Kluft zwischen dem Kapitalmarktwert (Summe der Börsenkurse) und dem Vermögenswert von Unternehmen. Hinzu kamen wirtschaftliche Anreize verschiedener Natur.[170] So nutzten die Verwaltungen vieler Unternehmen das Gesellschaftsvermögen nicht kapitalintensiv. Viel Kapital blieb ungenutzt in Grundstücken angelegt.

Im Zuge der verstärkten Übernahmetätigkeit wurden vermehrt bedenkliche Praktiken angewandt.[171] Auf der Bieterseite wurden Strohmänner eingesetzt, um die Identität des eigentlichen Erwerbers zu verschleiern. Die Verwaltungen der Zielgesellschaften verfolgten vornehmlich eigene Ziele und handelten nicht im Interesse der Anteilseigner. Vielfach wurden Aktionäre der Zielgesellschaft unfair behandelt. Zur Lösung dieser Missstände erwiesen sich die *Notes on Amalgations of British Businesses* sowohl in ihrer ursprünglichen Fassung aus dem Jahr 1959 als auch in der überarbeiteten Version aus dem Jahr 1963 als unzulänglich.[172]

Am Ende einer Reihe spektakulärer Übernahmekämpfe standen die Ereignisse um die Übernahme von *Metal Industries* im Jahre 1967. Im Übernahmekampf der konkurrierenden Bieter *Thorn Electrical Industries* und *Aberdare Holdings* ging Letzterer mit dem Erwerb von 53 Prozent der Aktien an der Zielgesellschaft *Metal Industries* zunächst als Sieger hervor. Dabei bediente sich *Aberdare* einer sog. *warehousing*-Operation. Gleichzeitig mit der Abgabe des Über-

169 Der nichtgesetzliche Verhaltenskodex – auch *Queensbury Rules* genannt – ist das Ergebnis einer von dem Präsidenten der *Bank of England* einberufenen Arbeitsgruppe (*Working Party*), die sich aus Vertretern wichtiger Finanzinstitutionen zusammensetzte. Die ursprüngliche Fassung datiert aus dem Jahr 1959 und wurde 1963 überarbeitet. Der Verhaltenskodex setzt sich aus einigen Prinzipien und Verfahrensvorschriften zu Übernahmeangeboten zusammen.

170 Allgemein dazu *Zinser*, S. 79 f.

171 Eine ausführliche Darstellung der nachfolgend verkürzt beschriebenen Praktiken findet sich bei *Zinser*, S. 81.

172 *Zinser*, S. 82 ff.

nahmeangebots beauftragte *Aberdare* das Bankinstitut *Morgan Grenfel* mit dem Kauf von *Metal Industries*-Aktien an der Börse zu einem über dem Übernahmeangebot liegenden Preis. Der so herbeigeführte Sieg von *Aberdare* war allerdings nur vorübergehender Natur. Denn die Führung von *Metal Industries* favorisierte eine Übernahme durch *Thorn Electrical Industries* und kaufte mit neuen Aktien aus zuvor genehmigtem Kapital eine Tochtergesellschaft von *Thorn*. Dies hatte zur Folge, dass die Mehrheitsbeteiligung von *Aberdare Holdings* von 53 Prozent auf 32 Prozent zusammenschrumpfte.[173] Der *Thorn*-Konzern erhöhte anschließend das Angebot für die restlichen Aktien und erlangte Kontrolle über *Metal Industries*.[174]

Die Vorgänge empörten die Öffentlichkeit. Die Rufe nach einem Aufsichtsorgan nach US-amerikanischen Vorbild wurden lauter.[175] Der britische Premierminister *Harold Wilson* favorisierte gleichwohl eine Lösung der Probleme durch den Londoner Finanzbezirk, die sog. *City*, selbst, drohte jedoch mit einer gesetzlichen Regelung, falls die *City* untätig bliebe.[176]

Die *City* reagierte: Abermals wurde die Arbeitsgruppe, die schon die *Notes on Amalgations of British Businesses* ausgearbeitet hatte, einberufen. Die *Working Party*, die sich aus Vertretern wichtiger Finanzinstitutionen[177] zusammensetzte, wurde nunmehr durch Vertreter der *Confederation of British Industry* und der *National Association of Pension Funds* erweitert. Unter Beauftragung eines *drafting committee*, das am 5. Januar 1968 einen Entwurf präsentierte, verabschiedete die *Working Party* mit Wirkung zum 28. März 1968 schließlich den City Code.

B. Grundelemente

Der City Code weist zwei Besonderheiten auf, die eine ausführliche allgemeine Darstellung seiner Grundelemente notwendig erscheinen lassen: Er ist Teil einer ausländischen Rechtsordnung und ein Akt der Selbstregulierung.

---

173 Ausführlich dazu: *Johnston*, S. 34.
174 *Krause*, S. 58.
175 *Roßkopf*, S. 109.
176 *Lee*, in: Hopt/Wymeersch (Hrsg.), S. 133.
177 *Issuing House Association*, *Accepting Houses Committee*, *Association of Unit Trust Managers*, *Association of Investment Trust Companies*, *British Insurance Association*, *Committee of London Clearing Banks* und *London Stock Exchange*.

I. Aufbau

Der City Code in seiner Fassung vom 1. Mai 2002 gliedert sich in mehrere Abschnitte: Auf einen einleitenden Teil (*Introduction*) folgen zehn *General Principles*, ein Definitionsteil (*Definitions*), 38 *Rules*, die durch *Practice Notes* ergänzt werden und schließlich vier *Appendices*.

Die *Introduction* enthält allgemeine Bemerkungen zum City Code, zum *Panel on Takeovers and Mergers* (Panel) und zur Anwendung des City Code. Die *General Principles* werden in der *Introduction* als *„essentially statements of good standards of commercial behaviour"* beschrieben.[178] Es sind zehn allgemein formulierte Verhaltensregeln für Übernahmeangebote. Demgegenüber enthalten die 38 *Rules* detaillierte Verfahrensvorschriften für Übernahmeangebote. Sie stellen eine Konkretisierung der *General Principles* dar. Den wichtigsten *Rules* angehängt sind *Practice Notes*, die kommentarähnlich – meist durch konkrete Beispiele aus der Praxis des Panel – die Anwendung der *Rules* beschreiben.

II. Auslegung

Eine Besonderheit des City Code als Akt der Selbstregulierung ist die freie Auslegung seiner Vorschriften durch das Panel. Anders als die Gerichte bei der Auslegung englischer Gesetze[179], darf bei der Auslegung des City Code nicht strikt am Wortlaut der Vorschriften festgehalten werden, sondern muss auch den Wesen und Geist der Vorschriften beachten werden.[180] Die teleologische Auslegung ist damit im Gegensatz zur Auslegung englischer Gesetze nicht nur zulässig, sondern gefordert. Im Übrigen sind die Vorschriften des City Code weit auszu-

178 City Code, Introduction, 3 (a).

179 Englische Rechtsnormen werden im Wesentlichen eng an ihrem Wortlaut ausgelegt. Eine historische Auslegung findet nur insofern statt, als sie sich auf den geschichtlichen Hintergrund des Gesetzes und nicht auf den Gesetzgebungsprozess selbst bezieht. Nicht zulässig ist die teleologische Auslegung. Vgl. zum Ganzen *Morse*, J.B.L. 1991, 509, 511 f.

180 City Code, Introduction, 3 (a) sagt dazu: Die *General Principles „are...expressed in broad general terms and the Code does not define the precise extent of, or the limitations on, their application. They are applied by the Panel in accordance with their spirit to achieve their underlying purpose....*". Und für die *Rules*: *„they are not framed in technical language and, like the General Principles, are to be interpreted to achieve their underlying purpose. Therefore, their spirit must be observed as well as their letter...*".

legen. Auch wenn ein konkreter Fall von keiner *Rule* erfasst wird, sind gleichwohl die *General Principles* und selbst der *„spirit of the Code“* zu beachten.[181] Diese Auslegungsmethoden verschaffen dem City Code ein hohes Maß an Flexibilität. Durch neue Übernahmepraktiken entstehende Regelungslücken können auf diese Weise zügig geschlossen werden. Jedoch scheint es bei der Auslegung ausdrücklicher Vorschriften auch eine Grenze zu geben, die das Panel bei der Suche nach einem gerechten Ergebnis nicht überschreiten darf.[182]

III. Anwendungsbereich

Der Anwendungsbereich des City Code bestimmt sich durch die Art der Transaktion und die Eigenschaften der Zielgesellschaft.[183]

In Bezug auf die Art der Transaktion umfasst der Anwendungsbereich des City Code nicht nur Übernahme- und Pflichtangebote, sondern auch Fusionen.[184] Wesentlich ist nur, dass die Kontrolle über das Zielunternehmen erworben oder verstärkt wird.[185] Kontrolle wird im City Code definiert als das Halten von mindestens 30 Prozent der Stimmrechte einer Gesellschaft. Dies gilt unabhängig davon, ob der Erwerber auch *de facto* die Kontrolle über das Zielunternehmen erlangt.[186]

Als Zielgesellschaften kommen alle *public companies*[187] in Betracht, sofern sie im Vereinten Königreich, den *Channel Islands* oder der *Isle of Man „resident“* sind.[188] Dazu muss die Zielgesellschaft in einem der genannten Territorien inkorporiert und ihr *central management* dort angesiedelt haben.[189] Unerheblich ist, ob die betreffende Gesellschaft an der Börse notiert ist oder nicht.[190] Seit

181 City Code, General Principles, Introduction.
182 Vgl. Fallbeispiel bei *Johnston*, S. 94.
183 City Code, Introduction, 4 (a).
184 City Code, Introduction, 4 (b).
185 City Code, Introduction, 4 (b).
186 City Code, Definitions, „Control“.
187 *Public companies* haben gemäß dem *Companies Act 1985* bestimmten Anforderungen zu genügen; insbesondere müssen sie ein Mindestkapital von £ 50.000 aufweisen. Soweit eine britische Gesellschaft diesen Anforderungen nicht genügt, stellt sie eine *private company* dar. *Public companies* sind am ehesten der deutschen Aktiengesellschaft, *private companies* der GmbH vergleichbar. Vgl. *von Bernstorff*, S. 213 ff.
188 City Code, Introduction, 4 (a).
189 *Marchant*, in: Button (Hrsg.), S. 23, 25; *Zinser*, S. 102; *Roßkopf*, S. 154.
190 City Code, Introduction, 4 (a).

1983 ist der City Code zudem grundsätzlich auf *private companies*[191] anwendbar, sofern diese

- innerhalb der letzten zehn Jahren zu irgendeinem Zeitpunkt börsennotiert waren, oder
- in den letzten zehn Jahren zumindestens einmal während eines Zeitraums von sechs Monaten regelmäßig ihre Anteile angeboten haben, oder
- in den letzten zehn Jahren dem Registrar für Aktiengesellschaften eine Prospektunterlage hinsichtlich der Ausgabe von Aktien übermittelt haben, oder
- ihre Anteile auch außerhalb der Börse dem Handel unterworfen waren.[192]

IV. Ziele

Die zehn allgemeinen Prinzipien des City Code lassen sich auf vier wesentliche Leitgedanken reduzieren, wobei sich naturgemäß Überschneidungen ergeben:

- Gleichbehandlung der Aktionäre[193],
- umfassende und gleiche Informationen[194],
- keine Irreführung des Kapitalmarkts[195],
- Handeln im Interesse der Anteilseigner[196].

Das Panel hat darüber hinaus unter dem Gesichtspunkt der Aktionärsinteressen erkennen lassen, dass es auch der zügigen Durchführung des Übernahmeverfahrens erhebliche Bedeutung zumisst.[197]

---

191 Die Erweiterung auf *private companies* beruhte auf einer Änderung des *Companies Act 1980*, infolge derer die Anzahl der Aktionäre einer *private company* nicht mehr beschränkt war, so dass eine weite Streuung von Aktien nicht mehr nur bei der *public company* vorkam. Siehe *Begg*, § 9.81.

192 City Code, Introduction, 4 (a) (i)-(iv), wonach das Panel aber grundsätzlich die Möglichkeit hat, von der Anwendung des City Code abzusehen, wenn nach den Umständen des Einzelfalls die Anwendung nicht erforderlich erscheint – vgl. auch *Stedman*, S. 50.

193 City Code, General Principles, 1.

194 City Code, General Principles, 2 und 4.

195 City Code, General Principles, 3, 5 und 6.

196 City Code, General Principles, 7 und 9.

197 Das Panel in einer Entscheidung zu dem Übernahmeangebot der *Edelmann Group* für die *Storehouse Plc*: „*..in the interests of shareholders a company should not be in a prolonged state of siege.*“ – siehe *Weinberg/Blank*, in: Rabinowitz (Hrsg.), Rn. 13-0078.

Der City Code dient im Wesentlichen den an einer Übernahmetransaktion beteiligten Interessengruppen. Hingegen spielen ökonomische Faktoren, wie beispielsweise der betriebs- und volkswirtschaftliche Nutzen einer Transaktion, keine Rolle als Regelungsziel des City Code.[198]

C. *Panel on Takeovers and Mergers*

Zur Analyse des britischen Übernahmerechts erweist sich die bloße Betrachtung der Bestimmungen des City Code als ungenügend. Denn eventuelle Unzulänglichkeiten eines selbstregulatorischen Systems, wie das des City Code, können durch eine starke Kontrollinstanz neutralisiert werden. So hat das für die Regulierung des City Code zuständige *Panel on Takeovers and Mergers* (Panel)[199] wesentlichen Anteil an der Funktionsfähigkeit des britischen Übernahmerechts.

I. Gründung

Durch die Entscheidung für eine selbstregulatorische Lösung war der *Working Party* bewusst, dass der Erfolg des City Code maßgeblich von der Durchsetzbarkeit seiner Bestimmungen abhängen würde.[200] Deshalb forderte die *Working Party* noch während der Arbeiten zum City Code den Präsidenten der *Bank of England*[201] auf, eine Kontrollstelle als moralische Instanz einzurichten, welche die Einhaltung des neuen Regelwerks auf freiwilliger Basis überwachen sollte. So kam es, dass im Jahre 1969 das Panel als Aufsichtsorgan ins Leben gerufen wurde.[202] Die Mitglieder des Panel rekrutieren sich aus denjenigen Institutionen, die auch für die Zusammensetzung der *Working Party* maßgeblich waren.

---

198 *Lee*, in: Hopt/Wymeersch (Hrsg.), S. 133, 136.

199 Kontakt: 10 Paternoster Square, London EC4M 7DY. Tel.: 0044 (0)20 7382 9026, Fax: 0044 (0)20 7236 7005. Homepage: http://www.thetakeoverpanel.org.uk.

200 Schließlich hatte u.a. das Fehlen einer Institution zur Überwachung der unverbindlichen Regeln zum Scheitern vorangegangener Regelungsversuche geführt – vgl. *Frazer*, in: Coffee/Lowenstein/Rose-Ackermann (Hrsg.), S. 436, 437.

201 Die *Bank of England*, im Jahre 1694 gegründet, wurde 1946 verstaatlicht und ist seither eine öffentliche Behörde, die rechtlich dem Finanzministerium (*Treasury*) untergeordnet ist. Tatsächlich besteht zwischen Bank und Ministerium jedoch ein Verhältnis der Gleichordnung. Die *Bank of England* ist faktisch unabhängig. Als Zentralbank übt die *Bank of England* eine allgemeine Überwachungsfunktion über Banken und Finanzmärkte aus, was ihr eine dominierende Rolle in der *City* verschafft hat.

202 *Johnston*, S. 37.

II. Organisation und Aufgaben

Das Panel besteht aus drei Organen: *(Panel) Executive*, *Full Panel* und *Appeal Committee.*

1. *Panel Executive (Executive)*

Die *Executive* ist als Verwaltungsorgan des Panel das Zentrum der täglichen Arbeit. Sie besteht zurzeit aus 13 Mitgliedern[203], die zum Teil fest angestellt sind und zum Teil von anderen Institutionen für jeweils zwei bis drei Jahre zum Dienst beim Panel abgestellt werden.[204] Zu letzterer Kategorie gehört der *Director General*[205], welcher der *Executive* vorsteht. Die *Executive* ist zuständig für die tägliche Anwendung und Auslegung des City Code. Von maßgebender Bedeutung sind dabei zwei Kriterien: Flexibilität und Schnelligkeit. Denn die *Executive* wird zwar auch *ex-post* auf der Grundlage von Meldungen über Verstöße tätig, sie übt vor allem aber eine beratende Funktion im Vorfeld der Transaktion aus. Die Parteien einer Übernahmetransaktion und ihre Berater werden dazu angehalten, den Rat der *Executive* einzuholen, bevor sie tätig werden.[206] Die *Executive* bescheidet Anfragen in der Regel direkt am Telefon, jedenfalls aber innerhalb weniger Stunden.[207] Entscheidungen über Auslegungsfragen werden innerhalb von 24 Stunden gefällt.[208]

---

203 Die personelle Besetzung der *Executive* kann unter http://www.thetakeoverpanel.org.uk unter dem Menüpunkt „The Panel/Panel Executive" eingesehen werden.

204 Sog. *secondment*; dabei werden in der Regel nur hochqualifizierte Kräfte für den Dienst beim Panel abgestellt – vgl. *Lee*, in: Hopt/Wymeersch (Hrsg.), S. 133, 134.

205 Seit dem 14.4.2003 bekleidet *Richard Murley* von *Goldman Sachs* diese Position.

206 City Code, Introduction, 3 (b).

207 Dies gilt auch für Anfragen außerhalb von Übernahmetransaktionen. Auf Grund des sehr speziellen Themas dieser Arbeit, war der Verfasser darauf angewiesen, einige Schlussfolgerungen im Gespräch mit der *Executive* zu verifizieren. Der Verfasser hat die Mitglieder der *Executive* dabei als stets gesprächsbereite und geduldige Ansprechpartner kennen gelernt.

208 *Lee*, in: Hopt/Wymeersch (Hrsg.), S. 133, 134.

2. *Full Panel*

Das *Full Panel*[209] ist Aufsichts- und Legislativorgan des Panel. Es besteht aus einem *Chairman*[210], zwei *Deputy Chairmen* und drei weiteren unabhängigen Mitgliedern[211] sowie Vertretern der wichtigsten Institutionen[212] der *City*, die mit Übernahmeangeboten befasst sind. Das *Full Panel* entscheidet über die seltenen Beschwerden[213] gegen Entscheidungen der *Executive* und – auf Betreiben der *Executive* – über Disziplinarangelegenheiten.[214] Auch entscheidet das *Full Panel* im Anschluss an eine Verweisung durch die *Executive* über besonders ungewöhnliche, wichtige oder komplizierte Auslegungsfragen.[215] Die Hauptaufgabe des *Full Panel* ist jedoch ständige Überwachung des Systems des City Code sowie – wenn notwendig – dessen Änderung und Ergänzung. Auch hier zeigt sich die Flexibilität des britischen Systems, das kein einzuhaltendes Verfahren zur Änderung des City Code vorschreibt. Eine zentrale Rolle kommt dabei der *Executive* zu, da sie auf Grund ihrer täglichen Praxis am ehesten in der Lage ist, Missstände zu erkennen.[216]

---

209 Das *Full Panel* trifft sich routinemäßig viermal im Jahr. Es kann aber auch außerhalb dieser Treffen innerhalb von 48 Stunden zusammengerufen werden – vgl. *Lee*, in: Hopt/Wymeersch (Hrsg.), S. 133, 135.

210 Zurzeit ist dies *Peter Scott QC*. Er und seine zwei Vertreter werden auf unbestimmte Dauer bestellt. Die Person des *Chairman* ist von enormer Bedeutung für das gesamte Panel – vgl. *Johnston*, S. 123 f.

211 Die Zusammensetzung des *Full Panel* gewährleistet eine für eine Selbstregulierungsorganisation untypische Interessenpluralität. Dazu *of Weedon*, J.B.L. 1990, 203, 210.Die personelle Zusammensetzung des *Full Panel* kann unter http://www.thetakeoverpanel.org.uk unter dem Menüpunkt „The Panel/Membership“ eingesehen werden.

212 Dies sind Verbände, die die Hauptinvestoren vertreten, Organisationen, deren Mitglieder im Bereich Übernahmeangebote tätig sind sowie in Vertretung der durch Übernahmeangebote betroffenen Unternehmen die *Confederation of British Industry*. Die Vertreter dieser Organisationen sind fast ausschließlich deren Präsidenten, was kennzeichnend für den hohen Stellenwert der Arbeit des Panel ist.

213 City Code, Introduction, 3 (c).

214 Wenn die Executive bei einer Untersuchung einen Verstoß gegen den City Code feststellt, leitet sie ein Verfahren vor dem *Full Panel* ein. Vgl. zum Ganzen City Code, Introduction, 3 (d).

215 Auf Grund der großen Fachkenntnis und Erfahrung der *Executive* ist dies ein eher seltener Fall.

216 In der Praxis beginnt das legislative Verfahren deshalb meist mit einem Entwurf der *Executive*, die üblicherweise auch andere Institutionen zur Stellungnahme auffordert. Anschließend geht der Entwurf an alle Mitgliedsinstitutionen des Panel bevor er zur Abstimmung vor das *Full Panel* geht.

3. *Appeal Committee*

Von geringer Bedeutung für die Praxis ist das *Appeal Committee*. Es hat einen Vorsitzenden und einen stellvertretenden Vorsitzenden und bedarf für eine Sitzung zweier weiterer Personen aus dem Kreis des *Full Panel*. Es ist zuständig für Beschwerden[217] gegen Entscheidungen des *Full Panel*.

D. Durchsetzbarkeit der Regelungen

Da der City Code als zentrales übernahmerechtliches Regelwerk bloß selbstregulatorischen Charakter besitzt, könnte an der Durchsetzbarkeit seiner Regelungen fehlen. Sollten sich die Bestimmungen des City Code als „Schönwetter-Regeln" herausstellen, stünde ihre Tauglichkeit für einen Rechtsvergleich mit dem im Range eines förmlichen Gesetzes stehenden WpÜG in Frage.

I. Erfolgreiche Selbstregulierung durch das Panel

Obwohl die Bestimmungen des City Code mangels Gesetzeskraft grundsätzlich rechtlich nicht durchsetzbar sind, hat sich das System der Selbstregulierung als wirksam erwiesen. Im Wesentlichen beruht dies auf der Tatsache, dass die am Finanzmarkt Beteiligten einen geschlossenen und auf gegenseitiges Vertrauen angelegten Kreis mit einem weitgehend akzeptierten traditionellen Wertesystem bilden.[218]

Die Sanktionen, welche in Form privater Anordnungen getroffen werden, haben sich als wirksam erwiesen.[219] Wegweisend war insofern die Affäre um *St. Piran*. *James Raper* hatte mittels eines *dawn raid*[220] über 30 Prozent der Aktien von *St. Piran* übernommen und war deshalb von dem Panel zur Abgabe eines obligato-

217 Beschwerden sind automatisch zulässig gegen Disziplinarentscheidungen des Panel, die zur Verhängung von Sanktionen führen, gegen Vorwürfe der Überschreitung des Zuständigkeitsbereichs durch das Panel sowie gegen weitere, im City Code benannte Entscheidungen. In anderen Fällen bedarf die Beschwerde der Zulassung durch das *Full Panel*. Nicht zugelassen werden grundsätzlich Beschwerden wegen Tatsachenfehlern oder der Auslegung des City Code. Zum Ganzen: City Code, Introduction, 3 (f).

218 *Schaaff*, RIW 1985, 273, 274.

219 Sanktionen sind gemäß City Code, Introduction, 3 (d) (i)-(v) der nichtöffentliche und der öffentliche Verweis, die Meldung des Verstoßes an andere Stellen, das sog. *Cold Shouldering* (dazu *Roßkopf*, S. 162) sowie weitere im Ermessensspielraum des Panel stehende Maßnahmen.

220 Dazu nachfolgend Kap. 5 § 1 E I auf S. 60.

rischen Übernahmeangebots aufgefordert worden. *Raper* widersetzte sich dieser Aufforderung, woraufhin das Panel im Juni 1980 *Raper* die Eignung zum *director* einer *public company* absprach. Die Börse verbot ihren Mitgliedern daraufhin, mit *Raper* Geschäfte zu tätigen. Schließlich gab *Raper* klein bei und entschuldigte sich bei dem Panel für sein Verhalten und gestand:

> „*There is no question of it, the City is very powerful and can make many difficulties.*“[221]

Das Panel ist seither bei der Durchsetzung seiner Entscheidungen auf keinen nennenswerten Widerstand getroffen.[222]

II. Vordringen staatlicher Regelungen

Seit den 80er Jahren gab es anhaltende Bestrebungen zur Reformierung der Regulierungsstruktur des britischen Kapitalmarkts. Hauptansatz der Kritik war fehlende Übersichtlichkeit und Zuständigkeit im Geflecht zwischen öffentlichen Behörden[223] und Institutionen der Selbstregulierung[224]. Wurde die selbstregulatorische Struktur durch eine 1976 eingesetzte Untersuchungskommission unter dem Vorsitz von *Harold Wilson* noch als im Wesentlichen zufrieden stellend bezeichnet, sprach sich der 1981 beauftrage Professor *Gower* bereits für die Schaffung eines Rahmengesetzes und eines staatlichen Überwachungsorgans aus.[225] Das Rahmengesetz sollte von den Selbstregulierungsorganisationen der *City* – darunter auch das Panel – mit Details ausgefüllt werden. Im November 1986 kam es schließlich zur Verabschiedung des *Financial Services Act 1986*, einem Rahmengesetz nach *Gowers* Vorbild. Kernpunkt der Neuregelung ist, dass fortan jeder der im Vereinten Königreich *investment business* betreiben will, grundsätzlich einer Genehmigung bedarf.[226] Die Regierung gab jedoch dem Begehren der *City* nach einer privaten Institution zur Überwachung nach. Als

---

221 *Raper* in einem Interview mit der Zeitschrift *Accountancy* im November 1983, zitiert nach *Roßkopf*, S. 138.

222 M.w.N. *Roßkopf*, S. 138.

223 In der Hauptsache handelte es sich dabei um das *Department of Trade and Industry*, das Betrugsdezernat der *Metropolitan Police*, den *Director of Public Prosecution* und die *Bank of England*.

224 Insbesondere *Stock Exchange, Takeover Panel* und *Council for the Securities Industry*.

225 *Roßkopf*, S. 143.

226 Ausgenommen von der Anwendbarkeit des Gesetzes sind die *Bank of England*, *Recognised Investment Exchanges* und *Clearing Houses* sowie *Lloyd's*, siehe *Financial Services Act 1986, Sections 35* ff.

private Überwachungsorganisation über die Selbstregulierungsorganisationen der *City* wurde das *Securities and Investment Board* (SIB) gegründet.

Diese Umstrukturierung hatte jedoch weder Auswirkung auf den City Code noch auf das Panel. Allerdings ergaben sich mittelbare Auswirkungen. Denn in einem *Statement of Principle* stellte das SIB zur Vereinfachung der von den einzelnen Organisationen erlassenen Regeln allgemeine Standards auf, an die sich alle autorisierten Personen halten müssen. Zu diesen Standards gehören die vom SIB anerkannten Verhaltenskodizes anderer Institutionen, wozu auch der City Code zählt. Bei einem Verstoß gegen den City Code kann nunmehr die Genehmigung zum Betreiben eines *investment business* entzogen werden. Der City Code wurde damit mittelbar zwangsweise durchsetzbar.

Es dauerte jedoch nicht lange, ehe Anfang der 90er Jahre abermals Kritik an dem noch immer bestehenden System der Selbstregulierung aufkam. Neben der Unübersichtlichkeit der vielen unterschiedlichen Selbstregulierungsorganisationen wurden vor allem mangelnde Disziplin, zu niedrige Standards und zu hohe Kosten gerügt. Unter der im Mai 1997 gewählten Labour-Regierung *Tony Blairs* wurde das bisher in einen gesetzlichen Rahmen gepackte System der Selbstregulierung des *Financial Services Act 1986* vollständig in den Bereich staatlicher Regulierung überführt. Als Sofortmaßnahme wurde schon im Oktober 1997 die SIB in die *Financial Services Authority* (FSA) umbenannt.[227] Die FSA sollte ohne den Umweg über die Selbstregulierungsorganisationen zur direkten Verhängung gesetzlicher Sanktionen ermächtigt werden.[228] Im Juli 1998 hat die FSA zur Präzisierung ihrer Rolle einen Entwurf eines neuen Finanzdienstleistungsförderungsgesetzes (*Financial Services and Markets Bill* [FSMB]) vorgelegt.[229] Mit Wirkung zum 14. Juni 2000 hat der auf der FSMB basierende *Financial Services and Markets Act 2000* (FSMA) den *Financial Services Act 1986* ersetzt.[230] Die FSA ist nunmehr dem Finanzministerium verantwortlich und ist nicht nur für den engeren Finanzsektor, sondern auch für den Versicherungs-, Banken- und Bausparkassensektor zuständig.[231] Für den City Code und das Panel soll sich jedoch auch durch diese Maßnahme nichts ändern. Das Panel wird weiterhin seine eigenen Sanktionen verhängen. Darüber hinaus soll die Zusammenarbeit, wie sie schon zwischen der SIB und dem Panel stattfand, mit der

227 Für weitere Informationen zur FSA vgl. die FSA-Homepage unter http://www.fsa.gov.uk.

228 *Roßkopf*, S. 148.

229 AG-Report 1999, R 44.

230 Siehe auch AG-Report 2000, R 316, R 318. Der FSMA kann unter http://www.uk-legislation.hmso.gov.uk/acts/acts2000/20000008.htm eingesehen werden.

231 AG-Report 2000, R 316, R 318.

FSA fortgeführt werden.[232] Der City Code bleibt mittelbar zwangsweise durchsetzbar. Das Panel kann bei einem Verstoß gegen den City Code den Entzug der unter einem Erlaubnisvorbehalt stehenden Zulassung zur Ausübung der Geschäftstätigkeit auf dem Markt der Finanzdienstleistungen durch die FSA anregen.[233] Das Panel ist demnach auch weiterhin

„*the only remaining relic of pure and unsupervised City self-regulation*".[234]

III. Fazit

Dem Panel als das den City Code überwachende Organ gelang es, sich in der *City* durch hartes Durchgreifen und vor allem durch seine personelle Zusammensetzung ein hohes Ansehen zu verschaffen. Das Vordringen staatlicher Regelungen hat zudem dafür gesorgt, dass die Bestimmungen des City Code zwangsweise durchsetzbar sind. Die Regelungen des City Code sind zwar rein selbstregulatorischer Natur, sie besitzen allerdings eine quasi-gesetzliche Wirkung.[235] Insgesamt besteht kein Zweifel an der Durchsetzbarkeit des britischen Übernahmerechts.

E. Weitere übernahmerechtliche Regelungen

Der City Code ist zur Untersuchung der Regelung von Bedingungen im britischen Übernahmerecht das zu analysierende Regelungswerk. Der Vollständigkeit halber sollen jedoch auch die darüber hinaus im Vereinigten Königreich existierenden übernahmerechtlichen Regelungen erwähnt werden.

I. Nichtgesetzliche Regelungen

Weitere nichtgesetzliche, freiwillige Regelwerke die Vorschriften zu Übernahmeangeboten enthalten, sind *die Rules Governing Substantial Acquisitions of*

---

232 Zur Koordinierung der Zusammenarbeit zwischen FSA und Panel siehe auch der unter http://www.fsa.gov.uk/pubs/cp/cp87_newsletter.pdf abrufbare *Newsletter 87* der FSA vom April 2001.

233 Vgl. *Section 19 FSMA*.

234 *Gower*, S. 705.

235 So auch *Zinser*, RIW 2001, 481, 487.

Shares (SARs)[236], die *Listing Rules* (wegen der Farbe ihres Einbands auch *Purple Book* genannt)[237] und die *Notes on Amalgations of British Businesses*.

Da die SARs und der City Code zusammen veröffentlicht werden und die Einhaltung beider Regelwerke vom Panel beaufsichtigt werden, soll der Hintergrund der SARs hier ebenfalls erläutert werden. Anlass für die Veröffentlichung der SARs waren die Anfang der 80er Jahre vermehrt auftretenden sog. *dawn raids*. Dies waren Transaktionen, bei denen ein Unternehmen innerhalb kürzester Zeit[238] einen beträchtlichen Anteil der Aktien eines anderen Unternehmens erwarb.[239] Auf listige Art und Weise wurde so unter Einsatz mehrerer, anscheinend unabhängig voneinander agierender Bieter der Kontrollerwerb herbeigeführt. Diese Art des Unternehmenserwerbs entsprach nicht dem Geist des City Code. Kleinere Aktionäre waren faktisch von der Teilnahme ausgeschlossen, weil sie nicht schnell genug auf die Offerte reagieren konnten. Auf diese Weise wurde das dem City Code zu Grunde liegende Prinzip der Gleichbehandlung der Aktionäre verletzt. Mit der Einführung der SARs bezweckte die *City*, die Geschwindigkeit zu beschränken, mit der ein Marktteilnehmer seinen Aktienbesitz an einem Unternehmen zu einem Block zwischen 15 und 30 Prozent erhöhen

---

236 Seit der ersten Veröffentlichung im Dezember 1981 werden diese Regeln vom *Panel on Takeovers and Mergers* herausgegeben und angewendet. Sie werden seither zusammen mit dem City Code veröffentlicht und können unter http://www.thetakeoverpanel.org.uk abgerufen oder angefordert werden bei: The Panel on Takeovers and Mergers, 10 Paternoster Square, London EC4M 7DY, Tel.: 0044 (0)20 7382 9026, Fax: 0044 (0)20 7236 7005.

237 Diese ehemals von der Londoner Börse (*London Stock Exchange*) als *Yellow Book* herausgegebenen Börsenzulassungsregeln werden nunmehr von der FSA als *„competent authority“* erlassen (siehe *Official Listing of Securities* [*Change of Competent Authority*] *Regulations 2000* – vgl. *Weinberg/Blank*, in: Rabinowitz (Hrsg.), Rn. 11-0001 f.). Unter http://www.fsa.gov.uk/Pages/doing/ukla/info/sorcebook/index.shtml können die *Listing Rules* in der jeweils aktuellen Fassung abgerufen werden. Die *Listing Rules* legen Gesellschaften, die an der Börse zugelassen werden wollen, sog. *„continuous obligations“* auf. Darin sind neben der Aufforderung zur Einhaltung des City Code auch zusätzliche Anforderungen an Übernahmeangebote enthalten, die sich vor allem auf den Inhalt der Angebotsunterlage (und damit die Offenlegung bestimmter Informationen) beziehen und Verfahrensvorschriften enthalten, deren Strenge vom Umfang der Transaktion abhängt.

238 Oft geschah dies früh am Morgen – daher der Name *dawn raids* – innerhalb weniger Stunden.

239 Die Aktien wurden meist unter erheblichen Aufschlägen im Verhältnis zum Börsenkurs erworben. Die erworbene Anteilshöhe hielt sich dabei regelmäßig unter der pflichtangebotsauslösenden 30 %-Schwelle (vgl. das sog. *mandatory offer* nach Rule 9.1 City Code).

kann.[240] Außerdem enthalten die SARs verschärfte Offenlegungspflichten für den Erwerb wesentlicher Beteiligungen.[241] Allen Aktionären sollen auf diese Weise möglichst gleiche Chancen auf einen Gewinn durch Veräußerung ihrer Aktien gewährt werden.[242]

II. Gesetzliche Regelungen

Im Vereinigten Königreich sind nur wenige übernahmerechtliche Fragestellungen gesetzlich geregelt. Vereinzelt und nicht systematisch finden sich Bestimmungen im *Companies Act 1985*. Die darin enthaltenen Vorschriften betreffend das Übernahmeverfahren wurden durch den *Financial Services Act 1986*[243] abgeändert.[244] Darüber hinaus beinhalten die *Licensed Dealers (Conduct of Business) Rules 1983* einige rein technische Vorschriften, wonach öffentliche Übernahmeangebote nur von bestimmten Personen, nämlich sog. *licensed dealers* abgegeben werden dürfen.[245]

---

240 Nach Rule 1 SARs ist ein Erwerb von mehr als 10 % der stimmberechtigten Wertpapiere eines Unternehmens durch eine Einzelperson oder durch mit ihr abgestimmt Handelnde grundsätzlich unzulässig, falls er innerhalb von sieben Tagen durchgeführt wird und dadurch ein Aktienpaket entsteht, welches zwischen 15 und 30 % der Stimmrechte einer Gesellschaft enthält.

241 Transaktionen, die ein Aktienpaket über 15 % bilden oder ein solches Paket vergrößern, müssen gemäß Rule 3 SARs am nächsten Geschäftstag der betreffenden Zielgesellschaft und der Börse mitgeteilt werden.

242 SARs, Introduction, 2.

243 Gleichzeitig enthält der *Financial Services Act 1986* einige Strafvorschriften im Bezug auf Anlagegeschäfte. Beispielsweise sind falsche Angaben in Übernahmedokumenten gemäß *Section 47 Financial Services Act 1986* strafbar. Dazu *Stedman*, S. 608 ff.

244 Die Regelungen des *Companies Act 1985* in der durch den *Financial Services Act 1986* abgeänderten Fassung hinsichtlich des Verfahrens betreffen insbesondere die sog. *compulsory acquisition of shares* (bei Erwerb von mindestens 90 % der Aktien hat der Bieter das Recht und auf Wunsch der Aktionäre auch die Pflicht, die restlichen Aktien zu erwerben), Publizitätspflichten sowie die Frage der finanziellen Abwicklung bei Marktkäufen und Übernahmen. Ein Überblick zu den relevanten Vorschriften findet sich bei *Stedman*, S. 57.

245 Die *Licensed Dealers (Conduct of Business) Rules* wurden erstmals 1960 durch das Handelsministerium (*Board of Trade*, heutiges *Department of Trade and Industry*) erlassen. Neben den Bestimmungen zur Lizenzierung enthalten die Regeln eine Generalklausel zu den inhaltlichen Anforderungen an ein Übernahmeangebot und eine Annahmeempfehlung. Die Generalklausel ist durch außergesetzliche Regelwerke wie den City Code und die SARs auszufüllen.

III. Verhältnis selbstregulatorischer und gesetzlicher Vorschriften

Die selbstregulatorische Natur des City Codes hat dazu geführt, dass schon bei seiner Ausarbeitung sichergestellt wurde, dass der City Code nicht gegen gesetzliche Vorschriften verstößt. Da der City Code nicht im Widerspruch zu gesetzlichen Normen steht, bestehen in der Praxis keine Kollisionsprobleme.[246] Im Gegenteil ziehen die Gerichte den City Code als Hilfsmittel bei der Entscheidung von Fällen heran, die im Zusammenhang mit Übernahmeangeboten stehen. Die Gerichte bewerten die Regeln des City Code als „*good standards of business practice*“, die zur Auslegung unbestimmter Rechtsbegriffe benutzt werden und bei Billigkeitsentscheidungen als Maßstab dienen.[247]

§ 2 Wertpapiererwerbs- und Übernahmegesetz

Am 1. Januar 2002 trat das „Gesetz zur Regelung von öffentlichen Angeboten zum Erwerb von Wertpapieren und von Unternehmensübernahmen“ – kurz Wertpapiererwerbs- und Übernahmegesetz (WpÜG) – in Kraft.

A. Historische Entwicklung

Das WpÜG kann auf eine wechselvolle Historie zurückblicken. Die Entwicklung des Gesetzes war und ist eng verknüpft mit den europäischen Bemühungen zur Regelung des Übernahmerechts. Ein wenig beachteter Vorläufer des WpÜG waren die 1979 entstandenen „Leitsätze für öffentliche freiwillige Kauf- und Umtauschangebote beziehungsweise Aufforderungen zur Abgabe derartiger Angebote für im amtlich notierten oder im geregelten Freiverkehr gehandelte Aktien beziehungsweise Erwerbsrechte“. Die Leitsätze wurden von der Börsensach-

---

246 *Frazer*, in: Coffee/Lowenstein/Rose-Ackermann (Hrsg.), S. 436, 439; *Stedman*, S. 63.

247 Beispiele sind *Dunford & Elliot Ltd. v. Johnson & Firth Brown Ltd.* [1977] 1 Lloyd's Rep. 505, 510, in dem der *Court of Appeal* entschied, dass „*although the Code does not have the force of law, nevertheless it does denote good business practice and good business standards*“, und *Re St. Piran Ltd.* [1981] 3 All E.R. 270, 277, wo hervorgehoben wurde, dass der City Code von verantwortungsbewussten und erfahrenen Geschäftsleuten der *City* entworfen und als gerecht und vernünftig angesehen wurde, weshalb der Verletzung dieser Regeln auch von den Gerichten Bedeutung beigemessen werden dürfe.

verständigenkommission (BSK)[248] als nicht allgemeinverbindliche Wohlverhaltensregeln aufgestellt.[249]

Ausgehend von einigen Übernahmeversuchen in den 80er und frühen 90er Jahren, die erhebliche Publizität genossen[250], wurden die Leitsätze am 1. Oktober 1995 durch einen von der BSK erarbeiteten Übernahmekodex abgelöst.[251] Der Übernahmekodex wurde einmalig im Juli 1997 mit Wirkung zum 1. Januar 1998 geändert.[252] Gegenüber den Leitsätzen erwies sich der Übernahmekodex zwar als Verbesserung, aber da er keinen Gesetzesrang besaß, fehlte auch ihm die Allgemeinverbindlichkeit. Der Übernahmekodex war lediglich eine „Empfehlung von Verhaltensnormen für die an freiwilligen Übernahmeangeboten beteiligten Parteien“[253], deren Verbindlichkeit für den Erwerber eines Unternehmens gemäß Art. 21 Übernahmekodex allein von dessen ausdrücklicher Anerkennung abhängig war. Von den 1016 börsennotierten inländischen Unternehmen hatten bis zum 11. April 2001 lediglich 755 Gesellschaften – darunter 86 Unternehmen des DAX 100 – den Übernahmekodex als für sich verbindlich anerkannt.[254] Der Übernahmekodex konnte sich nicht in gleicher Weise durchsetzen wie Selbstregulierungen in anderen Ländern, insbesondere wie etwa der City Code im Vereinigten Königreich.

Auf Grund der mangelnden Akzeptanz des Übernahmekodexes empfahl die BSK dem Gesetzgeber im Februar 1999, die allgemeine Verbindlichkeit von Übernahmeregeln durch ein Gesetz herzustellen.[255] Aber erst unter dem Eindruck der von der Öffentlichkeit besonders beachteten Übernahme der *Mannesmann AG* durch *Vodafone AirTouch Plc* berief die Bundesregierung im Februar 2000 eine hochrangige Expertenkommission ein.[256] Diese verständigte sich in

---

248 Die BSK ist eine beim Bundesministerium der Finanzen angesiedeltes Expertengremium, welches beratende Funktion hat und sich aus Vertretern der Wissenschaft, Investoren, Börsenaufsicht der Länder, Emittenten und Kreditinstituten zusammensetzt.

249 Geibel/Süßmann-*Zehetmeier-Müller*, Einleitung, Rn. 2.

250 Die versuchte Übernahme der *Feldmühle Nobel A*G durch private Investoren (1988), die gescheiterte Übernahme der *Continental AG* durch die *Pirelli SpA* (1990) sowie die spektakuläre Übernahme der *Hoesch AG* durch die *Krupp GmbH* (1992).

251 Abgedruckt in AG 1995, 572.

252 Abgedruckt in AG 1998, 133.

253 Vgl. Einleitung zum Übernahmekodex, AG 1998, 133.

254 Allgemeiner Teil der Begründung zum RegE, BT-Drucks. 14/7034, S. 27.

255 *Möller/Pötzsch*, ZIP 2001, 1256, 1257.

256 Der Kommission gehörten folgende Mitglieder, bezeichnet mit ihrer damaligen Funktion, an: *Gerhard Schröder* (Bundeskanzler), *Wolfgang Clement* (Ministerpräsident Nordrhein-Westfalen), *Herta Däubler-Gmelin* (Bundesjustizministerin), *Werner Müller* (Bundes-

zwei Gesprächsrunden auf zehn Eckpunkte.[257] Kurze Zeit später legte das Bundesministerium der Finanzen (BMF) einen Diskussionsentwurf[258] vor, der zum Gegenstand einer Anhörung im BMF gemacht wurde.[259] Am 12. März 2001 wurde ein Referentenentwurf[260] veröffentlicht, der die zahlreichen Änderungsvorschläge der betroffenen Kreise berücksichtigte. Der im Anschluss an die Anhörung vom 2. April 2001 vorgelegte Regierungsentwurf[261] eines Gesetzes zur Regelung von öffentlichen Angeboten zum Erwerb von Wertpapieren und von Unternehmensübernahmen vom 11. Juli 2001 wurde in das Gesetzgebungsverfahren eingebracht und vom Bundestag am 15. November 2001 verabschiedet. Das Gesetz wurde am 22. Dezember 2001 im Bundesgesetzblatt[262] verkündet und trat am 1. Januar 2002 in Kraft.

B. Grundelemente

Da es sich bei dem WpÜG um ein formelles Gesetz handelt, ergeben sich keine Besonderheiten betreffend Aufbau und Auslegung. Deshalb beschränkt sich die allgemeine Darstellung des WpÜG auf dessen Anwendungsbereich und Zielsetzung.

---

wirtschaftsminister), *Paul Achleitner* (Allianz AG), *Klaus Esser* (Mannesmann AG), *Ron Sommer* (Deutsche Telekom AG), *Kurt Viermetz* (Hypo-Vereinsbank AG), *Werner Seifert* (Deutsche Börse AG), *Ulrich Hoecker* (Deutsche Schutzvereinigung für Wertpapierbesitz), *Theodor Baums* (Universität Frankfurt am Main), *Hubertus Schmoldt* (IGBCE), *Roland Berger* (Roland Berger Consulting).

257 Empfehlung der Expertenkommission „Unternehmensübernahmen" vom 17.5.2000, abgedruckt bei *Pötzsch/Möller*, WM 2000, Sonderbeilage Nr. 2, S. 1, 37 f.

258 Diskussionsentwurf eines Gesetzes zur Regelung von Unternehmensübernahmen vom 29.6.2000 (DiskE), abgedruckt in NZG 2000, 844.

259 Der Diskussionsentwurf wurde in einer Anhörung am 25.7.2000 erörtert – vgl. *Möller/Pötzsch*, ZIP 2001, 1256, 1257.

260 Referentenentwurf eines Gesetzes zur Regelung von öffentlichen Angeboten zum Erwerb von Wertpapieren und von Unternehmensübernahmen vom 12.3.2001 (RefE), abrufbar unter http://www.rws-verlag.de/volltext/01wueg01.htm.

261 Regierungsentwurf eines Gesetzes zur Regelung von öffentlichen Angeboten zum Erwerb von Wertpapieren und von Unternehmensübernahmen vom 11. Juli 2001 (RegE), BT-Drucks. 14/7034. Der RegE ist außerdem abgedruckt in ZIP 2001, 1262 mit einer Einführung von *Möller/Pötzsch*, ZIP 2001, 1256.

262 BGBl. 2001 I, S. 3822.

I. Anwendungsbereich

Gemäß § 1 WpÜG ist das Gesetz „anzuwenden auf Angebote zum Erwerb von Wertpapieren, die von einer Zielgesellschaft ausgegeben wurden und zum Handel an einem organisierten Markt zugelassen sind". Damit bestimmt sich der Anwendungsbereich des WpÜG, wie der des City Code, nach der Art der Transaktion und den Eigenschaften der Zielgesellschaft.

In Bezug auf die Art der Transaktion umfasst der Anwendungsbereich des WpÜG gemäß § 2 Abs. 1 WpÜG neben öffentlichen Übernahme- und Pflichtangeboten auch Angebote, die nicht auf den Erwerb von Kontrolle über die Zielgesellschaft gerichtet sind.[263] Der Anwendungsbereich des WpÜG ist also weiter als der des britischen City Code, der lediglich auf Kontrollerwerb zielende bzw. kontrollverstärkende Übernahme- bzw. Pflichtangebote erfasst. Eine nähere Erläuterung dazu, wann ein Angebot als „öffentlich" einzustufen ist, enthält das WpÜG nicht.[264] Bei der Konkretisierung dieses Tatbestandsmerkmals ist eine Vielzahl von Kriterien zu beachten, wobei der Adressatenkreis des Angebots einen maßgeblichen Aspekt darstellt.[265]

Als Zielgesellschaften kommen gemäß § 2 Abs. 3 WpÜG ausschließlich Aktiengesellschaften und Kommanditgesellschaften auf Aktien mit Sitz im Inland in Betracht, deren Wertpapiere zum Handel an einem organisierten Markt zugelassen sind. Zur näheren Erläuterung der Begriffe „Wertpapier" und „organisierter Markt" wird auf die Legaldefinitionen in § 2 Abs. 2 und § 2 Abs. 7 WpÜG und die einschlägigen Kommentierungen verwiesen.

II. Ziele

Die mit der Schaffung des WpÜG verbundenen Zielsetzungen sind in den allgemeinen Grundsätzen des § 3 WpÜG wie folgt festgeschrieben:

---

263 Begründung zu § 2 Abs. 1 RegE, BT-Drucks. 14/7034, S. 34.

264 Des Weiteren wird angeführt, dass eine solche Definition angesichts der Vielgestaltigkeit möglicher Sachverhalte kaum möglich sei und zudem die Gefahr von Umgehungsstrategien berge – vgl. die Begründung zu § 2 Abs. 1 RegE, BT-Drucks. 14/7034, S. 33.

265 Die Begründung zum RegE nennt weitere Kriterien, siehe die Begründung zu § 2 Abs. 1 RegE, BT-Drucks. 14/7034, S. 33. Eine umfassende Betrachtung des Merkmals „öffentlich" findet sich bei *Fleischer*, ZIP 2001, 1653.

- Gleichbehandlung der Wertpapierinhaber[266],
- ausreichende und rechtzeitige Information der Wertpapierinhaber[267],
- Handeln im Interesse der Zielgesellschaft[268],
- rasche Durchführung des Übernahmeverfahrens[269],
- Schutz vor Marktverzerrungen[270].

Ein Vergleich mit dem City Code zeigt eine fast identische Zielsetzung. Einzige Abweichung ist die spezielle Betonung der raschen Durchführung des Übernahmeverfahrens im WpÜG. Dies ist ein wichtiger Bestandteil des Übernahmeverfahrens, da die Zielgesellschaft nicht länger als unbedingt notwendig in ihrer Geschäftstätigkeit behindert werden darf. Obwohl der City Code diesen Grundsatz nicht explizit nennt, findet er sogar stärkere Beachtung als im deutschen Übernahmerecht. Dies zeigt sich vor allem daran, dass der City Code selbst bei Angebotsänderungen im Gegensatz zum WpÜG grundsätzlich keine Verlängerung der maximalen Angebotsfrist vorsieht.[271]

C. Die Bundesanstalt für Finanzdienstleistungsaufsicht

Die Bundesanstalt für Finanzdienstleistungsaufsicht (BaFin)[272] ist das deutsche Gegenstück zum Panel. Die BaFin ist zuständig für die Kontrolle von Unternehmensübernahmen, die auf der Grundlage des WpÜG durchgeführt werden.

I. Gründung

Die BaFin wurde zum 1. Mai 2002 durch das Gesetz über die integrierte Finanzdienstleistungsaufsicht vom 22. April 2002[273] gegründet. Sie untersteht dem

266 § 3 Abs. 1 WpÜG.
267 § 3 Abs. 2 WpÜG.
268 § 3 Abs. 3 WpÜG.
269 § 3 Abs. 4 WpÜG.
270 § 3 Abs. 5 WpÜG.
271 Vgl. Rule 32.1 City Code und §§ 16 Abs. 1, 21 Abs. 5 WpÜG.
272 Kontakt: Dienstsitz der Banken- und Versicherungsaufsicht der BaFin: Graurheindorfer Str. 108, 53117 Bonn, Tel.: +49 (0)228/4108-0, Fax: +49 (0)228/4108-1550, E-Mail: poststelle@bafin.de. Dienstsitz der Wertpapieraufsicht/Asset-Management der BaFin: Lurgiallee 12, 60439 Frankfurt am Main, Tel.: +49 (0)228/4108-0, Fax: +49 (0)228/4108-123, E-Mail: poststelle-ffm@bafin.de. Homepage: http://www.bafin.de.
273 Finanzdienstleistungsaufsichtsgesetz – FinDAG, BT-Drucksache 14/8389.

BMF.[274] Unter dem Dach der neuen Anstalt sind die Aufgaben der ehemaligen Bundesaufsichtsämter für das Kreditwesen (BAKred), das Versicherungswesen (BAV) und den Wertpapierhandel (BAWe) zusammengeführt worden. Damit existiert in Deutschland eine staatliche Aufsicht über Kreditinstitute, Finanzdienstleistungsinstitute und Versicherungsunternehmen, die sektorübergreifend den gesamten Finanzmarkt umfasst.

Ausgelöst wurde die Gründung der BaFin durch die tief greifenden Veränderungen auf den Finanzmärkten. Das Verlangen von Kunden nach Finanzdienstleistungen aus einem Guss führt dazu, dass die Grenzen zwischen den klassischen Sektoren der Banken, Versicherungen und Finanzdienstleister zusehends verschwimmen. In der Folge haben die Unternehmen aus den einzelnen Sektoren ihre Produktpaletten über ihre klassischen Kernbereiche hinaus zu Allfinanzlösungen erweitert. Mittlerweile haben sich in der Konsequenz regelrechte Allfinanzkonzerne gebildet, wie das Beispiel des neu gebildeten Finanzkonglomerats *Allianz/Dresdner Bank* zeigt. Wegen dieser Entwicklung war die ehemals praktizierte Teilung der Aufsichtskompetenzen zwischen BAKred, BAV und BAWe nicht mehr zeitgemäß und es wurde mit der BaFin eine zentrale Anlaufstelle für alle Marktteilnehmer geschaffen.

II. Organisation und allgemeine Aufgaben

Die BaFin gliedert sich organisatorisch und in Bezug auf die wahrzunehmenden Aufgaben in eine Ebene der Leitung (Präsidium und Verwaltungsrat) sowie verschiedene Arbeitsbereiche (Aufsichtssäulen und Querschnittsabteilungen).[275]

1. Präsidium und Verwaltungsrat

Die BaFin wird von einem Präsidenten[276] geleitet, dem ein Vizepräsident[277] zur Seite steht. Ein bedeutendes Organ der BaFin ist der Verwaltungsrat, der die Leitung der Anstalt überwacht und sie gleichzeitig bei der Erfüllung ihrer fachlichen Aufgaben berät. Außerdem entscheidet er über das Budget der BaFin, das die beaufsichtigten Unternehmen vollständig finanzieren. Der Verwaltungsrat

274 § 1 Abs. 2 und § 2 FinDAG.

275 Vgl. das Organigramm der BaFin unter http://www.bafin.de unter dem Menüpunkt „Wir über uns/Organisation/Organigramm".

276 Augenblicklich ist dies *Jochen Sanio*.

277 *Karl-Burkhard Caspari* bekleidet zurzeit diese Position.

besteht aus 21 Mitgliedern. Er setzt sich zusammen aus Vertretern des BMF und anderer Ministerien, Abgeordneten des Bundestags sowie Vertretern der Kredit- und Finanzdienstleistungsinstitute und der Versicherungsunternehmen.[278] Den Vorsitz führt das BMF.[279]

2. Aufsichtssäulen und Querschnittsabteilungen

Kernstück der BaFin sind drei Aufsichtssäulen, in denen die Aufgaben der ehemaligen Aufsichtsämter aufgegangen sind. Soweit es sich dabei allerdings um sektorübergreifende Aufgaben handelt, sind diese nunmehr sog. Querschnittsabteilungen zugeordnet.

Die erste Säule ist die Bankenaufsicht. Ihr sind im Rahmen der Solvenzaufsicht über die Kreditinstitute alle aufsichtlichen Entscheidungskompetenzen zugewiesen. Wesentliche Grundlage dieser Aufsicht ist das Kreditwesengesetz (KWG) sowie einige Spezialgesetze wie beispielsweise das Hypothekenbankgesetz und das Bausparkassengesetz. Die zweite Säule der Versicherungsaufsicht ist zuständig für die Aufsicht über Versicherungsunternehmen nach dem Versicherungsaufsichtsgesetz (VAG). Die dritte Säule „Wertpapieraufsicht/Asset-Management" ist vor allem dafür verantwortlich, die Funktionsfähigkeit der deutschen Märkte für Wertpapiere und Derivate nach dem Wertpapierhandelsgesetz (WpHG) sicherzustellen und für ein ordnungsgemäßes Übernahmeverfahren nach den Vorschriften des WpÜG zu sorgen.

Die traditionellen Aufsichtssäulen werden durch drei Querschnittsabteilungen ergänzt, die sektorübergreifende Aufgaben wahrnehmen. Die Querschnittsabteilungen wurden ins Leben gerufen, um in Zusammenarbeit mit den traditionellen Aufsichtssäulen ein vernünftiges Gleichgewicht zwischen sektorspezifischen Besonderheiten und den sektorübergreifenden Aspekten der Aufsicht zu garantieren. In der ersten Querschnittsabteilung „Finanzmarkt/Internationales" werden unter anderem sektorübergreifende Aufgaben im Hinblick auf Finanzmarktfragen, Finanzinstrumente und Finanzkonglomerate wahrgenommen. Die zweite Querschnittsabteilung befasst sich insbesondere mit Fragen der Einlagensicherung, des Anleger- und Verbraucherschutzes und der Altersvorsorge. Zu diesem Zweck wurde eigens ein *Call-Center* für Kundenbeschwerden eingerichtet. Die

278 Die personelle Besetzung kann eingesehen werden unter http://www.bafin.de unter dem Menüpunkt „Wir über uns/Gremien/Verwaltungsrat".

279 Zurzeit in Gestalt von *Caio Koch-Weser*.

Geldwäschebekämpfung und die Verfolgung unerlaubter Finanzgeschäfte werden von der dritten Querschnittsabteilung wahrgenommen.

III. Aufgaben und Befugnisse im Rahmen des WpÜG

Die Überwachung öffentlicher Übernahmeangebote nach dem WpÜG unterstand zuvor dem BAWe als zuständigem Überwachungsorgan. Die BaFin hat unter anderem nunmehr die Funktion des BAWe übernommen und übt gemäß § 4 Abs. 1 Satz 1 WpÜG die Aufsicht im Rahmen öffentlicher Übernahmeangebote nach dem WpÜG aus.[280] Damit stellt die Vorschrift klar, dass sich die Aufsichtstätigkeit der BaFin insofern ausschließlich durch die Vorschriften des WpÜG bestimmt.[281] Satz 2 der Vorschrift konkretisiert die allgemeine Aufgabenzuweisung im Sinne einer Missstandsaufsicht.[282] Aufgabe der BaFin ist es, Missständen entgegenzuwirken, welche die ordnungsgemäße Durchführung des Verfahrens beeinträchtigen oder erhebliche Nachteile für den Wertpapiermarkt bewirken können. Der Begriff des Missstandes ist nicht näher definiert, setzt aber einen erheblichen, dauerhaften oder wiederholten Regelverstoß voraus.[283] Es handelt sich bei § 4 Abs. 1 Satz 2 WpÜG nicht um eine allgemeine Befugnisnorm, sondern um eine Konkretisierung des Inhalts der Aufsichtstätigkeit. Die Generalermächtigung zur Missstandsbehebung findet sich erst in § 4 Abs. 1 Satz 3 WpÜG.[284] Gemäß § 4 Abs. 1 Satz 3 WpÜG kann die BaFin „Anordnungen treffen, die geeignet und erforderlich sind, diese Missstände zu beseitigen oder zu verhindern". Diese Vorschrift gibt der BaFin eine Rechtsgrundlage für entsprechendes Verwaltungshandeln und ergänzt als Generalermächtigung die besonderen Ermittlungs- und Eingriffsbefugnisse innerhalb des WpÜG.[285] Mögliche Handlungsformen sind das schlichte Verwaltungshandeln sowie der Erlass von Verwaltungsakten oder Allgemeinverfügungen.[286] Bei § 4 Abs. 1 Satz 3 WpÜG handelt sich um einen Auffangtatbestand, der durch Anwendung spezieller Befugnisnormen gesperrt ist.[287]

---

280 Das WpÜG wurde durch die Erste Verordnung zur Anpassung von Bezeichnungen nach dem FinDAG vom 29.4.2002 (BGBl. I S. 1495) entsprechend geändert.

281 Begründung zu § 4 Abs. 1 RegE, BT-Drucksache 14/7034, S. 36.

282 Begründung zu § 4 Abs. 1 RegE, BT-Drucks. 14/7034, S. 36.

283 Geibel/Süßmann-*Schwennicke*, § 4, Rn. 4.

284 Haarmann/Riehmer/Schüppen-*Stögmöller*, § 4, Rn. 31; KK-WpÜG-*Giesberts*, § 4, Rn. 14.

285 Haarmann/Riehmer/Schüppen-*Stögmöller*, § 4, Rn. 34.

286 Haarmann/Riehmer/Schüppen-*Stögmöller*, § 4, Rn. 36.

287 Haarmann/Riehmer/Schüppen-*Stögmöller*, § 4, Rn. 35; KK-WpÜG-*Giesberts*, § 4, Rn. 14.

§ 4 Abs. 2 WpÜG stellt klar, dass die BaFin die ihr nach dem WpÜG zugewiesenen Aufgaben und Befugnisse nur im öffentlichen Interesse wahrnimmt. Im Vordergrund steht die Funktionsfähigkeit der Wertpapiermärkte, nicht jedoch der Schutz des einzelnen Anlegers, der nur bloßer Rechtsreflex ist. Sinn und Zweck der Vorschrift ist es, drittgerichtete Amtspflichten und damit verbundene Amtshaftungsansprüche oder verwaltungsgerichtliche Klagen auf Vornahme einer Amtshandlung auszuschließen.[288]

IV. Angegliederte Institutionen

Gemäß §§ 5 und 6 WpÜG sind bei der BaFin ein Beirat und ein Widerspruchsausschuss zu bilden.

1. Der Beirat

Der Beirat ist ein ehrenamtliches Gremium, dem Vertreter der Wirtschaft, der Arbeitnehmer sowie weitere Experten angehören. Der BaFin soll durch die Schaffung des Beirats die Kompetenz von Praktikern aus den verschiedenen an einem Übernahmeverfahren beteiligten Kreisen zur Verfügung gestellt werden. Dies soll zu einer höheren Akzeptanz der Entscheidungen der BaFin in der Praxis führen.[289] Die insgesamt 15 Mitglieder werden durch das BMF für jeweils fünf Jahre bestellt. Der Beirat hat lediglich beratende Funktion. Die BaFin soll im Rahmen der Ausübung der Aufsichtsfunktion den Beirat zwar grundsätzlich anhören, an seine Auffassung ist die BaFin jedoch nicht gebunden. Zum Erlass von Verfügungen ist der Beirat nicht befugt. Der Beirat hat das Recht, Mitglieder für den Widerspruchsausschuss vorzuschlagen.

2. Der Widerspruchsausschuss

Der Widerspruchsausschuss ist ein besonderes Gremium, das zur Entscheidung über Widersprüche gegen in § 6 Abs. 1 Satz 2 WpÜG abschließend aufgeführte Verfügungen der BaFin zuständig ist. Die genannten Verfügungen betreffen sämtlich unmittelbar das Angebotsverfahren an sich. Umgekehrt bedeutet dies nicht, dass gegen nicht aufgeführte Verfügungen der BaFin kein Widerspruch statthaft ist. Vielmehr findet ein Widerspruchsverfahren auch gegen alle anderen Verfügungen der BaFin statt, jedoch entscheidet darüber nicht der Wider-

---

[288] Haarmann/Riehmer/Schüppen-*Stögmöller*, § 4, Rn. 44.
[289] Begründung zu § 5 Abs. 1 RegE, BT-Drucks. 14/7034, S. 36.

spruchsausschuss. Der Widerspruchsausschuss soll sich in seiner Arbeit ganz auf das eigentliche Angebotsverfahren konzentrieren und von anderen Entscheidungen, beispielsweise Gebührenbescheiden, entlastet werden.[290]

Der Widerspruchsausschuss setzt sich gemäß § 6 Abs. 2 WpÜG aus dem Präsidenten der BaFin als Vorsitzendem, zwei von ihm beauftragten Beamten als Beisitzern und drei ehrenamtlichen Beisitzern, die vom Präsidenten der BaFin für die Dauer von fünf Jahren bestellt werden, zusammen. Die Entscheidungen des Widerspruchsausschusses ergehen, soweit dem Widerspruch nicht abgeholfen wird, durch Mehrheitsbeschluss in Form eines Widerspruchsbescheids.[291] Bei Stimmengleichheit entscheidet der Vorsitzende.[292]

§ 3 EU-Übernahmerichtlinie

Im Folgenden wird zunächst die ereignisreiche Historie der am 21. April 2004 verabschiedeten Richtlinie des Europäischen Parlaments und des Rates betreffend Übernahmeangebote (EU-Übernahmerichtlinie) nachgezeichnet.[293] Im Anschluss wird ihr Einfluss auf den City Code und das WpÜG unter besonderer Berücksichtigung der Regelung bedingter Übernahmeangebote untersucht.

A. Historische Entwicklung

Das europäische Vorhaben zur Regelung des Übernahmerechts schien zunächst vor allem auf Grund deutscher Intervention am 4. Juli 2001 mit dem denkbar knappsten Ergebnis zumindestens vorübergehend gestoppt.[294] Die EU-Übernahmerichtlinie hatte zu diesem Zeitpunkt bereits eine 25-jährige Entwicklung hinter sich, die von Fehlschlägen und Verzögerungen gekennzeichnet war.

---

290 Begründung zu § 6 Abs. 1 RegE, BT-Drucks. 14/7034, S. 37.

291 Geibel/Süßmann-*Schmitz*, § 6, Rn. 9 f.

292 § 6 Abs. 2 Satz 2 WpÜG.

293 Der vollständige Text der EU-Übernahmerichtlinie kann unter http://europa.eu.int/eur-lex/pri/de/oj/dat/2004/l_142/l_14220040430de00120023.pdf eingesehen werden.

294 Bei der Abstimmung im Europäischen Parlament wurde ein Vermittlungskompromiss in Gestalt des Gemeinsamen Textes einer Richtlinie des Europäischen Parlaments und des Rates auf dem Gebiet des Gesellschaftsrechts betreffend Übernahmeangebote vom 6.6.2001 mit einem Stimmenputt von 273 Ja- zu 273 Nein-Stimmen bei 22 Enthaltungen gekippt. Der Text ist abgedruckt in der ZIP 2001, 1123 mit einer Einführung von *Neye*, ZIP 2001, 1120.

Ausgehend von den Bestrebungen 1974[295] und zwei Entwürfen aus den Jahren 1989[296] und 1990[297] legte die Europäische Kommission am 7. Februar 1996 einen Vorschlag für eine Rahmenrichtlinie vor.[298] Dieser wurde am 10. November 1997 durch einen Geänderten Vorschlag für eine Dreizehnte Richtlinie ersetzt.[299] Nach intensiven Beratungen im Rat verabschiedete dieser am 19. Juni 2000 einen Gemeinsamen Standpunkt zu dem Geänderten Vorschlag.[300] Am 13. Dezember 2000 beschloss das Europäische Parlament 15 Änderungen des Gemeinsamen Standpunkts des Rates.[301] In dem nachfolgenden Vermittlungsverfahren, an dem Rat, Parlament und Kommission teilnahmen, wurde am 6. Juni 2001 ein Gemeinsamer Entwurf vom Vermittlungsausschuss gebilligt.[302]

Wie berichtet ist der Luxemburger Vermittlungskompromiss – und damit die Richtlinie insgesamt[303] – im Europäischen Parlament jedoch zunächst knapp gescheitert. Die EU-Übernahmerichtlinie war bis zu diesem Zeitpunkt vor allem wegen der umstrittenen Neutralitätspflicht des Vorstands der Zielgesellschaft bei

295 Sog. *Pennington*-Entwurf, Kommissions-Dokument XI/56/74.

296 Vorschlag für eine 13. Richtlinie des Europäischen Parlaments und des Rates auf dem Gebiet des Gesellschaftsrechts betreffend Übernahmeangebote vom 19.1.1989, ABl. EG Nr.C 64 vom 14.3.1989, S. 8 (BT-Drucks. 11/4338, BR-Drucks. 136/89).

297 Vorschlag für eine 13. Richtlinie des Europäischen Parlaments und des Rates auf dem Gebiet des Gesellschaftsrechts betreffend Übernahmeangebote vom 10.9.1990, ABl. EG Nr.C 240 vom 26.9.1990, S. 7 (abgedruckt auch in EWS 1991, 33).

298 Vorschlag für eine 13. Richtlinie des Europäischen Parlaments und des Rates auf dem Gebiet des Gesellschaftsrechts betreffend Übernahmeangebote vom 7.2.1996, ABl. EG Nr. C 162 vom 6.6.1996 (BR-Drucks. 162/96; abgedruckt auch in AG 1996, 217).

299 Geänderter Vorschlag für eine 13. Richtlinie des Europäischen Parlaments und des Rates auf dem Gebiet des Gesellschaftsrechts betreffend Übernahmeangebote, ABl. EG Nr. C 378, S. 10 vom 13.12.1997 (abgedruckt auch in ZIP 1997, 2173).

300 Gemeinsamer Standpunkt Nr. 1/2001 vom 19.6.2000, festgelegt gemäß dem Verfahren des Art. 251 EGV im Hinblick auf den Erlass einer Richtlinie des Europäischen Parlaments und des Rates auf dem Gebiet des Gesellschaftsrechts betreffend Übernahmeangebote, ABl. EG Nr. C 23, S. 1 vom 24.1.2001 (abgedruckt auch bei *Pötzsch/Möller*, WM 2000, Sonderbeilage Nr. 2, S. 1, 32 ff.).

301 Informatorische Aufzeichnung, Betrifft: Vorschlag für eine Richtlinie des Europäischen Parlaments und des Rates auf dem Gebiet des Gesellschaftsrechts betreffend Übernahmeangebote – Ergebnisse der Zweiten Lesung des Europäischen Parlaments (Straßburg, 11.-15.12.2000), Ratsdokument 14044/00 vom 22.12.2000.

302 Gemeinsamer Text einer Richtlinie des Europäischen Parlaments und des Rates auf dem Gebiet des Gesellschaftsrechts betreffend Übernahmeangebote in der vom Vermittlungsausschuss am 6.6.2001 gemäß Art. 251 Abs. 4 EGV gebilligten Fassung (abgedruckt in der ZIP 2001, 1123 mit einer Einführung von *Neye*, ZIP 2001, 1120).

303 Die Richtlinie gilt gemäß Art. 251 Abs. 5 EGV als nicht erlassen.

dem Versuch einer „feindlichen“ Übernahme nicht zu Stande gekommen.[304] Hatte die Bundesrepublik Deutschland – noch unter Innehabung der Ratspräsidentschaft – der Neutralitätspflicht im Juni 1999 ausdrücklich zugestimmt[305], schlug sie sich im April 2001 auf die Seite derer, die die Abwehrmöglichkeiten der Vorstände deutscher Unternehmen deutlich erweitert sehen wollten.[306] Der Grund des deutschen Sinneswandels blieb weitgehend im Dunkeln, allerdings gab es Gerüchte, dass gewichtige Stimmen der deutschen Wirtschaft für die plötzliche Abkehr der Bundesregierung von der Neutralitätspflicht verantwortlich waren.[307]

Bereits am 11. September 2001 jedoch traf sich eine von der Kommission eingesetzte unabhängige Expertengruppe, die unter Leitung des niederländischen Managers *Jaap Winter* die Kommission bei der Vorbereitung eines neuen Richtlinienvorschlags betreffend die Regelung öffentlicher Übernahmeangebote bera-

304 Eine Übernahme wird als „feindlich“ eingestuft, wenn sie nicht die Zustimmung des Vorstands des Zielunternehmens findet – *Körner*, DB 2001, 367. Einige Hinweise zu weiterführender Literatur zum Thema Neutralitätspflicht, deren Erörterungen inzwischen Legion sind: *Drygala*, ZIP 2001, 1861; *Grunewald*, AG 2001, 288; *Kirchner*, WM 2000, 1821; *Mülbert/Birke*, WM 2001, 705; *Merkt*, ZHR 165 (2001), 224; *Kallmeyer*, AG 2000, 553; *Schneider/Burgard*, DB 2001, 963; *Maier-Reimer*, ZHR 165 (2001), 258.

305 Die Neutralitätspflicht wurde daher einstimmig Gegenstand des Gemeinsamen Standpunktes des Rates vom 19.6.2000 – vgl. *Altmeppen*, ZIP 2001, 1073, 1074.

306 Vgl. *Frankfurter Allgemeine Zeitung* vom 2.5.2001, S. 17: „Deutschland will mehr Giftpillen“. Die dafür angeführten Gründe sind mannigfaltig. In Betracht kommt der Verlust von Ressourcen und Arbeitsplätzen durch Zerschlagung des Zielunternehmens. Die Benachteiligung der Aktionäre bei einer Übernahme oder ein im internationalen Vergleich zu übernahmefreundliches deutsches Recht sind weitere Überlegungen für eine Erweiterung der Abwehrarsenals der Zielgesellschaft. Die ökonomische Analyse des Übernahmerechts – siehe Kap. 4 – unterzieht einige dieser Vermutungen einer vertiefenden Prüfung. Zunächst kam es allerdings es am 6.6.2001 allerdings mit 8 zu 6 Stimmen noch zu dem angeführten Vermittlungskompromiss, der an der Neutralitätspflicht festhielt, der aber wenig später am 4.7.2001 bei der Abstimmung im Europäischen Parlament zu Fall gebracht wurde.

307 Die *Süddeutsche Zeitung* vom 3.5.2001, S. 25 („Eifersucht und goldene Aktien“) vermutete hinter der deutschen Kehrtwende den damaligen VW-Chef *Ferdinand Piëch*. *Gerhard Schröder* soll „den Wünschen seines Freundes *Ferdinand Piëch* aus Wolfsburg nachgegeben“ haben, weil dieser sich gegen mögliche feindliche Übernahmen wehren müsse. Die *FINANCIAL TIMES DEUTSCHLAND* vom 7.6.2001, S. 2 („Manager mit Einfluss in Berlin“) bezeichnete den VW-Chef sogar als „Motor hinter dem deutschen Widerstand gegen die EU-Übernahmerichtlinie“. Von „Zufälligkeiten“ zwischen der veränderten Haltung der Bundesregierung und den Wünschen des BDI und des DGB berichtet *Wackerbarth*, WM 2001, 1741.

ten sollte.[308] Am 10. Januar 2002 legte die Expertengruppe ihren Abschlussbericht vor.[309] Nach einer Phase der Konsultationen[310] hat die Kommission, vorangetrieben durch Binnenmarktkommissar *Frits Bolkestein*, am 2. Oktober 2002 einen neuen Richtlinienentwurf vorgelegt.[311] Der Entwurf hielt an der Neutralitätspflicht fest und beinhaltete zusätzlich zur Überwindung präventiver Abwehrmaßnahmen eine sog. Durchbruchsregel.[312] *Bolkestein* konnte sich mit dieser Auffassung letztlich nicht durchsetzen. Die vom Rat der Europäischen Union am 30. März 2004 beschlossene und am 21. April 2004[313] formell verabschiedete EU-Übernahmerichtlinie, der das Europäische Parlament bereits am 16. Dezember 2003 zugestimmt hatte, enthält zwar weiterhin sowohl die Neutralitätspflicht als auch die Durchbruchsregel. Allerdings eröffnet die EU-Übernahmerichtlinie den Mitgliedsstaaten im Rahmen eines zweistufigen Optionsmodells die Möglichkeit, von der Umsetzung von Neutralitätspflicht und/oder Durchbruchsregel abzusehen (sog. *Opt-out*)[314], wenn den einzelnen Gesellschaften gleichzeitig die Möglichkeit gegeben wird, sich diesen Regeln individuell zu unterwerfen (sog. *Opt-in*)[315].

---

308 Mitglieder dieser „Hochrangigen Gruppe von Experten auf dem Gebiet des Gesellschaftsrechts" waren: *Jaap Winter* (*Chairman* – Professor und Rechtsberater, UNILEVER, Niederlande), *Jan Schans Christensen* (Professor an der Universität Kopenhagen, Dänemark), *José Maria Garrido Garcia* (Professor an der Universität von Castilla-La Mancha, Spanien), *Klaus J. Hopt* (Geschäftsführender Direktor, Max-Planck-Institut, Deutschland), *Jonathan Rickford* (Berater des Ministeriums für Handel und Industrie, Vereinigtes Königreich), *Guido Rossi* (ehemaliger Präsident der italienischen Börsenaufsichtsbehörde CONSOB, Italien), *Joëlle Simon* (Direktorin für Rechtsfragen, Arbeitgeberverband MEDEF, Frankreich).

309 Der Bericht mit dem Titel „Bericht über die Abwicklung von Übernahmeangeboten" kann unter http://europa.eu.int/comm/internal_market/en/company/company/news/hlg01-2002_de.pdf abgerufen werden.

310 Die Konsultationsfrist lief am 21.6.2002 ab.

311 Dieser Richtlinienentwurf ist als „Vorschlag für eine Richtlinie des Europäischen Parlaments und des Rates betreffend Übernahmeangebote" unter http://europa.eu.int/eur-lex/de/com/pdf/2002/com2002_0534de01.pdf zu finden.

312 Die Durchbrechungsregel bezog sich jedoch nur auf die als besonders schädlich angesehen Übernahmehindernisse. Doppel- und Mehrstimmrechte wurden nicht erfasst – *Maul/Muffat-Jeandet*, AG 2004, 221, 224.

313 Am 21.4.2004 fand die gemäß Art. 254 Abs. 1 EGV notwendige Unterzeichnung die Richtlinie durch die Präsidenten des Europäischen Parlaments und des Europäischen Rates statt.

314 Art. 12 Abs. 1 der EU-Übernahmerichtlinie, abrufbar unter http://europa.eu.int/eur-lex/pri/de/oj/dat/2004/l_142/l_14220040430de00120023.pdf auf S. 10.

315 Art. 12 Abs. 2 der EU-Übernahmerichtlinie, abrufbar unter http://europa.eu.int/eur-lex/pri/de/oj/dat/2004/l_142/l_14220040430de00120023.pdf auf S. 10.

Die EU-Übernahmerichtlinie ist am 20. Mai 2004 in Kraft getreten[316] und muss von den Mitgliedstaaten spätestens bis zum 20. Mai 2006 in nationales Recht umgesetzt werden.[317]

B. Auswirkungen

Die Verabschiedung der EU-Übernahmerichtlinie löst sowohl formellen als auch inhaltlichen Handlungsbedarf aus.

In formeller Hinsicht können die Zuständigkeiten des Panel und der BaFin zwar bestehen bleiben, weil gemäß Art. 4 Abs. 1 der EU-Übernahmerichtlinie private Einrichtungen (Panel) und Behörden (BaFin) zur Beaufsichtigung von Übernahmeangeboten in Betracht kommen.[318] Es stellt sich allerdings die Frage, ob der britische City Code als reiner Akt der Selbstregulierung bestehen bleiben kann oder ob die Umsetzung der EU-Übernahmerichtlinie eine gesetzliche Rahmenregelung erforderlich macht. Die Beantwortung dieser Frage ist in der Theorie umstritten und auch in der Praxis zwischen Panel und britischer Regierung noch nicht abschließend geklärt.[319] Da der City Code als Regelwerk aber nach einhelliger Ansicht erhalten bleiben kann, wird diese Frage nur im Überblick erörtert.

Das europäische Recht, insbesondere Art. 249 Abs. 3 EGV und die Rechtsprechung des EuGH, verbieten die Umsetzung einer Richtlinie durch ein selbstregulatorisches System nicht schlechthin.[320] Allerdings muss ein solches System bestimmte Voraussetzungen erfüllen, insbesondere muss es allgemeinverbindlich sein, lückenlosen Rechtsschutz gewähren und eine gewisse staatliche Beteiligung garantieren.[321] Der Staat muss die mit der Umsetzung der Richtlinie be-

---

316 Die EU-Übernahmerichtlinie ist gemäß Art. 22 – abrufbar unter http://europa.eu.int/eur-lex/pri/de/oj/dat/2004/l_142/l_14220040430de00120023.pdf auf S. 12 – am zwanzigsten Tag nach der am 30.4.2004 erfolgten Veröffentlichung im Amtsblatt der Europäischen Union in Kraft getreten.

317 Art. 21 Abs. 1 der EU-Übernahmerichtlinie, abrufbar unter http://europa.eu.int/eur-lex/pri/de/oj/dat/2004/l_142/l_14220040430de00120023.pdf auf S. 11.

318 Art. 4 Abs. 1 der EU-Übernahmerichtlinie, abrufbar unter http://europa.eu.int/eur-lex/pri/de/oj/dat/2004/l_142/l_14220040430de00120023.pdf auf S. 5.

319 Zum Streitstand vgl. *Roßkopf*, S. 305 f.; das Panel hat dem Verfasser durch Schreiben vom 28.5.2004 mitgeteilt, dass sich die Diskussion mit der britischen Regierung betreffend Form und Inhalt der Umsetzung noch in den Anfängen befindet.

320 *Roßkopf*, S. 292 ff., 301.

321 *Roßkopf*, S. 292 ff., 301.

auftragte private Organisation gegebenenfalls zum Tätigwerden zwingen können oder die Befugnis zur Regulierung jedenfalls wieder an sich ziehen können.[322] In Bezug auf den faktisch allgemeinverbindlichen City Code fehlt es sowohl an einer lückenlosen Gewährung von Schadensersatzansprüchen bei Verletzung individualschützender Vorschriften als auch an einem formellen Umsetzungsakt, der den City Code als das die Richtlinie umsetzende Regelwerk und das Panel als zuständiges Aufsichtsorgan benennt.[323] Im Ergebnis erfordert die Umsetzung der EU-Übernahmerichtlinie im Vereinigten Königreich die Schaffung eines Rahmengesetzes, das zum einen den City Code als umsetzendes Regelwerk und das Panel als Aufsichtsbehörde benennt und zum anderen Schadensersatzansprüche für Verstöße gegen individualschützende Vorschriften vorsieht.[324] Diese Auffassung wird sowohl von der Europäischen Kommission als auch vom Panel geteilt.[325]

In inhaltlicher Hinsicht hat die Verabschiedung der EU-Übernahmerichtlinie keine Auswirkungen auf den Untersuchungsgegenstand. Die existierenden Bestimmungen des City Code und des WpÜG betreffend die Regelung bedingter Übernahmeangebote können unverändert bestehen bleiben. Art. 13 lit. e) der EU-Übernahmerichtlinie fordert zwar eine Regelung zur Zulässigkeit von Bedingungen in Übernahmeangeboten, lässt den Mitgliedstaaten aber freie Hand in Bezug auf die Ausgestaltung dieser Regelung.[326] Es ist deshalb davon auszugehen, dass die derzeitigen Regime zur Regelung bedingter Übernahmeangebote in Deutschland und Im Vereinigten Königreich auch nach der Umsetzung der EU-Übernahmerichtlinie in nationales Recht noch Bestand haben werden.

Im Übrigen machen die inhaltlichen Vorgaben der EU-Übernahmerichtlinie einige Änderungen des City Code und des WpÜG notwendig. Da dieser Änderungsbedarf für den Untersuchungsgegenstand aber ohne Bedeutung ist, kann eine Erörterung hier unterbleiben. Lediglich der aus den kollisionsrechtlichen Bestimmungen der EU-Übernahmerichtlinie resultierende Anpassungsbedarf soll wegen des rechtsvergleichenden Charakters der Untersuchung im Überblick dargestellt werden. Gemäß Art. 4 Abs. 2 lit. e) der EU-Übernahmerichtlinie un-

322 *Roßkopf*, S. 308.
323 *Roßkopf*, S. 307 ff.
324 *Roßkopf*, S. 313.
325 Unverbindliche Auskünfte der *Panel Executive* gemäß dem Telefonat mit *Secretary Selina Sagayam* vom 8.6.2004 und der Kommission gemäß dem Telefonat mit der EU-Kommissionsbeamtin *Danièle Muffat-Jeandet* vom 26.5.2004.
326 Art. 13 lit. e) der EU-Übernahmerichtlinie, abrufbar unter http://europa.eu.int/eur-lex/pri/de/oj/dat/2004/l_142/l_14220040430de00120023.pdf auf S. 10.

terliegen Übernahmeangebote für Zielgesellschaften, die ihren Sitz in Deutschland bzw. im Vereinigten Königreich haben, ihre Börsennotierung aber in einem anderen Mitgliedsstaat unterhalten, deutschem bzw. britischem Recht und der Überwachung durch die BaFin bzw. das Panel nur noch in Bezug auf gesellschafts- und arbeitsrechtliche Fragen, die Zulässigkeit von Abwehrmaßnahmen und den Schwellenwert des Pflichtangebots.[327] Das Angebotsverfahren, wozu auch die Beurteilung von Bedingungen zählt, und die Bestimmung der Gegenleistung haben sich dagegen nach dem Recht des Mitgliedsstaates zu richten, in dem die Zielgesellschaft börsennotiert ist.[328]

§ 4 Fazit

Mit dem britischen City Code und dem deutschen WpÜG stehen sich zwei formal höchst unterschiedliche, in ihrer Zielsetzung jedoch identische Regelwerke gegenüber. Als ein Akt der Selbstregulierung der britischen Finanzwirtschaft musste sich der City Code in seiner im Vergleich zum WpÜG ungleich längeren Historie zunächst einmal etablieren. Dies wird dem WpÜG in seiner Eigenschaft als formelles Gesetz erspart bleiben. Obwohl der City Code in Aufbau und Auslegung einem Gesetz ähnelt, enthält er deutlich mehr und detailliertere Vorschriften zur Regelung des Übernahmeverfahrens. Doch gerade auf Grund seiner enormen Flexibilität hat der City Code auf die sich ständig ändernden Praktiken auf dem Übernahmemarkt reagieren können. Das WpÜG hingegen begegnet dem Übernahmerecht mit der Abstraktheit eines formellen Gesetzes. Wegen der Geltung der allgemeinen Vorschriften, vor allem des BGB, bedarf das WpÜG keiner so hohen Regelungsdichte wie der City Code. Zwar kann auch das deutsche Übernahmerecht ein gewisses Maß an Flexibilität erreichen, indem Vorschriften auf dem Verordnungswege[329] ergänzt werden und die BaFin ihre Überwachungsfunktion in enger Zusammenarbeit mit den beteiligten Gruppen ausübt. Die Flexibilität eines selbstregulatorischen Systems wird freilich schwer zu erreichen sein. Dieser Unterschied wird auch nach der Umsetzung der EU-Übernahmerichtlinie, die im Vereinigten Königreich den Erlass eines Rahmen-

327 Art. 4 Abs. 2 lit. e) der EU-Übernahmerichtlinie, abrufbar unter http://europa.eu.int/eur-lex/pri/de/oj/dat/2004/l_142/l_14220040430de00120023.pdf auf S. 5.

328 Art. 4 Abs. 2 lit. e) der EU-Übernahmerichtlinie, abrufbar unter http://europa.eu.int/eur-lex/pri/de/oj/dat/2004/l_142/l_14220040430de00120023.pdf auf S. 5.

329 §§ 11 Abs. 4, 31 Abs. 7, 37 Abs. 2 WpÜG erlauben Ergänzungen durch Verordnung des BMF.

gesetzes erforderlich macht, bestehen bleiben, weil die die Flexibilität des britischen Systems kennzeichnende Tätigkeit des Panel erhalten bleiben kann.

In der Schaffung integrierter Aufsichtsorgane zur Überwachung des gesamten Finanzdienstleistungssektors sind deutliche Parallelen in der Rechtsentwicklung des Vereinigten Königreichs und Deutschlands erkennbar. Vergleichbar der BaFin wurde im Vereinigten Königreich mit der FSA ein Aufsichtsorgan ähnlichen Zuschnitts geschaffen. Im Unterschied zum deutschen Recht, existiert im Vereinigten Königreich mit dem Panel allerdings noch eine speziell für das Übernahmerecht zuständige private Instanz. Das Panel ist von überragender Bedeutung für das Funktionieren des selbstregulatorischen Systems. Wegen seiner Nähe zur Praxis ist das Panel in der Lage, Missstände frühzeitig zu erkennen und zu beseitigen. Die Eigenschaft des Panel als Institution der britischen Finanzwirtschaft näherte zunächst aber auch Zweifel an seiner Durchsetzungsfähigkeit als Kontrollinstanz. Diese Zweifel hat das Panel widerlegen können und damit historisch wesentlich zur Akzeptanz des britischen Übernahmerechts beigetragen.

Die Wirkungsweise des Panel geht weit über die Funktion einer bloßen Kontrollinstanz hinaus. In ihm sind gesetzgeberische, beratende und kontrollierende Elemente vereint. Entscheidend ist aber die beratende Funktion, welche die *Panel Executive* in der täglichen Arbeit mit den am Übernahmeverfahren beteiligten Parteien ausübt. Die BaFin wird in Deutschland voraussichtlich nie eine derart maßgebliche Rolle spielen können wie das Panel im Vereinigten Königreich, da es nur innerhalb des gesetzlich festgelegten Rahmens tätig werden kann.[330] Eine gesetzgeberische Funktion der BaFin ist ausgeschlossen und eine beratende Tätigkeit – zumindestens im dem Umfang, wie sie das Panel ausübt – unwahrscheinlich. Die BaFin besitzt allerdings den Vorteil einer staatlichen Kontrollinstanz, bei der das Risiko von Interessenkonflikten, wie sie einem selbstregulatorischen System immanent sind, nicht besteht.

[330] Für die Aufgabenbestimmung in diesem Sinne vgl. die Begründung zu § 4 Abs. 1 RegE, BT-Drucks. 14/7034, S. 36.

Kapitel 6

Zulässigkeit von Bedingungen

Für die Gestaltung von Bedingungen muss unterschieden werden zwischen freiwilligen Übernahmeangeboten und Pflichtangeboten. Nur im Rahmen von freiwilligen Übernahmeangeboten ist der Bieter relativ – in den vom City Code bzw. WpÜG gesetzten Grenzen – frei in der Gestaltung der Angebotsunterlage. Aus diesem Grund liegt der Schwerpunkt dieser Arbeit auf der Zulässigkeit von Bedingungen in freiwilligen Übernahmeangeboten. Zudem ist die Zulässigkeit von Bedingungen im Rahmen der öffentlichen Ankündigung von Übernahmeangeboten Gegenstand der Untersuchung.

Das Ziel der nachfolgenden Ausführungen ist es, das Gerüst der in den Regelwerken enthaltenen Vorschriften zur Regelung von Bedingungen darzustellen. Darüber hinausgehende Erläuterungen zur Zulässigkeit bestimmter Einzelbedingungen, soweit diese nicht speziell geregelt sind, erfolgen in Kapitel 8.

§ 1 *City Code on Takeovers and Mergers*

Die grundsätzlich unterschiedliche Beurteilung der Zulässigkeit von Bedingungen in Übernahme- und Pflichtangeboten zwingt dazu, beide Angebotsarten voneinander abzugrenzen. Im Bezug auf freiwillige Übernahmeangebote enthält der City Code eine Vielzahl von Bestimmungen zur Regelung der Zulässigkeit von Bedingungen. Diese lassen sich unterteilen in allgemein gültige Basisvorschriften sowie Normierungen von Bedingungen mit einem bestimmten Inhalt. Ein eigenständiger Abschnitt befasst sich mit der Zulässigkeit von Bedingungen in öffentlichen Angebotsankündigungen. Abschließend wird in aller Kürze auf die Zulässigkeit von Bedingungen in Pflichtangeboten eingegangen.

A. Abgrenzung Übernahmeangebot und Pflichtangebot

Die Abgrenzung von Übernahme- und Pflichtangebot ist für die Zulässigkeit von Bedingungen von großer Bedeutung. Nur im Rahmen freiwilliger Übernahmeangebote kann der Bieter in den vom City Code gesetzten Grenzen Bedingungen aufstellen. Für Pflichtangebote hingegen gilt der Grundsatz der Bedingungsfeindlichkeit. Beide Angebotsarten stellen grundsätzlich unterschiedliche, voneinander zu trennende Formen des Wertpapiererwerbs dar. Während der Erwerb von Kontrolle über die Zielgesellschaft das Ziel eines Übernahmeangebots ist, ist der Kontrollerwerb die Voraussetzung für die Abgabe eines Pflichtangebots. Dabei kann der Kontrollerwerb im Wege eines Übernahmeangebots niemals zur nachfolgenden Abgabe eines Pflichtangebots führen. Eine ausdrückliche Abgrenzungsvorschrift dazu enthält der City Code zwar nicht, aber die folgenden Ausführungen belegen diese These.

Wie der Wortlaut der Pflichtangebotsregel in Rule 9.1 City Code erkennen lässt, kann die Angebotspflicht nur durch die Kontrollerlangung im Wege des privaten Aktienpaketerwerbs bzw. des Aktienerwerbs über die Börse („*acquires...shares*") ausgelöst werden, nicht aber durch den Erwerb von Aktien im Wege einer Übernahmetransaktion (sog. *offer*[331] oder *takeover*[332]). Wie auch die Benennung der auf den Aktienerwerb unterhalb der Kontrollschwelle anwendbaren Regeln als *Rules Governing Substantial Acquisitions of Shares* (SARs) zeigt, haben die Verfasser des City Code und der SARs in ihren Kodizes deutlich zwischen Übernahmetransaktionen (legaldefiniert als *offer* oder *takeover*) und sonstigem Anteilserwerb (*acquisition of shares*) unterschieden. Beide Formen des Aktienerwerbs überschneiden sich nur, wenn der Bieter eines Übernahmeverfahrens außerhalb des offiziellen Verfahrens zeitgleich weitere Aktien im Wege des Paketerwerbs oder über die Börse erwirbt und dabei die Kontrollschwelle überschreitet.[333] In diesem Fall muss er gemäß Note 9 on Rule 9.1 City Code sein Übernahmeangebot in ein Pflichtangebot umwandeln.[334] Hintergrund einer solchen Transaktion kann sein, dass der Bieter noch außerhalb seines Übernahme-

331 Dieser Begriff wird innerhalb des City Code definitionsgemäß für alle Übernahmetransaktionen verwendet. Siehe City Code, Definitions, „Offer".

332 City Code, Introduction, 4 (b) stellt klar, dass neben dem Begriff des *offer* auch der des *takeover* für Übernahmetransaktionen verwendet wird.

333 Denn der freiwillige Übernehmer kann das Pflichtangebot nur während, nicht aber durch das Übernahmeangebot auslösen. Ein solcher Erwerb muss zunächst allerdings nach Rule 5.2 City Code zulässig sein. Vgl. *Pearson*, in: Button (Hrsg.), S. 135, 147.

334 Gemäß Note 9 on Rule 9.1 City Code muss der Bieter vor Überschreiten der Kontrollschwelle das Panel konsultieren. Anschließend muss umgehend die Abgabe eines Pflichtangebots angekündigt werden. Im Rahmen eines solchen Pflichtangebots genügt es grundsätzlich, wenn der Bieter die Aktionäre der Zielgesellschaft schriftlich über Folgendes informiert: Den neuen Stand des Aktienbesitzes, den Umstand, dass bis auf die *acceptance condition* alle weiteren Bedingungen in der Angebotsunterlage nichtig sind sowie die Laufzeit des Angebots.

angebots ein bestimmtes Aktienpaket erwerben möchte, um den Erfolg der Übernahmetransaktion zu sichern.[335]

Die strikte Trennung zwischen Übernahme- und Pflichtangebot wird bestätigt durch die historische Entwicklung der Pflichtangebotsregel. Ältere Versionen des City Code enthielten zwei Bestimmungen zur Regelung des Pflichtangebots. So regelte Rule 34 des City Code in der Fassung vom 16. Februar 1972 den Kontrollerwerb durch privaten Paketerwerb, während Rule 35 den Kontrollerwerb über die Börse erfasste. Diese Differenzierung wurde 1974 im Rahmen einer Ergänzung des City Code beseitigt. Beide Vorschriften wurden zu einer neuen Rule 34 zusammengelegt, die der heutigen Rule 9 City Code entspricht.[336] Als Erwerbstatbestände, die ein Pflichtangebot auslösen können, zählen demnach nur der Kontrollerwerb durch privaten Paketkauf oder über die Börse.

Auch die allgemeine Systematik des City Code lässt erkennen, dass Übernahme- und Pflichtangebot nicht innerhalb desselben Übernahmeverfahrens abzugeben sind. Der City Code trennt strikt zwischen Vorschriften, die das Pflichtangebot betreffen (*mandatory offer* – geregelt in *Section F* des City Code), und Bestimmungen, die für das freiwillige Übernahmeangebot gelten (*voluntary offer* – geregelt in *Section G* des City Code). Diese Unterteilung erscheint wenig sinnvoll, wenn der erfolgreiche freiwillige Übernehmer anschließend noch ein Pflichtangebot abgeben müsste. Die Systematik des City Code spricht im Gegenteil eher für ein Ausschließlichkeitsverhältnis zwischen den beiden Angebotsarten.

Zementiert werden die beschriebenen Auslegungsergebnisse durch ein weiteres systematisches Argument. Gemäß Rule 10 City Code kann ein Übernahmeangebot erst wirksam werden, wenn es durch über 50 Prozent der Aktionäre der Zielgesellschaft angenommen wird. Das hat zur Folge, dass bei Überschreiten der pflichtangebotsauslösenden Kontrollschwelle von 30 Prozent noch kein wirksames Angebot des freiwilligen Übernehmers vorliegt. Ein Pflichtangebot kann daher niemals durch ein vorhergehendes Übernahmeangebot ausgelöst werden.

B. Bedingungen in freiwilligen Übernahmeangeboten

Die Zulässigkeit von Bedingungen in Übernahmeangeboten bemisst sich nach den grundlegenden Vorschriften in Rule 13 City Code sowie den dazugehörigen *Practice Notes*. Darüber hinaus enthält der City Code noch eine Vielzahl von

---

335 *Pearson*, in: Button (Hrsg.), S. 135, 147.
336 Zur geschichtlichen Entwicklung vgl. *Krause*, S. 67 ff.

Vorschriften zur Regelungen spezieller Bedingungen, deren Zulässigkeit besonderen Voraussetzungen unterliegt. In der Folge sollen die Vorschriften im Einzelnen vorgestellt und ihr Zusammenspiel erläutert werden.

I. Grundlegende Bestimmungen und ihr Regelungsgehalt

Zur Erfassung des Regelungsgehalts der grundlegenden Bestimmungen zur Regelung von Bedingungen soll ausgehend von Rule 13 City Code zunächst deren Wortlaut dargestellt und anschließend eine Analyse durchgeführt werden. Das Hauptaugenmerk gilt dabei den sehr praxisrelevanten *Practice Notes*. Insbesondere Note 2 on Rule 13 City Code spielt eine wichtige Rolle bei der Beurteilung von Bedingungen.

1. Rule 13 City Code

Rule 13 City Code – *Subjective conditions*

> „An offer must not normally be subject to conditions which depend solely on subjective judgements by the directors of the offeror or the fulfilment of which is in their hands."

a) Regelungsgehalt und -technik

Regelungsgegenstand dieser Bestimmung ist die rechtliche Bindung des Bieters an das Übernahmeangebot. Es soll erreicht werden, dass die Abgabe des Übernahmeangebots den Bieter insoweit bindet, dass dieser durch eigene Willensentscheidung grundsätzlich nicht mehr von dem Angebot abrücken kann.

Rule 13 City Code ist keine positiv gestaltende Bestimmung im Hinblick auf die Zulässigkeit von Bedingungen in Übernahmeangeboten, sondern eine Ausnahmevorschrift. Danach sind alle Bedingungen unzulässig, die sich als sog. *subjective conditions*[337] unter den Wortlaut von Rule 13 City Code subsumieren lassen. Im Umkehrschluss ist der Vorschrift zu entnehmen, dass alle sonstigen Bedingungen grundsätzlich zulässig sind.

---

[337] Rule 13 ist überschrieben mit *Subjective Conditions*.

b) Inhalt: Verbot subjektiver Bedingungen

Rule 13 City Code verbietet grundsätzlich die Aufnahme von *subjective conditions* in die Angebotsunterlage. *Subjective conditions* werden legaldefiniert als Bedingungen, deren Eintritt allein von der Entscheidung der *directors* der Bietergesellschaft abhängt bzw. deren Erfüllung in ihren Händen liegt.

aa) Zulässige Bedingungsarten

Rule 13 City Code differenziert nicht zwischen der Verwendung von *conditions precedent* und *conditions subsequent*. Beide Arten von Bedingungen können deshalb dem Verbot unterfallen. Im Umkehrschluss bedeutet dies, dass der City Code grundsätzlich die Verwendung sowohl aufschiebender als auch auflösender Bedingungen zulässt. Ebenso wie im deutschen Übernahmerecht ist zum Schutz der Aktionäre der Zielgesellschaft grundsätzlich von dem Vorrang aufschiebender Bedingungen auszugehen. Bei der Verwendung auflösender Bedingungen besteht erst mit Ablauf der Frist zur Erfüllung von Bedingungen Gewissheit über den Fortgang des Übernahmeverfahrens. Bei dem Gebrauch von *conditions precedent* hingegen besteht die Möglichkeit, dass die Bedingung bereits vor Ablauf dieser Frist eintritt und die Aktionäre somit zu einem früheren Zeitpunkt eine sichere Entscheidungsgrundlage haben. Es wird ausdrücklich auf die ausführlichere Darstellung zu dem identischen Problemkreis im deutschen Recht verwiesen.[338]

bb) Bedingungsgegenstand

Verboten sind gemäß Rule 13 City Code nur Bedingungen, von denen das gesamte Übernahmeangebot abhängt. *Subjective conditions* sind insoweit erlaubt, als dass sie nur einzelne Angebotsteile betreffen, die Wirksamkeit des Angebots insgesamt aber unberührt lassen. Der Wortlaut von Rule 13 City Code setzt voraus, dass das Übernahmeangebot als solches nicht von subjektiven Bedingungen abhängig gemacht werden darf („an *offer* must not normally be subject to conditions...“). Die Einbeziehung von Angebotsteilen ist nach dem Zweck der Vorschrift nicht notwendig. Der Einfluss des Bieters auf einzelne Angebotsbestimmungen – sofern diese nicht notwendige Bestandteile des Angebots sind – führt regelmäßig nicht dazu, dass er sich von dem gesamten Übernahmeangebot durch einseitige Entscheidung lösen kann.

---

338 Nachfolgend in Kap. 6 § 2 B I 2 a auf S. 121 ff.

cc) Ausnahmevorbehalt

Das Verbot subjektiver Bedingungen in Übernahmeangeboten ist nach dem Wortlaut von Rule 13 City Code nur grundsätzlicher Natur („an offer must not *normally* be subject"). Die Formulierung „*normally*" bezieht sich auf die Möglichkeit des Panel, in dem durch Note 1 on Rule 13 City Code näher konkretisierten Umfang subjektive Bedingungen zuzulassen. Für die nähere Erläuterung dieser Umstände wird auf die nachfolgenden Ausführungen zu Note 1 on Rule 13 City Code verwiesen.[339]

dd) Einfluss der *directors* auf den Eintritt der Bedingungen

In Bezug auf die Unzulässigkeit von Bedingungen unterscheidet Rule 13 City Code zwischen Bedingungen, deren Eintritt allein von der subjektiven Einschätzung der *directors* des Bieters abhängt, und solchen Bedingungen, deren Erfüllung in den Händen der *directors* liegt.

(1) *directors of the offeror*

Das Verbot der Einflussnahme auf Bedingungen betrifft im Rahmen beider Alternative von Rule 13 City Code die „*directors of the offeror*". *Offeror* können, unabhängig von dem Wohnsitz oder dem Ort der Inkorporation, gleichermaßen Individuen und Unternehmen sein.[340] *Director* des Bieters ist bei Unternehmen die Unternehmensführung[341] und bei einem Individuum die Person selbst bzw. bei einer Gruppe die entscheidungsbefugte Person.

Darüber hinaus werden auch solche Personen erfasst, die formal zwar keine derartige Legitimation besitzen, nach deren Weisung die *directors* aber gewöhnlich handeln.[342] Auf diese Weise soll verhindert werden, dass zur Angebotsabgabe

339 Siehe Kap. 6 § 1 B I 2 a auf S. 87 ff.

340 City Code, Definitions, „Offeror".

341 Bei den im Regelfall als Kapitalgesellschaften (*company*) organisierten Unternehmen ist das *board of directors* das Leitungsorgan. Das *board* existiert sowohl für *private* als auch für *public companies*. Bei einer *public company* handelt es sich im Regelfall um eine vielköpfiges Gremium (zwei Direktoren sind Pflicht), welches sich in *executive directors* (geschäftsführende Direktoren) und *non-executive directors* (nicht geschäftsführende Direktoren) aufteilt. Den Vorsitz führt ein *chairman*. Die Unternehmensleitung einer *private company* hat häufig ein *managing director* inne, der die täglichen Geschäfte führt, und einem GmbH-Geschäftsführer vergleichbar ist – vgl. *Triebel/Hodgson/Kellenter/Müller*, Rn. 712 ff.

342 City Code, Definitions, „Directors".

ein formal unabhängiger Strohmann eingeschaltet wird und so die Bindungswirkung des Übernahmeangebots unterlaufen werden kann. In einer solchen Konstellation kommt es im Rahmen von Rule 13 City Code auf die Einflussmöglichkeit des hinter dem Strohmann stehenden Unternehmens an.[343] Dabei ist unerheblich, ob dieses Unternehmen gegenüber dem Strohmann rechtlich weisungsbefugt ist, solange ein tatsächliches Weisungsverhältnis besteht („*...with whose instructions the directors or a director are accustomed to act.*")[344].

(2) Rule 13 1. Alt. City Code

Die erste Alternative von Rule 13 City Code wendet sich direkt an die *directors* und untersagt Bedingungen, deren Schicksal allein von der subjektiven Einschätzung der *directors* abhängt („*conditions which depend solely on subjective judgements by the directors of the offeror*").

Das Merkmal „*subjective judgements*" dient der Abgrenzung verbotener subjektiver Bedingungen von den grundsätzlich erlaubten objektiven Bedingungen. Rule 13 City Code erfasst nur solche Bedingungen, bei denen die subjektive Einschätzung der *directors* maßgebend dafür ist, ob die Bedingung als eingetreten oder ausgefallen zu betrachten ist. Der Bieter behält sich im Rahmen subjektiver Bedingungen eine Einschätzungsprärogative vor. Zulässig sind hingegen Bedingungen, deren Eintritt oder Ausfall sich an objektive Kriterien knüpft.

Die Bedingung muss ausschließlich von der Beurteilung durch die *directors* des Bieters abhängen („*depend solely*"). Die Formulierung „*depend*" macht deutlich, dass es im Rahmen des Verbots unerheblich ist, ob die *directors* den Eintritt oder den Ausfall einer Bedingung beeinflussen können. Allgemein formuliert geht es um den Ausschluss jeglichen Einflusses der *directors* auf das Schicksal von Bedingungen und den damit verbundenen Fortgang des Übernahmeangebots. Um dem in Rule 13 City Code niedergelegten Verbot zu unterfallen, muss der Eintritt der Bedingung zudem ausschließlich von der Einschätzung der *directors* abhängen. Das Merkmal „*solely*" erscheint problematisch in Fallgestaltungen, in denen es zum Bedingungseintritt der Mitwirkung Dritter bedarf, deren Verhalten der Bieter kontrolliert. Diese Problematik wird allerdings besser durch die zweite Alternative von Rule 13 City Code erfasst und wird deshalb im Anschluss diskutiert.

---

[343] Siehe dazu auch die Ausführungen zur Parallelproblematik im deutschen Recht nachfolgend in Kap. 6 § 2 B III 1 a bb (1) auf S. 139 ff.

[344] Siehe City Code, Definitions, „Directors".

(3) Rule 13 2. Alt. City Code

Rule 13 2. Alt. City Code ist eine Generalklausel und sichert das Verbot subjektiver Bedingungen gegen mögliche Umgehungstatbestände ab. Das Verbot knüpft nicht nur an einen Ermessensspielraum der *directors* des Bieters bei der Beurteilung von Bedingungen an, sondern bezieht auch alle übrigen Fallgestaltungen ein, in denen die Bedingungserfüllung in den Händen der *directors* liegt („*fulfilment of which is in their hands*"). Den *directors* soll jede Möglichkeit genommen werden, auf den Eintritt oder Ausfall von Bedingungen einzuwirken. Die Kombination der Merkmale „*fulfilment*" und „*in their hands*" verdeutlicht, dass das Verbot der Einflussnahme nicht nur die Bedingungserfüllung, sondern auch den Ausfall der Bedingung betrifft. Die zweite Alternative umfasst damit auch den Tatbestand von Rule 13 1. Alt. City Code.

Die weite Fassung von Rule 13 2. Alt. City Code macht eine Ausweitung des Verbots subjektiver Bedingung auf „*persons acting in concert (with the offeror)*"[345] entbehrlich. Diese sonst im Rahmen des City Code übliche und legaldefinierte Absicherung wurde im Rahmen von Rule 13 City Code bewusst nicht gewählt. Sie hätte in Verbindung mit dem Merkmal „*solely*" den Nachteil, dass die Mitwirkung Dritter an dem Übernahmeverfahren, die dem Bieter auf keine besondere Weise verbunden sind, ihm – wie die deutsche Regelung zeigt[346] – nicht in der gebotenen Weise zugerechnet werden könnten. Dies gilt für eine bloß formale, wenn auch notwendige Mitwirkungshandlung eines Dritten, der keinerlei eigene Entscheidungsbefugnisse hat. Ist beispielsweise für die Übernahme eine staatliche Genehmigung notwendig, die auf Grund einer eindeutigen Rechtslage als gebundene Verwaltungsentscheidung zu erteilen wäre, ist die Mitwirkung der Behörde lediglich formaler Natur. Ob eine entsprechende, in der Angebotsunterlage enthaltene Bedingung erfüllt wird, hängt ausschließlich von der Beantragung der Genehmigung durch den Bieter ab. Da der Bieter die Erfüllung einer solchen Bedingung vollständig kontrolliert, kann ihm die Mitwirkung der Behörde im Rahmen von Rule 13 2. Alt. City Code zugerechnet werden.

345 City Code, Definitions, „Acting in concert"; diese Konstruktion wird z.B. verwendet im Rahmen der *mandatory offer* gemäß Rule 9.1 City Code.

346 Vgl. insofern die diesbezüglichen Ausführung zum WpÜG in Kap. 6 § 2 B I 2 c bb auf S. 128 f.

2. Notes on Rule 13 City Code

Rule 13 City Code angefügt sind zwei *Practice Notes*. Während Note 1 auf Rule 13 City Code Bezug nimmt, präsentiert Note 2 eine selbständige Regelung neuen Inhalts.

a) Note 1 on Rule 13 City Code

Gemäß Note 1 on Rule 13 City Code kann das Panel in bestimmten Situationen subjektive Bedingungselemente zulassen. Die nachfolgenden Ausführungen konkretisieren zunächst den Anwendungsbereich dieser Ausnahmebestimmung sowie das Verhältnis zu der Grundsatzregelung in Rule 13 City Code. Anschließend wird eine dogmatische Einordnung vorgenommen und auf mögliche Missbrauchsgefahren hingewiesen.

aa) Inhalt

Note 1 on Rule 13 City Code – *An element of subjectivity*

> „The Panel may be prepared to accept an element of subjectivity in certain special circumstances where it is not practicable to specify all the factors on which satisfaction of a particular condition may depend, especially in cases involving official authorisations, the granting of which may be subject to additional material obligations for the offeror. It would also normally be acceptable in an announcement for an offer to be expressed as being conditional on statements or estimates being appropriately verified."

Note 1 on Rule 13 City Code lässt für zwei Fallgestaltungen die Aufnahme eines subjektiven Bedingungselementes zu und weicht insoweit von dem in Rule 13 City Code niedergelegten Verbot subjektiver Bedingungen ab.

Gemäß Note 1 Satz 1 on Rule 13 City Code soll dies für diejenigen Fälle gelten, in denen eine Auflistung aller Umstände, die zur Erfüllung der Bedingung notwendig sind, nicht durchführbar ist. Konkretisierend nennt Satz 1 Bedingungen, die behördliche Genehmigungen zum Gegenstand haben, welche möglicherweise an gewisse Verpflichtungen für den Bieter geknüpft sind. Dieser Vorschrift ist es zu verdanken, dass sog. *Material-Adverse-Change*-Klauseln (MAC-Klauseln) zulässigerweise in Übernahmeangebote integriert werden können.[347]

[347] *Pearson*, in: Button (Hrsg.), S. 135, 158.

MAC-Klauseln dienen der Sicherung des Bieters gegenüber einem wesentlichen Wertverlust der Zielgesellschaft in einem bestimmten Zeitraum. Es handelt sich regelmäßig um sehr allgemein formulierte Klauseln, weil sich der Bieter gegen ein möglichst großes Spektrum nicht vorhersehbarer Ereignisse, die zu einem wirtschaftlichen Schaden bei der Zielgesellschaft führen, absichern möchte. Bei der Gestaltung von MAC-Klauseln ist es deshalb – wie Note 1 Satz 1 on Rule 13 City Code fordert – wenig praktikabel, jedes nur denkbare Szenario einer wirtschaftlichen Verschlechterung der Zielgesellschaft aufzulisten. Das Panel lässt MAC-Klauseln daher grundsätzlich zu.

Darüber hinaus ist es gemäß Note 1 Satz 2 on Rule 13 City Code zulässig, das Übernahmeangebot von der ungefähren Bestätigung im Vorfeld getätigter Aussagen oder Einschätzungen abhängig zu machen. Note 1 on Rule 13 City Code stellt es in beiden Fällen in das Ermessen des Panel („...the Panel *may* be prepared..."), dem Bieter die Aufnahme entsprechender Bedingungen in die Angebotsunterlage zu gewähren.

bb) Auswirkungen auf den Regelungsgegenstand von Rule 13 City Code

Note 1 on Rule 13 City Code sieht – entgegen dem ersten Anschein – grundsätzlich keine Lockerung der Bindungswirkung des Übernahmeangebots vor. Ein Übernahmeangebot vermag nur im Hinblick auf die in ihm tatsächlich geregelten Fragen Bindungswirkung zu erzeugen. In Note 1 on Rule 13 City Code dreht es sich jedoch um Bestandteile von Bedingungen, die gerade nicht in der Angebotsunterlage spezifiziert wurden. Umstände, die für den Eintritt einer Bedingung relevant sind, aber mangels Vorhersehbarkeit nicht in der Angebotsunterlage geregelt wurden, werden folgerichtig nicht von der Bindungswirkung des Übernahmeangebots erfasst. Dies lässt sich anhand der Fallgestaltungen in Note 1 Satz 1 und 2 on Rule 13 City Code belegen.

Der Konkretisierung in Note 1 Satz 1 on Rule 13 City Code auf die Erteilung behördlicher Genehmigungen unter Auflagen lässt sich entnehmen, dass die Vorschrift verallgemeinernd Fallgestaltungen betrifft, in denen Bedingungen nur unter zusätzlichen Verpflichtungen für den Bieter erfüllt werden. In diesen Fällen hat der Bieter bei der Gestaltung des Übernahmeangebots drei Alternativen:

Entweder er fordert in seinem Übernahmeangebot die Erfüllung seiner Bedingung ohne „wenn und aber". Dies hätte zur Folge, dass das Übernahmeangebot

– vorbehaltlich der in Note 2 on Rule 13 City Code gestellten Anforderungen – bei Erfüllung der Bedingung unter Auflagen verfällt.[348]

Zweitens kann der Bieter versuchen, alle Umstände, von denen die Erfüllung der Bedingung im Einzelfall abhängen mag, vorherzusehen. Der Bieter wird dann diejenigen Faktoren in die Angebotsunterlage aufnehmen, bei deren Eintreten er die Bedingung noch als erfüllt ansieht. Die Angebotsunterlage hätte sich in dieser Fallvariante mit einer Vielzahl denkbarer Auflagen zu befassen. Wird die Bedingung dann unter einer nicht bedachten Auflage erfüllt, verfällt das Übernahmeangebot.

Als letzte Gestaltungsmöglichkeit kann der Bieter einige vorhersehbare Umstände, von denen die Erfüllung der Bedingung eventuell abhängen wird, in der Angebotsunterlage akzeptieren. Darüber hinaus könnte der Bieter eine „Öffnungsklausel" in die Angebotsunterlage aufnehmen. Darin behält sich der Bieter vor, bei nicht vorhersehbaren Faktoren, von denen die Erfüllung der Bedingung abhängig gemacht wird, die weitere Vollziehung der Übernahmetransaktion von einer neuerlichen Entscheidung abhängig zu machen.

Es ist diese letztgenannte Gestaltungsmöglichkeit, die das Panel gemäß Note 1 on Rule 13 City Code zulassen kann. Dem Bieter wird so die Option gegeben, das Übernahmeangebot trotz zusätzlicher Verpflichtungen noch zu vollziehen. In diesen Fällen wäre es schwer verständlich, das Übernahmeangebot verfallen zu lassen, da der Bieter bereit ist, es zu schlechteren Konditionen als ursprünglich geplant zu vollziehen. Im Umkehrschluss will Note 1 on Rule 13 City Code es dem Bieter gerade nicht ermöglichen, bei vollständiger Erfüllung der Bedingung noch von dem Übernahmeangebot Abstand zu nehmen.

Dasselbe gilt für die in Note 1 Satz 2 on Rule 13 anvisierten Fallgestaltungen. Dem Bieter soll lediglich die Möglichkeit eingeräumt werden, das Übernahmeangebot auch dann zu vollziehen, wenn im Vorfeld durch die Zielgesellschaft getätigte Aussagen oder Einschätzungen nur ungefähr bestätigt werden. Dadurch soll dem Bieter die zusätzliche Option eingeräumt werden, das Übernahmeangebot auch dann durchzuführen, wenn die Aussagen und Einschätzungen nur mit für den Bieter negativen Abweichungen bestätigt werden. Im umgekehrten Fall einer für den Bieter positiven Abweichung von den getätigten Aussagen und

[348] Gemäß Rule 31.7 City Code verfällt ein Übernahmeangebot, wenn nicht alle Bedingungen erfüllt werden („*...all conditions must be fulfilled or the offer must lapse...*").

Einschätzungen wird der Bieter naturgemäß kein Interesse an einer Lösung von seinem Übernahmeangebot haben.

Im Gegensatz zu den beschriebenen Fallkonstellationen führt die Zulässigkeit von MAC-Klauseln gemäß Note 1 Satz 1 on Rule 13 City Code zu einer – wenn auch durch die weitere Prüfung nach Note 2 on Rule 13 City Code begrenzten – Lockerung der Bindungswirkung von Übernahmeangeboten. Denn im Rahmen von MAC-Klauseln existiert kein objektiv feststellbares Tatbestandsmerkmal (z.B. eine behördliche Genehmigung), bei dessen Eintritt der Bieter zwingend an das Übernahmeangebot gebunden wird. Das Vorliegen eines *material adverse change* ist eine offenes, interpretationsbedürftiges Merkmal, welches durch das Panel im Rahmen der Prüfung nach Note 2 on Rule 13 City Code zu konkretisieren ist. Wie die nachfolgenden Ausführungen zum *Material-Significance*-Test zeigen, legt das Panel sehr strenge Maßstäbe für ein erfolgreiches Berufen auf MAC-Klauseln an.[349] Aus diesem Grund führt die Zulässigkeit von MAC-Klauseln nicht zu einem Unterlaufen der Bindungswirkung von Übernahmeangeboten.

cc) Dogmatische Einordnung und Kritik

Note 1 on Rule 13 City Code betrifft einerseits Fälle, bei denen der Bieter die Möglichkeit hat, das Übernahmeangebot auch dann durchzuführen, wenn eine von ihm gestellte Bedingung nur unter für ihn negativen Abweichungen eingetreten ist. Nimmt der Bieter diese ihm vom Panel zu gewährende Option wahr, verzichtet er auf einen Teil seiner Bedingung. Folglich kodifiziert Note 1 on Rule 13 City Code für diese Fälle – rechtstechnisch betrachtet – die Möglichkeit eines teilweisen Bedingungsverzichts. Da der Bieter einen teilweisen Bedingungsverzicht auch ohne diese Regelung erklären kann, hat Note 1 on Rule 13 City Code insoweit lediglich klarstellende Funktion.[350] Das Ermessen des Panel, einen entsprechenden Hinweis auf die Möglichkeit des Verzichts in der Angebotsunterlage zuzulassen, ist nach dieser Lösung systemfremd. Gleichwohl dient ein solcher Hinweis der umfassenden Information der Aktionäre der Zielgesellschaft und ist deshalb begrüßenswert. Rechtlich zwingend ist er aber nicht.[351]

Soweit Note 1 on Rule 13 City Code die Zulässigkeit von MAC-Klauseln begründet, handelt es sich dagegen nicht um die Ankündigung eines teilweisen

349 Siehe Kap. 6 § 1 B I 2 b aa (4) auf S. 95 ff.
350 Ausführlich zur Zulässigkeit des Bedingungsverzichts in Kap. 7 § 1 B II auf S. 176 ff.
351 Siehe Kap. 7 § 1 B III auf S. 178 f.

Bedingungsverzichts. Für diesen Fall ist das Ermessen des Panel, eine subjektive Bedingungskomponente zuzulassen, systemkonform. Es handelt insofern sich um eine vom Panel zu genehmigende Ausnahme von dem Verbot subjektiver Bedingungen gemäß Rule 13 City Code.

dd) Gefahr des Missbrauchs

Die Zulassung subjektiver Bedingungselemente in dem beschriebenen Sinn führt zu Problemen, wenn bereits vor der Abgabe des Übernahmeangebots nahezu sicher vorauszusehen ist, dass beispielsweise eine staatliche Genehmigung nur unter Auflagen erteilt werden wird. Fordert der Bieter gemäß Note 1 on Rule 13 City Code zunächst eine auflagenfreie Genehmigung und behält sich für den Fall der Auflagenerteilung den Rücktritt von dem Angebot vor, könnte es sich um einen unzulässigen faktischen Rücktrittsvorbehalt für den Bieter handeln. Allerdings stellt sich für den Bieter weiterhin das Problem, dass er nicht in der Lage sein wird, die konkrete Auflage vorauszusehen und in der Angebotsunterlage zu spezifizieren. Dieses Spannungsverhältnis kann nur im jeweiligen Einzelfall anhand der im Rahmen von Note 2 on Rule 13 City Code geltenden Grundsätze aufgelöst werden.

Von entscheidender Bedeutung dabei ist die Vorhersehbarkeit der Auflage.[352] Das Panel wird dem Bieter das Berufen auf den Bedingungsausfall – in Form der Genehmigungserteilung unter Auflagen – versagen, wenn die sich die Auflage in ihrer konkreten Ausgestaltung schon vor Angebotsabgabe abgezeichnet hat. Bei Erteilung der Genehmigung unter weniger zu erwartenden Auflagen, wird das Panel zu beurteilen haben, ob die Auflage von so wesentlicher Bedeutung (*material significant* im Sinne von Note 2 on Rule 13 City Code) für den Bieter ist, dass die gesamte Übernahme dadurch in Frage gestellt wird. Die Auswirkungen, die diese Problematik auf die Gestaltungsmöglichkeiten von Bedingungen in Bezug auf für die Übernahme erforderliche staatliche Genehmigungen hat, werden in Kapitel 8 ausführlich erläutert.[353]

b) Note 2 on Rule 13 City Code

Note 2 on Rule 13 City Code ist von erheblicher praktischer Relevanz für bedingte Übernahmeangebote. Die Vorschrift steht – entgegen der systematischen

---

352 Siehe die im Anschluss unter Punkt b folgenden Ausführungen zu Note 2 on Rule 13 City Code.

353 Siehe Kap. 8 § 2 C auf S. 220 ff.

Stellung der Bestimmung als Anhängsel zu Rule 13 City Code – nicht in notwendigem Zusammenhang mit dem Verbot subjektiver Bedingungen. Note 2 on Rule 13 City Code ist eine eigenständige Regelung und führt in die Überprüfung von Bedingungen ein Element der sachlichen Rechtfertigung ein.

aa) Inhalt

Note 2 on Rule 13 City Code erlaubt es dem Bieter, sich nur unter bestimmten Voraussetzungen auf die Verfallswirkung einer Bedingung zu berufen. In systematischer Hinsicht betrifft Note 2 on Rule 13 City Code die Rechtsfolgen von Bedingungen, die nachfolgend in Kapitel 7 erläutert werden. Da die Vorschrift aber ebenfalls für die Zulässigkeit von Bedingungen relevant werden kann, wird sie bereits in diesem Kapitel behandelt. Die Auslegung dieser Vorschrift hat besondere Bedeutung bei der Beurteilung der Frage, ob der Bieter gezwungen ist, eine ökonomisch sinnlos gewordene Übernahme durchzuführen oder ob er sein Angebot wegen des Vorliegens besonderer Umstände zurückziehen darf.

(1) Allgemeines

Note 2 on Rule 13 City Code – *Invoking conditions*

> „An offeror should not invoke any condition so as to cause the offer to lapse unless the circumstances which give rise to the right to invoke the condition are of material significance to the offeror in the context of the offer. The acceptance condition, and any condition included pursuant to Rule 12.1 (c), are not subject to this provision."

Note 2 on Rule 13 City Code regelt die Frage, unter welchen Umständen sich die Bietergesellschaft auf eine Bedingung berufen kann mit der Folge, dass das Übernahmeangebot verfällt. Die Vorschrift gibt demnach Auskunft darüber, wann sich der Bieter auf den Ausfall einer *condition precedent* bzw. den Eintritt einer *condition subsequent* berufen kann. In beiden Varianten verliert das Übernahmeangebot seine Wirkung.

Der Bieter darf sich nur dann auf eine Bedingung berufen, wenn die das Berufen auf die Bedingung auslösenden Umstände für ihn im Rahmen des Übernahmeangebots („*in the context of the offer*") von wesentlicher Bedeutung („*material significance*") sind. Neben dem Verbot subjektiver Bedingungen gemäß Rule 13 City Code stellt Note 2 on Rule 13 City Code generalklauselartig eine weitere Hürde für den Gebrauch von Bedingungen in Übernahmeangeboten auf.

Im Unterschied zu Rule 13 City Code betrifft Note 2 on Rule 13 City Code allerdings die Rechtsfolgenseite von Bedingungen. Selbst wenn eine Bedingung am Maßstab von Rule 13 City Code zulässig ist, darf sich der Bieter erst bei positivem *Material-Significance*-Test auf sie berufen mit der Folge, dass das Übernahmeangebot seine Wirkung verliert.

Die Regelung in Note 2 on Rule 13 City Code ist gemäß ihrem Wortlaut grundsätzlich auf sämtliche Bedingungen („*any condition*") anwendbar, die am Maßstab von Rule 13 City Code zulässigerweise in ein Übernahmeangebot integriert wurden. Eine explizite Ausnahme findet sich jedoch in Note 2 Satz 2 on Rule 13 City Code. Danach ist die Regelung nicht anzuwenden auf die sog. *acceptance condition* gemäß Rule 10 City Code sowie auf Bedingungen nach Rule 12.1 (c) City Code.[354] Bei diesen beiden Arten von Bedingungen kann sich der Bieter immer auf die Verfallswirkung der Bedingungen berufen, ohne der zusätzlichen Anforderung nach Note 2 on Rule 13 City Code genügen zu müssen.

(2) Besondere Informationspflicht des Bieters

Durch eine Ergänzung des City Code im Dezember 2001 ist der Bieter nunmehr gemäß Rule 2.5 (b) (vi) bzw. Rule 24. 2 (d) (vii) City Code verpflichtet, im Rahmen der Ankündigung eines Übernahmeangebots bzw. innerhalb der Angebotsunterlage selbst alle Vereinbarungen, welche die Umstände eines möglichen Berufens auf eine Bedingung betreffen, offenzulegen. Durch diese Neuregelungen erhalten das Panel, der Markt allgemein und im Besonderen die Aktionäre der Zielgesellschaft als Adressaten des Übernahmeangebots ein genaueres Bild über die Bindungswirkung des Übernahmeangebots. Darüber hinaus wird dem Panel die *Material-Significance*-Prüfung nach Note 2 on Rule 13 City Code vereinfacht, da ihm mehr Informationen in Bezug auf die Hintergründe einzelner Bedingungen zur Verfügung stehen.

(3) Auswirkung auf die Zulässigkeit von Bedingungen

Ob Note 2 on Rule 13 City Code bereits Auswirkungen auf die Zulässigkeit von Bedingungen hat, hängt von der konkreten Gestaltung der verwendeten Bedingungsklausel ab.

354 Ausführlich zu beiden Bedingungen nachfolgend in Kap. 6 § 1 B II 1 und 2 auf S. 101 ff. und S. 105 f.

Als Vorschrift zur Bestimmung der Rechtsfolgen von Bedingungen wendet das Panel Note 2 on Rule 13 City Code regelmäßig an, um zu bestimmen, ob sich der Bieter auf MAC-Klauseln berufen kann. MAC-Klauseln dienen der Sicherung des Bieters gegenüber einem wesentlichen Wertverlust der Zielgesellschaft in einem bestimmten Zeitraum. In der britischen Übernahmepraxis sind diese Klauseln regelmäßig sehr allgemein gehalten, um ein möglichst breites Spektrum nachteiliger Änderungen zu erfassen. Da der Bieter die Auflistung spezifischer Umstände innerhalb der Klausel vermeidet, bei deren Eintreten oder Ausfallen sich der Bieter von dem Übernahmeangebot lösen möchte, kann das Panel die Zulässigkeit des Berufens auf die Klausel erst nach Abgabe des Übernahmeangebots überprüfen. Note 2 on Rule 13 City Code hat bei der Verwendung derartiger Klauseln keine Auswirkungen auf deren Zulässigkeit, sondern kommt erst im Rahmen der Rechtsfolgen bei der Frage der Zulässigkeit des Berufens auf die Bedingung zum Tragen. Dies gilt verallgemeinernd für alle Bedingungen, die so allgemein formuliert sind, dass zum Zeitpunkt der Abgabe des Übernahmeangebots noch nicht feststeht, unter welchen konkreten Umständen sich der Bieter auf die Bedingung berufen wird.

Obgleich Note 2 on Rule 13 City Code systematisch eine Rechtsfolgenregelung darstellt, kann die Vorschrift ebenfalls Auswirkungen auf die Zulässigkeit von Bedingungen in Übernahmeangeboten haben. Der Grund dafür ist, dass Bedingungen auch schon vor Abgabe des eigentlichen Übernahmeangebots dem *Material-Significance*-Test unterzogen werden können, wenn sie konkrete Umstände beinhalten, die das spätere Berufen auslösen sollen. Diese Umstände können verschiedener Natur sein. Zu denken ist zum Beispiel an die unveränderte Zusammensetzung des *board of directors* der Zielgesellschaft oder die Abgabe einer das Angebot unterstützenden Stellungnahme des *board* der Zielgesellschaft. Darüber hinaus – und dies ist der typische Fall einer vorweggenommenen *Material-Significance*-Prüfung – kann der Bieter in der Bedingung im Gegensatz zu der allgemein gehaltenen MAC-Klausel bereits konkrete Szenarien eines Wertverlustes der Zielgesellschaft beschreiben. Der Bieter kann das Übernahmeangebot beispielsweise davon abhängig machen, dass bei der Zielgesellschaft keine eine bestimmte Größenordnung überschreitende Haftungsrisiken bekannt werden.[355] Die Behandlung dieser Bedingung sowie weiterer Beispiele konkret ausgestalteter MAC-Klauseln werden in Kapitel 8 näher erläutert.[356]

355 KK-WpÜG-*Hasselbach*, § 18, Rn. 47.

356 Siehe Kap. 8 § 4 III auf S. 234 ff.

Da das Panel schon mit der Ankündigung des Übernahmeangebots über alle Bedingungen des späteren Übernahmeangebots informiert wird[357], wird es die Gelegenheit nutzen, derart konkrete Bedingungen schon vorab zu prüfen. Der Bieter wird an einem solchen Vorgehen ebenfalls ein vitales Interesse haben, möchte er doch sichergehen, dass er sich später auf die in Frage stehende Bedingung berufen kann, um sich von dem Übernahmeangebot zu lösen.

(4) *Material-Significance*-Kriterium

Die Anwendung des *Material-Significance*-Kriteriums hängt wesentlich von der Art der verwendeten Bedingung ab. Dabei ist grundsätzlich zu unterscheiden zwischen Bedingungen, die eine Handlung oder ein Unterlassen zum Gegenstand haben, und Bedingungen, welche die finanzielle Lage der Zielgesellschaft betreffen. Die erstgenannte Bedingungsart betrifft beispielsweise den Gesellschaftervorbehalt, behördliche Genehmigungen oder auch die Abgabe einer das Angebot unterstützenden Stellungnahme der Zielgesellschaft. Soweit es sich um Bedingungen handelt, die rechtliche Voraussetzungen für die Durchführung von Übernahmeangeboten beinhalten (z.B. notwendige Genehmigungen), besteht an der Zulässigkeit der Bedingungen kein Zweifel. Für die übrigen Fälle muss die Zulässigkeit konkreter Bedingung bereits vor Abgabe des Übernahmeangebots mit dem Panel geklärt werden. Der Bieter hat darzulegen, dass die der Bedingung zu Grunde liegenden Umstände von so zentraler Bedeutung für das gesamte Übernahmeangebot sind, dass ihm ein Festhalten an dem Angebot nicht zugemutet werden kann. Auf Grund der großen Bandbreite möglicher Bedingungen und der Bindung des *Material-Significance*-Kriteriums an die Umstände des konkreten Übernahmeangebots („*in the context of the offer*") ist eine allgemein gültige Definition des *Material-Significance*-Kriteriums nicht möglich.[358]

Bedingungen, welche die finanzielle Lage der Zielgesellschaft betreffen, lassen sich in zwei verschiedene Kategorien unterteilen. Eine Kategorie bilden Bedingungen, die eine konkrete Situation einer finanziellen Verschlechterung vorhersehen (konkrete MAC-Klauseln), während die allgemein formulierten MAC-Klauseln eine zweite Kategorie darstellen.

Die ihm Rahmen konkreter MAC-Klauseln zu erfassenden Umstände einer finanziellen Verschlechterung der Zielgesellschaft können verschiedener Natur

357 Rule 2.5 (b) (v) City Code.

358 So auch die Ansicht des Panel gemäß dem *Practice Statement No. 5*, S. 2, abrufbar unter http://www.thetakeoverpanel.org.uk/PracticeStatements/ps05.pdf.

sein. Im Hinblick auf ihre vorab mit dem Panel zu klärende Zulässigkeit gilt als grober Anhaltspunkt, dass eine Wertminderung der Zielgesellschaft um weniger als zehn Prozent im Regelfall nicht als wesentlich angesehen wird.[359] Da es sich allerdings nur um eine Faustregel handelt, kann daraus nicht automatisch geschlossen werden, dass eine über zehnprozentige Wertminderung den Anforderungen des *Material-Significance*-Kriteriums in jedem Fall genügt. Auch hier gilt, dass sich die Zulässigkeit einer solchen Klausel wegen der Bindung des *Material-Significance*-Kriteriums an das konkrete Übernahmeangebot nur im Einzelfall verlässlich beurteilen lässt.

Allgemeine MAC-Klauseln hingegen werden vom Panel zunächst grundsätzlich als zulässig eingestuft. Ob sich der Bieter später allerdings – nach dem Eintreten spezifischer Umstände, die zu einer finanziellen Verschlechterung der Zielgesellschaft führen – tatsächlich auf eine MAC-Klausel berufen kann, ist damit nicht gesagt. Da das Panel diese Frage – wiederum „*in the context of the offer*" (Note 2 Satz 1 on Rule 13 City Code) – erst nach Abgabe des Übernahmeangebots prüfen kann, lassen sich auch hier keine generell gültigen Voraussetzungen für ein erfolgreiches Berufen auf eine MAC-Klausel aufstellen. Gleichwohl lassen sich aus den Entscheidungen des Panel einige Leitsätze herausfiltern. Lehrreich ist diesbezüglich das Übernahmeverfahren *WPP/Tempus* aus dem Jahre 2001. Die Bietergesellschaft *WPP Group Plc* (*WPP*) rief das Panel an, da man vor dem Hintergrund der Terroranschläge vom 11. September 2001 beabsichtigte, das Übernahmeangebot durch das Berufen auf folgende MAC-Klausel zu stoppen:

> „*no material adverse change or deterioration having occurred in the business, assets, financial or trading position or profits or prospects of any member of the wider Tempus Group.*"[360]

Auf der Basis dieser Klausel argumentierte *WPP*:

> „*…that there has been a change which undermines, from the offeror's perspective, the rational for having made the offer at the price and the terms specified*".[361]

---

359 KK-WpÜG-*Hasselbach*, § 18, Rn. 44 in Bezug auf MAC-Klauseln.

360 *Part A, Paragraph (g)(i) of Appendix 1 of the offer document* – wiedergegeben in dem unter http://www.thetakeoverpanel.org.uk/statements/200115.pdf abrufbaren *Panel Statement 2001/15, paragraph 8.*

361 *Panel Statement 2001/15, paragraph 16* – das Dokument kann eingesehen werden unter http://www.thetakeoverpanel.org.uk/statements/200115.pdf.

Die *Panel Executive* hielt das Vorbringen von *WPP* für unzureichend und untersagte das Berufen auf die Bedingung.[362] Auf eine Beschwerde von *WPP* bestätigte das *Full Panel* diese Entscheidung.[363] *WPP* musste sein Übernahmeangebot aufrechterhalten. Das *Full Panel* befand im Hinblick auf die Voraussetzungen von Note 2 on Rule 13 City Code, dass ausbleibende Vorteile für den Bieter infolge einer Veränderung der wirtschaftlichen oder politischen Rahmenbedingungen für ein einseitiges Rücktrittsrecht des Bieters grundsätzlich nicht ausreichen können.[364] Dazu bedarf es dem Hinzutreten außergewöhnlicher Umstände, die das *Full Panel* wie folgt beschreibt:

> „*...meeting this test requires an adverse change of very considerable significance striking at the heart of the purpose of the transaction in question, analogous...to something that would justify frustration of a legal contract.*“[365]

Zum Zwecke der Illustration der Hürde, die das Panel im Rahmen von Note 2 on Rule 13 City Code aufstellt, soll in aller Kürze die sog. *doctrine of frustration* des britischen Vertragsrechts erläutert werden.[366] Allerdings wird darauf hingewiesen, dass die diesbezüglichen Erläuterungen nur grobe Anhaltspunkte bieten können. Das Panel hat erst jüngst darauf hingewiesen, dass das Berufen auf eine MAC-Klausel nicht die Darlegung der Voraussetzungen der *doctrine of frustration* im streng juristischen Sinn verlangt, sondern nur anhand der Umstände des jeweiligen Einzelfalls beurteilt werden kann.[367] Die *doctrine of frustration* besteht aus mehreren Fallgruppen und ist mittlerweile durch den *Law Reform (Frustrated Contracts) Act 1943* gesetzlich geregelt. Grundlage dieser durch die Rechtsprechung[368] entwickelten Doktrin ist es, dass eine fundamentale, von den Parteien nicht antizipierte Veränderung der vertraglichen Verpflichtung nach

---

362 *Panel Statement 2001/12* – das Dokument kann eingesehen werden unter http://www.thetakeoverpanel.org.uk/statements/200112.pdf.

363 *Panel Statement 2001/15* – das Dokument kann eingesehen werden unter http://www.thetakeoverpanel.org.uk/statements/200115.pdf.

364 *Panel Statement 2001/15, paragraph 13* – das Dokument kann eingesehen werden unter http://www.thetakeoverpanel.org.uk/statements/200115.pdf – mit Verweis auf das *Panel Statement 1974/2.*

365 *Panel Statement 2001/15, paragraph 16* – das Dokument kann eingesehen werden unter http://www.thetakeoverpanel.org.uk/statements/200115.pdf.

366 Allgemein dazu *Applebey*, Chapter 22.

367 *Practice Statement No. 5*, S. 2 f., veröffentlicht am 28.4.2004, das Dokument kann eingesehen werden unter http://www.thetakeoverpanel.org.uk/PracticeStatements/ps05.pdf.

368 Erstmals in *Denny, Mott & Dickson Ltd v. James B. Fraser & Co. Ltd* [1944] A.C. 265, 274.

Vertragsabschluss zur Unwirksamkeit des Vertrages *ex nunc* führen kann.[369] Die *doctrine of frustration* ähnelt der Figur des Wegfalls der Geschäftsgrundlage gemäß § 313 BGB im deutschen Recht.[370] Teilweise geht sie aber auch darüber hinaus, indem sie beispielsweise auch Fälle der Unmöglichkeit miteinbezieht.[371] Die Doktrin hat einen nur sehr beschränkten Anwendungsbereich, um die vertragliche Bindungswirkung nicht zu unterlaufen. Diese Tendenz hat sich insbesondere immer dann bestätigt, wenn der Versuch unternommen wurde, das Institut auf Fälle – wenn auch erheblicher – Äquivalenzstörungen anzuwenden. Anschaulich wird dies durch ein Zitat von *Lord Radcliffe* in *Davis Contractors Ltd v. Fareham Urban District Council*:

> „...*it is not hardship or inconvenience or material loss itself which calls the principle of frustration into play. There must be as well as such a change in the significance of the obligation that the thing undertaken would if performed, be a different thing from the contracted for*...“.[372]

Dieses Zitat macht abermals deutlich, dass selbst eine gewichtige Verschiebung der ökonomischen Interessenlage zu Ungunsten des Bieterunternehmens im Rahmen von Note 2 on Rule 13 City Code nicht als ausreichend angesehen wird. Im Unklaren bleibt jedoch, welche Umstände konkret hinzutreten müssen, damit der Bieter in Übereinstimmung mit Note 2 on Rule 13 City Code von dem Übernahmeangebot zurücktreten kann. Es ist wiederum das Übernahmeverfahren *WPP/Tempus*, welches diese zusätzlichen Voraussetzungen näher beleuchtet hat. Das Panel hat es im Wesentlichen von vier vom Bieter zu beweisenden Voraussetzungen abhängig gemacht, ob eine nachteilige Veränderung (*material adverse change*) der Zielgesellschaft so wesentlich für den Bieter ist, dass sie den Anforderungen des *Material-Significance*-Tests genügt.

369 *Applebey*, Rn. 22.1.

370 Vgl. beispielsweise die Krönungsfälle des britischen Rechts, die ihre Grundlage in der Absage der für den 26.6.1902 geplanten Krönung von *King Edward VII* hatten. Die Voraussetzungen für die Unwirksamkeit der Anmietung einer Zimmers zum Zwecke der Teilnahme an der Krönungszeremonie ähneln auffällig den Voraussetzungen, die für den Wegfall der Geschäftsgrundlage gelten (vgl. *Krell v. Henry* [1903] 2 K.B. 740, zusammengefasst bei *Applebey*, Rn. 22.10).

371 Vgl. *Applebey*, Rn. 22.8.

372 [1956] A.C. 696, 729.

Erstens vollzieht sich die Beurteilung der wesentlichen Verschlechterung grundsätzlich anhand eines objektiven Maßstabes und nicht aus Sicht der Bietergesellschaft, deren Einschätzung allerdings in die Beurteilung miteinfließt.[373]

Zweitens kann der Bieter sich nicht auf Umstände berufen, von denen er Kenntnis hatte oder die er hätte vorhersehen können.[374] Dies deckt sich mit den Voraussetzungen der *doctrine of frustration*, die nicht anwendbar ist, wenn die fundamentale Veränderung der vertraglichen Verpflichtung auf Umständen beruht, die für die Vertragsparteien vorhersehbar waren.[375] Diese Voraussetzung hat zur Folge, dass sich der Bieter grundsätzlich nicht auf einen Wertverlust, den die Zielgesellschaft infolge einer allgemeinen konjunkturellen Schieflage erleidet, berufen kann. Als Grund dafür führt das Panel die allgemeine Volatilität der Märkte ins Feld, die der Bieter bei Abgabe des Übernahmeangebots grundsätzlich berücksichtigen müsse.[376] Etwas anderes gilt nur, wenn Anlass der konjunkturellen Fehlentwicklung ein gänzlich unvorhersehbares Ereignis war. So akzeptierte das Panel dem Grunde nach die Argumentation des Bieters *WPP*, der sich zur Begründung des Berufens auf die MAC-Klausel auf die Terroranschläge vom 11. September 2001 berief.[377] Allerdings gelang es *WPP* nicht, das Panel zu überzeugen, dass die im Oktober 2001 für das Jahr 2001 relativierte Gewinnprognose der Zielgesellschaft *Tempus* ihren Grund tatsächlich in den Terroranschlägen hatte.[378] Denn unbestritten befand sich der für die Zielgesellschaft Tempus relevante Markt für Werbung bereits vor dem 11. September 2001 in der Krise und unterlag deshalb erheblichen Schwankungen.[379]

---

373 *Panel Statement 2001/15, paragraph 20* – das Dokument kann eingesehen werden unter http://www.thetakeoverpanel.org.uk/statements/200115.pdf.

374 *Panel Statement 2001/15, paragraph 18*, das Dokument kann eingesehen werden unter http://www.thetakeoverpanel.org.uk/statements/200115.pdf. Dieses Kriterium hat das Panel ebenfalls im Übernahmeverfahren *Severn Trent/Caird* herangezogen, um der Bietergesellschaft *Severn Trent* einen Dispens von der Sperrfrist nach Rule 35 City Code zu verweigern (ausführlich dazu nachfolgend in Kap. 7 § 1 D II auf S. 191 f.).

375 *Applebey*, Rn. 22.20.

376 *Panel Statement 2001/15, paragraph 13* – das Dokument kann eingesehen werden unter http://www.thetakeoverpanel.org.uk/statements/200115.pdf – mit Verweis auf das *Panel Statement 1974/2.*

377 *Panel Statement 2001/15, paragraph 19* – das Dokument kann eingesehen werden unter http://www.thetakeoverpanel.org.uk/statements/200115.pdf.

378 *Panel Statement 2001/15, paragraph 29* – das Dokument kann eingesehen werden unter http://www.thetakeoverpanel.org.uk/statements/200115.pdf.

379 *Panel Statement 2001/15, paragraph 19* – das Dokument kann eingesehen werden unter http://www.thetakeoverpanel.org.uk/statements/200115.pdf.

Drittens muss die nachteilige Veränderung der Zielgesellschaft langfristiger Natur sein.[380] Eine nur vorübergehende negative Entwicklung der Zielgesellschaft ist ungenügend.[381] Dies gilt jedenfalls für alle Bietergesellschaften, die die Zielgesellschaft vollständig übernehmen. Das Panel unterstellt, dass der Bieter in einer solchen Situation langfristige Ziele verfolgt. Eine Verschlechterung *„in the context of the offer"* – wie Note 2 Satz 1 on Rule 13 City Code fordert – liegt deshalb bei nur kurzfristigen Auswirkungen negativer Art nicht vor.[382] In dem hier untersuchten Übernahmeverfahren konnte *WPP* – selbst unter der Prämisse, dass der für das Jahr 2001 prognostizierte Gewinneinbruch seinen Grund in den Terroranschlägen hatte – keinen verlässlichen Nachweis beibringen, dass sich der Gewinnrückgang auch im Jahre 2002 fortsetzen werde.[383]

Viertens kann eine wesentliche Verschlechterung nicht vorliegen, wenn die strategischen Gründe für die Übernahme auch nach Eintritt der Umstände, die für die wesentliche Verschlechterung verantwortlich gemacht werden, noch Geltung beanspruchen können.[384] Erscheinen die Vorteile, die sich der Bieter von der Übernahme verspricht, noch realisierbar, ist die nachteilige Veränderung der Zielgesellschaft für den Bieter nicht von wesentlicher Bedeutung *„in the context of the offer"*.[385]

Die Entscheidung des *Full Panel* macht deutlich, dass im Unterschied zu den Klauseln, die eine konkrete Verschlechterung der Zielgesellschaft beinhalten, ein Wertverfall der Zielgesellschaft in Höhe von zehn Prozent oder darüber für sich genommen nicht ausreichen kann, um sich mit Erfolg auf eine MAC-Klausel berufen zu können.

380 *Panel Statement 2001/15, paragraph 31* – das Dokument kann eingesehen werden unter http://www.thetakeoverpanel.org.uk/statements/200115.pdf.

381 *Panel Statement 2001/15, paragraph 31* – das Dokument kann eingesehen werden unter http://www.thetakeoverpanel.org.uk/statements/200115.pdf.

382 So ausdrücklich *Panel Statement 2001/15, paragraph 31* – das Dokument kann eingesehen werden unter http://www.thetakeoverpanel.org.uk/statements/200115.pdf.

383 *Panel Statement 2001/15, paragraph 29 f.* – das Dokument kann eingesehen werden unter http://www.thetakeoverpanel.org.uk/statements/200115.pdf.

384 *Panel Statement 2001/15, paragraph 33* – das Dokument kann eingesehen werden unter http://www.thetakeoverpanel.org.uk/statements/200115.pdf.

385 So ausdrücklich das unter http://www.thetakeoverpanel.org.uk/statements/200115.pdf abrufbare *Panel Statement 2001/15, paragraph 33*.

bb) Auswirkungen auf den Regelungsgegenstand von Rule 13 City Code

Note 2 on Rule 13 City Code hat eine über Rule 13 City Code hinausgehende weitere Straffung der Bindungswirkung des Übernahmeangebots zur Folge. Entgegen der üblichen Wirkungsweise von Bedingungen bleibt der Bieter auch dann an sein Übernahmeangebot gebunden, wenn eine *condition precedent* nicht erfüllt bzw. eine *condition subsequent* erfüllt wird, die dafür verantwortlichen Umstände aber nicht von wesentlicher Bedeutung für den Bieter sind. Der Bieter soll auf diese Weise daran gehindert werden, sich durch das Stellen von Bedingungen, die für das wirtschaftliche Gelingen der Übernahmetransaktion eine nur untergeordnete Rolle spielen, Rücktrittsoptionen zu schaffen. Hat sich der Bieter einmal zur Abgabe des Übernahmeangebots entschlossen, soll er an sein Angebot gebunden bleiben, es sei denn es kann in wesentlichen Teilen nicht erfüllt werden. Allerdings führt die Zulässigkeit subjektiver Bedingungselemente in Verbindung mit der Möglichkeit einer nachträglichen inhaltlichen Kontrolle in Bezug auf MAC- und ähnlich allgemein formulierte Klauseln dazu, dass das Übernahmeverfahren an Transparenz verliert, da der Bieter die bedingungsauslösenden Umstände erst nach Angebotsabgabe konkretisieren muss.

II. Normierung bestimmter Bedingungen im City Code

Im Gegensatz zum WpÜG enthält der City Code eine Reihe von Bestimmungen zur Regelung spezieller Bedingungsarten.

1. *acceptance condition*

Die *acceptance condition* ist in Rule 10 City Code kodifiziert. Im Anschluss an die Darstellung der Kernaussage dieser Vorschrift wird die *acceptance condition* auf ihre Vereinbarkeit mit dem Verbot subjektiver Bedingungen nach Rule 13 City Code überprüft. Diese Prüfung gliedert sich in einen allgemeinen Teil (unter Punkt b) und einen Teil, der sich mit Beschränkungen in Bezug auf die konkrete Gestaltung der *acceptance condition* befasst (unter Punkt c).

a) Grundaussage

Rule 10 City Code liegt ein schwer verständliches System zu Grunde, welches sich nicht ohne weiteres aus dem Wortlaut der Vorschrift erschließt. Aus Verständnisgründen wird deshalb auch hier der Wortlaut der Vorschrift wiedergegeben.

Rule 10 – The acceptance condition

> „It must be a condition of any offer for voting equity share capital which, if accepted in full, would result in the offeror holding shares carrying over 50 % of the voting rights of the offeree company that the offer will not become or be declared unconditional as to acceptances unless the offeror has acquired or agreed to acquire (either pursuant to the offer or otherwise) shares carrying over 50 % of the voting rights attributable to:
>
> (a) the equity share capital alone; and
> (b) the equity share capital and the non-equity share capital combined."

Die Kernaussage der Vorschrift ist, dass jedes Übernahmeangebot eine Bedingung enthalten muss, wonach das Angebot nur unter der Voraussetzung verbindlich werden kann, dass der Bieter über 50 Prozent der Stimmrechte der Zielgesellschaft erwirbt.[386] Die *acceptance condition* steht in engem Zusammenhang mit dem sachlichen Anwendungsbereich des City Code, der einen Kontrollerwerb über das Zielunternehmen voraussetzt.[387] Das Panel geht davon aus, dass bei einem Erwerb von mindestens 50,01 Prozent der Stimmrechte an der Zielgesellschaft die Bietergesellschaft den Vorstand der Zielgesellschaft tatsächlich kontrolliert.[388]

b) Verbindlichkeitserklärung und Vereinbarkeit mit Rule 13 City Code

Gemäß dem Wortlaut von Rule 10 City Code wird das Übernahmeangebot beim Erwerb von über 50 Prozent der Stimmrechte an der Zielgesellschaft nicht zwingend verbindlich, sondern dem Bieter wird alternativ die Option einer sog. Verbindlichkeitserklärung gewährt („...become or be *declared unconditional* as to acceptances..."). Auf Grund der Möglichkeit für den Bieter, das Übernahmeangebot nach seinem Willen für verbindlich zu erklären, wird die *acceptance condition* vereinzelt als Potestativbedingung bezeichnet.[389] Sie scheint deshalb im Widerspruch zu Rule 13 City Code zu stehen. Danach sind Bedingungen ausdrücklich unzulässig, deren Eintritt der Bieter beeinflussen kann. Dem Um-

386 *Zinser*, S. 117.

387 Der Anwendungsbereich des City Code setzt einen Erwerb von 30 % der Stimmrechte voraus. Dies ist zugleich die auslösende Schwelle zur Abgabe eines Pflichtangebots gemäß Rule 9 City Code.

388 *Pearson*, in: Button (Hrsg.), S. 135, 152.

389 *Kessler*, S. 175.

kehrschluss aus Note 2 Satz 2 on Rule 13 City Code ist zu entnehmen, dass sich auch die *acceptance condition* an Rule 13 City Code sowie Note 1 on Rule 13 City Code messen lassen muss. Gemäß Note 2 Satz 2 on Rule 13 City Code ist unter anderem die *acceptance condition* explizit von dem Anwendungsbereich der Note 2 ausgenommen. Einen solchen Ausnahmetatbestand sucht man in Rule 13 City Code sowie in Note 1 on Rule 13 City Code vergeblich.

Wie die nachfolgenden Ausführungen zeigen werden, erweist sich der allgemeine Vorwurf, durch die Möglichkeit der Verbindlichkeitserklärung beinhalte Rule 10 City Code eine Potestativbedingung, als unzutreffend. Rule 10 City Code liegt ein komplexeres System zu Grunde, als es zunächst scheinen mag. Zu unterscheiden ist zwischen dem Erreichen des in der Angebotsunterlage verlangten Prozentsatzes an Annahmen und dem Unterschreiten dieses Prozentsatzes.

Nimmt die vom Bieter gewünschte Anzahl von Aktionären der Zielgesellschaft das Übernahmeangebot an, so ist der Bieter an sein Angebot gebunden.[390] Das Übernahmeangebot wird mit Erreichen des vom Bieter geforderten Prozentsatzes automatisch verbindlich.[391] Der Bieter hat in dieser Konstellation keine Möglichkeit, das Übernahmeangebot nicht für verbindlich zu erklären. Hat das Übernahmeangebot hingegen nicht den vom Bieter gewünschten Erfolg, der geforderte Annahmeprozentsatz wird also unterschritten, kann der Bieter das Übernahmeangebot trotzdem für verbindlich erklären.[392] Dies gilt selbstverständlich nur für den Fall, dass wenigstens 50,01 Prozent der Aktionäre der Zielgesellschaft das Übernahmeangebot angenommen haben.

Auf Grund dieser Systematik steht Rule 10 City Code im Grundsatz nicht im Widerspruch zu Rule 13 City Code. Dies wäre nur dann der Fall, wenn es im Belieben des Bieters stünde, sein Übernahmeangebot für verbindlich zu erklären, selbst wenn der von ihm gewünschte Prozentsatz der Stimmrechte an der Zielgesellschaft erreicht wurde. Für diesen Fall ist der Bieter aber unbedingt an sein Übernahmeangebot gebunden und hat keinen Einfluss auf die Erfüllung der Bedingung. Der Bieter gewinnt die Entscheidungsgewalt über sein Übernahmeangebot durch die Möglichkeit der Verbindlichkeitserklärung nur dann wieder, wenn der von ihm gewünschte Annahmeprozentsatz nicht erreicht wurde.

---

390 *Zinser*, S. 139.

391 Diese Konstellation ist in der ersten Alternative von Rule 10 City Code erfasst – „*...the offer will not become...unconditional as to acceptances unless the offeror has acquired ...shares carrying over 50 %...*".

392 *Pearson*, in: Button (Hrsg.), S. 135, 154, *von Kapff*, S. 46a, *Kessler*, S. 175.

Dogmatisch betrachtet handelt es sich bei der Verbindlichkeitserklärung des Bieters deshalb um einen teilweisen Verzicht auf eine Bedingung. Die Möglichkeit eines teilweisen Bedingungsverzichts ist in Note 1 on Rule 13 City Code kodifiziert und grundsätzlich zulässig. Konsequenterweise stimmt das hinter der Verbindlichkeitserklärung stehende Prinzip mit den Wertungen von Note 1 on Rule 13 überein. Denn auch dort gilt das Prinzip, dass dem Bieter die Möglichkeit eröffnet wird, das Übernahmeangebot auch dann vollziehen, wenn die Konditionen in für ihn negativer Weise von der Angebotsunterlage abweichen. Da der Bieter im Wege der Verbindlichkeitserklärung keinen Einfluss auf den Eintritt des ursprünglich festgelegten Schwellenwertes ausüben kann, geht der allgemeine Vorwurf, Rule 10 City Code beinhalte eine Potestativbedingung, fehl. Allerdings kann die Ausübung der Verbindlichkeitserklärung im Einzelfall zu einem Verstoß gegen Rule 13 City Code führen, wenn die ursprüngliche Mindestannahmequote auf einen von vornherein praktisch nicht zu erreichenden Wert festgesetzt wird. Darin kann der rechtsmissbräuchliche Versuch liegen, Einfluss auf die Erfüllung der ursprünglichen Annahmequote zu nehmen. Dieser Problemkreis wird ausführlich im Anschluss unter Punkt c besprochen.

c) Eingeschränkte Bestimmbarkeit der Annahmequote

Der Bieter ist im Bereich von 50,01 bis 90 Prozent frei in der Bestimmung der von ihm anvisierten Beteiligungshöhe. In der Praxis wird die *acceptance condition* regelmäßig auf 90 Prozent festgelegt. da dies die Schwelle zur Durchführung eines sog. *Squeeze-out* gemäß *Section 429 Companies Act 1985* ist.[393] Der Bieter kann auf diese Weise Schwierigkeiten im Umgang mit der Zielgesellschaft umgehen, die ihm eine streitbare Minderheit von Aktionären durch Ausübung ihrer Rechte gemäß *Section 459 Companies Act 1985* bereiten kann.[394] Das Erreichen der 90-Prozent-Schwelle erleichtert zudem die Umwandlung der Zielgesellschaft in eine *private company*, die den Vorzug einer liberaleren Handhabung im Rahmen des *Companies Act 1985* für sich in Anspruch nehmen kann.[395]

393 Im Rahmen eines *Squeeze-out* hat der Bieter die Möglichkeit, die nach Durchführung des Übernahmeverfahrens noch in der Zielgesellschaft verbliebenen Minderheitsaktionäre gegen eine angemessene Gegenleistung aus der Zielgesellschaft zu drängen – vgl. *Stedman*, S. 208.

394 Näheres zu den Rechten der Minderheitsaktionäre bei *Stedman*, S. 209 f.

395 *Pearson*, in: Button (Hrsg.), S. 135, 154. Die Umwandlung erfolgt auf der Grundlage von *Section 54 Companies Act 1985.*

Das Festlegen der Annahmequote auf einen Wert von über 90 Prozent ist in aller Regel wegen Verstoßes gegen Rule 13 2. Alt. City Code unzulässig.[396] Zwar gilt auch hier, dass der Bieter bei Erfüllung dieser Bedingung an das Angebot gebunden ist. Aber wegen des bei den meisten Gesellschaften vorhandenen Streubesitzes handelt es sich um eine praktisch kaum erfüllbare Bedingung. Der Bieter bestimmt durch die Festsetzung einer über 90-prozentigen Annahmequote schon im Vorwege die Erfüllbarkeit einer *acceptance condition*. Die Bindungswirkung einer solchen *acceptance condition* ist für den Bieter von eher theoretischer Natur. In dieser Konstellation entscheidet durch die Möglichkeit der Verbindlichkeitserklärung ausschließlich der Bieter über den Erfolg des Übernahmeangebots. Es liegt allein in den Händen des Bieters, ob er durch das Absenken der Annahmequote das Übernahmeangebot zu Stande bringt oder nicht. Um in der Terminologie von Rule 13 2. Alt. City Code zu bleiben, wird die Erfüllung der *acceptance condition* bei einer auf über 90 Prozent festgesetzten Annahmequote regelmäßig „in den Händen des Bieters" liegen. Dem Bieter bleibt es im Einzelfall aber unbenommen, dem Panel spezielle Umstände darzulegen, die eine derart hohe Annahmeschwelle erforderlich machen. Grundsätzlich dürfte dies dem Bieter aber unmöglich sein, weil ihm bereits der Erwerb von 90 Prozent der Stimmrechte der Zielgesellschaft den vollständigen Erwerb der Gesellschaft im Wege des *Squeeze-out* ermöglicht.

2. Bedingungen bei kartellrechtlichen Bedenken

Ist ein Übernahmeangebot geeignet, gemäß den kartellrechtlichen Vorschriften zur nationalen und/oder europäischen Fusionskontrolle Bedenken auszulösen, unterfällt es dem Anwendungsbereich von Rule 12.1 City Code. Das Übernahmeangebot muss dann eine Klausel enthalten, nach der das Angebot bei einer Überweisung an die *Monopolies and Mergers Commission*[397] bzw. bei der Einleitung eines Verfahrens durch die Europäische Kommission auf der Grundlage der europäischen Fusionskontrollverordnung (FKVO)[398] verfällt.[399] Die Einleitung der kartellrechtlichen Verfahren muss allerdings vor dem *first closing*[400] bzw. vor dem Verbindlichwerden des Übernahmeangebots – entscheidend ist

396 Unverbindliche Auskunft der *Panel Executive* – Telefonat mit dem ehemaligen *Assistant Secretary Brian Stockbridge* vom 5.3.2003.

397 Das britische Äquivalent zum Bundeskartellamt.

398 Verordnung Nr. 4064/89.

399 Rule 12.1 (a) und Rule 12.1 (b) City Code.

400 Gemäß Rule 31.1 City Code muss das Übernahmeangebot für mindestens 21 Tage ab der Versendung offen bleiben.

der spätere Zeitpunkt – geschehen. Ergänzend wird dem Bieter die Möglichkeit eingeräumt, das Übernahmeangebot von der Entscheidung abhängig zu machen, dass keine Überweisung an die *Monopolies and Mergers Commission* und keine Verfahrenseinleitung durch die Europäische Kommission stattfindet (sog. Negativtest bzw. *negative clearance*).[401]

3. Zulässigkeit weiterer Bedingungen

Die Kodifizierung einiger bestimmter Bedingungen hat nicht zur Folge, dass andere Bedingungen in Übernahmeangeboten unzulässig sind. Die Autoren des City Code haben nur diejenigen Bedingungen ausdrücklich geregelt, die zwingend in die Angebotsunterlage aufzunehmen sind. Die Zulässigkeit weiterer Bedingungen in Übernahmeangeboten bemisst sich anhand der allgemeinen Bestimmungen zur Regelung von Bedingungen in Rule 13 City Code und den dazugehörigen *Practice Notes*. In Kapitel 8 wird eine Reihe weiterer Bedingungen in Übernahmeangeboten beschrieben und auf ihre Zulässigkeit hin untersucht.

C. Bedingungen im Rahmen der Ankündigung von Übernahmeangeboten

Den Gegenstand der nachfolgenden Untersuchung bilden Bedingungen, mit denen der Bieter bereits die Abgabe des Übernahmeangebots von bestimmten Umständen abhängig macht. Gegenstand dieser Bedingungen ist also nicht das Übernahmeangebot selbst, sondern die Entscheidung zu dessen Abgabe. Diese Art von Bedingungen werden im britischen Übernahmerecht als *pre-conditions* bezeichnet.[402] Übernahmeangebote, deren Abgabe von einer *pre-condition* abhängt, werden dementsprechend *pre-conditional offer* genannt.[403] Die Zulässigkeit von Bedingungen im Rahmen einer Angebotsankündigung kann nur verlässlich beurteilt werden, wenn zuvor das Verfahren der Angebotsankündigung erläutert wird.

I. Verfahren zur Ankündigung von Übernahmeangeboten

Die am Übernahmeverfahren beteiligten Parteien unterliegen im Vorfeld der Abgabe des Übernahmeangebots bestimmten Publikationspflichten. Dabei unterscheidet der City Code zwei verschiedene Arten der Angebotsankündigung.

---

[401] Rule 12.1 (c) City Code.
[402] Siehe Note 6 on Rule 2.5 City Code.
[403] *Marchant*, in: Button (Hrsg.), S. 23, 44.

1. Zweistufiges Verfahren

Gemäß Rule 2.2 City Code ist die Pflicht zur öffentlichen Ankündigung eines Übernahmeangebots an bestimmte Voraussetzungen geknüpft. Danach ist die Ankündigung erforderlich, wenn die Zielgesellschaft aus zuverlässiger Quelle von einem bevorstehenden Übernahmeangebot erfährt, Aktienkäufe zum Vorliegen der Voraussetzungen eines Pflichtangebots führen, die Zielgesellschaft Gegenstand von Spekulationen und Gerüchten ist oder ungewöhnliche Schwankungen des Aktienkurses der Zielgesellschaft zu verzeichnen sind.[404] Darüber hinaus kann die Ankündigungspflicht ausgelöst werden, wenn der Kreis der vorab involvierten Personen eine gewisse Größe überschreitet oder die Zielgesellschaft nach Investoren sucht, die mindestens 30 Prozent der Stimmenanteile erwerben wollen, und hierdurch Gerüchte, Spekulationen oder ungewöhnliche Kursschwankungen entstehen.[405] Trifft die Pflicht zur Ankündigung zunächst den Bieter, geht sie auf die Zielgesellschaft über, wenn deren Vorstand über das bevorstehende Angebot informiert wurde.[406]

Das Verfahren vor der Abgabe des Übernahmeangebots gliedert sich in zwei Abschnitte. Hat sich die Übernahmeabsicht noch nicht hinreichend verdichtet, genügt zunächst die in Rule 2.4 City Code geregelte Ankündigung, dass Übernahmegespräche stattfinden oder dass ein potenzieller Bieter die Abgabe eines Übernahmeangebots in Erwägung zieht (Ankündigung eines möglichen Übernahmeangebots[407]). Diese Form der Ankündigung ist ausreichend, um der Ankündigungspflicht nach Rule 2.2 City Code zu genügen. Das eigentliche Angebotsverfahren beginnt jedoch erst mit dem sog. *firm announcement* gemäß Rule 2.5 City Code (Ankündigung eines Übernahmeangebots). Dieser wesentlich ausführlicheren Form der Angebotsankündigung kann sich der Bieter bedienen, wenn er bereits den festen Entschluss zur Angebotsabgabe gefasst hat und sich in der Lage glaubt, das weitere Verfahren fortzusetzen („*when an offeror has every reason to believe that it can and will continue to be able to implement the offer*").[408]

---

404 Rule 2.2 (a) bis (d) City Code.

405 Rule 2.2 (e) und (f) City Code.

406 Rule 2.3 City Code.

407 Rule 2.4 trägt als Überschrift „*The announcement of a possible offer*".

408 Rule 2.5 (a) Satz 1 City Code. Irreführend in Bezug auf die Zweigliedrigkeit der Angebotsankündigung nach britischem Recht sind die Ausführungen von Ehricke/Ekkenga/Oechsler-*Oechsler*, § 10, Rn. 3, weil darin beide Formen der Ankündigung vermengt werden.

Der primäre Zweck der Publikationspflichten des Bieters ist es, den Kapitalmarkt vor Fehlbewertungen zu schützen, indem ein einheitliches Informationsniveau für alle Marktteilnehmer geschaffen wird.[409] Übernahmegerüchte können erheblichen Einfluss auf die Kursbewertung der Zielgesellschaft haben. Es gilt, durch die möglichst rasche Ankündigung der Übernahmeabsicht der Gefahr von Insidergeschäften vorzubeugen. Diese Aufgabe übernimmt in der Hauptsache die Ankündigung eines möglichen Übernahmeangebots gemäß Rule 2.4 City Code. Andererseits müssen die veröffentlichten Informationen möglichst akkurat sein, um den Markt bzw. die Aktionäre vor Fehlinterpretationen zu schützen.[410] Diesem Bedürfnis versucht der City Code Rechnung zu tragen, indem er in Rule 2.5 City Code eine weitere, sehr ausführliche Form der Angebotsankündigung vorsieht. Der Schutz des Marktes und seiner Teilnehmer ist jedoch kein Selbstzweck. Die Ankündigungspflicht muss auch die kommerziellen Interessen des Bieters berücksichtigen.[411] Der Schutz des Marktes und seiner Teilnehmer darf die Publikationspflichten nicht dergestalt ausdehnen, dass jede Übernahme von vornherein unattraktiv erscheint.

2. Kritik und Lösung

Die Schwäche des zweistufigen Verfahrens zur Ankündigung von Übernahmeangeboten liegt darin, dass sich der Bieter bereits durch die Ankündigung nach Rule 2.4 City Code seiner Publikationspflicht gemäß Rule 2.2 City Code entledigen kann, sich aber aus dieser Ankündigung keinerlei Folgepflichten für den Bieter ableiten. Damit wird dem Schutz vor Insidergeschäften zwar wirksam Rechnung getragen, gleichzeitig wird aber das Bedürfnis des Marktes nach möglichst sicheren Informationen vernachlässigt. Es besteht die Gefahr, dass der Bieter zunächst ein Übernahmegerücht in Form einer Rule 2.4-Ankündigung in der Öffentlichkeit lanciert, dieser Ankündigung aber keine Taten folgen lässt. Im britischen Übernahmerecht fehlt es folglich an einem Bindeglied zwischen den beiden Formen der Angebotsankündigung.

Diese Gefahr hat auch das Panel erkannt und durch die Einführung des Verfahrens des sog. *put up or shut up* wirksam eingedämmt. Das Panel wird auf Antrag der Zielgesellschaft dem Bieter aufgeben, innerhalb von sechs bis acht Wochen nach der Ankündigung eines möglichen Übernahmeangebots entweder eine Angebotsankündigung nach Rule 2.5 City Code vorzunehmen oder gemäß Rule 2.8

409 City Code, General Principle 6 Satz 1.
410 City Code, General Principle 6 Satz 2.
411 *Marchant*, in: Button (Hrsg.), S. 23, 35.

City Code öffentlich von der Angebotsabgabe Abstand zu nehmen. Eine ausführliche Darstellung dieses Verfahrens findet sich nachfolgend in Kapitel 7.[412]

II. Rule 2.4-Ankündigung

Nachfolgend soll die Zulässigkeit und Wirkung von Bedingungen im Rahmen einer Angebotsankündigung gemäß Rule 2.4 City Code untersucht werden.

1. Zulässigkeit von Bedingungen

Gemäß Note on Rule 2.4 City Code ist der Bieter verpflichtet, vor der Verwendung von *pre-conditions* im Rahmen der Ankündigung eines möglichen Übernahmeangebots das Panel zu konsultieren. Note on Rule 2.4 City Code lässt auf diese Weise erkennen, dass die Verwendung von *pre-conditions* im Rahmen der Ankündigung eines möglichen Übernahmeangebots nicht grundsätzlich verboten ist. Dieses Ergebnis bestätigend hat das Panel im seinem *1999 Annual Report* die Verwendung von *pre-conditions* im Rahmen einer Rule 2.4-Ankündigung von besonderen Voraussetzungen abhängig gemacht, die nachfolgend unter Punkt 2 ausführlich beschrieben werden. Zum besseren Verständnis dieser besonderen Voraussetzungen muss zunächst auf die allgemeine Wirkungsweise von Bedingungen im Rahmen einer 2.4-Ankündigung eingegangen werden.

Da es sich bei Rule 2.4 City Code lediglich um die Ankündigung eines „möglichen" Übernahmeangebots handelt, kann auch nur die Abgabe eines möglichen Übernahmeangebots bedingt werden. Dies hat zur Folge, dass die Erfüllung der aufgestellten Bedingungen den Bieter nicht verpflichtet, ein Übernahmeangebot abzugeben. Die Abgabe des Übernahmeangebots ist selbst bei der Erfüllung aller *pre-conditions precedent* bzw. der Nichterfüllung aller *pre-conditions subsequent* nicht zwingend. Da die Abgabe des Übernahmeangebots vollständig im Belieben des Bieters steht, kann das Verbot subjektiver Bedingungen im Rahmen der Rule 2.4-Ankündigung nicht anwendbar sein. Denn der Zweck von Rule 13 City Code ist es, die beliebige Rücknahme von Übernahmeangeboten durch den Bieter zu unterbinden und auf diese Weise die Bindungswirkung des Angebots zu stärken. Aus demselben Grund findet im Rahmen einer Rule 2.4-Ankündigung auch keine inhaltliche Überprüfung von *pre-conditions* statt. Es gilt weder Note 2 on Rule 13 City Code noch findet Note 1 on Rule 2.7 City Code Anwendung. In diesem Stadium des Verfahrens kann der Bieter die Abga-

[412] Siehe Kap. 7 § 1 D I auf S. 188 ff.

be eines möglichen Barangebots außerdem noch von dem Erhalt einer Finanzierungszusage abhängig machen; in den nachfolgenden Phasen des Angebotsverfahrens ist ein solcher Vorbehalt unzulässig.[413]

2. Zusätzliche Anforderungen

Die mangelnde Bindungswirkung von *pre-conditions* innerhalb der Ankündigung eines möglichen Übernahmeangebots kann zu einem falschen Eindruck über die Intention des Bieters führen. Die Aktionäre der Zielgesellschaft sind sich der mangelnden Bindungswirkung möglicherweise nicht bewusst und können deshalb nicht ermessen, unter welchen Umständen der Bieter tatsächlich zur Abgabe des Übernahmeangebots gewillt ist. Um einer solchen Irreführung vorzubeugen, hat das Panel dem Bieter in seinem *1999 Annual Report* zusätzliche Pflichten bei der Gestaltung der Ankündigung eines möglichen Übernahmeangebots auferlegt.[414]

Der Bieter muss klar zum Ausdruck bringen, ob die mögliche Abgabe des Übernahmeangebots die Erfüllung sämtlicher *pre-conditions precedent* bzw. die Nichterfüllung aller *pre-conditions subsequent* voraussetzt oder ob diese Bedingungen verzichtbar sind.[415] Anders ausgedrückt muss sich der Bieter dahingehend einlassen, ob er grundsätzlich auch dann ein Übernahmeangebot abgeben möchte, wenn seine Optimalvorstellungen nicht eintreten. Zudem bedarf es einer klarstellenden Erläuterung, dass selbst die Erfüllung sämtlicher *pre-conditions precedent* bzw. die Nichterfüllung aller *pre-conditions subsequent* nicht zwingend zur Abgabe des Übernahmeangebots führen.[416] Selbstverständlich steht es dem Bieter in dieser letztgenannten Konstellation frei, sich die Pflicht zur Abgabe des Übernahmeangebots selbständig aufzuerlegen. Dazu muss er sich dann

413 Für die Angebotsankündigung nach Rule 2.5 City Code siehe im Anschluss in Kap. 6 § 1 B III 1 c aa auf S. 114 f. Für das weitere Verfahren siehe die Ausführungen in Kap. 8 § 5 A I auf S. 265 ff.

414 *Panel Statement 1999/14, Extract from the Report by the Director General contained in the Panel's 1999 Annual Report*, S. 2 – das Dokument kann eingesehen werden unter http://www.thetakeoverpanel.org.uk/statements/199914.pdf.

415 *Panel Statement 1999/14, Extract from the Report by the Director General contained in the Panel's 1999 Annual Report*, S. 2 – das Dokument kann eingesehen werden unter http://www.thetakeoverpanel.org.uk/statements/199914.pdf.

416 *Panel Statement 1999/14, Extract from the Report by the Director General contained in the Panel's 1999 Annual Report*, S. 2 – das Dokument kann eingesehen werden unter http://www.thetakeoverpanel.org.uk/statements/199914.pdf.

allerdings der ausführlicheren Form einer Angebotsankündigung nach Rule 2.5 City Code bedienen.[417]

Vor der Verwendung von *pre-conditions* innerhalb der Ankündigung eines möglichen Übernahmeangebots, ist das Panel zu konsultieren.[418] Trotz der mangelnden Bindungswirkung von *pre-conditions* im Rahmen einer Rule 2.4-Ankündigung erscheint auch hier – in Absprache mit dem Panel – das Setzen einer Frist zur Erfüllung der *pre-conditions* empfehlenswert. Anderenfalls läuft der Bieter Gefahr, von dem Panel durch die Aufforderung des *put up or shut up* zu einer Entscheidung über den Fortgang des Verfahrens gezwungen zu werden.[419]

III. Rule 2.5-Ankündigung

Die Beurteilung der Zulässigkeit von Bedingungen im Rahmen einer Angebotsankündigung nach Rule 2.5 City Code muss die dieser Form der Ankündigung zugedachte Bindungswirkung berücksichtigen.

1. Zulässigkeit von Bedingungen

Die Beurteilung der Zulässigkeit von Bedingungen im Rahmen der Ankündigung von Übernahmeangeboten beginnt mit einem allgemeinen Teil, der den Besonderheiten der Angebotsankündigung gemäß Rule 2.5 City Code Rechnung trägt. Im Anschluss findet sich eine gesonderte Betrachtung der Zulässigkeit allgemein formulierter Bedingungsklauseln und von Finanzierungsvorbehalten.

a) Allgemein

Die Ankündigung eines Übernahmeangebots nach Rule 2.5 City Code verpflichtet den Bieter gemäß Rule 2.7 City Code grundsätzlich, das Übernahmeangebot zu einem späteren Zeitpunkt abzugeben. Von dieser Regel kann nach Rule 2.7 City Code allerdings abgewichen werden, wenn die spätere Abgabe des Übernahmeangebots unter einer Bedingung stand, die nicht erfüllt wurde. Damit

417 *Panel Statement 1999/14, Extract from the Report by the Director General contained in the Panel's 1999 Annual Report*, S. 2 – das Dokument kann eingesehen werden unter http://www.thetakeoverpanel.org.uk/statements/199914.pdf.

418 Note on Rule 2.4 City Code.

419 Vgl. dazu die Ausführungen nachfolgend in Kap. 7 § 1 D I auf S. 188 ff.

räumt der City Code dem Bieter grundsätzlich die Möglichkeit ein, nicht nur das Übernahmeangebot selbst, sondern schon dessen Abgabe unter eine oder mehrere Bedingungen zu stellen. Zulässig sind in jedem Fall Bedingungen, auf deren Erfüllung der Bieter keinen Einfluss hat (objektive Bedingungen). Denn was im Rahmen des Übernahmeangebots selbst zulässig ist, kann in der Phase vor dessen Abgabe nicht verboten sein. Anderenfalls entstünde die merkwürdige Konsequenz, dass der Bieter zunächst den gesamten kostenintensiven Prozess bis zur Angebotsabgabe zu durchlaufen hätte, um seine objektiven Vorbehalte erst im Angebot selbst vorbringen zu können.

Grundsätzlich unzulässig hingegen ist die Verwendung subjektiver Bedingungen. Zwar findet das Verbot subjektiver Bedingungen gemäß Rule 13 City Code im Rahmen einer Rule 2.5-Ankündigung grundsätzlich keine Anwendung, da Rule 13 City Code lediglich verbietet, das Übernahmeangebot selbst (*offer*) und nicht die Abgabe des Übernahmeangebots (*posting of the offer*) von subjektiven Bedingungen abhängig zu machen.[420] Die Zulässigkeit subjektiver Bedingungen widerspricht aber Rule 2.5 (a) City Code, wonach der Bieter den festen Entschluss (*firm intention*) zur Angebotsabgabe bereits gefasst haben muss. Die Voraussetzung eines festen Entschlusses zur Angebotsabgabe beinhaltet, dass der Bieter den Prozess der internen Willensbildung abgeschlossen hat. Könnte der Bieter die Abgabe des Übernahmeangebots von Bedingungen abhängig machen, deren Erfüllung er selbst beeinflussen kann, hätte der Bieter noch keinen solchen Entschluss gefasst.

Zulässig sind hingegen subjektive Bedingungselemente wie sie gemäß Note 1 on Rule 13 City Code bereits im Rahmen des Übernahmeangebots selbst erlaubt sind. Stellt sich heraus, dass der Bieter das Übernahmeverfahren nur zu schlechteren Bedingungen als ursprünglich geplant durchführen kann, ist er an seine Ankündigung nicht gebunden, kann aber gleichwohl ein Angebot abgeben. Umgekehrt bedeutet dies, dass sich der Bieter auf der Grundlage der bereits feststehenden Umstände zur Übernahme entschlossen haben muss. Diese Umstände können nicht zum Gegenstand einer Bedingung gemacht werden. Abhängig vom Stadium des Übernahmeprozesses hat die Zulässigkeit subjektiver Bedingungselemente eine größere Bedeutung als im Rahmen des Übernahmeangebots. Denn zum Zeitpunkt der Ankündigung gemäß Rule 2.5 City Code existiert naturgemäß noch ein größeres Maß an noch nicht verifizierten Informationen bzw. an

[420] Im Ergebnis ausdrücklich ebenso: *Panel Statement 1999/14, Extract from the Report by the Director General contained in the Panel's 1999 Annual Report*, S.2, abrufbar unter http://www.thetakeoverpanel.org.uk/statements/199914.pdf.

noch ausstehenden Entscheidung dritter Personen und Behörden. Der Bieter soll durch die Verwendung subjektiver Bedingungselemente die Möglichkeit erhalten, auf die Entwicklung externer Angebotsfaktoren flexibel zu reagieren.

b) Einschränkung für allgemein formulierte Bedingungen

Die Zulässigkeit von Bedingungen mit einer subjektiven Bedingungskomponente innerhalb der Angebotsankündigung gemäß Rule 2.5 City Code kann nicht für allgemein formulierte Bedingungen gelten.[421] Soweit ersichtlich betrifft dies ausschließlich die bereits dargestellten MAC-Klauseln sowie die ähnlich strukturierten sog. Abwehrklauseln, mit denen der Bieter das Übernahmeangebot von der Nichtvornahme von Abwehrmaßnahmen durch die Zielgesellschaft abhängig macht. Diese Art von Bedingungen kann der Bieter ausschließlich im Rahmen der Angebotsankündigung nach Rule 2.4 City Code oder innerhalb des Übernahmeangebots selbst verwenden.

Der Grund die Unzulässigkeit dieser Klauseln liegt darin, dass weder Note 2 on Rule 13 City Code noch Note 1 on Rule 2.7 City Code eine Überprüfung von *pre-conditions* ermöglichen. Note 2 on Rule 13 City Code gilt nur für *conditions*, mit denen der Bieter das Übernahmeangebot – nachdem es abgegeben wurde – zu Fall bringen kann. Die Regelung in Note 1 on Rule 2.7 City Code, die besondere Umstände für den Abbruch des Übernahmeverfahrens fordert, betrifft den Fall einer Angebotsrücknahme ohne das Berufen auf eine Bedingung. Die Vorschrift nimmt nicht – wie es Note 2 on Rule 13 City Code in Bezug auf die Verwendung von *conditions* tut – Bezug auf die in Rule 2.7 City Code explizit erwähnten *pre-conditions*.

Folglich verfügt das Panel nicht über die Möglichkeit einer inhaltlichen Überprüfung *von pre-conditions*. Ohne dieses Korrektiv läge die Beurteilung, wann ein zum Abbruch des Übernahmeverfahrens berechtigender wesentlicher Wertverlust bzw. eine Abwehrmaßnahme der Zielgesellschaft vorliegt, allein in den Händen des Bieters. Der Bieter allein würde damit über die Abgabe des Übernahmeangebots entscheiden und hätte auf diese Weise die Möglichkeit, die Bindungswirkung einer Rule 2.5-Ankündigung zu umgehen.

---

421 So in Bezug auf die Verwendung von MAC-Klauseln auch die unverbindliche Auskunft der *Panel Executive* – Telefonat mit dem ehemaligen *Assistant Secretary Brian Stockbridge* vom 5.6.2003.

c) Finanzierungsvorbehalte

Mit einem sog. Finanzierungsvorbehalt macht der Bieter die Abgabe des Übernahmeangebots von dessen Finanzierbarkeit abhängig. Da die Zulässigkeit einer solchen Bedingung von dem Zeitpunkt abhängt, zu dem der Bieter die Maßnahmen der Finanzierung abgeschlossen haben muss, ist für die Frage der Zulässigkeit zwischen der Angebotsankündigung und der späteren Abgabe des Übernahmeangebots zu unterscheiden. Für den hier zu erörternden Bereich der Angebotsankündigung muss zwischen der Finanzierung von Bar- und Tauschangeboten differenziert werden.

aa) Barangebote

Die Regeln des City Code erlauben es dem Bieter grundsätzlich, die Abgabe von Barangeboten von dem Erhalt einer Finanzierungszusage abhängig zu machen.[422] Eine solche Bedingung hat innerhalb der Angebotsankündigung gemäß Rule 2.5 City Code in den meisten Fällen eine subjektive Komponente, da das Scheitern der Finanzierung in aller Regel darauf zurückzuführen sein wird, dass der Bieter nicht bereit war, den für die Finanzierung geforderten Preis zu zahlen. Die Zulässigkeit eines Finanzierungsvorbehalts gründet sich auf die Umkehrschlüsse aus Rule 2.5 (c) und Rule 24.7 City Code. Gemäß Rule 2.5 (c) City Code muss der Bieter eines Pflichtangebots bereits zum Zeitpunkt der Ankündigung des Angebots eine externe Finanzierungsbestätigung vorlegen. Für die Ankündigung eines freiwilligen Übernahmeangebots enthält Rule 2.5 City Code keine entsprechende Regelung. Eine derartige Finanzierungsbestätigung muss der freiwillige Bieter eines Barangebots gemäß Rule 24.7 City Code erst bei der späteren Abgabe des Übernahmeangebots beifügen. Im Umkehrschluss ist diesen Vorschriften zu entnehmen, dass die Finanzierung von Barangeboten zum Zeitpunkt der Ankündigung des Übernahmeangebots nach Rule 2.5 City Code noch nicht abschließend sichergestellt sein muss und infolgedessen ein Finanzierungsvorbehalt im Rahmen dieser Ankündigung grundsätzlich möglich ist.

Allerdings muss darauf hingewiesen werden, dass das Panel der Finanzierung von Übernahmeangeboten großes Gewicht beimisst. Das Panel stützt sich dabei auf General Principle 3 und Rule 1 (c) City Code. Gemäß Rule 1 (c) City Code ist der Bieter – nachdem er der Zielgesellschaft informell die Übernahmeabsicht angekündigt hat – gegenüber der Zielgesellschaft verpflichtet darzulegen, dass er zur Durchführung des Übernahmeangebots in der Lage ist bzw. sein wird.

422 Dies belegen die Beispiele bei *Marchant*, in: Button (Hrsg.), S. 23, 45.

Diese Vorschrift reflektiert die allgemeine Regel in General Principle 3 City Code, wonach nur derjenige ein Übernahmeangebot ankündigen darf, der zur weiteren Durchführung des Übernahmeverfahrens willens und in der Lage ist. Da die Ankündigung eines Übernahmeangebots nach Rule 2.5 City Code keine Verpflichtung für den Bieter darstellt, ist er grundsätzlich gehalten, die Finanzierung des Übernahmeangebots bis zu dieser Ankündigung soweit wie möglich voran zu treiben. Hat der Bieter diesbezüglich noch überhaupt keine Anstrengungen unternommen, dürfte ihm das Panel die Verwendung eines Finanzierungsvorbehalts versagen.

bb) Tauschangebote

Ein Finanzierungsvorbehalt zur Durchführung von Tauschangeboten betrifft den Fall, wenn dem Bieter in Gestalt einer *company* nicht ausreichend genehmigtes Kapital zur Verfügung steht, um die Ansprüche der Aktionäre der Zielgesellschaft vollständig zu befriedigen. Wie im deutschen Recht muss der Bieter in dieser Konstellation einen Kapitalerhöhungsbeschluss seiner Aktionäre herbeiführen. Zudem ist unter Umständen ein weiterer Hauptversammlungsbeschluss notwendig, um das *board of directors* zur Ausgabe der neu geschaffenen Aktien zu ermächtigen.[423]

Der City Code enthält weder eine Regelung zur Zulässigkeit von Gesellschaftervorbehalten allgemein noch zur Frage der Zulässigkeit von Finanzierungsvorbehalten bei Tauschangeboten. Für die Beurteilung der Zulässigkeit von derartigen Finanzierungsvorbehalten ist deshalb auf die allgemeinen Regeln zur Zulässigkeit von Bedingungen innerhalb der Ankündigung von Übernahmeangeboten gemäß Rule 2.5 City Code zurückzugreifen. Der Gesellschaftervorbehalt steht nicht im Widerspruch zu dem insofern geltenden Verbot subjektiver Bedingungen. Zwar ist die Hauptversammlung ein Organ der Bietergesellschaft, sie trifft aber vom Management unabhängige Entscheidungen. Demzufolge können die zur Durchführung von Tauschangeboten notwendigen Hauptversammlungsbeschlüsse ohne weiteres zum Gegenstand von *pre-conditions* gemacht werden. Zwingend für eine solche Sichtweise spricht zudem die Notwendigkeit derartiger Finanzierungsvorbehalte innerhalb des Übernahmeangebots selbst.[424] Es wäre ein Widerspruch, wenn im Rahmen der Ankündigung von Übernahmeangeboten strengere Voraussetzungen für die Zulässigkeit von Bedingungen gelten

---

[423] Ausführlich zu den Voraussetzungen einer Kapitalerhöhung nach britischem Recht nachfolgend in Kap. 8 § 3 A I 1 a bb auf S. 224 f.

[424] Siehe Kap. 8 § 3 A I 1 a bb auf S. 225 f.

würden als im Rahmen der Angebotsunterlage selbst. Der Bieter würde ansonsten zunächst in den kostenintensiven Prozess der Angebotsveröffentlichung gezwungen, um erst dort seine Vorbehalte gegen die Durchführung des Übernahmeangebots vorbringen zu können.

2. Formale Anforderungen

Beabsichtigt der Bieter die Abgabe des Übernahmeangebots von einer *pre-condition* abhängig zu machen, muss er zuvor das Panel konsultieren.[425] Da der City Code grundsätzlich keine Frist zur Erfüllung von *pre-conditions* enthält, sollte der Bieter selbst in Absprache mit dem Panel eine solche Frist in der Ankündigung setzen. *Pre-conditions* müssen wie auch alle sonstigen Bedingungen gemäß Rule 2.5 (b) (v) City Code bereits in der Angebotsankündigung enthalten sein. Zudem unterliegt der Bieter, will er ein *pre-conditional offer* abgeben, erhöhten Informationspflichten gegenüber den Aktionären der Zielgesellschaft.[426]

D. Bedingungen in Pflichtangeboten

Die Zulässigkeit von Bedingungen in Pflichtangeboten unterliegt grundsätzlich anderen Regeln als deren Zulässigkeit in freiwilligen Übernahmeangeboten.

I. Grundsatz der Bedingungsfeindlichkeit

Dem Umkehrschluss aus Rule 9.3 (a) City Code sowie Rule 9.3 (b) City Code ist zu entnehmen, dass Pflichtangebote dem Grunde nach bedingungsfeindlich sind.[427] Dieses Verbot steht in engem Zusammenhang mit dem letzten Satz von General Principle 10 City Code. Danach muss derjenige, der einen pflichtangebotsauslösenden Aktienerwerb in Betracht zieht, zuvor sicherstellen, dass er zur Durchführung eines Pflichtangebots willens und in der Lage ist.[428] Als logische Konsequenz ist es dem Bieter verwehrt, ein Pflichtangebot von der Erfüllung von Bedingungen abhängig zu machen. Der Bieter könnte sich durch die Auf-

---

[425] Note on Rule 2.4 City Code sowie Note 6 on Rule 2.5 City Code.

[426] Die Anforderungen ergeben sich gemäß Note 2 on Rule 23 City Code sowie aus Rule 24 City Code.

[427] Denn nach dieser Vorschrift ist in Pflichtangeboten nur die *acceptance condition* zulässig („...*offers made under this Rule must be conditional only upon...*“).

[428] Vgl. *Pearson*, in: Button (Hrsg.), S. 135, 139.

stellung von Bedingungen ansonsten faktisch seiner „Pflicht" zur Abgabe eines Übernahmeangebots entziehen.

Diese Vorgabe konsequent verwirklichend werden Umstände, die im Rahmen freiwilligen Übernahmeverfahrens üblicherweise Gegenstand vertraglicher Bedingungsklauseln sind, bei einem Pflichtangebotsverfahren gemäß Rule 9.3 (b) City Code dem Verantwortungsbereich des Bieters zugewiesen.[429] Dies betrifft die ökonomischen Rahmenbedingungen der Übernahme, die Zustimmung der eigenen Hauptversammlung, die sonstigen – mit Ausnahme der kartellrechtlichen Genehmigung auch staatlichen[430] – Zustimmungserfordernisse sowie alle übrigen Bedingungen, von denen ein Pflichtangebot möglicherweise abhängig gemacht werden könnte. Diese Notwendigkeiten müssen dem Bieter schon bei Erwerb des pflichtangebotsauslösenden Aktienanteils bewusst sein. Denn ist absehbar, dass die Durchführung eines Pflichtangebots nur unter einer Bedingung möglich sein wird, ist nach Rule 9.3 (b) City Code schon der pflichtangebotsauslösende Aktienerwerb untersagt.[431]

II. Ausnahmen

Der Grundsatz der Bedingungsfeindlichkeit von Pflichtangeboten erfährt zwei Durchbrechungen. Beide Ausnahmen sind explizit geregelt. Gemäß Rule 9.3 (a) City Code muss auch das Pflichtangebot eine *acceptance condition* enthalten. Das Pflichtangebot wird erst wirksam, wenn der Bieter zusammen mit dem Aktienanteil, den er schon vor und während des Pflichtangebots erworben hat bzw. erwirbt, mehr als 50 Prozent der Stimmrechte an der Zielgesellschaft erlangt. Im Unterschied zu Rule 10 City Code hat der Bieter allerdings nicht die Möglichkeit einer Verbindlichkeitserklärung.

Des Weiteren muss auch ein Pflichtangebot eine kartellrechtliche Bedingung im Sinne von Rule 12.1 (a) und (b) City Code enthalten. Bei einer Überweisung an die *Monopolies and Mergers Commission* bzw. bei einer Verfahrenseinleitung durch die Europäische Kommission auf der Grundlage der europäischen Fusionskontrollverordnung, muss das Pflichtangebot verfallen. Im Unterschied zu einem freiwilligen Übernahmeangebot hat der Bieter nicht die Möglichkeit, das

429 Vgl zum Ganzen: *Pearson*, in: Button (Hrsg.), S. 135, 139.

430 Zur kartellrechtlichen Genehmigung im Rahmen des Pflichtangebots wird nachfolgend unter Punkt 2 Stellung genommen.

431 Gemäß Note 3 on Rule 9.3 City Code kann das Panel allerdings unter den dort genannten Umständen Ausnahmen zulassen.

Angebot von einem Negativtest abhängig zu machen. Denn Rule 12.1 (c) City Code wird ausdrücklich von der Verweisung ausgenommen. Der Verfall des Pflichtangebots gemäß Rule 12.1 (a) oder (b) City Code auf Grund kartellrechtlicher Verfahrenseinleitung vermag nichts an der anhaltenden Angebotspflicht des Bieters zu ändern. Gemäß Note 1 on Rule 9.4 City Code muss das Pflichtangebot bei Genehmigung durch die Wettbewerbsbehörden umgehend erneuert werden. Bei einem Verbot der Übernahme wird das Panel dem Bieter aufgeben, seinen Aktienanteil an der Zielgesellschaft auf unter 30 Prozent zurückzuführen.

§ 2 Wertpapiererwerbs- und Übernahmegesetz

Die Zulässigkeit von Bedingungen nach dem WpÜG hängt maßgebend von der vorliegenden Angebotsart ab, weil der Bieter nur im Rahmen von Übernahmeangeboten relativ – innerhalb der gesetzlichen Grenzen – frei in der Gestaltung von Bedingungen ist. Deshalb ist zunächst eine Abgrenzung von Übernahme- und Pflichtangebot vorzunehmen. Im Mittelpunkt der sich anschließenden Untersuchung steht die Zulässigkeit von Bedingungen in Übernahmeangeboten sowie in der Ankündigung von Übernahmeangeboten. Abschließend wird die Zulässigkeit von Bedingungen in Pflichtangeboten dargestellt.

A. Abgrenzung Übernahmeangebot und Pflichtangebot

Die Notwendigkeit der Abgrenzung von Übernahme- und Pflichtangebot hat denselben Hintergrund wie die gleichlautende Problematik im britischen Übernahmerecht. Denn auch nach dem WpÜG kann der Bieter Bedingungen grundsätzlich nur im Rahmen von Übernahmeangeboten verwenden. Bedingte Pflichtangebote hingegen sind grundsätzlich unzulässig.

Beide Formen des Angebots lassen sich durch ihre unterschiedliche Ausgangslage klar voneinander trennen. Während der freiwillige Übernehmer die Kontrolle über die Zielgesellschaft mittels seines Angebots erst noch erwerben möchte, muss derjenige, der ein Pflichtangebot abzugeben hat, die Kontrollmehrheit bereits erworben haben. Im Gegensatz zum britischen Übernahmerecht schließt das WpÜG ausdrücklich aus, dass beide Angebotsarten innerhalb derselben Transaktion zur Anwendung gelangen können. Die Angebotspflicht gemäß § 35 Abs. 2 iVm. § 35 Abs. 1 WpÜG kann nur durch den rechtsgeschäftlich börslichen oder außerbörslichen Aktienerwerb ausgelöst werden.[432] Der Kontrollerwerb mittels Übernahmeangebot ist gemäß § 35 Abs. 3 WpÜG als tauglicher Auslöser für ein Pflichtangebot ausdrücklich ausgeschlossen. Überschneidungen zwischen beiden Angebotsarten sind deshalb nicht zu befürchten.

B. Bedingungen in freiwilligen Übernahmeangeboten

Die zentrale Norm des deutschen Übernahmerechts zur Regelung von Bedingungen in freiwilligen Übernahmeangeboten ist § 18 Abs. 1 WpÜG. Anders als im Rahmen des britischen City Code, der über das Äquivalent zu § 18 Abs. 1 WpÜG (Rule 13 City Code) hinaus noch ein Reihe bestimmter zulässiger Bedingungen kodifiziert, werden nach dem WpÜG alle Bedingungen ausschließlich an § 18 Abs. 1 WpÜG gemessen. Lediglich in einigen unsystematisch versprengten Vorschriften gibt der Gesetzgeber zu erkennen, dass sowohl eine Mindestannahmequote (§§ 16 Abs. 1 Satz 2, 21 Abs. 1 Satz 1 Nr. 3, 26 Abs. 1 Satz 2 WpÜG) als auch die Zustimmung der eigenen Gesellschafterversammlung (§§ 10 Abs. 1 Satz 2, 25 WpÜG) Gegenstand von Bedingungen sein können. § 18 Abs. 1 WpÜG wird ergänzt durch eine Reihe weiterer Vorschriften, die denselben Regelungsgegenstand haben.

I. Grundlegende Bestimmung (§ 18 Abs. 1 WpÜG)

§ 18 Abs. 1 WpÜG stellt die Basisregelung für die Bestimmung der Zulässigkeit von Bedingungen in Übernahmeangeboten dar. In Anlehnung an das Vorgehen in Bezug auf das britische Recht wird zur Erfassung des Regelungsgehalts zunächst der Wortlaut dargestellt und anschließend eine Analyse durchgeführt.

§ 18 Abs. 1 WpÜG – Bedingungen

> „Ein Angebot darf vorbehaltlich § 25 nicht von Bedingungen abhängig gemacht werden, deren Eintritt der Bieter, mit ihm gemeinsam handelnde Personen oder deren Tochterunternehmen oder im Zusammenhang mit dem Angebot für diese Personen oder Unternehmen tätige Berater ausschließlich selbst herbeiführen können.“

---

432 Begründung zu § 35 Abs. 1 RegE, BT-Drucks. 14/7034, S. 59.

1. Allgemeines

In allgemeiner Hinsicht sollen der Regelungsgehalt und die Regelungstechnik sowie die Gesetzgebungsgeschichte des § 18 Abs. 1 WpÜG betrachtet werden.

a) Regelungsgehalt und -technik

§ 18 Abs. 1 WpÜG schränkt gegenüber der allgemeinen Regelung im Zivilrecht (§§ 145, 158 BGB) die Zulässigkeit von Bedingungen in Übernahmeangeboten ein. Die Vorschrift untersagt die Aufnahme von Bedingungen in das Angebot, deren Eintritt der Bieter bzw. ihm im Rahmen des Angebots zurechenbare Personen und Unternehmen ausschließlich selbst beeinflussen können. Ziel der Vorschrift ist es, über den Anwendungsbereich des § 162 BGB hinaus zu vermeiden, dass sich der Bieter im Wege der Verhinderung des Bedingungseintritts einseitig von dem einmal abgegebenen Übernahmeangebot lösen kann.[433] Auf diese Weise soll eine möglichst weitgehende Bindung des Bieters an das Übernahmeangebot erzielt werden.

Nach § 18 Abs. 1 WpÜG bleibt das Aufstellen von Bedingungen grundsätzlich zulässig. Ebenso wie das britischen Äquivalent in Rule 13 City Code trifft § 18 Abs. 1 WpÜG als Ausnahmevorschrift nur eine Aussage darüber, welche Bedingungen unzulässig sind. Im Umkehrschluss folgt daraus, dass sämtliche Bedingungen, die nicht unter Tatbestand der Vorschrift fallen, zulässig bleiben.[434]

b) Gesetzgebungsverfahren

Der Wortlaut des § 18 Abs. 1 WpÜG ist durch die verschiedenen Entwürfe zum WpÜG hindurch im Wesentlichen unverändert geblieben. Zwei kleine Änderungen hat es jedoch gegeben. Zunächst wurde mit § 18 Abs. 1 Satz 1 RefE der in § 18 Abs. 1 WpÜG definierte Personenkreis um die „Tochterunternehmen“ von mit dem Bieter gemeinsam handelnden Personen erweitert. Zweitens wurde ein noch im Diskussions- und Referentenentwurf enthaltener § 18 Abs. 1 Satz 2 („Satz 1 gilt nicht für Entscheidungen der Gesellschafterversammlung des Bieters.“) im Regierungsentwurf gestrichen und durch die jetzige Formulierung

---

[433] KK-WpÜG-*Hasselbach*, § 18, Rn. 2; *Steinmeyer/Häger*, § 18, Rn. 1.
[434] Geibel/Süßmann-*Geibel*, § 18, Rn. 6.

„vorbehaltlich § 25“ ersetzt.[435] Die Konsequenzen der letztgenannten Änderung werden bei den nachfolgenden Ausführungen zu § 25 WpÜG erläutert.[436]

2. Inhalt: Verbot subjektiver Bedingungen

§ 18 Abs. 1 WpÜG verbietet die Aufnahme subjektiver Bedingungen in das Übernahmeangebot. Dies sind gemäß dem Wortlaut der Vorschrift „Bedingungen..., deren Eintritt der Bieter, mit ihm gemeinsam handelnde Personen oder deren Tochterunternehmen oder im Zusammenhang mit dem Angebot für diese Personen oder Unternehmen tätige Berater ausschließlich selbst herbeiführen können“. Verkürzt ausgedrückt handelt es sich um Bedingungen, deren Erfüllung vom Bieter abhängt.[437]

a) Bedingungsarten

Das Tatbestandsmerkmal der „Bedingung“ erfordert eine weite Auslegung, um entsprechend der Zielsetzung des § 18 Abs. 1 WpÜG zu verhindern, dass der Bieter durch eigene Willensentscheidung von der Entscheidung zur Abgabe eines Übernahmeangebots abrücken kann.[438] Erfasst werden zunächst Bedingungen im Sinne des § 158 BGB. In erster Linie werden auf diese Weise Potestativbedingungen untersagt, bei denen das Geschehen, welches zum Eintritt der Bedingung führt, vom Willen einer Vertragspartei abhängig ist. § 18 Abs. 1 WpÜG findet darüber hinaus ebenfalls Anwendung auf Wollensbedingungen, auf welche § 158 BGB nach überwiegender Auffassung keine Anwendung findet. Im Unterschied zur Potestativbedingung, bei der sich der Bieter grundsätzlich binden möchte, sofern das für den Bedingungseintritt maßgebliche Geschehen seinen Vorstellungen entspricht, behält sich der Bieter bei einer Wollensbedingung vor, sich überhaupt vertraglich binden zu wollen. Schließlich erfasst der Begriff der Bedingung auch Rechtsbedingungen, bei denen die Wirksamkeit des Rechtsgeschäfts von gesetzlichen Voraussetzungen – insbesondere einer behördlichen Genehmigung – abhängig ist. In diesem Fall hängt die Anwendung von

---

435 Im DiskE sind die §§ 21, 28 die für die Regelung von Bedingungen relevanten Vorschriften (NZG 2000, 844, 849 f.). Ab dem RefE hat sich die Nummerierung entsprechend dem heutigen WpÜG geändert, so dass die §§ 18, 25 WpÜG einschlägig sind.

436 Siehe Kap. 6 § 2 B III 1 a aa auf S. 138.

437 *Land*, DB 2001, 1707, 1711 Fn. 50.

438 Geibel/Süßmann-*Geibel*, § 18, Rn. 1.

§ 18 Abs. 1 WpÜG davon ab, welchen Einfluss der Bieter tatsächlich auf den Eintritt der in Frage stehenden Rechtsbedingung hat.[439]

§ 18 Abs. 1 WpÜG unterscheidet nicht zwischen aufschiebenden Bedingungen (§ 158 Abs. 1 BGB) und auflösenden Bedingungen (§ 158 Abs. 2 BGB). Auf Grund der Regelungstechnik von § 18 Abs. 1 WpÜG sind beide Bedingungsarten deshalb grundsätzlich zulässig, sofern sie nicht gegen das Verbot subjektiver Bedingungen verstoßen.

Gleichwohl hat sich der Bieter vorrangig aufschiebender Bedingungen zu bedienen.[440] Aufschiebende Bedingungen gewähren den Aktionären der Zielgesellschaft eine vergleichsweise sicherere Entscheidungsgrundlage, weil die Aktionäre nur bei aufschiebenden, nicht aber bei auflösenden Bedingungen den Bedingungseintritt abwarten können und auflösende Bedingungen immer gefährdet sind, in den Anwendungsbereich des Verbots von Rücktrittsvorbehalten zu fallen (§ 18 Abs. 2 WpÜG). Die zu schützenden Aktionäre der Zielgesellschaft sollen rasch – wenn möglich noch vor einer eventuellen Annahmeentscheidung – Klarheit über die Verbindlichkeit des Übernahmeangebots erlangen. Bei der Verwendung aufschiebender Bedingungen beseitigt der Eintritt der Bedingungen jeglichen Zweifel an der Wirksamkeit des Übernahmeangebots. Der Bieter ist uneingeschränkt verpflichtet, die Wertpapiere der annehmenden Aktionäre der Zielgesellschaft zu erwerben. Hingegen steht ein auflösend bedingtes Übernahmeangebot, welches von Beginn an voll wirksam ist, immer unter dem Vorbehalt des Bedingungseintritts. Tritt die Bedingung ein, wird das Übernahmeangebot und die unter ihm geschlossenen Verträge unwirksam. Einen Moment, in dem das Übernahmeangebot uneingeschränkt verbindlich ist, existiert bei einer auflösenden Bedingung grundsätzlich nicht.

Auch die bei Übernahmeangeboten die geltende Besonderheit, dass grundsätzlich alle Bedingungen bis zum Ablauf der Annahmefrist eingetreten sein müssen, vermag an dem Vorrang aufschiebender Bedingungen nichts zu ändern. Für auflösende Bedingungen bedeutet dies, dass sie mit Ablauf der Annahmefrist als ausgefallen zu betrachten sind, sofern sie nicht zuvor eingetreten sind. Zu diesem Zeitpunkt haben die Aktionäre eine mit der Verwendung aufschiebender Bedingungen vergleichbar sichere Entscheidungsgrundlage. Da sich das Schicksal auflösender Bedingungen jedoch regelmäßig erst mit Ablauf der Annahmefrist beurteilen lässt, bleibt über die gesamte Laufzeit des Übernahmeangebots

---

[439] Allgemein dazu nachfolgend in Kap. 6 § 2 B I 2 c bb auf S. 128 f.
[440] KK-WpÜG-*Hasselbach*, § 18, Rn. 21.

ein Zustand der Unsicherheit bestehen. Aus diesem Grund wird man dem Bieter grundsätzlich zur Verwendung aufschiebender Bedingungen zu raten haben.

b) Bedingungsgegenstand

Das Verbot subjektiver Bedingungen erfasst nach hier vertretener Auffassung nur solche Bedingungen, von denen „die Wirksamkeit des Angebots als solches" abhängt.[441] Alle übrigen Bedingungen, die nicht die Wirksamkeit des Angebots insgesamt betreffen, unterfallen nicht den Beschränkungen des § 18 Abs. 1 WpÜG und sind ohne weiteres zulässig.

Die gegenteilige Ansicht[442], nach deren Dafürhalten weder der Wortlaut noch die *Ratio* des § 18 Abs. 1 WpÜG eine eingeschränkte Anwendung gebieten, ist abzulehnen. Bereits der Wortlaut des § 18 Abs. 1 WpÜG („ein Angebot...nicht von Bedingungen abhängig gemacht werden...") lässt erkennen, dass das Verbot subjektiver Bedingungen nur solche Bedingungen erfasst, die das Übernahmeangebot insgesamt betreffen, nicht jedoch Bedingungen, die sich lediglich auf einzelne Angebotsbestandteile beziehen, aber keinen Einfluss auf die Wirksamkeit des Angebots insgesamt haben. Kann der Bieter lediglich einzelne Angebotselemente beeinflussen, hängt davon gerade nicht „das Angebot ab", wie es der Wortlaut von § 18 Abs. 1 WpÜG fordert. Diese Einschätzung wird unterstützt durch die Gesetzesmaterialien, in denen im Rahmen einer beispielhaften Aufzählung zulässiger Bedingungen mehrmals von Bedingungen berichtet wird, von denen die „Wirksamkeit des Angebots" abhängig gemacht werden kann.[443] Hingegen werden Bedingungen, die nur einzelne Angebotselemente betreffen, nicht erwähnt. In systematischer Hinsicht werden auch in § 11 Abs. 2 Nr. 5 WpÜG betreffend den Inhalt der Angebotsunterlage nur Bedingungen erwähnt, „von denen die Wirksamkeit des Angebots abhängt". Der Gesetzgeber kann nur ein Interesse an der Auflistung solcher Bedingungen in der Angebotsunterlage haben, die im Rahmen des § 18 Abs. 1 WpÜG auf ihre Zulässigkeit hin geprüft werden sollen. Letztlich gebietet der Sinn und Zweck von § 18 Abs. 1 WpÜG eine Beschränkung auf Bedingungen, von denen die Wirksamkeit des Angebots als solchem abhängt. Denn die Vorschrift möchte verhindern, dass sich der Bieter im Wege der Einflussnahme auf den Bedingungseintritt einseitig von seinem einmal abgegebenen Angebot lossagen kann. Werden nur einzelne Angebotselemente bedingt, welche keinen Einfluss auf die Wirksamkeit des gesamten

[441] So auch Geibel/Süßmann-*Geibel*, § 18, Rn. 9.
[442] KK-WpÜG-*Hasselbach*, § 18, Rn. 16.
[443] Begründung zu § 18 Abs. 1 RegE, BT-Drucks. 14/7034, S. 47 f.

Angebots besitzen, besteht diese Gefahr jedoch von vornherein nicht. Solche Bedingungen unterfallen deshalb nicht dem Verbot des § 18 Abs. 1 WpÜG.

c) Herbeiführen des Bedingungseintritts

§ 18 Abs. 1 WpÜG untersagt lediglich solche Bedingungen, die der Bieter oder der ihm zurechenbare Personenkreis ausschließlich selbst herbeiführen können.

aa) Durch den Bieter und den ihm zurechenbaren Personenkreis

Anders als Rule 13 City Code ist § 18 Abs. 1 WpÜG bemüht, den Adressatenkreis des Verbots subjektiver Bedingungen möglichst umfassend zu beschreiben. Danach gilt das Verbot nicht nur für Bedingungen, deren Eintritt durch den Bieter selbst beeinflusst werden kann, sondern auch für solche, die dem Einfluss durch die mit dem Bieter gemeinsam handelnden Personen, deren Tochterunternehmen oder im Zusammenhang mit dem Übernahmeangebot für diese Personen oder Unternehmen tätige Berater unterliegen. Nach seinem Sinn und Zweck umfasst § 18 Abs. 1 WpÜG (selbstverständlich) auch den Fall, dass der Bedingungseintritt kumulativ durch den genannten Personenkreis herbeigeführt werden kann, obgleich der Wortlaut diesbezüglich nicht eindeutig ist.[444] Da die Abgrenzung der verschiedenen Personenkreise nicht im Mittelpunkt dieser Untersuchung steht, soll der erweiterte Personenkreis nur kurz vorgestellt werden.

(1) Bieter

Der Begriff des „Bieters“ umfasst gemäß der Legaldefinition in § 2 Abs. 4 WpÜG alle „natürlichen oder juristischen Personen oder Personengesellschaften, die allein oder gemeinsam mit anderen Personen ein Angebot abgeben, ein solches beabsichtigen oder zur Abgabe verpflichtet sind“. Diese Regelung hat nur klarstellende Funktion, da Bieter grundsätzlich alle Subjekte sein können, die nach allgemeinen Grundsätzen in der Lage sind, ein rechtswirksames Angebot abzugeben.[445] Dazu gehören neben den natürlichen Personen, die juristischen Personen des Privat- sowie des öffentlichen Rechts (unabhängig von ihrer Nationalität[446]) sowie Personengesellschaften, soweit diese Träger von Rechten und Pflichten nach außen sein können. Unter den Personengesellschaften kommt

444 Geibel/Süßmann-*Geibel*, § 18, Rn. 15.
445 Ausführlich KK-WpÜG-*Versteegen*, § 2, Rn. 120.
446 Sofern das deutsche Recht ausländischen Gesellschaften die Rechtsfähigkeit zuerkennt – KK-WpÜG-*Versteegen*, § 2, Rn. 122.

als Bieter insbesondere auch die Gesellschaft bürgerlichen Rechts in Betracht, sofern es sich nicht um eine reine Innengesellschaft handelt.[447]

Ebenfalls taugliche Bieter im Rahmen eines Übernahmeverfahrens sind die sog. Bietergemeinschaften, bei denen mehrere rechtsfähige Subjekte gemeinsam ein rechtlich einheitliches Angebot abgeben, dieses beabsichtigen oder zur Abgabe verpflichtet sind.[448] Erfasst werden nur solche Fälle, bei denen jedes Mitglied der Bietergemeinschaft selbst „Bieter" ist und nicht lediglich das Angebot eines anderen unterstützt.[449] Auf Grund der daraus für jeden Beteiligten einer Bietergemeinschaft hervorgehenden Verpflichtungen, besteht die Möglichkeit der Stellvertretung.[450] In der Praxis dürfte die Bietergemeinschaft einen nur sehr begrenzten Anwendungsbereich haben, da mehrere Beteiligte eines einheitlichen Angebots in aller Regel eine Gesellschaft bürgerlichen Rechts bilden werden, die für sich genommen bereits Bieterqualität besitzt.[451]

Schließlich ist nur derjenige Bieter im Sinne des WpÜG, der ein Angebot abgibt, ein solches beabsichtigt oder zur Abgabe verpflichtet ist. Abgesehen von der unproblematisch feststellbaren Abgabe eines Angebots ist damit auch Bieter, wer sich im Sinne von § 10 Abs. 1 WpÜG zur Angebotsabgabe entschieden hat oder wer der Angebotspflicht gemäß § 35 WpÜG unterfällt.

(2) Gemeinsam handelnde Personen und deren Tochterunternehmen

Als gemeinsam handelnde Personen gelten nach § 2 Abs. 5 WpÜG natürliche oder juristische Personen, die ihr Verhalten im Hinblick auf den Erwerb von Wertpapieren der Zielgesellschaft oder ihre Ausübung von Stimmrechten mit dem Bieter abstimmen. Tochterunternehmen des Bieters gelten ausweislich der unwiderlegbaren Vermutung des § 2 Abs. 5 Satz 2 WpÜG als mit diesem gemeinsam handelnde Personen. Abweichend von § 2 Abs. 4 WpÜG sind Personengesellschaften in Absatz 5 nicht erwähnt, obwohl es für eine unterschiedliche Behandlung von natürlichen und juristischen Personen auf der einen Seite und Personengesellschaften auf der anderen Seite keine Rechtfertigung gibt.[452] Dar-

---

447 Geibel/Süßmann-*Angerer*, § 2, Rn. 7. Die Rechtsfähigkeit der GbR ausdrücklich anerkennend nun auch der BGH (NJW 2001, 1056 ff.).

448 KK-WpÜG-*Versteegen*, § 2, Rn. 133.

449 Geibel/Süßmann-*Angerer*, § 2, Rn. 15.

450 Begründung zu § 2 Abs. 4 RegE, BT-Drucks. 14/7034, S. 34.

451 KK-WpÜG-*Versteegen*, § 2, Rn. 135.

452 Allgemeine Meinung: KK-WpÜG-*Versteegen*, § 2, Rn. 158; Geibel/Süßmann-*Angerer*, § 2, Rn. 20.

aus wird teilweise der Schluss gezogen, dass Personengesellschaft nicht zu den „gemeinsam handelnden Personen" gehören.[453] Demgegenüber vorzugswürdig scheint die Ansicht, wonach § 2 WpÜG bezüglich der dort aufgeführten Personenkreise nur klarstellende Funktion besitzt und keinesfalls den Anwendungsbereich des WpÜG begrenzt.[454] Gemeinsam handelnde Person kann demnach jedes Subjekt sein, welches rechtsfähig ist, sofern der weitere Tatbestand des fünften Absatzes erfüllt ist. Damit ist die Vorschrift im Grundsatz auch auf Personengesellschaft anwendbar.[455]

Gemäß dem Wortlaut des § 2 Abs. 5 Satz 1 WpÜG fordert der Begriff der „gemeinsam handelnden Personen" im Kern, dass sich die genannten Personengruppen „im Hinblick auf ihren Erwerb von Wertpapieren der Zielgesellschaft oder ihre Ausübung von Stimmrechten aus Aktien der Zielgesellschaft mit dem Bieter auf Grund einer Vereinbarung oder in sonstiger Weise abstimmen". Diese Abstimmung kann als „Vereinbarung" im Wege einer ausdrücklichen oder nur stillschweigenden Willensübereinstimmung oder „in sonstiger Weise" erfolgen. Die Abstimmung „in sonstiger Weise" erfordert nach zutreffender Ansicht wenigstens eine bewusste Zusammenarbeit. Ein rein zufälliges Parallelverhalten, wie beispielsweise ein nicht abgestimmtes, gleichgerichtetes Abstimmungsverhalten in der Hauptversammlung, genügt nicht.[456] Eine bewusste Abstimmung macht zudem ein Minimum an Kontakt zwischen den Beteiligten notwendig. Es muss erkennbar sein, dass die Beteiligten ihre Absichten bewusst austauschen und jeder letztlich in Kenntnis und mit Rücksicht auf die übereinstimmende Absicht des anderen handelt.[457]

Der Gegenstand der Abstimmung muss nach dem Wortlaut von § 2 Abs. 5 WpÜG das Verhalten der mit dem Bieter gemeinsam handelnden Person sein. Die gemeinsam handelnde Person muss „ihr" Verhalten im Hinblick auf „ihren" Wertpapiererwerb oder „ihre" Stimmrechtsausübung mit dem Bieter abstimmen, damit der Bieter sich „ihr" Verhalten im Rahmen des Übernahmeverfahrens entsprechend den speziellen Vorschriften – wie § 18 Abs. 1 WpÜG – zurechnen lassen muss. Darüber hinaus muss die Abstimmung auf eine gewisse Dauer an-

---

453 Geibel/Süßmann-*Angerer*, § 2, Rn. 20.

454 Ausführlich zu diesem Problemkreis KK-WpÜG-*Versteegen*, § 2, Rn. 158.

455 So auch Haarmann/Riehmer/Schüppen-*Schüppen*, § 2, Rn. 35.

456 Insoweit ist die Regierungsbegründung, die genau dies für ausreichend hält (Begründung zu § 2 Abs. 5 RegE, BT-Drucks. 14/7034, S. 34) missverständlich – vgl. dazu auch Geibel/Süßmann-*Angerer*, § 2 , Rn. 25.

457 Geibel/Süßmann-*Angerer*, § 2 ,Rn. 26.

gelegt sein.[458] Der Dritte muss die Eigenschaft einer gemeinsam handelnden Person grundsätzlich zu dem Zeitpunkt aufweisen, in dem die Rechtsfolge der jeweiligen Norm eintreten soll. In Bezug auf die Unzulässigkeit subjektiver Bedingungen muss der Dritte diese Eigenschaft infolgedessen während der Annahmefrist des Übernahmeangebots besitzen, da er nur während dieser Zeitspanne den Bedingungseintritt beeinflussen kann.

Tochterunternehmen einer gemeinsam handelnden Person – Tochterunternehmen des Bieters selbst gelten gemäß § 2 Abs. 5 Satz 2 WpÜG als gemeinsam handelnde Person – sind solche gemäß § 290 HGB sowie Unternehmen, auf die ein beherrschender Einfluss ausgeübt werden kann (abhängige Unternehmen im Sinne von § 17 Abs. 1 AktG). Auf Rechtsform und Sitz der Unternahmen kommt es dabei nicht an. Die einzelnen Voraussetzungen eines „Tochterunternehmens“ sollen wegen des erheblichen Umfanges der damit verbundenen wissenschaftlichen Diskussion nicht weiter vertieft werden.[459]

(3) Berater

Das Verbot subjektiver Bedingungen erfasst auch Bedingungen, deren Eintritt ausschließlich im Zusammenhang mit dem Angebot für den vorgenannten Personenkreis tätige „Berater“ herbeiführen können. Auf diese Weise soll verhindert werden, dass der Bieter die Entscheidung über den Bedingungseintritt auf nicht unmittelbar mit dem Übernahmeverfahren befasste Personen auslagert. Im Unterschied zu dem vorstehend unter Punkt (2) behandelten Personenkreis wird der Begriff des Beraters nicht durch das Gesetz definiert.

Da ein solcher Berater an dem Übernahmeverfahren gesellschaftsrechtlich in der Regel nicht beteiligt ist, wird seine Verbindung zu dem Lager des Bieters und dem ihm unmittelbar zurechenbaren Personenkreis mittels eines Beratervertrages hergestellt. Der Berater verpflichtet sich, Dienstleistungen in Form von Beratungsleistungen zu erbringen.[460] Typischerweise erfasste Berufsgruppen sind Rechtsanwälte, Steuerberater, Wirtschaftsprüfer, Gutachter, Unternehmensberater und Investmentbanker. Eine rein technische Unterstützung ohne Beratungscharakter genügt nicht, so dass die das Übernahmeangebot abwickelnden Kreditinstitute regelmäßig nicht als Berater in diesem Sinne gelten.[461]

---

458 KK-WpÜG-*Versteegen*, § 2, Rn. 171.
459 Vertiefend dazu KK-WpÜG-*Versteegen*, § 2, Rn. 181 ff.
460 Geibel/Süßmann-*Geibel*, § 18, Rn. 13.
461 Geibel/Süßmann-*Geibel*, § 18, Rn. 13.

Die Beratungstätigkeit muss „im Zusammenhang mit dem Angebot“ erbracht worden sein. Zu fordern ist ein zeitlicher und sachlicher Zusammenhang mit dem konkreten Angebot.[462] Eine bloß allgemeine Beratung über das Angebotsverfahren an sich oder im Rahmen vorbereitender Transaktionen wird deshalb nicht erfasst.

bb) „ausschließlich“

§ 18 Abs. 1 WpÜG verbietet nur solche Bedingungen, deren Eintritt „ausschließlich“ der unter Punkt (1) bis (3) soeben beschriebene Personenkreis herbeiführen kann. Hintergrund dieser Einschränkung ist, dass die Vorschrift nach Sinn und Zweck nur den Einflussbereich des Bieters bzw. des ihm zurechenbaren Personenkreises begrenzen will. Sobald sich die für den Bedingungseintritt verantwortlichen Umstände dem Einfluss des Bieters entziehen, endet der Anwendungsbereich des § 18 Abs. 1 WpÜG.

Im Gegensatz zu Rule 13 City Code[463] scheint der Wortlaut der Vorschrift damit grundsätzlich keine Bedingungen zu erfassen, deren Eintritt auch von der Entscheidung eines am Übernahmeverfahren unbeteiligten Dritten abhängt.[464] Eine derartig allgemeine Interpretation des § 18 Abs. 1 WpÜG schränkt den Anwendungsbereich jedoch unnötig ein und entspricht nicht dem Sinn und Zweck der Vorschrift. Nach der *Ratio* der Vorschrift bemisst sich der Anwendungsbereich danach, ob der Bieter – unabhängig von der Mitwirkung Dritter – den Eintritt der Bedingung ausschließlich nach seinem Willen bestimmen kann. Ist für den Bedingungseintritt eine Mitwirkungshandlung Dritter erforderlich, so kommt es für die Zulässigkeit der Bedingungen entscheidend auf Art der Mitwirkungshandlung an.

Ist die Mitwirkung Dritter nur formaler Natur, so dass der Bieter die Entscheidung des Dritten vollständig kontrollieren kann, wird man eine entsprechende Bedingung gemäß § 18 Abs. 1 WpÜG als unzulässig ansehen müssen.[465] Dies ist insbesondere immer dann der Fall, wenn der Dritte rechtlich verpflichtet ist, die in Frage stehende Entscheidung zu treffen, wenn der Bieter nur einen entsprechenden Antrag stellt oder eine sonst nur von ihm beeinflussbare Handlung vornimmt. Als Inhalt von Bedingungen scheiden gebundene Verwaltungsentschei-

---

462 Geibel/Süßmann-*Geibel*, § 18, Rn. 14.
463 Vgl. dazu oben in Kap. 6 § 1 B I 1 b dd (3) auf S. 86.
464 So Geibel/Süßmann-*Geibel*, § 18, Rn. 16.
465 KK-WpÜG-*Hasselbach*, § 18, Rn. 17.

dungen, denen eine eindeutige Rechtslage zu Grunde liegt, deshalb regelmäßig aus. Der Bieter könnte sich anderenfalls in Umgehung des Verbots subjektiver Bedingungen einseitig von dem Übernahmeangebot lösen, indem er einen notwendigen Antrag nicht stellt. Unter den geschilderten Voraussetzungen bedient sich der Bieter der Mitwirkung Dritter gleichsam einem Instrument, um nach seinem Willen den Bedingungseintritt herbeizuführen.

Diese weite Auslegung des Merkmals „ausschließlich" findet allerdings dort seine Grenze, wo der Bieter die Entscheidung mitwirkender Dritter nicht vollständig beeinflussen kann. Dies ist beispielsweise der Fall, wenn im Falle einer behördlichen Entscheidung ein Ermessens- oder Beurteilungsspielraum besteht oder die Rechtslage nicht eindeutig ist.[466] Es genügt keinesfalls, wenn der Bieter eine Bedingung stellt, deren Eintritt auch seiner eigenen Mitwirkung (Antrag, Bereitstellen von Informationen etc.) bedarf, solange das Schicksal der Bedingung darüber hinaus nicht eindeutig vorherzusagen ist. Entsprechende Bedingungen des Bieters werden nicht von § 18 Abs. 1 WpÜG erfasst und sind zulässig. Diese Rechtslage gilt bereits dann, wenn Zweifel an dem beherrschenden Einfluss des Bieters auf mitwirkende Dritte bestehen.[467]

Vor diesem Hintergrund dürfte jedenfalls zweifelhaft sein, ob sich Bedingungen unter § 18 Abs. 1 WpÜG subsumieren lassen, deren Eintritt der Bieter bei Mitwirkung Dritter nicht nach rechtlichen Vorschriften, sondern nur auf Grund „der allgemeinen Lebenserfahrung und der üblichen Geschäfts- und/oder Verwaltungspraxis" vollständig beherrscht.[468] Denn in diesem Fall, in dem der Einfluss des Bieters nur auf tatsächlichen Umständen beruht, wird der Bieter die Mitwirkung Dritter in seltensten Fällen zu 100 Prozent beherrschen. Der Bieter wird sich in aller Regel auf einen verbleibenden Restzweifel an seinem Einfluss berufen können. Da sich der tatsächliche Einflussbereich des Bieters jedoch nur anhand der konkreten Umstände im Einzelfall verlässlich beurteilen lässt, entziehen sich diese Fälle einer verallgemeinernden Einschätzung.

cc) „herbeiführen"

Vereinzelt wird die Ansicht vertreten, § 18 Abs. 1 WpÜG finde wegen seines Wortlauts keine Anwendung auf Bedingungen, deren Eintritt der Bieter zwar

466 KK-WpÜG-*Hasselbach*, § 18, Rn. 18.
467 KK-WpÜG-*Hasselbach*, § 18, Rn. 18.
468 Dafür KK-WpÜG-*Hasselbach*, § 18, Rn. 17.

nicht herbeiführen, aber verhindern kann.[469] Einem solchen Fall könne man nur mit § 162 Abs. 1 BGB begegnen, wonach eine Bedingung als eingetreten gilt, wenn ihr Eintritt durch den Bieter wider Treu und Glauben verhindert wurde.

Diese Auffassung ist abzulehnen, da ihr ein unzutreffendes Verständnis des Wortlauts zu Grunde liegt. Der Wortlaut des § 18 Abs. 1 WpÜG verbietet Bedingungen, deren Eintritt der Bieter und/oder der ihm zurechenbare Personenkreis „herbeiführen können". Durch die Verwendung des Begriffs „können" macht der Gesetzgeber deutlich, dass es ihm auf den Einfluss des Bieters auf den Eintritt der Bedingung ankommt, gleichgültig ob er davon Gebrauch macht (herbeiführt) oder nicht (verhindert). Eine Differenzierung zwischen der Herbeiführung und der Verhinderung des Bedingungseintritts erscheint zudem wenig tragfähig, da § 18 Abs. 1 WpÜG aufschiebende ebenso wie auflösende Bedingungen umfasst. Die Beschränkung der Vorschrift auf die Möglichkeit den Bedingungseintritt herbeizuführen, hat je nach Bedingungsart unterschiedliche Rechtsfolgen (vgl. §§ 158 Abs. 1 und Abs. 2 BGB). Eine solche Differenzierung war vom Gesetzgeber nicht intendiert. Schließlich ist § 18 Abs. 1 WpÜG nach Sinn und Zweck so auszulegen, dass dem Bieter jegliche Möglichkeit abgeschnitten werden soll, sich durch einseitige Entscheidung von dem einmal abgegebenen Übernahmeangebot wieder zu lösen. Die Minderansicht nimmt darauf keine Rücksicht, indem sie die Verhinderung des Eintritts aufschiebender Bedingungen, in dessen Folge das Übernahmeangebot endgültig wirkungslos wird, nicht als von dem Verbot subjektiver Bedingungen erfasst sieht.

3. Zusätzliche Inhaltliche Überprüfung

§ 18 Abs. 1 WpÜG sieht über das Verbot subjektiver Bedingungen hinaus keine weitere inhaltliche Überprüfung von Bedingungen vor. Insbesondere existiert keine der *Material-Significance*-Schwelle des britischen Übernahmerechts vergleichbare Einschränkung. Dies bedeutet allerdings nicht, dass die Umstände, die das Berufen des Bieters auf eine Bedingung auslösen, überhaupt nicht überprüft werden können. Denn über § 18 Abs. 1 WpÜG hinaus unterliegen Bedingungen der Überprüfung anhand der allgemeinen Grundsätze des § 3 WpÜG, der allgemeinen Missstandsaufsicht gemäß § 4 Abs. 1 Satz 2 und 3 WpÜG sowie vor allem des § 18 Abs. 2 WpÜG.[470]

---

[469] So *Steinmeyer/Häger*, § 18, Rn. 11.

[470] KK-WpÜG-*Hasselbach*, § 18, Rn. 19, *Steinmeyer/Häger*, § 18, Rn. 6; *Liebscher*, ZIP 2001, 853, 862.

§ 18 Abs. 2 erklärt die Verwendung von Widerrufs- und Rücktrittsvorbehalten in Übernahmeangeboten für unzulässig. Die Vorschrift erfasst neben ausdrücklichen Widerrufs- und Rücktrittsvorbehalten auch solche vertraglichen Bestimmungen, durch die sich der Bieter konkludent ein Widerrufs- und Rücktrittsrecht vorbehält.[471] § 18 Abs. 2 WpÜG dient folglich der Absicherung des Verbots subjektiver Bedingungen, welche letztlich einen Spezialfall eines einseitigen Rücktrittsrechts zu Gunsten des Bieters darstellen.

Darüber hinaus gilt auch für die Verwendung von Bedingungen in Übernahmeangeboten das auf dem Grundsatz von Treu und Glauben basierende Verbot unzulässiger Rechtsausübung, welches die BaFin im Einzelfall im Rahmen der allgemeinen Missstandsaufsicht durchsetzen kann. Die Berücksichtigung des Verbots von *De-facto*-Rücktrittsvorbehalten und die Anwendung des Grundsatzes von Treu und Glauben führen dazu, dass sich die inhaltliche Überprüfbarkeit von Bedingungen unter drei Kriterien konkretisieren lässt.

a) Subjektives Interesse

Die Anwendung des Grundgedanken des § 18 Abs. 2 WpÜG führt dazu, dass der Bieter ein rational nachvollziehbares subjektives Interesse an der Aufstellung einer Bedingungen darlegen muss.[472] Ohne ein nachvollziehbares subjektives Interesse könnte der Bieter durch die Aufstellung einer Vielzahl inhaltlich absurder Bedingungen die Bindungswirkung des Übernahmeangebots unterlaufen. Derartige Bedingungen hätten faktisch die Wirkung eines Rücktrittsvorbehalts, weil die Wirksamkeit des Übernahmeangebots von der Ausübung des Bedingungsverzichts durch den Bieter abhinge. Ist die Bedingung aus Sicht eines verständigen Dritten unter Berücksichtigung der spezifischen Bieterinteressen nicht nachvollziehbar, handelt es sich *de facto* um einen versteckten, unzulässigen Rücktrittsvorbehalt.

b) Grenze unzulässiger Rechtsausübung

Grundsätzlich genügt jedes subjektive Interesse des Bieters an der Aufnahme der Bedingung in die Angebotsunterlage. Eine Bewertung des vom Bieter geltend gemachten Interesses ist vom WpÜG nicht vorgesehen. Von diesem

[471] KK-WpÜG-*Hasselbach*, § 18, Rn. 74. Im Fall der Ablehnung einer solchen weiten Auslegung des § 18 Abs. 2 WpÜG wären konkludente Widerrufs- und Rücktrittsvorbehalte jedenfalls von den Vorschriften der allgemeinen Missstandsaufsicht erfasst.

[472] KK-WpÜG-*Hasselbach*, § 18, Rn. 19.

Grundsatz kann jedoch abgewichen werden, wenn sich das Berufen auf die Bedingung als ein Fall unzulässiger Rechtsausübung darstellt. Insbesondere in Betracht kommt eine unzulässige Rechtsausübung auf Grund der Geringfügigkeit der Bedingung im Verhältnis zum Übernahmeangebot insgesamt.[473] In diesem Fall kommt es ausnahmsweise zu einer inhaltlichen Bewertung der Bedingung im Hinblick auf ihre Bedeutung für die Transaktion insgesamt. Ein Fall unzulässiger Rechtsausübung kann vorliegen, wenn die Bedingung im Verhältnis zu der gesamten Transaktion faktisch bedeutungs- und folgenlos ist und sich das Berufen auf sie zum Zwecke des Abbruchs des Übernahmeverfahrens nach Treu und Glauben als Rechtsmissbrauch darstellt.[474]

Die Anwendung dieses Grundsatzes kann allerdings nur in besonderen Ausnahmesituationen in Erwägung gezogen werden und darf nicht zu einer Einführung einer Wesentlichkeitsschwelle, wie sie Note 2 on Rule 13 City Code beinhaltet, führen. Ziel der Anwendung des Grundsatzes von Treu und Glauben ist es nicht, eine weitere Voraussetzung für den Gebrauch von Bedingungen einzuführen, sondern lediglich das Recht des Bieters, sich auf eine Bedingung zu berufen, in Ausnahmefällen zu beschränken. Diese Konstellation kann insbesondere bei der Verwendung konkreter MAC-Klauseln von Bedeutung sein.[475] Hier sollte der Grundsatz gelten, dass der Bieter eine Übernahme mit einem Transaktionsvolumen von beträchtlichen Ausmaßen nicht durch eine kaum merkbare und für den Bieter letztlich bedeutungslose ökonomische Verschlechterung der Zielgesellschaft zu Fall bringen kann.

c) Praktisch nicht erfüllbare Bedingungen

Das Verbot faktischer Rücktrittsvorbehalte hat zur Folge, dass praktisch nicht erfüllbare Bedingungen unzulässig sind.[476] Davon erfasst werden Bedingung, deren Eintritt zwar theoretisch möglich ist, bei denen aber bereits zum Zeitpunkt der Abgabe des Übernahmeangebots absehbar ist, dass sie mit einer sehr hohen Wahrscheinlichkeit nicht eintreten werden, so dass das Angebot nur im Fall eines Verzichts des Bieters auf die Bedingung durchgeführt werden kann. Die Aufstellung derartiger Bedingungen führt dazu, dass sich der Bieter – unzulässigerweise – einen faktischen Rücktrittsvorbehalt schafft. Zudem stellt das Beru-

473 Allgemein dazu Palandt-*Heinrichs*, § 242, Rn. 53.

474 Vgl. Palandt-*Heinrichs*, § 242, Rn. 53.

475 Ausführlich zu diesen Klauseln in Kap. 8 § 4 A III auf S. 234 ff.

476 KK-WpÜG-*Hasselbach*, § 18, Rn. 67; im Ergebnis ebenso Ehricke/Ekkenga/Oechsler-*Oechsler*, § 18, Rn. 4.

fen auf eine Bedingung, deren Nichterfüllbarkeit der Bieter kennt, wegen des Verstoßes gegen das Verbot des *venire contra factum proprium* einen Fall unzulässiger Rechtsausübung dar.[477]

4. Zulässigkeit subjektiver Bedingungselemente

Die Zulässigkeit subjektiver Bedingungselemente ist innerhalb des WpÜG nicht ausdrücklich geregelt und ist deshalb anhand allgemeiner Rechtsinstitute zu bewerten.

a) Allgemein

Eine der Note 1 on Rule 13 City Code vergleichbare Regelung hat keinen Eingang in das WpÜG gefunden. Gleichwohl kann sich der Bieter auch nach deutschem Übernahmerecht das Recht vorbehalten, das Übernahmeangebot durchzuführen, obwohl Bedingungen nur unter für ihn nachteiligen Umständen eingetreten sind. Die Grundlage dafür findet sich in § 21 Abs. 1 Nr. 4 WpÜG, wonach der Bieter zulässigerweise – auch teilweise – auf Bedingungen verzichten kann.

b) Gefahr des Missbrauchs

Ebenso wie gemäß Note 1 on Rule 13 City Code kann der Bieter sich den teilweisen Bedingungsverzicht insbesondere dann zu Nutze machen, wenn er das Übernahmeangebot von der Erteilung einer staatlichen Genehmigung abhängig gemacht hat und diese nur unter Auflagen erteilt wird. Im Wege des Teilverzichts kann der Bieter die Auflage akzeptieren und dem Übernahmeangebot auf diese Weise zum Erfolg verhelfen. Die darin enthaltene Möglichkeit des Bieters, keinen Verzicht zu erklären und das Übernahmeangebot verfallen zu lassen, ist allerdings starken Bedenken ausgesetzt, wenn sich die Auflagenerteilung bereits vor der Abgabe des Übernahmeangebots in eindeutig Weise abgezeichnet hat. In diesem Fall ist zu unterscheiden zwischen der legitimen Angebotsrücknahme als Folge der zusätzlichen Beschwer durch die Auflagenerteilung und der – wegen der Vorhersehbarkeit der Auflagenerteilung – rechtsmissbräuchlichen Ausübung des Rücktrittsrechts.

Weiß der Bieter schon im Vorwege, unter welcher Auflage die Genehmigung erteilt werden wird, so ist die Auflage bereits in der Bedingung zu bezeichnen.

---

[477] Vgl. Palandt-*Heinrichs*, § 242, Rn. 55 ff.

Die Bedingung, mit der sich der Bieter bei einer auflagenbeschwerten Genehmigungserteilung die Angebotsrücknahme vorbehält, stellt in diesem Fall einen faktischen Verstoß gegen § 18 Abs. 2 WpÜG dar. Es handelt sich um eine praktisch nicht erfüllbare Bedingung.[478] Sollte eine solche Bedingung – von der BaFin unbemerkt – dennoch in die Angebotsunterlage gelangen, ist dem Bieter im Rahmen der allgemeinen Missstandsaufsicht das Berufen auf den Bedingungsausfall (in Form der auflagenbeschwerten Genehmigungserteilung) zu untersagen. Der Bieter setzt sich dem Vorwurf widersprüchlichen Handelns aus, wenn er sich auf eine Bedingung beruft, deren Nichterfüllbarkeit er kennt.

In den meisten Fällen aber wird sich die Art der Auflage nicht eindeutig vorherbestimmen lassen. In diesen Fällen ist es im Verhältnis zum britischen Recht, welches eine inhaltliche Überprüfung der Bedingungen vorsieht, problematisch, dem Bieter die Rücknahme des Angebots zu versagen. Gleichwohl kann die BaFin im Rahmen der allgemeinen Missstandsaufsicht gemäß § 4 Abs. 1 Satz 3 WpÜG einschreiten und dem Bieter das Berufen auf den Bedingungsausfall untersagen, wenn der Bieter kein rational nachvollziehbares subjektives Interesse an der Rücknahme des Übernahmeangebots auf Grund der Genehmigungserteilung unter Auflagen geltend macht.

Darüber hinaus kann die BaFin dem Bieter auch dann das Berufen auf die Bedingung versagen, wenn der Bieter zwar ein subjektives Interesse geltend macht, sich das Berufen auf die Bedingung aber als ein Fall unzulässiger Rechtsausübung darstellt. In engen Grenzen kommt ein solches Vorgehen in Betracht, wenn der Abbruch des Übernahmeverfahrens zu der Auflage in einem krassen Missverhältnis steht. Aus Sicht des Bieters muss es sich um eine im Verhältnis zur Übernahme insgesamt so geringfügige, im Ergebnis folgenlose Auflage handeln, dass die Rücknahme des Übernahmeangebots nach Treu und Glauben nicht vertretbar erscheint.[479] In der hier besprochenen Konstellation kommt für den Bieter erschwerend hinzu, dass er Kenntnis davon hatte, dass die Genehmigung nicht ohne Auflagen erteilt würde. Insofern kommt auch hier ein Element widersprüchlichen Handelns zum Ausdruck, wenn der Bieter sich bei einer nur minimalen, folgenlosen Beschwer in Form einer Auflage von dem Übernahmeangebot lossagen will.

Für ein gewisses Maß an Transparenz sorgt § 2 Nr. 8 AngebVO, wonach der Bieter verpflichtet ist, in der Angebotsunterlage über den Stand behördlicher

---

478 KK-WpÜG-*Hasselbach*, § 18, Rn. 67.
479 Vgl. Palandt-*Heinrichs*, § 242, Rn. 53.

Verfahren im Zusammenhang mit der Übernahme Auskunft zu geben. Für eine inhaltliche Gewichtung der Auflage im Hinblick auf ihre Bedeutung für die Übernahme insgesamt bleibt wegen der fehlenden inhaltlichen Überprüfbarkeit von Bedingungen nach dem WpÜG wenig Raum. Es genügt grundsätzlich, wenn der Bieter ein nachvollziehbares subjektives Interesse darlegen kann.

II. Flankierende Vorschriften

Als den § 18 Abs. 1 WpÜG flankierende Vorschriften werden solche Bestimmungen bezeichnet, die denselben Regelungsgegenstand, also die Verbindlichkeit des Übernahmeangebots, betreffen. Obwohl diese Bestimmungen nicht Gegenstand dieser Arbeit sind, sollen sie ergänzend kurz vorgestellt werden.

Die Basisbestimmung zur Erzielung größtmöglicher Bindungswirkung des Übernahmeangebots ist das in § 18 Abs. 2 WpÜG enthaltene Verbot von Widerrufs- und Rücktrittsvorbehalten. Während § 18 Abs. 1 WpÜG dem Bieter untersagt, sich auf Umwegen über eine vom ihm beeinflussbare Bedingung von dem Übernahmeangebot zu lösen, verhindert der zweite Absatz, dass sich der Bieter ein solcher Lösungsrecht ausdrücklich oder konkludent vorbehält.[480] Der erste Absatz des § 18 WpÜG wäre wertlos ohne die im zweiten Absatz enthaltene Absicherung.

Soll das WpÜG die größtmögliche Verbindlichkeit des Übernahmeangebots sicherstellen, so muss die Rechtsfigur der *invitatio ad offerendum* ausgeschlossen sein. Bei einer *invitatio ad offerendum* ist auf Seiten des Bieters noch kein Wille zu einer rechtlichen Bindung vorhanden. § 17 WpÜG erklärt die *invitatio ad offerendum* deshalb für unzulässig.

§ 21 WpÜG beschränkt die Zulässigkeit von Angebotsänderungen auf einige enumerativ aufgezählte Fälle, die aus Sicht der Aktionäre der Zielgesellschaft zu einer Verbesserung des Angebots führen, den Aktionären zusätzliche Handlungsmöglichkeiten eröffnen oder eine verstärkte Bindung des Bieters an das Angebot zur Folge haben.[481] Das einmal abgegebene Übernahmeangebot wird auf diese Weise für den Bieter zu einer Minimalverpflichtung; insoweit ist das Übernahmeangebot rechtlich bindend und kann nicht mehr „unterschritten" werden.

[480] Ebenfalls für die eine weite, konkludente Widerrufs- und Rücktrittsvorbehalte mitumfassende Auslegung des § 18 Abs. 2 WpÜG: KK-WpÜG-*Hasselbach*, § 18, Rn. 74.
[481] Siehe die Begründung zu § 21 Abs. 1 RegE, BT-Drucks. 14/7034, S. 49.

Die Bindungswirkung des Übernahmeangebots wird durch die Haftungsregel des § 12 WpÜG abgesichert. Sind die Angaben in der Angebotsunterlage „unrichtig oder unvollständig“, so kann sich unter den weiteren Voraussetzungen des § 12 WpÜG daraus ein Haftungsanspruch ergeben.[482]

III. Normierung bestimmter Bedingungen

Im Gegensatz zum britischen Übernahmerecht regelt das WpÜG die Zulässigkeit bestimmter Bedingungen nicht. Einige Vorschriften gehen aber erkennbar von der grundsätzlichen Zulässigkeit bestimmter Bedingungen aus. Dies betrifft zum einen die §§ 10 Abs. 1 Satz 2 und 3, 18 Abs. 1 und 25 WpÜG in Bezug auf den Gesellschaftervorbehalt, mit dem der Bieter das Angebot unter die Bedingung eines zustimmenden Beschlusses seiner eigenen Gesellschafterversammlung stellt. Zum anderen wird in den §§ 16 Abs. 1 Satz 2, 21 Abs. 1 Satz 1 Nr. 3, 26 Abs. 1 Satz 2 WpÜG die Zulässigkeit der Festsetzung einer Mindestannahmequote vorausgesetzt.

1. Gesellschaftervorbehalt

§ 25 WpÜG befasst sich gemäß seiner Überschrift – „Beschluss der Gesellschafterversammlung des Bieters“ – ausschließlich mit dem Gesellschaftervorbehalt. Die Vorschrift enthält aber keinerlei Angaben zur Zulässigkeit des Gesellschaftervorbehalts, sondern verpflichtet den Bieter bei Verwendung des Gesellschaftervorbehalts lediglich, den Beschluss der Gesellschafterversammlung unverzüglich, spätestens aber bis zum fünften Werktag vor Ablauf der Annahmefrist, herbeizuführen. Die Regelung trägt dem Umstand Rechnung, dass Übernahmeangebote unabhängig von dem noch fehlenden Beschluss der Gesellschafterversammlung zügig durchzuführen sind.[483]

§ 25 WpÜG findet erst Anwendung nach der Abgabe eines Übernahmeangebots. Im Zeitraum vor der Abgabe des Übernahmeangebots wird die Vorschrift ergänzt durch § 10 Abs. 1 Satz 2 WpÜG. § 10 Abs. 1 Satz 2 WpÜG verpflichtet den Bieter, die von seiner Verwaltung getroffene Entscheidung zur Abgabe eines Übernahmeangebots selbst dann zu veröffentlichen, wenn dafür ein Beschluss der eigenen Gesellschafterversammlung erforderlich ist und dieser Be-

---

[482] Vgl. zu den weiteren Voraussetzungen die Begründung zu § 12 RegE, BT-Drucks. 14/7034, S. 42 ff.

[483] Begründung zu § 25 RegE, BT-Drucks. 14/7034, S. 51.

schluss noch nicht vorliegt. Die Zulässigkeit des Gesellschaftervorbehalts im Rahmen der § 10-Entscheidung wird nachfolgend unter Punkt C II geprüft. Im Folgenden wird die Zulässigkeit des Gesellschaftervorbehalts in Übernahmeangeboten untersucht und darüber hinaus die sich an die Verwendung des Gesellschaftervorbehalts knüpfende Verpflichtung nach § 25 WpÜG zur Herbeiführung der Bedingungserfüllung erläutert.

a) Zulässigkeit

Die Aufnahme eines Gesellschaftervorbehalts in die Angebotsunterlage ist nur in den durch das WpÜG gesetzten Grenzen zulässig. Einschränkungen in der Zulässigkeit ergeben sich dabei im Wesentlichen aus dem Verbot subjektiver Bedingungen.

aa) Allgemein

Das WpÜG setzt in den §§ 10 Abs. 1 Satz 2 und 3, 18 Abs. 1 und 25 die grundsätzliche Zulässigkeit der Bedingung der Zustimmung der Gesellschafterversammlung des Bieters voraus. Dies wird bestätigt durch die Gesetzesbegründung zu § 18 Abs. 1 WpÜG, die ebenfalls von der grundsätzlichen Zulässigkeit des Gesellschaftervorbehalts ausgeht.[484] Da die Gesellschafterversammlung ein Organ des Bieters ist, handelt es sich um eine ausnahmsweise zulässige subjektive Bedingung im Sinne von § 18 Abs. 1 WpÜG („vorbehaltlich § 25“).[485]

Dieser Ausnahme von dem Verbot subjektiver Bedingungen liegt die gesetzgeberische Absicht zu Grunde, „im Vorfeld eines öffentlichen Angebots Marktverzerrungen in den Wertpapieren der Zielgesellschaft oder des Bieters“ zu verhindern.[486] Derartige Marktverzerrungen wären die mögliche Folge, wenn der Gesetzgeber den Gesellschaftervorbehalt nicht grundsätzlich zugelassen hätte. Unter diesen Umständen hätte ein solcher – mitunter rechtlich gebotener – Gesellschafterbeschluss bereits vor der Veröffentlichung der Entscheidung zur Abgabe eines Angebots herbeigeführt werden müssen. Dies hätte beispielsweise bei einem Bieter in Gestalt einer Aktiengesellschaft zur Folge, dass durch die Einberufung der Hauptversammlung und der damit einhergehenden Bekanntgabe der

---

[484] Begründung zu § 18 Abs. 1 RegE, BT-Drucks. 14/7034, S. 48.

[485] KK-WpÜG-*Hasselbach*, § 18, Rn. 53 Fn. 70, *Steinmeyer/Häger*, § 18, Rn. 7. Dies verkennt Haarmann/Riehmer/Schüppen-*Schröder*, § 25, Rn. 6 Fn. 3, der den Gesellschaftervorbehalt nicht als subjektive Bedingung ansieht.

[486] Begründung zu § 10 Abs. 1 RegE, BT-Drucks. 14/7034, S. 39.

Tagesordnung die Absicht zur Abgabe eines Übernahmeangebots bereits vor dem Beginn des Übernahmeverfahrens öffentlich bekannt gemacht werden müsste.[487] Um die mit einer frühzeitigen Bekanntgabe der Übernahmeabsicht einhergehenden Marktverzerrungen zu vermeiden, hat der Gesetzgeber eine Ausnahme von dem Verbot subjektiver Bedingungen nach § 18 Abs. 1 WpÜG in Kauf genommen. Die Interessen der Zielgesellschaft und ihrer Aktionäre treten dabei hinter den Schutz des Kapitalmarkts zurück.[488] § 10 Abs. 1 Satz 2 und § 25 WpÜG beinhalten eine Lockerung der Bindungswirkung des einmal abgegebenen Übernahmeangebots. Kompensierend gewährleistet § 25 WpÜG, dass die Aktionäre des Zielunternehmens vor Ablauf der Annahmefrist Gewissheit über die Bindungswirkung des Übernahmeangebots haben.

Die Regelung in § 18 Abs. 1 iVm. § 25 WpÜG gibt keinen Aufschluss darüber, unter welchen Voraussetzungen der Gesellschaftervorbehalt zulässig ist. § 18 Abs. 1 WpÜG („vorbehaltlich § 25") verweist für die Zulässigkeit des Gesellschaftervorbehalts auf § 25 WpÜG, wonach der Bieter den Gesellschafterbeschluss spätestens bis zum fünften Werktag vor Ablauf der Annahmefrist herbeizuführen hat. § 25 WpÜG setzt den Gesellschaftervorbehalt lediglich voraus, beinhaltet aber keine Regelung seiner Zulässigkeit. Auch die historische Entwicklung des § 18 Abs. 1 WpÜG erlaubt keine konkreten Rückschlüsse im Hinblick auf die Zulässigkeit des Gesellschaftervorbehalts. Die Streichung des noch im Diskussions- und Referentenentwurf enthaltenen § 18 Abs. 1 Satz 2 („Satz 1 gilt nicht für Entscheidungen der Gesellschafterversammlung des Bieter.") und dessen Ersetzung durch die jetzige Formulierung „vorbehaltlich § 25" deutet zwar darauf hin, dass dem Gesetzgeber die ausnahmslose Zulässigkeit des Gesellschaftervorbehalts als zu weitgehend erschien. Es scheint, als wollte der Gesetzgeber durch diese Änderung herausstellen, dass es sich bei dem Gesellschaftervorbehalt nur grundsätzlich um einen Fall einer ausnahmsweise zulässigen subjektiven Bedingung handelt. In welcher Art und Weise die Zulässigkeit des Gesellschaftervorbehalts eingeschränkt werden sollte, lässt die Neufassung allerdings nicht erkennen. Wie die nachfolgenden Ausführungen unter Punkt bb zeigen, bedarf der Gesellschaftervorbehalt unter teleologischen bzw. systematischen Aspekten bestimmter Einschränkungen.

---

487 Siehe § 124 Abs. 1 Satz 1 AktG, welcher über § 278 Abs. 3 AktG auch für die Kommanditgesellschaft auf Aktien gilt.

488 KK-WpÜG-*Hasselbach*, § 18, Rn. 53.

bb) Einschränkungen

Die Zulässigkeit des Gesellschaftervorbehalts birgt die Gefahr von Umgehungen des Verbots subjektiver Bedingungen und droht auf diese Weise die Bindungswirkung des Übernahmeangebots zu unterlaufen. Darüber hinaus stößt der Gesellschaftervorbehalt auf Bedenken, wenn der Gesellschafterbeschluss der Kapitalbeschaffung dient. In beiden Fällen muss die Zulässigkeit des Gesellschaftervorbehalts eingeschränkt werden.

(1) Einschaltung einer „Zweckgesellschaft"

Indem der Gesetzgeber den Gesellschaftervorbehalt als zulässige Ausnahme von dem Verbot subjektiver Bedingungen konstruiert hat, hat er dem Umstand Rechnung getragen, dass die Gesellschafterversammlung keinen Weisungen unterliegt, sondern grundsätzlich von der Vorgabe des Managements unabhängige Entscheidungen trifft. Der Gesetzgeber stellt die Gesellschafterversammlung damit faktisch auf eine Stufe mit anderen an dem Übernahmeverfahren unbeteiligten Dritten, deren Mitwirkung zum Herbeiführen des Bedingungseintritts notwendig ist. Wie an anderer Stelle dargestellt, sind diese Dritten dem Einflussbereich des Bieters im Rahmen des Verbots subjektiver Bedingungen aber nur solange nicht zuzurechnen, wie ihnen eine eigene, vom Bieter unabhängige Entscheidungsgewalt zukommt.[489] Folglich kann auch die Gleichstellung der Gesellschafterversammlung mit diesen „Dritten" nur solange gerechtfertigt sein, wie die Gesellschafterversammlung eine eigene, von der Entscheidung der Unternehmensführung unabhängige Entscheidung trifft.

Dies ist nicht der Fall, wenn das Übernahmeangebot von dem Beschluss der Gesellschafterversammlung einer zum Zwecke des Wertpapiererwerbs zwischengeschalteten 100-prozentigen Tochtergesellschaft (sog. Zweckgesellschaft oder *Special-Purpose-Vehicle*) abhängig gemacht wird. In diesem Fall werden Management und Gesellschafterversammlung der als Bieter auftretenden Tochtergesellschaft stets dieselbe Entscheidung treffen, da beide dem Einfluss der Muttergesellschaft unterliegen. Nach einhelliger Meinung ist die Aufnahme eines Gesellschaftervorbehalt ist in diesem Fall unzulässig.[490]

---

489 Siehe oben in Kap. 6 § 2 B I 2 c bb auf S. 128 f.

490 KK-WpÜG-*Hasselbach*, § 25, Rn. 8, *Steinmeyer/Häger*, § 18, Rn. 8; Geibel/Süßmann-*Geibel*, § 18, Rn. 18; *Busch*, AG 2002, 145, 148.

Weniger eindeutig ist allerdings die dogmatische Begründung dieses Ergebnisses.[491] Der teilweise vertretenen Auffassung, der Gesellschaftervorbehalt stelle in der geschilderten Konstellation einen unmittelbaren Verstoß gegen § 18 Abs. 1 WpÜG dar, kann nicht gefolgt werden.[492] Denn Bieter des Übernahmeverfahrens bleibt die Tochtergesellschaft, deren Management keinen Einfluss auf den Eintritt der Bedingung in Gestalt eines zustimmenden Gesellschafterbeschlusses hat, da es selbst nur Werkzeug der Muttergesellschaft ist.[493] Maßgebenden Einfluss auf die Entscheidung der Gesellschafterversammlung der Tochtergesellschaft hat nur die Muttergesellschaft, die allerdings nicht als „Bieter" im Sinne von § 2 Abs. 4 WpÜG qualifiziert werden kann.[494] Der Begriff des Bieters bestimmt sich gemäß § 2 Abs. 4 WpÜG ausschließlich danach, wer das Übernahmeangebot abgibt.[495] Die weit reichende Auflistung verschiedener Personengruppen innerhalb des § 18 Abs. 1 WpÜG (z.B. „gemeinsam handelnde Personen") macht deutlich, dass sich der Gesetzgeber der Beteiligung Dritter im Rahmen der Abgabe von Übernahmeangeboten durchaus bewusst war und entsprechendem Regelungsbedarf über diese Personengruppen und nicht über eine materielle Erweiterung des Bieterbegriffs nachkommen wollte.[496] Eine abweichende materielle Auslegung des Bieterbegriffs hätte zudem die problematische Konsequenz, dass es zwei Bieter gäbe. Bieter wäre die Muttergesellschaft selbst nur, wenn die Tochtergesellschaft das Angebot in Stellvertretung abgeben würde, was die Muttergesellschaft in der Praxis jedoch gerade vermeiden möchte. Mutter- und Tochtergesellschaft bilden auch keine „Bietergemeinschaft" im Sinne des § 2 Abs. 4 WpÜG, da sie gerade kein gemeinsames Angebot abgeben wollen. Schließlich ist der Einfluss der Muttergesellschaft der Tochtergesellschaft nicht über die Figur der „gemeinsam handelnden Person" im Sinne des § 2 Abs. 5 WpÜG zurechenbar. Dazu mangelt es an einem tauglichen Gegenstand einer Abstimmung zwischen Mutter- und Tochtergesellschaft, da die Muttergesellschaft regelmäßig selbst keine Aktien erwirbt oder Stimmrechte an der Zielgesellschaft besitzt.[497] Die Einflussnahme der Muttergesellschaft auf die Entscheidung der Gesellschafterversammlung der Tochtergesellschaft lässt sich folglich nicht in direkter Anwendung des § 18 Abs. 1 WpÜG erfassen.

---

491 Ohne Begründung insoweit: Geibel/Süßmann-*Geibel*, § 18, Rn. 18, KK-WpÜG-*Hasselbach*, § 25, Rn. 8; *Busch*, AG 2002, 145, 148.

492 Diese Ansicht vertretend: *Steinmeyer/Häger*, § 18, Rn. 8.

493 Dies verkennt Geibel/Süßmann-*Geibel*, § 18, Rn. 18, der dem Management des Bieters maßgebenden Einfluss auf den Bedingungseintritt zuschreibt.

494 **A.A.** *Steinmeyer/Häger*, § 18, Rn. 8 sowie § 2, Rn. 9.

495 KK-WpÜG-*Versteegen*, § 2, Rn. 130.

496 KK-WpÜG-*Versteegen*, § 2, Rn. 130.

497 Vgl. dazu KK-WpÜG-*Versteegen*, § 2, Rn. 165.

Da es somit an einem offensichtlichen Gesetzesverstoß im Sinne des § 15 Abs. 1 Nr. 2 WpÜG fehlt, ist – in Übereinstimmung mit der Einschätzung des Gesetzgebers[498] - der Weg frei für die Anwendung der allgemeinen Missstandsaufsicht nach § 4 Abs. 1 Satz 3 WpÜG.[499] Das Verhalten der Muttergesellschaft beeinträchtigt als Umgehung des Verbots subjektiver Bedingungen die ordnungsgemäße Durchführung des Verfahrens und stellt deshalb einen „Missstand" im Sinne des § 4 Abs. 1 Satz 2 bzw. 3 WpÜG dar. Denn der Sinn und Zweck des § 18 Abs. 1 WpÜG ist es, zu verhindern, dass sich der Bieter einseitig von dem einmal abgegebenen Angebot zu lösen vermag.[500] Auch wenn die Muttergesellschaft aus formalen Gründen nicht als Bieter des Übernahmeverfahrens qualifiziert werden kann, ist sie wirtschaftlich betrachtet die Urheberin des Übernahmeangebots. Die Aufnahme eines Gesellschaftervorbehalts in das von einer 100-prozentigen Tochtergesellschaft abzugebende Angebot führt dazu, dass die Muttergesellschaft durch ihren Einfluss auf die Gesellschafterversammlung der Tochtergesellschaft das Übernahmeangebot einseitig zu Fall bringen kann. Die Möglichkeit der im Hintergrund als „eigentlicher Bieter" agierenden Muttergesellschaft, auf diese Weise auf den Erfolg des Übernahmeangebots einzuwirken, widerspricht der Zielsetzung des § 18 Abs. 1 WpÜG.

Bedient sich die Muttergesellschaft zum Zwecke der Übernahme keiner 100-prozentigen Tochter, sondern einer lediglich im Mehrheitsbesitz befindlichen Zweckgesellschaft, bemisst sich die Zulässigkeit des Gesellschaftervorbehalts nach dem Einfluss der Muttergesellschaft auf die Gesellschafterversammlung der Tochtergesellschaft. Der Gesellschaftervorbehalt ist nur dann unzulässig, wenn die Muttergesellschaft den Beschluss der Gesellschafterversammlung nicht nur wahrscheinlich, sondern garantiert herbeiführen kann. Besteht auch nur die Möglichkeit einer anderen Entscheidung, bleibt der Gesellschaftervorbehalt zulässig. Denn wie der Vergleich der Gesellschafterversammlung mit sonstigen Dritten zeigt, führt jeder Zweifel an dem Einfluss des Bieters auf den Eintritt der Bedingung zur Zulässigkeit der Bedingung.[501] Insoweit Gesellschaftsverträge nur eine einfache Mehrheit für Gesellschafterbeschlüsse vorsehen, hat jede Mehrheitsbeteiligung regelmäßig zur Folge, dass die Aufnahme eines Ge-

498 Begründung zu § 18 Abs. 1 RegE, BT-Drucks. 14/7034, S. 48.

499 Zu dem Verhältnis der allgemeinen Missstandsaufsicht zu der Ahndung spezialgesetzlicher Verstöße nach § 15 Abs. 1 Nr. 2 WpÜG siehe die Ausführungen in Kap. 7 § 2 C I 1 auf S. 207 f.

500 KK-WpÜG-*Hasselbach*, § 18, Rn. 2; Geibel/Süßmann-*Geibel*, § 18, Rn. 1.

501 Vgl. oben in Kap. 6 § 2 B I 2 c bb auf S. 129.

sellschaftervorbehalts unzulässig ist. Ist allerdings vertraglich oder per Gesetz[502] die Zustimmung aller Gesellschafter notwendig, bleibt der Gesellschaftervorbehalt zulässig, wenn die Muttergesellschaft lediglich eine Mehrheitsbeteiligung an der Tochtergesellschaft hält.

In den beschriebenen Konstellationen hängt die Unzulässigkeit des Gesellschaftervorbehalts nicht davon ab, ob eine Entscheidung der Gesellschafterversammlung des Bieters vor der Veröffentlichung des Angebots möglich gewesen wäre.[503] Ein Grund dafür, warum der Gesellschaftervorbehalt zulässig sein sollte, wenn die Durchführung der Gesellschafterversammlung vor Angebotsveröffentlichung unmöglich gewesen sein sollte, ist nicht ersichtlich. Die Muttergesellschaft kann einen zustimmenden Gesellschafterbeschluss jederzeit – auch während der Annahmefrist – noch herbeiführen. Das Übernahmeangebot der Zweckgesellschaft darf deshalb unter keinen Umständen von der Zustimmung der Gesellschafterversammlung der Tochtergesellschaft abhängig gemacht werden, wenn die Herbeiführung des Gesellschafterbeschlusses ausschließlich in den Händen der Muttergesellschaft liegt. Hingegen ist eine Bedingung, mit der das Übernahmeangebot von einem zustimmenden Gesellschafterbeschluss der Muttergesellschaft abhängig gemacht wird, in diesen Fallgestaltungen zulässig, solange auf der Ebene der Muttergesellschaft eine Herbeiführung des Bedingungseintritts nicht ohne weiteres möglich ist.[504]

(2) Kapitalerhöhungsbeschluss

Auf Grund des nach § 18 Abs. 1 iVm. § 25 WpÜG grundsätzlich zulässigen Gesellschaftervorbehalts ist es denkbar, dass der Bieter das Übernahmeangebot von einem Kapitalerhöhungsbeschluss abhängig machen möchte, wenn ihm kein oder nur unzureichend genehmigtes Kapital zur Verfügung steht. In der Praxis wird der Bieter regelmäßig nur bei Tauschangeboten in die Versuchung kommen, eine entsprechende Bedingung in die Angebotsunterlage aufzunehmen, da es bei einer Barofferte gemäß § 13 Abs. 1 Satz 2 WpÜG einer schriftlichen Finanzierungsbestätigung eines Wertpapierdienstleistungsunternehmens bedarf. Das Wertpapierdienstleistungsunternehmen wird vor allem im Hinblick auf sei-

---

502 Dies gilt gemäß § 119 Abs. 1 HGB bzw. §§ 161 Abs. 2 iVm. 119 Abs. 1 HGB für die OHG bzw. KG sowie nach § 709 Abs. 1 BGB für die GbR. Bei der AG bzw. der GmbH genügt gemäß § 133 Abs. 1 AktG bzw. § 47 Abs. 1 GmbHG grundsätzlich die einfache absolute Mehrheit zur Beschlussfassung.

503 So aber die Begründung zu § 18 Abs. 1 RegE, BT-Drucks. 14/7034, S. 48 sowie Geibel/Süßmann-*Geibel*, § 18, Rn. 18.

504 KK-WpÜG-*Hasselbach*, § 25, Rn. 8.

ne Haftung für die Bestätigung gemäß § 13 Abs. 2 WpÜG darauf achten, dass die Finanzierungsfragen schon vor der Angebotsveröffentlichung vollständig geklärt wurden. Für Tauschangebote sieht das WpÜG keine solche Bestätigung vor.

Die Zulässigkeit des Gesellschaftervorbehalts für den Fall einer notwendigen Kapitalmaßnahme ist abzulehnen. Wie bei dem Fall der Einschaltung einer Zweckgesellschaft muss die Zulässigkeit des Gesellschaftervorbehalts auch hier restriktiv ausgelegt werden. Grundlage dieser Einschränkung ist eine systematische Analyse der §§ 13 und 14 WpÜG. Gemäß § 13 Abs. 1 Satz 1 WpÜG muss der Bieter bereits vor der Veröffentlichung der Angebotsunterlage alle notwendigen Maßnahmen treffen, um sicherzustellen, dass ihm die notwendigen Mittel zur Erfüllung der Ansprüche der Aktionäre der Zielgesellschaft zur Verfügung stehen. Da § 13 Abs. 1 Satz 2 WpÜG als Unterfall des § 13 Abs. 1 Satz 1 WpÜG eine spezielle Regelung für die Barofferte beinhaltet, wird im Umkehrschluss deutlich, dass die in § 13 Abs. 1 Satz 1 WpÜG angesprochenen „Mittel" auch Wertpapiere umfassen.[505] „Sichergestellt" hat der Bieter die Finanzierung des Kaufpreises erst mit der Zustimmung der Gesellschafterversammlung. Dies ergibt sich aus § 14 Abs. 1 Satz 3 WpÜG, wonach die BaFin die Frist zur Übermittlung der Angebotsunterlage um bis zu vier Wochen verlängern kann, wenn dem Bieter die Einhaltung der vierwöchigen Übermittlungsfrist nach § 14 Abs. 1 Satz 1 WpÜG auf Grund erforderlicher Kapitalmaßnahmen nicht möglich ist. Diese Bestimmung wurde erst am Schluss des Gesetzgebungsverfahrens auf Empfehlung des Finanzausschusses in das Gesetz aufgenommen, um dem Bieter bei Tauschangeboten die nötige Zeit zu Herbeiführung eines unter Umständen notwendigen Kapitalerhöhungsbeschlusses zu gewähren.[506] Im Umkehrschluss kann daraus gefolgert werden, dass ein sich auf Kapitalmaßnahmen beziehender Gesellschaftervorbehalt nicht zulässig ist.[507] Die mitunter geäußerte Auffassung, der Gesellschaftervorbehalt sei auch in Bezug auf Kapitalmaßnahmen zulässig, da der Gesetzgeber nicht auf die diesbezüglich im Laufe des Gesetzgebungsverfahrens geäußerte Kritik reagiert habe[508], erweist sich unter Berücksichtigung der Einfügung des § 14 Abs. 1 Satz 3 WpÜG als unzutreffend.

505 *Busch*, AG 2002, 145, 147.
506 Finanzausschuss des Deutschen Bundestags, BT-Drucks. 14/7477, S. 52.
507 Geibel/Süßmann-*Geibel*, § 18, Rn. 36.
508 In diesem Sinne KK-WpÜG-*Hasselbach*, § 18, Rn. 65 Fn. 84.

cc) Weitere Einschränkung auf „rechtlich notwendige" Gesellschafterbeschlüsse?

Unter dem Stichwort des „Missbrauchs des Gesellschaftervorbehalts" wird die Auffassung vertreten, die Aufnahme eines Gesellschaftervorbehalts in die Angebotsunterlage sei nur zulässig, wenn der Gesellschafterbeschluss zur Durchführung der Übernahme aus rechtlichen Gründen notwendig ist.[509] Nicht zulässig sei es, wenn das Management des Bieters, das Übernahmeangebot „auf Grund eigener Entscheidung" von der Zustimmung der eigenen Gesellschafterversammlung abhängig mache.[510] Diese Ansicht macht geltend, dass ohne diese Einschränkung die vom Gesetz bezweckte Bindungswirkung des Angebots unterlaufen bzw. der Schutz der Aktionäre gefährdet und gegen das Behinderungsverbot gemäß § 3 Abs. 4 Satz 2 WpÜG verstoßen werde.[511]

Diese Ansicht verdient keine Zustimmung.[512] Sie steht nicht im Einklang mit dem Wortlaut der §§ 18 Abs. 1 und 25 WpÜG, die eine derartige Einschränkung nicht erkennen lassen. Für eine teleologische Reduktion dieser Vorschriften auf die Zulässigkeit rechtlich notwendiger Gesellschafterbeschlüsse besteht kein Anlass. Der Gesellschaftervorbehalt weist keine wesentlichen Unterschiede zu anderen Bedingungen auf, die der Bieter ebenfalls auf Grund eigener Entscheidung aufstellt. Solange das Management des Bieters keinen Einfluss auf das Ergebnis des Gesellschafterbeschlusses hat (dazu siehe die unter dem vorstehenden Punkt bb (1) aufgeführte Einschränkung), gefährdet der Gesellschaftervorbehalt die Bindungswirkung des Übernahmeangebots nicht mehr als jede andere zulässige Bedingung. Darüber hinaus wird der Bieter regelmäßig ein subjektives Interesse an der Aufnahme des Gesellschaftervorbehalts in die Angebotsunterlage geltend machen können, weil eine Befragung der eigenen Gesellschafter zur Durchführung eines Übernahmeangebots mit seinen ökonomischen Konsequenzen für den Betrieb des Bieters durchaus nachvollziehbar ist. Einen versteckten Rücktrittsvorbehalt stellt der Gesellschaftervorbehalt deshalb *per se* nicht dar. Sollte sich im Einzelfall Gegenteiliges herausstellen, wenn der Bieter beispielsweise keine Schritte zur Herbeiführung des Gesellschafterbeschlusses unternimmt, kann die BaFin noch immer auf der Grundlage der allgemeinen Missstandsaufsicht einschreiten und dem Bieter das Berufen auf die Bedingung nach

509 Geibel/Süßmann-*Geibel*, § 18, Rn. 19; KK-WpÜG-*Hasselbach*, § 18, Rn. 55; Ehricke/Ekkenga/Oechsler-*Oechsler*, § 18, Rn. 11.

510 Geibel/Süßmann-*Geibel*, § 18, Rn. 19.

511 Geibel/Süßmann-*Geibel*, § 18, Rn. 19; KK-WpÜG-*Hasselbach*, § 18, Rn. 55.

512 Im Ergebnis ebenso Haarmann/Riehmer/Schüppen-*Riehmer*, § 18, Rn. 15 und *Krause*, NJW 2002, 705, 709.

§ 4 Abs. 1 Satz 3 WpÜG verbieten. Die Notwendigkeit, die Zulässigkeit des Gesellschaftervorbehalts von vornherein zu beschränken, besteht aus diesen Gründen nicht.

In der Praxis dürfte der dargestellte Meinungsstreit in den meisten Fällen allerdings unerheblich sein, da nach der zuerst dargestellten Ansicht bereits jeder Zweifel an der rechtlichen Notwendigkeit eines zustimmenden Gesellschafterbeschlusses zur Zulässigkeit des Gesellschaftervorbehalts führt.[513] Für den praktisch relevanten Fall, dass der Gesellschaftsvertrag des Bieters keine Regelung in Bezug auf die Zustimmung der Gesellschafterversammlung zu Übernahmetransaktionen enthält, wird der Bieter regelmäßig einen solchen Zweifel für sich in Anspruch nehmen können. Denn es gehört zu den umstrittensten Fragen des Gesellschaftsrechts, ob Übernahmetransaktionen beispielsweise von der „Holzmüller-Entscheidung"[514] abgedeckt sind und daher der Zustimmung der Hauptversammlung bedürfen.[515] Nicht viel eindeutiger ist die Situation, wenn eine GbR, eine OHG bzw. KG oder eine GmbH als Bieter auftritt. Im jeweiligen Einzelfall ist die schwierige Abgrenzung vorzunehmen, ob die Übernahme als „Grundlagengeschäft"[516] (GbR) oder „außergewöhnliches Geschäft"[517] (OHG, KG und GmbH) der Zustimmung der Gesellschafterversammlung bedarf.

b) Verpflichtung gemäß § 25 WpÜG

Bei Abgabe eines Übernahmeangebots mit einem zulässigen Gesellschaftervorbehalt enthält § 25 WpÜG die Verpflichtung für den Bieter, den Gesellschafterbeschluss unverzüglich, spätestens jedoch bis zum fünften Tag vor Ablauf der Annahmefrist herbeizuführen.

513 KK-WpÜG-*Hasselbach*, § 18, Rn. 55.

514 BGHZ 83, 122 = NJW 1982, 1703.

515 Dafür *Lutter*, in: FS Stimpel, S. 825, 850 f.; Emmerich/Habersack-*Habersack*, Vor § 311, Rn. 38; KK-AktG-*Koppensteiner*, Vor § 291, Rn. 26; Scholz-*Emmerich*, Anhang Konzernrecht, Rn. 116. **A.A.** MünchHdb-*Krieger*, § 69, Rn. 7; KK-AktG-*Mertens*, § 76, Rn. 51, *Busch*, AG 2002, 145, 148. Im Überblick dazu KK-WpÜG-*Hasselbach*, § 18, Rn. 57.

516 Vgl. dazu Palandt-*Sprau*, § 705, Rn. 16; MK-*Ulmer*, § 709, Rn. 10 f.

517 Für die OHG bzw. KG vgl. Baumbach/Hopt-*Hopt*, § 116, Rn. 2; Heymann-*Emmerich*, § 116, Rn. 3. Zu der ähnlichen Problematik bei der GmbH siehe *Lutter/Hommelhoff*, § 37, Rn. 10 f.; Scholz-*Schneider*, § 37, Rn. 12; einschränkend Baumbach/Hueck-*Zöllner*, § 37, Rn. 6 f, der auch solche Geschäfte, die durch ihren ungewöhnlichen Umfang ein erhebliches Risiko für die Gesellschaft darstellen, als von der Geschäftsführungsbefugnis umfasst ansieht.

aa) Inhalt der Pflicht

Der Bieter kann nur im Rahmen seiner rechtlichen Möglichkeiten zur „Herbeiführung" des Gesellschafterbeschlusses verpflichtet werden. Da der Bieter rechtlich auf das Abstimmungsverhalten seiner Gesellschafter keinen Einfluss hat, kann es eine Pflicht, einen zustimmenden Gesellschafterbeschluss herbeizuführen, nicht geben. Zwar ist nicht zu leugnen, dass dem Bieter regelmäßig ein tatsächlicher Einfluss auf die Entscheidung der Gesellschafterversammlung zukommt, indem er eine Entscheidungsvorlage vorbereitet und die Abgabe des Übernahmeangebots in dem meisten Fällen mit den wichtigsten Gesellschaftern im Vorwege abstimmen wird. Gleichwohl kann der Bieter ein bestimmtes Abstimmungsverhalten der Gesellschafter nicht erzwingen, so dass es eine Pflicht zur Herbeiführung eines positiven Gesellschafterbeschlusses nicht geben kann.[518] Allerdings wirkt sich § 25 WpÜG insofern aus, als dass der Bieter im Rahmen seiner Möglichkeiten auf eine positive Beschlussfassung hinwirken muss.[519] Er muss eine entsprechende Beschlussvorlage abgeben und diese argumentativ unterstützen.[520] In dieser Hinsicht stellt § 25 WpÜG eine „Bemühensvorschrift" dar.[521]

Im Übrigen enthält § 25 WpÜG für den Bieter die Pflicht, einen Gesellschafterbeschluss – zustimmend oder ablehnend – herbeizuführen. Der Bieter muss unverzüglich alle erforderlichen Maßnahmen in die Wege leiten, damit die Gesellschafterversammlung den angestrebten Beschluss fassen kann. Dazu gehört die unverzügliche Einberufung und Durchführung der Gesellschafterversammlung einschließlich der Vorlage eines entsprechenden Beschlussvorschlages. Zusätzlich muss der Bieter den Gesellschaftern alle im Rahmen des Übernahmeangebots relevanten Dokumente und Informationen zugänglich machen, um auf diese Weise eine positive Beschlussfassung zu ermöglichen.

bb) Beginn der Pflicht

Der Bieter muss die genannten Maßnahmen „unverzüglich", gemäß der Legaldefinition des § 121 BGB also ohne schuldhaftes Zögern, in die Wege leiten. Wie der Wortlaut des § 25 WpÜG deutlich macht („Hat der Bieter das Angebot

518 Unklar insoweit KK-WpÜG-*Hasselbach*, § 25, Rn. 3 f., der anscheinend auch die tatsächlichen Einflussmöglichkeiten des Bieters in die Pflicht gemäß § 25 WpÜG integrieren möchte.

519 KK-WpÜG-*Hasselbach*, § 25, Rn. 4.

520 *Steinmeyer/Häger*, § 25, Rn 3.

521 KK-WpÜG-*Hasselbach*, § 25, Rn. 4.

unter der Bedingung eines Beschlusses der Gesellschafterversammlung abgegeben, hat er...") beginnt diese Pflicht mit der Veröffentlichung Angebotsunterlage gemäß § 14 Abs. 2 WpÜG.[522] Ein Pflichtbeginn bereits mit der Veröffentlichung der Entscheidung zur Abgabe eines öffentlichen Angebots gemäß § 10 Abs. 1 WpÜG widerspräche nicht nur dem Wortlaut des § 25 WpÜG, sondern ist dem Bieter auch aus anderen Gründen nicht zuzumuten.[523] Eine solche Auslegung hätte zur Folge, dass der Bieter verpflichtet wäre, bereits zu einem Zeitpunkt kostenträchtige Maßnahmen einzuleiten, zu dem über die Abgabe des Übernahmeangebots noch nicht abschließend entschieden ist. Denn nach zutreffender Ansicht führt die Angebotsankündigung nach § 10 Abs. 1 WpÜG nicht zwingend zur späteren Abgabe des Übernahmeangebots.[524] Der Bieter kann sich durch die Verwendung von Bedingungen die Abgabe des Übernahmeangebots vorbehalten. Allerdings ist der Bieter grundsätzlich gehalten, zeitaufwendige Vorbereitungsmaßnahmen für die Einberufung der Gesellschafterversammlung, wie zum Beispiel das Erstellen von Berichten und/oder Bewertungsgutachten, bereits vor der Abgabe des Übernahmeangebots in die Wege zu leiten.[525] § 25 WpÜG statuiert diesbezüglich zwar keine direkte Verpflichtung, eine Verzögerung gefährdet aber die Einhaltung der für die Bedingungserfüllung geltenden Frist und kann zu einem Einschreiten der BaFin nach den Vorschriften der allgemeinen Missstandsaufsicht führen.

cc) Ende der Pflicht (Fristberechnung)

Der Beschluss der Gesellschafterversammlung muss bis zum fünften Werktag vor Ablauf der Annahmefrist gefasst werden. Der Bieter sollte die Länge der Annahmefrist unter anderem danach bemessen, dass der Gesellschafterbeschluss innerhalb der Frist des § 25 WpÜG erfolgen kann. Die Länge der Annahmefrist bestimmt sich nach § 16 WpÜG und wird nach § 187 Abs. 1 BGB berechnet. Die Fünf-Tages-Frist berechnet sich ebenfalls nach § 187 Abs. 1 BGB. Der Tag, an dem die Annahmefrist endet, wird nicht mitgerechnet, da er der Tag des fristauslösenden Ereignisses im Sinne des § 187 Abs. 1 BGB ist. Zu beachten ist weiterhin, dass nach § 25 WpÜG nur Werktage maßgebend sind, so dass Sonn- und Feiertage nicht mitzählen. Hingegen ist der Sonnabend Werktag und ist

522 KK-WpÜG-*Hasselbach*, § 25, Rn. 11 sowie (wenn auch nicht explizit) Geibel/Süßmann-*Racky*, § 25, Rn. 8.
523 So aber *Steinmeyer/Häger*, § 25, Rn. 4.
524 Ausführlich dazu nachfolgend in Kap. 6 § 2 C II 1 auf S. 153 ff.
525 KK-WpÜG-*Hasselbach*, § 25, Rn. 11.

deshalb bei der Berechnung zu berücksichtigen.[526] In Bezug auf den Schluss der Annahmefrist findet § 193 BGB Anwendung. Endet die Annahmefrist an einem Feiertag, auf einem Sonntag oder Sonnabend, verlängert sie sich bis zum nächsten Werktag. Endet die Annahmefrist danach auf einem Sonnabend, verlängert sich die Annahmefrist auf den folgenden Montag und der Gesellschafterbeschluss muss spätestens am vorangehenden Montag erfolgen (bei der Rückrechnung zählt der Sonnabend als Werktag wieder mit).[527]

2. Mindestannahmequote

Die Festlegung einer Mindestannahmequote gehört zu geläufigsten Bedingungen in Übernahmeangeboten. Ähnlich wie der Gesellschaftervorbehalt wird die Mindestannahmequote in einigen Vorschriften innerhalb des WpÜG lediglich erwähnt (§§ 16 Abs. 2 Satz 2, 21 Abs. 1 Satz 1 Nr. 3, 26 Abs. 1 Satz 2 WpÜG), ohne dass eine abschließende Regelung ihrer Zulässigkeit stattfindet.

a) Zulässigkeit

Im Rahmen der Zulässigkeit der Festsetzung einer Mindestannahmequote ist zu unterscheiden zwischen der grundsätzlichen Zulässigkeit der Bedingung und einer Beschränkung in der Festsetzung der Quotenhöhe.

aa) Grundsätzlich

Das WpÜG lässt in § 21 Abs. 1 Satz 1 Nr. 3 WpÜG – die Vorschrift erlaubt die Absenkung der Mindestannahmequote – erkennen, dass die Aufnahme einer Mindestannahmequote in Übernahmeangebote zulässig ist. Dies wird bestätigt durch die Gesetzesbegründung zu § 18 Abs. 1 WpÜG, welche die Mindestannahmequote als zulässige Bedingung ausdrücklich erwähnt.[528]

Der deutsche Gesetzgeber hat allerdings davon abgesehen, eine bestimmte Mindestannahmequote zwingend vorzuschreiben. Eine Mindesterwerbsschwelle für Übernahmeangebote in Höhe von 30 Prozent kann auch nicht aus dem Regelungszusammenhang mit anderen Vorschriften (§§ 16 Abs. 2 Satz 2, 23 Abs. 1 Satz 1 Nr. 3, 26 Abs. 1 Satz 2 WpÜG) hergeleitet werden.[529] Insbesondere be-

---

526 BGH NJW 1978, 2594.
527 Dieses und weitere Beispiele bei Geibel/Süßmann-*Racky*, § 25, Rn. 11.
528 Begründung zu § 18 Abs. 1 RegE, BT-Drucks. 14/7034, S. 47.
529 So aber für Übernahmeangebote *Steinmeyer/Häger*, § 29, Rn. 13 ff.

steht nicht die Gefahr, dass der Bieter ohne die Festsetzung einer Mindestannahmequote laufend neue Angebote mit sukzessiver Erhöhung der Gegenleistung abgeben kann, da ihm wegen § 26 Abs. 1 Satz 2 WpÜG ohne Mindestannahmequote keine Sperrfrist droht. Richtig ist zwar, dass der Bieter ohne Festlegung einer Quote keiner Sperrfrist unterliegt. Allerdings sind Übernahmeangebote gemäß § 32 WpÜG immer als Vollangebot auszugestalten, so dass für alle Aktionäre dieselben Angebotskonditionen gelten. Diese Konditionen gelten unabhängig von dem Erfolg des Übernahmeangebots ebenfalls für alle nachfolgenden Erwerbe. Bei Aktienerwerben nach erfolgreichem Angebot ergibt sich dies aus §§ 31 Abs. 4 und 5 WpÜG. Erwirbt der Bieter durch das Übernahmeangebot Aktien, die nicht zum Kontrollerwerb führen, ist der gezahlte Preis nach § 31 Abs. 1 WpÜG grundsätzlich auch für nachfolgende Erwerbsvorgänge zu Grunde zu legen.

Der Bieter hat durch das Fehlen einer vorgeschriebenen Mindestannahmequote im Falle des gescheiterten Kontrollerwerbs die Möglichkeit, eine nichtkontrollierende Beteiligung an der Zielgesellschaft zu erwerben. Dieser Ansatz ist systemkonform, da das WpÜG im Gegensatz zum City Code einen Kontrollerwerb nicht zwingend voraussetzt. Gleichwohl empfiehlt sich im Hinblick auf die „Zaunkönigregelung“ gemäß § 16 Abs. 2 Satz 1 WpÜG, nach der die Aktionäre das Übernahmeangebot auch noch innerhalb von zwei Wochen nach Ablauf der Annahmefrist annehmen können, die Aufnahme einer Mindestannahmequote. Ohne eine Mindestannahmequote besteht für die Aktionäre ein erhöhter Anreiz, das Übernahmeangebot innerhalb der Annahmefrist nicht anzunehmen, um zunächst die Annahmequote zu erfahren.[530] Die Aufnahme einer Mindestannahmequote wirkt dieser Tendenz entgegen, da die Zaunkönigregelung gemäß § 16 Abs. 2 Satz 2 WpÜG nicht gilt, wenn eine in der Angebotsunterlage festgelegte Quote verfehlt wird.

bb) Eingeschränkte Bestimmbarkeit der Annahmequote

In der Bestimmung der Höhe der Annahmeschwelle ist der Bieter grundsätzlich frei. In Betracht kommen regelmäßig die wichtigen Schwellenwerte in Höhe von 30 Prozent (Kontrollerwerb nach § 29 Abs. 2 WpÜG), 50 Prozent (einfache Mehrheit), 75 Prozent (qualifizierte Mehrheit) oder 95 Prozent (*Squeeze-out*-Schwelle nach § 327a AktG). Im Laufe des Gesetzgebungsverfahrens wurde die Befürchtung geäußert, dass es einem *De-facto*-Rücktrittsrecht gleichkomme, wenn der Bieter die Annahmeschwelle auf einen von vornherein kaum zu errei-

[530] *Busch*, AG 2002, 145, 147.

chenden Wert (z.B. von mehr als 95 Prozent) festsetzt.[531] Diese Befürchtung ist sachlich zutreffend. Auf Grund des bei den meisten Gesellschaften vorhandenen Streubesitzes von Aktien ist eine Quote in Höhe von über 90 Prozent in der Praxis kaum zu erreichen.[532] Es läge faktisch in den Händen des Bieters, ob er das Angebot wegen des nahezu sicheren Ausfalls der Bedingung verfallen lässt oder die Annahmeschwelle absenkt (§ 21 Abs. 1 Satz 1 Nr. 3 WpÜG) oder ganz auf sie verzichtet (§ 21 Abs. 1 Nr. 4 WpÜG) und dem Angebot damit zur Wirksamkeit verhilft.

Allerdings kann die von dem Handelsrechtsausschuss des DAV ursprünglich hervorgebrachte, aber auch heute noch geäußerte Befürchtung eines *De-facto*-Rücktrittsrechts zu Gunsten des Bieters zerstreut werden.[533] Nach hier vertretener Auffassung muss der Bieter ein nachvollziehbares subjektives Interesse an der Aufstellung zulässiger Bedingung darlegen.[534] Anderenfalls handelt es sich bei der in Frage stehenden Bedingung um ein verstecktes Rücktrittsrecht des Bieters, durch welches er unzulässigerweise das Verbot subjektiver Bedingung umgeht. Der Bieter wird in aller Regel kein solches subjektives Interesse an der Festsetzung der Mindestannahmequote auf einen Wert jenseits der 95-Prozentmarke geltend machen können. Denn erlangt der Bieter 95 Prozent des Grundkapitals, hat er im Rahmen des *Squeeze-out*-Verfahrens gemäß §§ 327a ff. AktG das gesetzlich verbriefte Recht, die Zielgesellschaft zu 100 Prozent zu übernehmen, indem er die verbleibenden Aktionäre gegen eine Barabfindung aus der Zielgesellschaft drängt. Soweit der Bieter in der Angebotsunterlage nicht sehr spezielle Gründe für die Festsetzung einer über 95-prozentigen Annahmequote darlegt, handelt es sich um einen unzulässigen (faktischen) Rücktrittsvorbehalt.[535] Im Verhältnis zum britischen Recht macht diese Diskussion deutlich, dass die Begründung der Unzulässigkeit einer über der *Squeeze-out*-Schwelle liegenden Mindestannahmequote durch das im WpÜG ausdrückliche kodifizierte Verbot von Rücktrittsvorbehalten vereinfacht wird. Im britischen Recht muss dazu das Vorliegen einer subjektiven Bedingung nachgewiesen werden.[536]

---

531 Stellungnahme des Handelsrechtsausschusses des DAV e.V. vom April 2001, NZG 2001, 420, 425.

532 *Busch*, AG 2002, 145, 147.

533 Diese Befürchtung bekräftigend Geibel/Süßmann-*Thun*, § 21, Rn. 12.

534 Siehe oben in Kap. 6 § 2 B I 3 a auf S. 131.

535 KK-WpÜG-*Hasselbach*, § 18, Rn. 23.

536 Siehe oben in Kap. 6 § 1 B II 1 c auf S. 104 f.

b) Absenkung der Mindestannahmequote (Verbindlichkeitserklärung)

§ 21 Abs. 1 Nr. 3 WpÜG gewährt dem Bieter die Möglichkeit, die ursprünglich geforderte Mindestakzeptanzschwelle herabzusetzen. Obwohl es sich bei § 21 Abs. 1 Nr. 3 WpÜG um einen teilweisen Bedingungsverzicht handelt und der Verzicht erst im nachfolgenden Kapitel 7 behandelt wird, soll aus Gründen der Übersichtlichkeit und Vergleichbarkeit mit dem britischen Recht schon an dieser Stelle auf diese Vorschrift eingegangen werden. Denn die Herabsetzung der Mindestannahmeschwelle entspricht der Verbindlichkeitserklärung nach Rule 10 City Code.

In der Funktionsweise entsprechen sich Verbindlichkeitserklärung und Herabsetzung der Mindestannahmequote weitgehend. So führt die Erfüllung der ursprünglichen Annahmeschwelle auch nach deutschem Recht zu einer unbedingten Bindung des Bieters an das Angebot, sofern das Angebot keine weiteren Bedingungen enthält. Eine Verringerung dieser Schwelle kommt regelmäßig nur in Betracht, wenn sie unterschritten wird. Im Unterschied zum britischen Recht kann der Bieter die Annahmequote allerdings auf einen beliebigen Wert – auch unterhalb von 50 oder sogar 30 Prozent – herabsetzen.[537] Das Recht des Bieters zur Verminderung der Mindestannahmequote verstößt im Grundsatz nicht gegen das Verbot subjektiver Bedingungen gemäß § 18 Abs. 1 WpÜG. Zur Erörterung des Problemkreises, inwieweit der Vorwurf einer Potestativbedingung gerechtfertigt ist, wird auf die ausführliche Diskussion diesbezüglich zu Rule 10 City Code verwiesen.[538]

3. Zulässigkeit weiterer Bedingungen

Die Zulässigkeit weiterer Bedingungen in Übernahmeangeboten bemisst sich anhand der allgemeinen Bestimmung zur Regelung von Bedingungen in § 18 Abs. 1 WpÜG. Der in Kapitel 8 enthaltene Bedingungskatalog listet weitere mögliche Bedingungen auf und unterzieht sie einer Zulässigkeitsprüfung.

C. Bedingungen vor Abgabe des Übernahmeangebots

Das deutsche Übernahmerecht enthält ebenso wie der City Code bestimmte Publikationspflichten für den Bieter, die der eigentlichen Angebotsabgabe vorausgehen. Im Unterschied zum britischen Recht kennt das WpÜG allerdings nur

537 KK-WpÜG-*Hasselbach*, § 21, Rn. 26.

538 Siehe oben in Kap. 6 § 1 B II 1 b auf S. 102 ff.

eine Form der Angebotsankündigung. Gemäß § 10 Abs. 1 Satz 1 WpÜG hat der Bieter „seine Entscheidung zur Abgabe eines Angebots unverzüglich zu veröffentlichen". Die Vorschrift enthält keinen Hinweis auf die Zulässigkeit von Bedingungen im Rahmen dieser Entscheidung. Geregelt ist lediglich, dass der Bieter die Entscheidung auch dann zu veröffentlichen hat, wenn für die Entscheidung ein Gesellschafterbeschluss erforderlich ist und ein solcher Beschluss noch nicht eingeholt wurde (§ 10 Abs. 1 Satz 2 WpÜG). Gegenstand der folgenden Ausführungen sind Bedingungen, durch die nicht erst das Übernahmeangebot selbst, sondern bereits die Abgabe des Übernahmeangebots bedingt wird.

I. Zweck der Ankündigung

Die Ankündigung eines Übernahmeangebots nach § 10 WpÜG hat den Zweck, die Öffentlichkeit frühzeitig über marktrelevante Daten zu informieren, um das Ausnutzen von Spezialwissen zu verhindern.[539] Insbesondere soll dem Insiderhandel vorgebeugt werden.[540] Darüber hinaus hat die Veröffentlichung der Entscheidung zur Abgabe eines Angebots verfahrenseröffnende Funktion. Die Veröffentlichung der Entscheidung zur Angebotsabgabe nach § 10 Abs. 1 Satz 1 WpÜG markiert den Beginn der vierwöchigen Frist zur Übermittlung einer Angebotsunterlage an die BaFin.[541] Die Veröffentlichung muss inhaltlich lediglich die Angebotsabsicht erkennen lassen sowie die Zielgesellschaft und die betroffenen Wertpapiere konkret bezeichnen.[542]

Die Publikationspflicht des Bieters nach dem WpÜG ist nicht unbedenklich. In § 10 Abs. 1 WpÜG wird der Versuch unternommen, sich widersprechende Interessen in einer Vorschrift zusammenzufassen. Auf der einen Seite wird durch die Ankündigung des Bieters das Übernahmeverfahren eröffnet, der Bieter muss sich also zur Angebotsabgabe entschieden haben. Damit kommt die Vorschrift dem Bedürfnis nach, dass nur möglichst sichere und akkurate Informationen in den Markt gelangen. Auf der anderen Seite – und dies ist der eigentliche Zweck der Vorschrift – soll der Markt vor Insidergeschäften geschützt werden, was eine möglichst zügige Veröffentlichung der Angebotsabsicht erfordert. Im Verhältnis zum britischen Übernahmerecht mangelt es dem WpÜG an einer der Rule 2.4 City Code vergleichbaren Publikationspflicht, die der § 10-Entscheidung vorgeschaltet ist und ausschließlich dem Schutz vor Marktverzerrungen dient.

539 Begründung zu § 10 RegE, BT-Drucks. 14/7034, S. 39.
540 Haarmann/Riehmer/Schüppen-*Riehmer*, § 10, Rn. 1.
541 § 14 Abs. 1 Satz 1 WpÜG.
542 Haarmann/Riehmer/Schüppen-*Riehmer*, § 10, Rn. 54.

II. Zulässigkeit von Bedingungen

Die nachfolgende Untersuchung überprüft die Zulässigkeit der Verwendung objektiver sowie subjektiver Bedingungen im Rahmen der Ankündigung eines Übernahmeangebots, wobei den Besonderheiten bei Bietergesellschaften Rechnung getragen wird.

1. Allgemein

Die Zulässigkeit von Bedingungen im Rahmen der Entscheidungsveröffentlichung nach § 10 Abs. 1 Satz 1 WpÜG hängt davon ab, welche Bindungswirkung man der Veröffentlichung beimisst. Im Kern geht es dabei um die Frage, in welchem Stadium der Angebotsvorbereitungen der Bieter zur Veröffentlichung dieser Entscheidung verpflichtet sein soll. Ausgangspunkt der Untersuchung bildet § 10 Abs. 1 Satz 1 WpÜG, der voraussetzt, dass der Bieter die „Entscheidung zur Abgabe eines Angebots" getroffen hat. Die Auslegung dieses Merkmals ist umstritten.

Eine Ansicht lässt die Verpflichtung zur Entscheidungsveröffentlichung erst dann einsetzen, wenn aus Sicht des Bieters – mit Ausnahme eines gegebenenfalls erforderlichen Gesellschafterbeschlusses – keinerlei Zweifel mehr an der Abgabe eines Angebots bestehen.[543] Diese Lösung basiert auf der Annahme, dass der Bieter die Entscheidung zur Abgabe des Angebots nicht mehr zurücknehmen kann.[544] Der Bieter müsse deshalb „Herr des Zeitpunktes seiner Entscheidung" zur Angebotsabgabe sein.[545] Das Merkmal der „Entscheidung" erfährt hier eine sehr restriktive Auslegung. Der Bieter muss nicht nur den Prozess der inneren Willensbildung abgeschlossen haben, sondern darüber hinaus auch alle Unklarheiten, die auf externen Faktoren beruhen, bereits aus dem Weg geräumt haben.

Nach dieser Auffassung ist die Verwendung von Bedingungen – auch objektiver Bedingungen – im Rahmen der Angebotsankündigung gemäß § 10 Abs. 1 Satz 1 WpÜG generell unzulässig.[546] Der Bieter habe das weitere Angebotsverfahren

---

543 So Geibel/Süßmann-*Geibel*, § 10, Rn. 9; Haarmann/Riehmer/Schüppen-*Riehmer*, § 10, Rn. 23.

544 Geibel/Süßmann-*Geibel*, § 10, Rn. 9.

545 Geibel/Süßmann-*Geibel*, § 10, Rn. 9 sowie zustimmend Haarmann/Riehmer/Schüppen-*Riehmer*, § 10, Rn. 23.

546 Geibel/Süßmann-*Geibel*, § 10, Rn. 9.

zwangsweise weiter durchzuführen und könne diesem Zwang nur durch einen ablehnenden Beschluss seiner Gesellschafterversammlung entrinnen. Ein Verfahrensabbruch aus einem anderen Grund stelle eine bußgeldbewährte Ordnungswidrigkeit gemäß § 60 Abs. 1 Nr. 2 a WpÜG dar.[547]

Nach einer anderen Ansicht hat der Bieter die Entscheidung zur Abgabe eines Übernahmeangebots bereits zu veröffentlichen, wenn aus seiner Sicht keine Hindernisse mehr bestehen und die Abgabe des Angebots nach dem normalen Lauf der Dinge zu erwarten ist.[548] Anknüpfungspunkt für die für die Pflicht zur Veröffentlichung nach § 10 Abs. 1 Satz 1 WpÜG ist der Abschluss der internen Willensbildung beim Bieter im Hinblick auf die Abgabe eines Übernahmeangebots. Nach dieser Auffassung führt die Veröffentlichung der Entscheidung zur Abgabe eines Angebots nicht zwingend zur späteren Abgabe des Angebots nach § 14 Abs. 2 WpÜG.[549] Der Bieter hat seine Entscheidung zur Abgabe eines Angebots schon dann zu veröffentlichen, wenn über den in § 10 Abs. 1 Satz 2 WpÜG genannten, noch ausstehenden Gesellschafterbeschluss noch weitere Unsicherheiten hinsichtlich der Angebotsabgabe bestehen, sofern diese nicht aus der Sphäre des Bieters stammen.[550]

Nach dieser Ansicht kann die Abgabe eines Übernahmeangebots von Bedingungen abhängig gemacht werden, auf deren Erfüllung der Bieter keinen Einfluss hat.[551] Die Verwendung subjektiver Bedingungen hingegen ist grundsätzlich unzulässig.[552] Zwar gilt das Verbot subjektiver Bedingungen gemäß § 18 Abs. 1 WpÜG nur für das Angebot selbst und nicht für die dem Angebot vorgelagerte Phase, aber nach dem Wortlaut des § 10 Abs. 1 Satz 1 WpÜG muss der Bieter die „Entscheidung“ zur Abgabe des Angebots bereits getroffen haben. Es wäre deshalb widersprüchlich, dem Bieter zu gestatten, die Abgabe des Angebots von Bedingungen abhängig zu machen, deren Erfüllung von seinem Willen abhängt. Bei Verwendung solcher Bedingungen hätte der Bieter die Entscheidung zur Angebotsabgabe noch nicht getroffen. Allerdings kann der Bieter auch im Rahmen der Angebotsankündigung einen möglichen teilweisen Verzicht auf Bedingungen ankündigen. Diese Möglichkeit erlaubt es dem Bieter, die Durchführung des Übernahmeverfahrens von einer erneuten Entscheidung abhängig zu ma-

547 Geibel/Süßmann-*Geibel*, § 10, Rn. 128.

548 So KK-WpÜG-*Hirte*, § 10, Rn. 27; *Liebscher*, ZIP 2001, 853, 859 sowie ähnlich Ehricke/Ekkenga/Oechsler-*Oechsler*, § 10, Rn. 5.

549 Ehricke/Ekkenga/Oechsler-*Oechsler*, § 10, Rn. 11.

550 KK-WpÜG-*Hirte*, §10, Rn. 27.

551 So jedenfalls KK-WpÜG-*Hirte*, § 10, Rn. 28.

552 Nicht eindeutig insoweit KK-WpÜG-*Hirte*, § 10, Rn. 28 ff.

chen, falls die der Bedingung zu Grunde liegenden Umstände in anderer – aus Bieterperspektive ungünstigerer – Weise eintreten als es der Bieter in Rahmen der Ankündigung vorausgesehen hat. Eine solche Auslegung verstößt nicht gegen die Voraussetzung einer „Entscheidung" des Bieters zur Angebotsabgabe, da die Unsicherheiten in diesem Fall nicht aus dem Herrschaftsbereich des Bieters stammen, sondern externer Natur sind.[553] Tritt die Bedingung dagegen wie vom Bieter anvisiert ein, ist seine Ankündigung bindend. Dies entspricht der Zulässigkeit subjektiver Bedingungen wie sie in Note 1 on Rule 13 City Code geregelt ist.

Der Meinungsstreit ist aus mehreren Gründen zu Gunsten der letztgenannten Ansicht zu entscheiden:

Erstens wird nur sie den Zielen des § 10 WpÜG gerecht. Gemäß der amtlichen Begründung zu § 10 WpÜG ist der vorrangige Zweck der Vorschrift, die Öffentlichkeit möglichst frühzeitig über marktrelevante Daten zu informieren, um damit das Ausnutzen von Insiderwissen zu verhindern.[554] Die kursbeeinflussende Wirkung bloßer Übernahmegerüchte zeigt, dass bereits die noch von externen Faktoren abhängige Entscheidung des Bieters zur Abgabe eines Übernahmeangebots als „marktrelevant" in diesem Sinne gelten muss. Die Regelung in § 10 Abs. 1 Satz 2 WpÜG bestätigt, dass der Schutz des Kapitalmarkts im Rahmen des § 10 Abs. 1 WpÜG gegenüber der Bindungswirkung der Angebotsankündigung das größere Gewicht besitzt.

Zweitens ist der von der Gegenansicht vertretene Ansatz unter vertragsrechtlichen Gesichtspunkten nicht vertretbar. Einer Übernahmetransaktion liegt ein bürgerlich-rechtlicher Vertrag zu Grunde, bei dem erst das Angebot selbst (§ 2 Abs. 1 WpÜG) die Bindungswirkung nach § 145 BGB zu entfalten vermag.[555] Dieses bürgerlich-rechtliche Gerüst soll durch § 10 WpÜG nicht abgeschafft, sondern nur ergänzt werden.[556] Diese Ergänzung in Gestalt einer Angebotsankündigung ist notwendig, da der Kapitalmarkt bereits auf bloß wahrscheinliche Angebote reagiert. Die Bindungswirkung der § 10-Veröffentlichung muss jedenfalls insoweit relativiert werden, als sie nicht über die Verbindlichkeit des eigentlichen Angebots hinausgehen kann. Es wäre kaum zu erklären, warum die Bedingungen, von denen das Übernahmeangebot selbst abhängig gemacht wer-

---

553 Im Ergebnis ähnlich KK-WpÜG-*Hirte*, § 10, Rn. 31.
554 Siehe die Begründung zu § 10 RegE, BT-Drucks. 14/7034, S. 39.
555 KK-WpÜG-*Versteegen*, § 2, Rn. 27.
556 KK-WpÜG-*Hirte*, § 10, Rn. 20.

den kann, im Rahmen der Angebotsankündigung verboten sein sollen. Es wäre widersinnig und widerspräche dem Gebot eines transparenten Angebotsverfahrens (§ 3 Abs. 2 WpÜG), den Bieter zunächst zur kostenintensiven Erstellung der Angebotsunterlage zu verpflichten, um ihm dann erst im Rahmen des Angebots selbst zu erlauben, seine möglichen Vorbehalte gegen die Durchführung des Angebots vorzubringen.

Drittens ist auch das Argument unzutreffend, die Rücknahme der Angebotsankündigung sei bußgeldbewährt. § 60 Abs. 1 Nr. 2 a WpÜG erfasst nur Fälle, in denen der Bieter die Angebotsunterlage nicht oder nicht korrekt einreicht, sofern er zur Einreichung verpflichtet war. Eine Pflicht zur Erstellung einer Angebotsunterlage kann daraus nicht abgeleitet werden.[557]

2. Besonderheiten bei Gesellschaften

Treten Gesellschaften als Bieter auf, besteht die Besonderheit, dass die „Entscheidung" zur Abgabe eines Übernahmeangebots nicht plötzlich gefällt wird, sondern regelmäßig das Ergebnis eines mehrstufigen Entscheidungsprozesses ist. Im Folgenden ist deshalb der Frage nachzugehen, in welchem Stadium dieser Entscheidungsfindung eine Gesellschaft zur Angebotsankündigung verpflichtet ist und ob sie berechtigt ist, die Angebotsabgabe von der Zustimmung eines Gremiums – in Betracht kommen insbesondere der Aufsichtsrat („Aufsichtsratsvorbehalt") oder die Gesellschafterversammlung („Gesellschaftervorbehalt") – abhängig zu machen.

a) Zulässigkeit des Aufsichtsratsvorbehalts

Zur Beurteilung der Zulässigkeit des Aufsichtsratsvorbehalts muss als Vorfrage geklärt werden, ob eine „Entscheidung" zur Angebotsabgabe eines als Aktiengesellschaft[558] auftretenden Bieters der Zustimmung des Aufsichtsrats bedarf. Denn muss die Zustimmung des Aufsichtsrats bereits vor der Veröffentlichung dieser Entscheidung eingeholt werden, kann die spätere Abgabe des Übernahmeangebots nicht von der Zustimmung des Aufsichtsrats abhängig gemacht werden.

---

557 KK-WpÜG-*Hirte*, § 10, Rn. 19.

558 Die nachfolgenden Ausführungen gelten wegen § 52 Abs. 1 GmbHG auch für eine als Bieter auftretende GmbH.

Das WpÜG enthält explizit keine Regelung in Bezug auf den Zeitpunkt der Einbeziehung des Aufsichtsrats. Einen Anhaltspunkt gibt die amtliche Begründung zu § 10 Abs. 1 Satz 1 WpÜG. Die amtliche Begründung verweist bei mehrstufigen Entscheidungsprozessen auf die zu § 15 WpHG entwickelten Grundsätze und schließt sich der als herrschend bezeichneten Meinung an, die hinsichtlich der Veröffentlichung von *Ad-hoc*-Mitteilungen auf die Zustimmung des Aufsichtsrats abstellt, sofern eine solche Zustimmung gesellschaftsrechtlich erforderlich ist.[559] Gemäß § 10 Abs. 6 WpÜG geht dabei die Publizitätspflicht des § 10 WpÜG derjenigen des § 15 WpHG vor, soweit publizitätspflichtige Tatsache die Entscheidung des Bieters zur Abgabe eines Übernahmeangebots ist. Die Zustimmung des Aufsichtsrats ist gemäß § 111 Abs. 4 Satz 2 AktG gesellschaftsrechtlich erforderlich, wenn entweder die Satzung oder der Aufsichtsrat einen solchen Zustimmungsvorbehalt anordnet. Im Anschluss an die Neufassung des § 111 Abs. 4 Satz 2 AktG durch das TransPuG[560], wonach die Zustimmung des Aufsichtsrats für bestimmte Geschäfte nunmehr zwingend anzuordnen ist („hat jedoch" hat die alte Formulierung „kann jedoch" abgelöst), ist davon auszugehen, dass geplante Übernahmevorhaben in aller Regel der Zustimmung des Aufsichtsrats bedürfen. Zwar vermeidet die Vorschrift eine inhaltliche Vorgabe für den Zustimmungskatalog, gemäß der Gesetzesbegründung soll sie aber Anwendung finden auf „Maßnahmen oder Entscheidungen, welche die Ertragsaussichten der Gesellschaft oder ihre Risikoexposition grundlegend verändern"[561]. Die Durchführung eines öffentlichen Übernahmeangebots wird in den meisten Fällen erhebliche Auswirkungen auf die Ertragsaussichten und die Risikoexposition einer Gesellschaft haben und bildet deshalb den klassischen Fall einer zustimmungsbedürftigen Maßnahme bzw. Entscheidung in diesem Sinne. Eine freiwillige Einbindung des Aufsichtsrats kommt deshalb – wenn überhaupt – nur noch bei wirtschaftlich unbedeutenden Übernahmetransaktionen in Betracht.

Für den Regelfall einer rechtlich gebotenen Zustimmung des Aufsichtsrats ist der vom Gesetzgeber innerhalb der amtlichen Begründung zu § 10 Abs. 1 Satz 1 WpÜG vertretenen Ansicht zuzustimmen, wonach der Bieter zunächst die Zustimmung des Aufsichtsrats einholen muss, ehe er die Entscheidung zur Angebotsabgabe veröffentlicht. Konsequenz dieser Sichtweise ist es, dass eine Be-

---

559 Begründung zu § 10 Abs. 1 RegE, BT-Drucks. 14/7034, S. 39. Für die herrschende Meinung: *Happ*, JZ 1994, 240, 243; *Happ/Semler*, ZGR 1998, 116, 128; *Hopt*, ZHR 159 (1995), 135, 152; *Krause*, NJW 2002, 705, 707; Schäfer-*Geibel*, § 15, Rn. 75 ff., 78 ff.

560 Transparenz- und Publizitätsgesetz vom 19.7.2002, in Kraft seit dem 26.7.2002 (BGBl. 2002 I, 2681).

561 So die Begründung zum TransPuG unter http://www.bmj.bund.de/media/archive/301.pdf auf S. 38 f.

dingung innerhalb der Angebotsankündigung, mit welcher der Bieter die Abgabe des Angebots von der Zustimmung des Aufsichtsrats abhängig macht, unzulässig ist. Diese Auffassung erscheint konsequent im Rahmen des § 10 Abs. 1 Satz 1 WpÜG, da bei einem Zustimmungsvorbehalt des Aufsichtsrats nach § 111 Abs. 4 Satz 2 AktG eine Entscheidung zur Angebotsabgabe im rechtlichen Sinne erst mit der Zustimmung des Aufsichtsrats vorliegt. Im Unterschied zu der Gesellschafterversammlung, deren Beschluss nach § 10 Abs. 1 Satz 2 WpÜG wegen der mit der Bekanntgabe der Tagesordnung verbundenen Gefahr der Informationsasymmetrie nicht abgewartet werden darf, besteht zu einer früheren Veröffentlichung der Entscheidung zur Angebotsabgabe kein Anlass. Die Einberufung des Aufsichtsrats erfolgt nach § 110 AktG nur gegenüber den Mitgliedern, so dass eine vergleichbare Informationsasymmetrie nicht zu befürchten ist. Darüber hinaus steht diese Auffassung im Einklang mit dem durch das TransPuG verfolgten Ziel, den Aufsichtsrat über grundlegende Entscheidungen möglichst frühzeitig zu informieren, um ihn aktiv in die Entscheidungsfindung einzubinden.[562] Im Gegenzug hat der Gesetzgeber die schon in § 116 Satz 1 iVm. § 93 Abs. 1 Satz 2 AktG normierte Pflicht zur Verschwiegenheit der Aufsichtsratsmitglieder durch die Neuregelung in § 116 Satz 2 AktG zu einem elementaren Grundsatz erhoben. Für die Praxis ist eine Befolgung dieser Grundsätze zwingend, da sich das BAWe mit Rundschreiben vom 26. April 2002 – also noch vor der Gründung der BaFin – diese Auffassung ausdrücklich zu Eigen gemacht hat.[563]

Für die Zulässigkeit einer solchen Bedingung kann jedoch selbst dann nichts anderes gelten, wenn man sich der im Vordringen befindlichen Gegenauffassung zu § 15 WpHG anschließt. Diese Auffassung, die in Ansätzen auch für die Veröffentlichungspflicht nach § 10 Abs. 1 WpÜG vertreten wird[564], knüpft die Pflicht zur Veröffentlichung kursrelevanter Tatsachen bereits an den Beschluss des Vorstands, wenn dieser im Sinne einer Realisierungswahrscheinlichkeit ausreichend Gewähr für die spätere Umsetzung der Tatsache bietet.[565] Diese Ansicht führt im Rahmen des § 10 Abs. 1 WpÜG dazu, dass der Bieter das Über-

562 So die Begründung zum TransPuG unter http://www.bmj.bund.de/media/archive/301.pdf auf S. 39.

563 Das Rundschreiben ist unter http://www.bafin.de/schreiben/92_2002/020426.htm abrufbar. Dieser Ansicht nun auch für das Übernahmerecht folgend *Hopt*, ZGR 2002, 333, 342 ff.

564 Vgl. *Steinmeyer/Häger*, § 10, Rn. 16; *Liebscher*, ZIP 2001, 853, 860; *Land/Hasselbach*, DB 2000, 1747, 1749.

565 *Burgard*, ZHR 162 (1998), 51, 92 f.; GroßK-AktG-*Hirte*, § 202, Rn. 216; *Kiem/Kotthoff*, DB 1995, 1999, 2002 f.

nahmeangebot bereits mit der Entscheidung des Vorstands anzukündigen hat, wenn die Zustimmung des Aufsichtsrats nahezu sicher anzunehmen ist. In diesem Fall wäre es widersprüchlich einerseits das Merkmal der „Entscheidung" (§ 10 Abs. 1 Satz 1 WpÜG) des Bieters unter Einbeziehung des voraussichtlichen Votums des Aufsichtsrats zu bejahen und dem Bieter andererseits zu gewähren, die Abgabe des Angebots von der Zustimmung des Aufsichtsrats abhängig zu machen.

Für den praktisch seltenen Fall, dass der Vorstand des Bieters die Zustimmung des Aufsichtsrats zur Abgabe des Übernahmeangebots einholen möchte, ohne dazu verpflichtet zu sein, gilt im Ergebnis nicht anderes als für dessen notwendige Zustimmung. Auch hier setzt die Pflicht zur Veröffentlichung erst mit der Zustimmung des Aufsichtsrats ein mit der Folge, dass die Verknüpfung der § 10-Veröffentlichung mit einem Gesellschaftervorbehalt unzulässig ist. Dieses Ergebnis folgt aus den bereits skizzierten, im Rahmen des § 15 WpHG geltenden Grundsätzen. Da die Minderansicht die Pflicht zur Veröffentlichung der Entscheidung zur Angebotsabgabe auf der Basis der Realisierungswahrscheinlichkeit beurteilt, ergeben sich keine Besonderheiten im Verhältnis zu dem Fall der notwendigen Zustimmung des Aufsichtsrats. Auf die diesbezüglichen Ausführungen wird Bezug genommen.

Im Hinblick auf die herrschende Meinung muss dieses Ergebnis zunächst überraschen, da sie die Zustimmung des Aufsichtsrats nur dann als maßgeblichen Zeitpunkt zur Veröffentlichung kursrelevanter *Ad-hoc*-Tatsachen ansieht, wenn diese Zustimmung rechtlich notwendig ist. Bei näherer Betrachtung wird allerdings deutlich, dass Grundlage des im Rahmen von § 15 WpHG geführten Meinungsstreits nur der Fall einer rechtlich gebotenen Zustimmung des Aufsichtsrats ist. Der hier zu diskutierende Fall einer freiwilligen Einholung der Zustimmung des Aufsichtsrats wird nicht erörtert. Deshalb kann dieser Fall nur anhand der von der herrschenden Meinung vertretenen Argumentation beurteilt werden. Die herrschende Meinung fußt auf dem Argument, dass die Veröffentlichung einer *Ad-hoc*-Tatsache vor der rechtlich gebotenen Zustimmung des Aufsichtsrats die gesellschaftsrechtlichen Kompetenzen des Aufsichtsrats – insbesondere seine Beratungsfunktion – unzulässigerweise beschneide.[566] Denn nach der Veröffentlichung hat der Aufsichtsrat nur noch die Wahl zwischen „Pest und Cholera": Entweder stimmt er dem Beschluss des Vorstands zu, selbst wenn er dessen Auffassung nicht teilt, oder er riskiert dessen Autorität und damit eine Publizität,

[566] *Happ*, JZ 1994, 240, 242 f.; *Happ/Semler*, ZGR 1998, 116, 127 f.; *Hopt*, ZGR 2002, 333, 343.

die er im Interesse des Unternehmens fürchten muss wie die Pest.[567] Das Argument der Kompetenzbeschneidung greift in gleicher Weise, wenn der Vorstand die Zustimmung des Aufsichtsrats auf freiwilliger Basis einholen möchte. Durch § 111 Abs. 4 Satz 2 AktG soll dem Aufsichtsrat nur ein Mindestmaß an Zustimmungsvorbehalten gewährt werden. Dem Vorstand steht es bei wichtigen Entscheidungen für das Unternehmen frei, sich freiwillig der Zustimmung des Aufsichtsrats zu versichern. Es ist gerade die – durch das TransPuG noch hervorgehobene – Aufgabe des Aufsichtsrats, den Vorstand durch laufende Beratung präventiv zu überwachen.[568] Nach der Logik der herrschenden Ansicht wäre es deshalb widersinnig, wenn die Veröffentlichung nach § 10 Abs. 1 Satz 1 WpÜG bei freiwilliger Einschaltung des Aufsichtsrats bereits vor dessen Zustimmung zu erfolgen hätte.

b) Zulässigkeit des Gesellschaftervorbehalts

Die Zulässigkeit des Gesellschaftervorbehalts hängt ebenso wie beim Aufsichtsratsvorbehalt maßgeblich davon ab, ob die Entscheidung zur Abgabe eines Übernahmeangebots der Zustimmung der Gesellschafterversammlung bedarf. Denn auch hier gilt, dass ein Gesellschaftervorbehalt im Rahmen der Angebotsankündigung unzulässig ist, wenn der Bieter die Zustimmung der Gesellschafterversammlung bereits vor dieser Entscheidung einzuholen hat.

Gemäß der ausdrücklichen Regelung in 10 Abs. 1 Satz 2 WpÜG ist der Bieter verpflichtet, die Entscheidung zur Abgabe eines Übernahmeangebots selbst dann zu veröffentlichen, wenn für diese Entscheidung ein Gesellschafterbeschluss „erforderlich", aber noch nicht erfolgt ist. „Erforderlich" in diesem Sinne ist ein Gesellschafterbeschluss jedenfalls, wenn er rechtlich notwendig ist. Da für diesen Fall nach einhelliger Meinung[569] das Übernahmeangebot selbst unter der Bedingung der Zustimmung der Gesellschafterversammlung abzugeben ist, muss eine entsprechende Bedingung auch in der vorgelagerten § 10-Entscheidung zulässig sein. Denn die Bindungswirkung der Ankündigung des Übernahmeangebots kann nicht größer sein als die des Angebots selbst. Die Zulässigkeit des Gesellschaftervorbehalts erfasst in diesem der Angebotsabgabe vorgelagerten Stadium auch einen möglicherweise zu Durchführung des Angebots notwendigen Kapitalerhöhungsbeschluss. Die für die Unzulässigkeit einer entsprechenden Bedingung im Übernahmeangebot selbst verantwortlichen Vor-

567 *Burgard*, ZHR 162 (1998), 51, 55.
568 *Hüffer*, § 111, Rn. 16 f.
569 Vgl. oben in Kap. 6 § 2 B III 1 a cc auf S. 144 f.

schriften der §§ 13 Abs. 1 Satz, 14 Abs. 1 Satz 3 WpÜG stehen dem nicht entgegen, weil sie eine Durchführung der Kapitalmaßnahme bis zur Angebotsveröffentlichung erlauben.

Der Gesellschaftervorbehalt ist darüber hinaus auch zulässig, wenn der Bieter die Zustimmung der Gesellschafterversammlung auf Grund eines freiwilligen Entschlusses einholt. In Übereinstimmung mit der Ansicht *Hirtes* hat der Bieter die Entscheidung zur Abgabe eines Übernahmeangebots auch dann zu veröffentlichen, wenn die Geschäftsleitung die Zustimmung der Gesellschafterversammlung einholen will, ohne dazu verpflichtet zu sein.[570] Denn der Beschluss der Gesellschafterversammlung ist auch dann „erforderlich“ im Sinne des § 10 Abs. 1 Satz 2 WpÜG, wenn er in den Augen der Geschäftsleitung erforderlich ist.[571] Bei einer Beschränkung des § 10 Abs. 1 Satz 2 WpÜG auf rechtlich notwendige Gesellschafterbeschlüsse[572], würde die mitunter kontrovers diskutierte Frage der Notwendigkeit der Zustimmung der Gesellschafterversammlung in Abwesenheit einer gesellschaftsvertraglichen Regelung (z.B. die Anwendbarkeit der „Holzmüller-Grundsätze“[573] auf Übernahmeangebote) in das auf Schnelligkeit angelegte Publikationsverfahren hineingetragen.[574] Entscheidend für eine solche Auslegung des § 10 Abs. 1 Satz 2 WpÜG spricht der durch den § 10 WpÜG bezweckte Schutz vor Informationsvorteilen und Insiderhandel.[575] Denn für die mit der Einberufung der Gesellschafterversammlung einhergehende Bekanntgabe der Übernahmeabsicht und der damit verbundenen Gefahr von Insiderhandel spielt es keine Rolle, ob der Gesellschafterbeschluss rechtlich notwendig ist oder nicht.

Die Pflicht zur Veröffentlichung nach § 10 Abs. 1 Satz 1 WpÜG bei freiwilliger Einschaltung der Gesellschafterversammlung hat zur Folge, dass ein entsprechender Gesellschaftervorbehalt zulässigerweise in diese Veröffentlichung aufgenommen werden kann.[576] Diese Lösung ist die konsequente Fortsetzung der Zulässigkeit eines auf der freiwilligen Beteiligung der Gesellschafterversammlung basierenden Gesellschaftervorbehalts innerhalb des Übernahmeangebots

570 KK-WpÜG-*Hirte*, § 10, Rn. 39; **a.A.** Ehricke/Ekkenga/Oechsler-*Oechsler*, § 10, Rn. 7 und Geibel/Süßmann-*Geibel*, § 10, Rn. 22.

571 KK-WpÜG-*Hirte*, § 10, Rn. 39.

572 So Geibel/Süßmann-*Geibel*, § 10, Rn. 24 f. und Ehricke/Ekkenga/Oechsler-*Oechsler*, § 10, Rn. 7.

573 BGHZ 83, 122 = NJW 1982, 1703.

574 KK-WpÜG-*Hirte*, § 10, Rn. 39.

575 Begründung zu § 10 RegE, BT-Drucks. 14/7034, S. 39.

576 Nicht explizit in Bezug auf diese Schlussfolgerung: KK-WpÜG-*Hirte*, § 10, Rn. 40.

selbst.[577] Im Übrigen wäre es ein nutzloses Recht für die Geschäftsleitung des Bieters und würde die Kompetenzen der Gesellschafterversammlung aushöhlen (bei einer Aktiengesellschaft Verstoß gegen § 119 Abs. 2 AktG), wenn er zwar seine Gesellschafterversammlung befragen könnte, der Beschluss der Gesellschafterversammlung aber keine Rechtswirkung mehr erzeugen könnte.

3. Finanzierungsvorbehalte

Wie bereits unter vorstehendem Punkt 2 b erwähnt, kann der Bieter die Abgabe eines Tauschangebots von der Einholung eines zur Kapitalerhöhung notwendigen Gesellschafterbeschlusses abhängig machen. Diese aus dem Umkehrschluss von §§ 13 Abs. 1 Satz 1, 14 Abs. 1 Satz 3 WpÜG hergeleitete Schlussfolgerung ist im Grundsatz ebenfalls auf die geplante Abgabe eines Barangebots anzuwenden. Denn auch hier gilt, dass der Bieter die Finanzierung des Angebots gemäß § 13 Abs. 1 Satz 1 WpÜG erst vor der Veröffentlichung der Angebotsunterlage sicherzustellen hat. Im Umkehrschluss bedeutet dies, dass der Bieter die Frage der Finanzierung zum Zeitpunkt der Veröffentlichung der Entscheidung zur Angebotsabgabe nach § 10 WpÜG noch nicht abschließend geklärt haben muss, wie dies noch in § 15 DiskE vorgesehen war.[578] Da der Gesetzgeber diesen noch im DiskE enthaltenen früheren Zeitpunkt der Sicherstellung der Finanzierung fallengelassen hat, kann der Bieter grundsätzlich auch die Abgabe von Barangeboten von dem Erhalt einer Finanzierungszusage abhängig machen. Dabei gilt allerdings die Einschränkung, dass dies nur für Fälle gilt, in denen die Finanzierung von einer externen Entscheidung (z.B. eines Kreditinstituts) abhängig ist. Stehen dem Bieter bereits ausreichende Mittel zur Finanzierung zur Verfügung, würde ein Finanzierungsvorbehalt gegen das auch im Rahmen der Angebotsankündigung geltende Verbot subjektiver Bedingungen verstoßen.

Grundsätzlich nicht zu beanstanden ist, dass der Bieter auch bei einer noch ausstehenden externen Finanzierungszusage einen gewissen Einfluss auf den Ein-

577 Siehe oben in Kap. 6 § 2 B III 1 a cc auf S. 144 f.

578 KK-WpÜG-*Möllers*, § 13, Rn. 59; **a.A.** Ehricke/Ekkenga/Oechsler-*Oechsler*, § 10, Rn. 6, der die Pflicht zur Angebotsankündigung erst mit einer gesicherten Finanzierung beginnen lassen will. Diese Auffassung ist abzulehnen, da sie zum einen Systematik und Historie des WpÜG außer Acht lässt und zum anderen auch keine Unterscheidung zwischen der Finanzierung von Tausch- und Barangeboten vornimmt. Damit nimmt diese Ansicht entgegen § 10 Abs. 1 Satz 2 WpÜG offenbar in Kauf, dass der Bieter einen gegebenenfalls notwendigen Kapitalerhöhungsbeschluss abwarten kann, ehe er zur Angebotsankündigung verpflichtet ist.

tritt der Finanzierungsbedingung hat, da die Ablehnung der Finanzierung häufig darauf zurückzuführen sein wird, dass der Bieter nicht bereit war, den für die Finanzierung geforderten Preis zu zahlen. Denn auch im Rahmen der § 10-Entscheidung darf der Bieter subjektive Bedingungskomponenten verwenden. Sollte sich herausstellen, dass die Finanzierung des Angebots nur zu einem höheren Preis als vom Bieter kalkuliert möglich ist, kann der Bieter deshalb auf der Grundlage der neuen Zahlen erneut über die Abgabe des Angebots befinden.

D. Bedingungen in Pflichtangeboten

Die Zulässigkeit von Bedingungen in Pflichtangeboten ist im WpÜG grundsätzlich anders geregelt als für freiwillige Übernahmeangebote.

1. Grundsatz der Bedingungsfeindlichkeit

Gemäß § 39 WpÜG finden sowohl § 18 Abs. 1 WpÜG als auch § 25 WpÜG im Rahmen von Pflichtangeboten keine Anwendung. Pflichtangebote sind generell bedingungsfeindlich.[579] Ansonsten könnte sich der Bieter durch die Aufstellung einer Bedingung der generellen Verpflichtung zur Abgabe eines Angebots nach § 35 Abs. 2 Satz 1 WpÜG entziehen.[580] Ein bedingtes Pflichtangebot wäre kein „Pflichtangebot" mehr.

2. Ausnahme bei Gesetzesverstößen

Problematisch ist der Fall, in denen das Pflichtangebot gegen gesetzliche Vorschriften, beispielsweise gegen kartellrechtliche Bestimmungen, verstoßen würde. Es kann keine Pflicht für den Bieter geben, gegen geltendes Recht zu verstoßen. Deshalb ist der Bieter in einem solchen Fall verpflichtet, das Pflichtangebot unter einer entsprechenden Bedingung – z.B. unter dem Vorbehalt der Erteilung einer kartellrechtlichen Genehmigung – abzugeben.[581]

579 Begründung zu § 39 RegE, BT-Drucks. 14/7034, S. 62.
580 Begründung zu § 39 RegE, BT-Drucks. 14/7034, S. 62.
581 Begründung zu § 39 RegE, BT-Drucks. 14/7034, S. 62.

§ 3 Fazit

Die Zulässigkeit von Bedingungen ist innerhalb der beiden Rechtssysteme auf den ersten Blick sehr ähnlich geregelt. Bei näherer Betrachtung ergeben sich allerdings nicht unerhebliche Unterschiede.

Die geringsten Unterschiede bestehen im Rahmen der Basisvorschriften zur Regelung von Bedingungen. Sowohl Rule 13 City Code als auch § 18 Abs. 1 WpÜG statuieren ein Verbot subjektiver Bedingungen. Beide Bestimmungen führen zu identischen Ergebnissen. Allerdings erleichtert die vergleichsweise offenere Formulierung der Rule 13 2. Alt. City Code die Erfassung von Fällen, in denen der Bieter den Eintritt der Bedingung faktisch oder rechtlich kontrolliert, die Bedingungserfüllung aber einer – zu vernachlässigenden – Mitwirkung Dritter bedarf. Das deutsche Recht besitzt den Vorteil, dass das Verbot subjektiver Bedingungen durch das Verbot von (faktischen) Rücktrittsvorbehalten abgesichert ist. Dies vereinfacht vor allem die Behandlung praktisch nicht erfüllbarer Bedingungen, die nach beiden Rechtssystemen unzulässig sind.

Der bedeutendste Systemunterschied zwischen dem britischen und dem deutschen Übernahmerecht betreffend die Regelung von Bedingungen besteht in der gemäß Note 2 on Rule 13 City Code üblichen Inhaltskontrolle. Der Bieter muss zunächst den strengen Anforderungen des *Material-Significance*-Tests genügen, bevor er sich durch das Berufen auf eine Bedingung von dem Übernahmeangebot zu lösen vermag. Diese Inhaltskontrolle von Bedingungen betrifft – soweit ersichtlich – in der Hauptsache die Verwendung von Bedingungen, in denen sich der Bieter die Rücknahme des Angebots für Fälle wirtschaftlicher oder politischer Veränderungen vorbehält. Dem deutschen Recht ist eine inhaltliche Überprüfung von Bedingungen grundsätzlich fremd. Es genügt insofern, dass der Bieter ein subjektives Interesse an der Verwendung von Bedingungen darlegen kann. Nur in Ausnahmefällen kann der Grundsatz von Treu und Glauben dazu führen, dass der Inhalt der Bedingung in Bezug zum Übernahmeangebot insgesamt gewichtet wird.

Dieser restriktive Ansatz erlaubt es dem Panel im Gegenzug, auch Bedingungen zuzulassen, die dem Bieter in Bezug auf den Bedingungseintritt einen bestimmten Beurteilungsspielraum einräumen. Diese These spiegelt sich in Note 1 on Rule 13 City Code wider, wonach das Panel subjektive Bedingungselemente zulassen kann. Obwohl diese Vorschrift dem Grunde nach nur die Möglichkeit des teilweisen Bedingungsverzichts kodifiziert, wie ihn auch das WpÜG kennt, ist das britische Recht großzügiger gegenüber der Zulassung subjektiver Bedingungselemente. Dies zeigt sich insbesondere bei der Zulassung allgemein formulierter MAC-Klauseln, die nach deutschem Recht unzulässig sind.[582]

Das britische System hat einerseits den Vorteil, dass das Panel die Gefahr des Missbrauchs, die durch die Zulassung subjektiver Bedingungselemente entsteht, durch die Möglichkeit der inhaltlichen Überprüfung effektiver kontrollieren kann. Möchte sich der Bieter beispielsweise unter Berufung auf die Erteilung einer staatlichen Genehmigung unter Auflagen von dem Übernahmeangebot lossagen, kann das Panel dieses Ansinnen mangels „wesentlicher Bedeutung" im Sinne von Note 2 on Rule 13 City Code stoppen. Die BaFin hat diesbezüglich nur die Option, dem Bieter in Fällen von Rechtsmissbrauch das Berufen auf die Bedingung zu versagen. In negativer Hinsicht führt die weit reichende Zulässigkeit subjektiver Bedingungselemente in Verbindung mit der Möglichkeit nachträglicher Kontrolle allerdings auch zu einem Mangel an Transparenz für das Übernahmeverfahren. Der Bieter muss sich nicht festlegen, unter welchen konkreten Umständen er sich von dem Übernahmeangebot lösen möchte. Dieses entscheidet sich zum Nachteil des Kapitalmarkts und der Zielgesellschaft regelmäßig erst im Laufe des Übernahmeverfahrens.

Der City Code verfolgt mit der Kodifizierung bestimmter Bedingungsarten das Ziel, dem Bieter die Aufnahme bestimmter Bedingungen in die Angebotsunterlage aufzuerlegen. Die *acceptance condition* ist auf Grund des auf Übernahmeangebote beschränkten Anwendungsbereichs des City Code notwendig, wohingegen die kartellrechtliche Bedingung aus rechtlichen Gründen zwingend sein kann. Zur Vermeidung von Unsicherheiten skizzieren Rule 10 und Rule 12 City Code den Anwendungsbereich dieser Bedingungen. Das deutsche wie das britische Recht sollten ausdrückliche Begrenzungen der Mindestannahmequote auf die jeweils geltenden *Squeeze-out*-Schwellen von 90 Prozent (Vereinigtes Königreich) bzw. 95 Prozent (Deutschland) einführen, um faktische Rücktrittsvorbehalte für den Bieter zu verhindern. Für das deutsche Übernahmerecht gilt allgemein, dass es keinerlei Angaben zur Zulässigkeit bestimmter Bedingungen enthält. In Hinsicht auf den Gesellschaftervorbehalt und die Festlegung einer Mindestannahmequote finden sich lediglich vereinzelt Hinweise in Vorschriften, die einen anderen Regelungsgegenstand haben. Wie die im Rahmen dieser beiden Bedingungen diskutierten Probleme zeigen, wäre klare Regelung seitens des Gesetzgebers begrüßenswert. Eine solche Regelung muss nicht sämtliche nur denkbaren Bedingungen erfassen, sollte sich aber den bedeutendsten Bedingungen annehmen. Zu nennen wären diesbezüglich insbesondere der Gesellschaf-

582 Dazu noch nachfolgend in Kap. 8 § 4 A II auf S. 232 ff.

tervorbehalt, die Festlegung einer Mindestannahmequote und Bedingungen, die behördliche Genehmigungen zum Gegenstand haben.

Ebenfalls nicht sonderlich überzeugend wirkt die deutsche Regelung zur Ankündigung von Übernahmeangeboten. Es stellt eine Überbeanspruchung dar, wenn im Rahmen einer Vorschrift (§ 10 WpÜG) versucht wird, sowohl der Gefahr von Insidergeschäften vorzubeugen und gleichzeitig dem Bedürfnis des Marktes nach möglichst zuverlässigen Informationen Rechnung zu tragen. Der Weg des City Code, diese gegensätzlichen Interessen in getrennten Bestimmungen zu behandeln, scheint vorzugswürdig. Dennoch wäre auch im britischen Recht eine ausführlichere und eindeutigere Regelung der Zulässigkeit von Bedingungen – vor allem im Rahmen der Ankündigung gemäß Rule 2.5 City Code – wünschenswert. Eine Neuschaffung umfangreicher Bestimmungen wäre diesbezüglich nicht notwendig, da die Zulässigkeit von Bedingungen – wie sie für das Angebots selbst geregelt ist – einen sinnvollen Bezugspunkt bildet.

Einen weiteren wichtigen Unterschied zwischen beiden Rechtssystemen ist die unterschiedliche Festlegung des Zeitpunkts der Angebotsfinanzierung. Während die Finanzierung nach WpÜG erst zum Zeitpunkt der Veröffentlichung der Angebotsunterlage stehen muss, ist der Bieter nach britischem Recht gezwungen, die Finanzierung bereits vor der Angebotsankündigung nach Rule 2.5 City Code sicherzustellen. Dies hat zur Folge, dass der Bieter nach deutschem Recht die spätere Abgabe des Übernahmeangebots von der Durchführung von Finanzierungsmaßnahmen abhängig machen kann. Eine entsprechende Bedingung innerhalb einer Rule 2.5-Ankündigung ist grundsätzlich unzulässig. Eine Ausnahme gilt insoweit für die zur Finanzierung von Tauschangeboten unter Umständen durchzuführenden Kapitalmaßnahmen.

Kapitel 7

Rechtsfolgen von Bedingungen

Die Rechtsfolgen von Bedingungen in Übernahmeangeboten knüpfen sich grundsätzlich an die Erfüllung bzw. Nichterfüllung der Bedingungen. Möchte der Bieter das bedingte Übernahmeangebot zu Stande bringen, ohne den Eintritt aufschiebender bzw. den Ausfall auflösender Bedingungen abzuwarten, kann er auf Bedingungen verzichten. Da sowohl das britische wie auch das deutsche Recht inhaltliche Vorgaben für die Zulässigkeit von Bedingungen enthalten, sind die Rechtsfolgen unzulässiger Bedingungen ebenfalls Gegenstand der Untersuchung. Die Rechtsfolgen von Bedingungen können darüber hinaus Auswirkungen auf die Abgabe künftiger Übernahmeangebote haben, wie die in beiden Rechtssystemen vorhandene Sperrfristregelung zeigt.

§ 1 *City Code on Takeovers and Mergers*

Das britische Übernahmerecht enthält einige Vorschriften betreffend die Rechtsfolgen von Bedingungen, die in Übernahmeangeboten verwendet wurden. Die Rechtsfolgen sind der jeweiligen Systematik der im vorangehenden Kapitel beschriebenen verschiedenen Bedingungen angepasst. Von zentraler Bedeutung sind insbesondere die Konsequenzen, die an die Nichterfüllung von Bedingungen geknüpft werden. Darüber hinaus enthält der City Code eine sehr differenzierte Anordnung einer Sperrfrist für die Abgabe weiterer Übernahmeangebote. Im Gegensatz dazu sind weder die Möglichkeit des Bedingungsverzichts noch die Rechtsfolgen unzulässiger Bedingungen explizit geregelt.

A. Rechtsfolgen (nicht) erfüllter Bedingungen

In Bezug auf die Rechtsfolgen (nicht) erfüllter Bedingungen ist zwischen der Grundsatzregelung in Rule 31.7 City Code und den davon teilweise abweichenden Sonderregelungen für die *acceptance condition* sowie für die Verwendung von *pre-conditions* zu unterscheiden.

I. Grundsatzregelung

Die Folgen der Erfüllung bzw. Nichterfüllung von Bedingungen in Übernahmeangeboten sind in Rule 31.7 City Code geregelt.

1. Erste Inhaltsbestimmung

Da die Vorschrift eine genauere Analyse erfordert, wird zunächst der Wortlaut wiedergegeben.

Rule 31.7 – Time for fulfilment of all other conditions

> „Except with the consent of the Panel, all conditions must be fulfilled or the offer must lapse within 21 days of the first closing date or of the date the offer becomes or is declared unconditional as to acceptances, whichever is the later."

Rule 31.7 City Code ordnet für den Fall nicht erfüllter Bedingungen den Verfall des Übernahmeangebots innerhalb von 21 Tagen nach dem *first closing*[583] bzw. nach der Verbindlichkeit des Übernahmeangebots an. Maßgebend ist, welche der Alternativen zuletzt eintritt. Damit müssen Bedingungen frühestens innerhalb von 42 Tagen[584], spätestens innerhalb von 81 Tagen[585] nach der Abgabe des Übernahmeangebots erfüllt werden.

2. Einbeziehung von *conditions subsequent*?

Der Wortlaut von Rule 31.7 City Code ordnet alternativ die Erfüllung der Bedingung („*..conditions must be fulfilled..*") oder den Verfall des Übernahmeangebots an („*..or the offer must lapse..*"). Damit entspricht der Wortlaut der Vorschrift ausschließlich der Funktionsweise von *conditions precedent*, bei denen die Nichterfüllung zum Verfall, die Erfüllung hingegen zur Wirksamkeit des Übernahmeangebots führt. Hingegen ist die Formulierung von Rule 31.7 City Code nicht kompatibel mit der Rechtsfigur einer *condition subsequent*. Denn deren Eigenart ist es, dass die Erfüllung der Bedingung zum Verfall und deren

---

583 Vgl. Rule 31.1 City Code.

584 Da das *first closing* gemäß Rule 31.1 City Code frühestens 21 Tage nach der Abgabe des Übernahmeangebots stattfinden kann.

585 Denn das Übernahmeangebot kann nach Rule 31.6 (a) City Code grundsätzlich nur bis Mitternacht des 60. Tages nach Abgabe des Übernahmeangebots verbindlich werden.

Nichterfüllung zur Wirksamkeit des Übernahmeangebots führt. Die Funktion einer *condition subsequent* folgt damit einer umgekehrten Logik als die Funktionsweise der in Rule 31.7 City Code beschriebenen Bedingung.

Daraus kann jedoch nicht gefolgert werden, dass Rule 31.7 City Code bei der Verwendung von *conditions subsequent* keine Anwendung findet. Der Sinn und Zweck der Vorschrift macht eine Einbeziehung auflösender Bedingungen zwingend notwendig. Zweck von Rule 31.7 City Code ist es, den Zeitraum für die Erfüllung von Bedingungen festzulegen, damit zu einem bestimmten Zeitpunkt Gewissheit über die Verbindlichkeit des Übernahmeangebots besteht. Wendet man Rule 31.7 City Code nur auf aufschiebende Bedingungen an, wird die Bedingungswirkung auflösend bedingter Übernahmeangebote vollständig untergraben. Es bliebe unbeantwortet, zu welchem Zeitpunkt ein Übernahmeangebot infolge des Ausfalls auflösender Bedingungen als endgültig wirksam betrachtet werden kann. Damit hätte das Ausklammern auflösender Bedingungen aus dem Anwendungsbereich von Rule 31.7 City Code zur Folge, dass es in der Hand des Bieters läge, ob sein Übernahmeangebot verbindlich wird. Denn wie das folgende Beispiel einer kartellrechtlichen Bedingung gemäß Rule 12 City Code verdeutlicht, kann es eine Frage der Formulierung sein, ob eine Bedingung aufschiebenden oder auflösenden Charakter besitzt.

Auflösend formuliert könnte die Bedingung lauten:

> „Das Übernahmeangebot verfällt bei Einleitung eines kartellrechtlichen Verfahrens durch die nationale oder europäische Kartellbehörde."

Denkbar ist aber auch eine aufschiebende Variante gleichen Inhalts:

> „Das Übernahmeangebot wird nur unter der Bedingung wirksam, dass kein kartellrechtliches Verfahren durch die nationale oder europäische Kartellbehörde eingeleitet wird."

Im Ergebnis bleibt festzuhalten, dass Rule 31.7 City Code für sämtliche Arten von Bedingungen, also auch für *conditions subsequent* gilt.[586] Während ein solches Ergebnis nach deutschen Auslegungsmethoden schwer zu vermitteln wäre, ist es gemäß den für den City Code geltenden Auslegungsgrundsätzen nicht undenkbar. Bei der Auslegung der City Code-Vorschriften ist nicht starr am Wort-

---

586 So auch die unverbindliche Auskunft der *Panel Executive* – Telefonate mit den ehemaligen *Assistant Secretaries Brian Stockbridge* und *Piers Johansen* vom 10.9.2002.

laut zu verharren, sondern in sehr flexibler Weise neben dem Geist und dem Wesen der Vorschriften auch der „*spirit of the Code*" zu berücksichtigen.[587] Dabei fordern die Verfasser des City Code ausdrücklich, vor allem den Sinn und Zweck der *City Code-Rules* in den Vordergrund zu stellen, da der Wortlaut der *Rules* keine technischen Begriffe enthalte.[588]

3. Konkretisierung des Inhalts

Die Grundsatzregelung in Rule 31.7 City Code ist sowohl auf *conditions precedent* als auch auf *conditions subsequent* anzuwenden. Für beide Bedingungsarten gilt demzufolge, dass sie frühestens innerhalb von 42 Tagen, spätestens innerhalb von 81 Tagen nach der Abgabe des Übernahmeangebots erfüllt werden müssen. Geschieht dies bei Verwendung einer *condition precedent*, wird das Übernahmeangebot wirksam, während die Erfüllung einer *condition subsequent* zur Folge hat, dass das Übernahmeangebot – wenn auch mit zeitlicher Verzögerung[589] – verfällt.

Werden die Bedingungen innerhalb dieses Zeitraums nicht erfüllt, gilt Folgendes: Übernahmeangebote, welche unter einer *condition precedent* stehen, werden endgültig wirkungslos. Hingegen bleiben Übernahmeangebote, die unter Verwendung einer *condition subsequent* abgegeben wurden, nach Ablauf der Frist endgültig wirksam.

4. Möglichkeit der Fristverlängerung

Bei Übernahmeangeboten, deren Durchführung von der Erteilung staatlicher Genehmigungen abhängt, besteht die Gefahr, dass behördliche Prüfungsverfahren über den 81. Tag nach Angebotsabgabe hinaus andauern. Sofern der Bieter alles in seiner Macht stehende getan hat, um eine möglichst frühzeitige behördliche Entscheidung herbeizuführen, kann die Überschreitung der Frist zur Erfüllung von Bedingungen nicht zu seinen Lasten gehen mit der Folge, dass er gemäß Rule 35.1 (a) (i) City Code für die Dauer von 12 Monaten von der Abgabe eines erneuten Angebots ausgeschlossen wäre. Das Panel hat daher in derartig

---

587 City Code, General Principles, Introduction.
588 City Code, Introduction, 3 (a).
589 Dazu nachfolgend in Kap. 7 § 1 A I 5 b auf S. 172.

gelagerten Fällen schon häufig einer Verlängerung der Frist der Rule 31.7 City Code zugestimmt.[590]

Eine solche Fristverlängerung bringt allerdings Probleme mit sich, wenn das Übernahmeangebot im Übrigen gemäß Rule 31.6 (a) City Code schon für verbindlich erklärt wird, weil damit das gemäß Rule 34 Satz 2 City Code zu Gunsten der Aktionäre der Zielgesellschaft bestehende Rücktrittsrecht erlischt. Die Aktionäre würden bis zu Entscheidung über die Genehmigungserteilung weder ihre Gegenleistung erhalten noch könnten sie ihre Anteile anderweitig auf dem Markt verkaufen. Aus diesem Grund ist das Panel zunehmend zurückhaltend bei der Verlängerung der Frist der Rule 31.7 City Code und versucht diesem Dilemma über eine Verlängerung der Frist der Rule 31.6 (a) City Code zu begegnen. Der Bieter erhält auf diese Weise eine verlängerte Frist zur Erfüllung der Bedingung, kann das Übernahmeangebot aber bis zur Genehmigungserteilung nicht für verbindlich erklären und die Aktionäre behalten bis zur Verbindlichkeitserklärung ihr Rücktrittsrecht. Diese Lösung ist zwar dogmatisch nicht sauber, weil Rule 31.6 (a) City Code ausdrücklich nur für die *acceptance condition* gilt, sie bietet aber einen pragmatischen Ausweg aus der für die Aktionäre misslichen Situation.

5. Einschränkungen

Sowohl Note 2 on Rule 13 City Code als auch die Möglichkeit des Verzichts auf die Bedingungsfolgen schränken die Wirkungsweise von Bedingungen, wie sie in Rule 31.7 City Code beschrieben ist, ein.

a) Note 2 on Rule 13 City Code

Note 2 on Rule 13 City Code schränkt die Grundsatzregelung in Rule 31.7 City Code dahingehend ein, dass nicht jeder Ausfall einer *condition precedent* bzw. Eintritt einer *condition subsequent* das Übernahmeangebot automatisch entfallen lässt. Die Umstände, die für den Ausfall bzw. Eintritt der Bedingung verantwortlich sind, müssen für den Bieter zusätzlich von wesentlicher Bedeutung („*material significant*“) sein, damit er sich auf die Verfallswirkung der Bedingung berufen kann.

---

[590] *Pudge*, in: Button (Hrsg.), S. 219, 242.

Note 2 on Rule 13 City Code ändert dennoch nichts an der grundsätzlichen Wirkungsweise dieser Bedingungen. Die Vorschrift verhindert lediglich, dass sich der Bieter auf die Rechtsfolge des Verfalls des Übernahmeangebots berufen kann, sollten die dafür verantwortlichen Umstände nicht von wesentlicher Bedeutung für ihn sein.

b) Verzicht auf Bedingungsfolgen

Wie im Rahmen des Bedingungsverzichts dargestellt wird, führt die Erfüllung von *conditions subsequent* nicht sofort zum Verfall des Übernahmeangebots.[591] Der Bieter hat die Möglichkeit innerhalb der Frist nach Rule 31.7 City Code auf auflösende Bedingungen zu verzichten, auch wenn diese bereits eingetreten sind. Folglich entfalten auflösende Bedingungen, sofern der Bieter keinen Verzicht erklärt, ihre Wirkung erst mit Ablauf der Frist nach Rule 31.7 City Code. Im Gegensatz dazu führt die Erfüllung von *conditions precedent* mit sofortiger Wirkung zur Wirksamkeit des Übernahmeangebots.

II. Sonderregelung für die *acceptance condition*

Die Grundsatzregelung für die Rechtsfolgen von Bedingungen in Rule 31.7 City Code ist nicht auf die *acceptance condition* anwendbar.[592] Die Rechtsfolgen der *acceptance condition* sind in Rule 31.6 City Code gesondert geregelt. Der Grund für eine spezielle Regelung der Rechtsfolgen der *acceptance condition* liegt in der großen Bedeutung dieser Bedingung für das gesamte Übernahmeverfahren. Schon die Zulässigkeit der *acceptance condition* unterliegt gemäß Rule 10 City Code besonderen Anforderungen. Die Rechtsfolgen der *acceptance condition* basieren auf der durch Rule 10 City Code begründeten Systematik.[593]

Gemäß Rule 31.6 (a) City Code kann das Übernahmeangebot nur innerhalb einer Frist von 60 Tagen ab Übergabe des Übernahmeangebots verbindlich werden bzw. für verbindlich erklärt werden. Unter bestimmten Voraussetzungen, die in Rule 31.6 (a) (i)-(iv) City Code kodifiziert sind, wird das Panel regelmäßig eine längere Frist zulassen. Erlangt das Übernahmeangebot innerhalb der 60-Tagesfrist keine Verbindlichkeit, verfällt es.[594]

591 Siehe nachfolgend Kap. 7 § 1 B IV auf S. 179 f.

592 Dies macht die Überschrift von Rule 31.7 City Code deutlich („time for fulfilment all *other* conditions").

593 Siehe dazu Kap. 6 § 1 B II 1 auf S. 101 ff.

594 Rule 31.6 (c) City Code sowie Note 1 on Rule 31.6 City Code.

Die Verbindlichkeit des Übernahmeangebots hat erhebliche Auswirkungen auf die Annahmeentscheidung der Aktionäre der Zielgesellschaft. Für diejenigen Aktionäre, die das Übernahmeangebot nicht angenommen haben, gilt: Nachdem das Übernahmeangebot verbindlich geworden ist, muss es den Aktionären für weitere 14 Tage zur Annahme offen stehen (Rule 31.4 City Code). Denn auch die Anteilseigner, die ihre Anteile nicht verkaufen wollten, sollen bei Feststehen des Erfolges des Angebots die Möglichkeit haben, aus ihrer Position als Minderheitsgesellschafter austreten zu können. Diejenigen Anteilseigner, die das Übernahmeangebot bereits angenommen haben, bevor es verbindlich wurde, werden durch die Verbindlichkeit des Angebots endgültig gebunden. Denn gemäß Rule 34 Satz 2 City Code erlischt mit der Verbindlichkeit des Angebots das Rücktrittsrecht der Aktionäre, das ihnen nach Rule 34 Satz 1 City Code ab dem 21. Tag nach dem *first closing* zusteht.

Alle Aktionäre, die das Übernahmeangebot nicht annehmen wollen und für die eine Annahme nur in Betracht kommt, um eine Stellung als Minderheitsgesellschafter in der Zielgesellschaft zu vermeiden, sollten das Angebot erst nach dessen Verbindlichkeit annehmen. Nach der Verbindlichkeit des Angebots bleibt ihnen ausreichend Zeit, ihre Situation in der Zielgesellschaft zu überdenken und das Angebot gegebenenfalls noch im Laufe der zweiwöchigen Nachfrist anzunehmen. Darüber hinaus können die Aktionäre ihre Anteile dem Bieter bei Erreichen der 90-Prozent-Schwelle auch im Anschluss an die Übernahmetransaktion noch zu demselben Preis verkaufen, wie er dem Übernahmeangebot zu Grunde lag (sog. *Sell-out* gemäß *Section 430 A (1) Companies Act 1985*).[595] Eine Annahme des Angebots zu Beginn der Annahmefrist aus Angst, als Minderheitsaktionär wirtschaftliche Nachteile hinnehmen zu müssen, ist deshalb nicht notwendig und sollte vermieden werden. Denn für den Fall, dass die vom Bieter anvisierte Annahmequote nicht erreicht wird und der Bieter das Angebot trotzdem für verbindlich erklärt, besitzt der Aktionär nicht – wie nach § 21 Abs. 4 WpÜG – das Recht, seine Annahme wieder rückgängig zu machen. Der City Code gewährt den Aktionären ein entsprechendes Rücktrittsrecht gemäß Rule 34 City Code erst in der Schlussphase der Annahmefrist und nur bis zur Verbindlichkeit des Angebots.

595 Geibel/Süßmann-*Grzimek*, Art. 7, Rn. 18.

III. Sonderregelungen für *pre-conditions*

Rule 31.7 City Code betrifft Bedingungen in Übernahmeangeboten und ist deshalb nicht auf Bedingungen in Ankündigung von Übernahmeangeboten bzw. in Ankündigungen möglicher Übernahmeangebote anwendbar. Auch Rule 30.1 City Code beinhaltet keine Frist zur Erfüllung von *pre-conditions*, weil die Vorschrift eine unbedingte Angebotsankündigung voraussetzt („The offer document should *normally* be posted within 28 days of the announcement of a firm intention to make an offer.“). Die Frist ist nicht für den Fall anwendbar, wenn die Abgabe des Angebots (*posting of the offer*) noch gar nicht feststeht, weil sie von Bedingungen abhängig gemacht wurde. Damit fehlt es an einer Frist zur Erfüllung von *pre-conditions*.

Das Fehlen einer der Rule 31.7 City Code entsprechenden Vorschrift für die Verwendung von *pre-conditions* führt dazu, dass grundsätzlich keine Frist zur Erfüllung von *pre-conditions* existiert. Dies hat zur Folge, dass nicht bestimmbar ist, wann *pre-conditions* als endgültig ausgefallen zu betrachten sind und die damit verbundenen Rechtsfolgen eintreten. Bei aufschiebend bedingten Ankündigungen bleibt unklar, wann die Ankündigung infolge des Bedingungsausfalls endgültig ihre Wirkung verliert bzw. bis wann die Bedingung eingetreten sein muss, damit die Ankündigung unbedingt wird. Ist die Ankündigung auflösend bedingt, steht nicht fest, ab welchem Zeitpunkt sie mangels Eintritt der Bedingung endgültig wirksam werden soll. Diese Problematik ist laut Auskunft des Panel indes von eher theoretischer Natur. Denn in der Praxis wird jede Ankündigung regelmäßig eine Frist zur Erfüllung von *pre-conditions* enthalten.[596] Gegebenenfalls wird das Panel auf das Setzen einer solchen Frist hinwirken.

Im Übrigen unterscheiden sich die Rechtsfolgen von *pre-conditions* anhand ihrer Verwendung entweder in Ankündigungen von Übernahmeangeboten oder in Ankündigungen möglicher Übernahmeangebote.

1. Ankündigung eines Übernahmeangebots

Die Rechtsfolgen von *pre-conditions*, die im Rahmen einer Ankündigung eines Übernahmeangebots verwendet werden, entsprechen der Logik, wie sie in Rule 31.7 City Code niedergelegt ist. Innerhalb des *firm announcement* verwendete *pre-conditions* erzeugen gemäß Rule 2.7 City Code grundsätzlich dieselbe Bin-

596 Unverbindliche Auskunft der *Panel Executive* – Telefonat mit dem ehemaligen *Assistant Secretary Leon N. Ferrera* vom 17.9.2002.

dungswirkung wie Bedingungen, die innerhalb des Übernahmeangebots selbst verwendet werden. Gemäß Rule 2.7 City Code ist der Bieter grundsätzlich zur Abgabe des Übernahmeangebots verpflichtet, es sei denn die Ankündigung des Angebots stand unter einer *pre-condition*, die nicht erfüllt wurde. Im Umkehrschluss lässt sich Rule 2.7 Code entnehmen, dass bei Erfüllung aller *pre-conditions precedent* bzw. der Nichterfüllung aller *pre-conditions subsequent* die Ankündigung wirksam wird und der Bieter zur Abgabe des angekündigten Übernahmeangebots verpflichtet ist. Fällt eine *pre-condition precedent* aus oder tritt eine *pre-conditions subsequent* ein, hat die Ankündigung keinerlei Rechtswirkungen mehr. Eine inhaltliche Überprüfung von *pre-conditions* findet dabei nicht statt, weil weder Note 2 on Rule 13 City Code noch Note 1 on Rule 2.7 City Code eine solche Überprüfungen ermöglichen.[597]

2. Ankündigung eines möglichen Übernahmeangebots

Die Rechtsfolgen von *pre-conditions*, die innerhalb der Ankündigung eines möglichen Übernahmeangebots gemäß Rule 2.4 City Code aufgestellt werden, folgen einer von Rule 31.7 City Code abweichenden Logik. Dies liegt weniger an der Eigenart der *pre-condition* an sich, sondern vielmehr an der Willenserklärung, die durch sie bedingt wird. Im Rahmen der Ankündigung eines möglichen Übernahmeangebots wird die nur mögliche Abgabe eines Übernahmeangebots durch die Verwendung von *pre-conditions* bedingt. So führt die Erfüllung aller *pre-conditions precedent* bzw. die Nichterfüllung aller *pre-conditions subsequent* nicht dazu, dass der potenzielle Bieter das Übernahmeangebot abzugeben verpflichtet ist.[598] In diesem Fall hat der potenzielle Bieter lediglich die Möglichkeit zur Abgabe eines Übernahmeangebots. Im umgekehrten Fall der Nichterfüllung einer *pre-condition precedent* bzw. der Erfüllung einer *pre-condition subsequent* besteht grundsätzlich kein Unterschied zur Grundsatzregelung in Rule 31.7 City Code. Die Ankündigung des möglichen Übernahmeangebots verliert ihre Wirkung. Dabei findet keine inhaltliche Überprüfung der entsprechenden Bedingung statt, da Note 2 on Rule 13 City Code im Rahmen der Ankündigung eines möglichen Übernahmeangebots keine Anwendung findet.

597 Siehe Kap. 6 § 1 C III 1 b auf S. 113.

598 *Panel Statement 1999/14, Extract from the Report by the Director General contained in the Panel's 1999 Annual Report*, S. 2 – das Dokument kann eingesehen werden unter http://www.thetakeoverpanel.org.uk/statements/199914.pdf.

B. Bedingungsverzicht

Der Bieter kann seinem Übernahmebegehren zum Erfolg verhelfen, indem er auf die von ihm gestellten Bedingungen verzichtet. In diesem Fall kommt er der Erfüllung einer *condition precedent* bzw. dem Ausfall einer *condition subsequent* zuvor. Eine spezielle Ausprägung der Möglichkeit des (teilweisen) Bedingungsverzichts stellt die Verbindlichkeitserklärung des Bieters gemäß Rule 10 City Code dar. Auf Grund der unterschiedlichen Voraussetzungen wird die Verbindlichkeitserklärung getrennt behandelt.

I. Verhältnis zum Verbot subjektiver Bedingungen

Der Verzicht auf Bedingungen hat dieselbe Wirkung wie die Erfüllung aufschiebender bzw. die Nichterfüllung auflösender Bedingungen. Durch die Ausübung des Verzichts nimmt der Bieter infolgedessen Einfluss auf die Erfüllung von Bedingungen. Gleichwohl liegt darin kein Widerspruch zum Verbot subjektiver Bedingungen, da dieses nur verhindern soll, dass sich der Bieter einseitig von dem einmal abgegebenen Angebot zu lösen vermag. Der Verzicht hingegen führt nicht zu einem einseitigen Lösungsrecht für den Bieter, sondern hat zur Folge, dass ein ursprünglich bedingtes Angebot seine volle Wirksamkeit erlangt.

II. Zulässigkeit

Der City Code enthält keine explizite Regelung zum Bedingungsverzicht durch den Bieter. Insbesondere stellt der Bedingungsverzicht keine Angebotsänderung im Sinne von Rule 32 City Code dar.[599] Denn die Gleichsetzung von Bedingungsverzicht und (Nicht-)Erfüllung von Bedingungen hat zur Folge, dass für Verzicht und Erfüllung dieselbe Frist gelten muss. Im Gegensatz zu der noch bis zum 81. Tag nach der Abgabe des Übernahmeangebots möglichen Bedingungserfüllung, müsste der Verzicht – wenn man ihn als Angebotsänderung einordnet – gemäß Rule 32 Satz 2 iVm. Rule 31.6 (a) City Code bis zum 46. Tag nach Angebotsabgabe erklärt werden. Der Bedingungsverzicht kann deshalb nicht unter die Regeln zur Angebotsänderung subsumiert werden. Lediglich im Rahmen der Verwendung von *pre-conditions* erwähnt das Panel die Möglichkeit des

599 Unverbindliche Auskunft der *Panel Executive* – Telefonat mit dem ehemaligen *Assistant Secretary Brian Stockbridge* vom 8.11.2002.

Verzichts.[600] Die Zulässigkeit des Bedingungsverzichts ergibt sich aus den allgemeinen Regeln des britischen Vertragsrechts.

Der Bedingungsverzicht unterliegt nach britischem Vertragsrecht zwei Voraussetzungen. Erstens muss die in Frage stehende Bedingung ausschließlich dem Interesse der verzichtenden Vertragspartei dienen („*exclusive benefit*")[601] und zweitens muss die Bedingung von den übrigen Vertragsbestandteilen trennbar sein.[602] Hintergrund dieser Voraussetzungen ist es, dass es der anbietenden Vertragspartei grundsätzlich frei steht, das Angebot aus Sicht der annehmenden Partei im Wege des Bedingungsverzichts zu verbessern, sofern das Angebot als sinnvolles Ganzes erhalten bleibt.

Die Entscheidung in dem Fall *Heron v. Moss* hat beide Voraussetzungen des Bedingungsverzichts konkretisiert. In Bezug auf das Merkmal des *exclusive benefit* zeigt die Entscheidung, dass eine Bedingung dann nicht ausschließlich dem Interesse der verzichtenden Vertragspartei dient, wenn auch die andere Partei ein eigenes – häufig wirtschaftliches – Interesse an der Erfüllung der in Frage stehenden Bedingung geltend machen kann.[603] Der britische *High Court of Justice* untersagte *Heron* als Erwerber eines Teilgrundstücks den Verzicht auf eine Bedingung, die den Erwerb von der behördlichen Genehmigung der Nutzung des Grundstückes als Tankstelle und Autowerkstatt abhängig machte. Das Gericht begründete seine Entscheidung unter anderem damit, dass auch der Veräußerer *Moss* ein vitales Interesse an der Genehmigungserteilung hatte, da er auf seinem verbleibenden Teilgrundstück beabsichtigte, einen Autoverkauf zu betreiben. Der Betrieb einer Tankstelle und einer Autowerkstatt auf dem angrenzenden Nachbargrundstück – so Richter *Brightman J* – hätte *Moss* aller Wahrscheinlichkeit nach potenzielle Kunden zugeführt.

Die Entscheidung macht deutlich, dass ein Bedingungsverzicht unzulässig ist, wenn der nichtverzichtende Vertragsteil ein besonderes Interesse an der Bedingung geltend machen kann. Dieses Interesse muss notwendigerweise über das

600 *Panel Statement 1999/14, Extract from the Report by the Director General contained in the Panel's 1999 Annual Report*, S. 2 – das Dokument kann eingesehen werden unter http://www.thetakeoverpanel.org.uk/statements/199914.pdf.

601 *Wood Preservation v. Prior* [1969] 1 All E.R. 364, 367; *Heron Garage Properties Ltd v. Moss* [1974] 1 All E.R. 421, 422; *Treitel*, S. 62; *Applebey*, Rn. 13.6; *Cheshire, Fifoot and Furmston*, S. 153 f.

602 *Hawksley v. Outram* [1892] 3 Ch 359, 376; *Heron Garage Properties Ltd v. Moss* [1974] 1 All E.R. 421, 425 f.

603 *Heron Garage Properties Ltd v. Moss* [1974] 1 All E.R. 421, 426 f.

bloße Interesse an der Durchführung des Vertrages zur Erzielung der Gegenleistung (z.B. Kaufpreis) hinausgehen, da auch der Bedingungsverzicht zur Durchführung des Vertrages führt. Deshalb wird ein solches Interesse in der Regel nur dann in Betracht kommen, wenn die nichtverzichtende Vertragspartei auch nach Durchführung des Vertrages noch ein wirtschaftliches Interesse an dem jeweiligen Vertragsgegenstand innehat.

Darüber hinaus hat das britische Gericht die Verzichtbarkeit der beschriebenen Bedingung auch wegen der fehlenden Trennbarkeit der Bedingung von dem übrigen Vertrag abgelehnt.[604] Gemäß der Klausel Nummer 8 des Vertrags war die Bestimmung des Zeitpunkts, zu dem das Eigentum an dem Teilgrundstück an *Heron* übergehen sollte (*date of completion*), von der Erteilung der Genehmigung zur Nutzungsänderung abhängig. Der Verzicht auf die in Klausel Nummer 7 geforderte Genehmigung hätte somit zur Folge gehabt, dass das *date of completion* nicht mehr bestimmbar gewesen wäre. Daraus kann verallgemeinernd der Schluss gezogen werden, dass die Trennbarkeit der Bedingung von dem übrigen Vertrag zu verneinen ist, wenn andere Vertragsbestandteile nur vor dem Hintergrund der zu löschenden Bedingung verständlich sind.

Bedingungen in Übernahmeangeboten werden typischerweise ausschließlich dem Interesse des Bieters dienen. Die veräußernden Gesellschafter behalten nach der Durchführung der Übernahmetransaktion keinerlei Interesse an der Zielgesellschaft. Ihr Interesse beschränkt sich auf die Veräußerung ihrer Anteile an der Zielgesellschaft und erstreckt sich nicht darauf, wie die Zielgesellschaft nach der Übernahme weitergeführt wird. Zudem werden sich einzelne Bedingungen in der Regel aus dem Übernahmeangebot herauslösen lassen, ohne dass der verbleibende Angebotsteil davon betroffen ist. Gleichwohl kann eine abschließende Beurteilung beider Voraussetzung für einen Bedingungsverzicht erst im konkreten Einzelfall erfolgen. In aller Regel stellt der Bedingungsverzicht jedoch eine Änderung des Angebots im Interesse der Aktionäre der Zielgesellschaft dar, da Hindernisse für die endgültige Wirksamkeit des Übernahmeangebots beseitigt werden. Als Angebotsverbesserung wird der Bedingungsverzicht deshalb in den meisten Fällen zulässig sein.

[604] *Heron Garage Properties Ltd v. Moss* [1974] 1 All E.R. 421, 427.

III. Übernahmerechtliche Voraussetzungen

Für den Bedingungsverzicht bestehen formelle und zeitliche Voraussetzungen. Der Bedingungsverzicht wird erst wirksam, wenn der Bieter seinen Willen zum Verzicht in Form einer Veröffentlichung kundgetan hat. Der Bieter wird regelmäßig versuchen, diese Veröffentlichung mit seiner Verbindlichkeitserklärung des Übernahmeangebots gemäß Rule 31.6 City Code zu verbinden. Darüber hinaus ist der Bieter lediglich im Rahmen eines *pre-conditional offer* gehalten, auf die Möglichkeit des Verzichts hinzuweisen.[605] Das *offer document*[606] hingegen muss einen solchen Hinweis nicht enthalten.[607] In zeitlicher Hinsicht unterliegt der Bedingungsverzicht den Grenzen von Rule 31.7 City Code. Der Verzicht kann unter Berücksichtigung der Höchstlaufzeit des Übernahmeangebots von 60 Tagen nur bis zum 81. Tag nach Abgabe des Übernahmeangebots erklärt werden.[608] Der Bieter bewirkt durch seinen Bedingungsverzicht, dass das Übernahmeangebot wirksam wird (Verzicht auf *conditions precedent*) bzw. dauernd wirksam bleibt (Verzicht auf *conditions subsequent*).

IV. Verzicht auf Bedingungsfolgen

Die Erfüllung von Bedingungen hindert die Möglichkeit des Verzichts nicht. Bei der Erfüllung einer *condition precedent* besteht schon keine Notwendigkeit für einen Verzicht, da die im Wege des Verzichts angestrebte Rechtsfolge, nämlich die Wirksamkeit des Übernahmeangebots, schon eingetreten ist. Also betrifft die Möglichkeit des Verzichts allein den Fall eines durch die Erfüllung einer *condition subsequent* wirkungslos gewordenen Übernahmeangebots. Für diesen Fall gibt das Panel dem Bieter prinzipiell die Option, den Verfall des Übernahmeangebots hinzunehmen oder auf die Bedingung zu verzichten und dem Übernahmeangebot damit zu dauernder Wirksamkeit zu verhelfen.[609] Der Bieter kann demnach nicht nur auf die Bedingung an sich verzichten, sondern auch auf deren Folgen. Dies entspricht der wenig dogmatischen und eher praxisorientierten Auslegung des City Code, die kennzeichnend für die Arbeit des Panel insgesamt

---

605 *Panel Statement 1999/14, Extract from the Report by the Director General contained in the Panel's 1999 Annual Report,* S. 2 – das Dokument kann eingesehen werden unter http://www.thetakeoverpanel.org.uk/statements/199914.pdf.

606 Rule 24 City Code.

607 Unverbindliche Auskunft der *Panel Executive* – Telefonat mit dem ehemaligen *Assistant Secretary Brian Stockbridge* vom 26.11.2002.

608 *Zinser*, S. 144. Für die Höchstlaufzeit siehe Rule 31.6 City Code.

609 Unverbindliche Auskunft der *Panel Executive* – Telefonat mit dem ehemaligen *Assistant Secretary Leon N. Ferrera* vom 17.9.2002.

ist. Denn hätte der Bieter nicht die Möglichkeit durch den Verzicht die Bedingungsfolgen aus der Welt zu schaffen, verfiele das Übernahmeangebot mit der Folge, dass dem Bieter die Abgabe eines erneuten Übernahmeangebots für die Dauer von 12 Monaten grundsätzlich verwehrt wäre.[610]

V. Rechtsfolgen

Die Rechtsfolgen des Bedingungsverzichts nach britischem Recht betreffen ausschließlich die zivilrechtlichen Konsequenzen für das Übernahmeangebot sowie für die unter dem Angebot geschlossenen Verträge. Durch die Veröffentlichung des Verzichtserklärung wird das Übernahmeangebot verbindlich, sofern es keine weiteren Bedingungen enthält. Für die zwischen Bieter und den Aktionären bereits bestehenden Verträge gilt, dass diese Verträge durch den Bedingungsverzicht automatisch modifiziert werden. Die Aktionäre nehmen an der Verbesserung des Angebots durch Bedingungsverzicht ohne ihr Zutun teil. Ein schützenswertes Interesse der Aktionäre ist nicht erkennbar, so dass ein Rücktrittsrecht zu ihren Gunsten grundsätzlich nicht notwendig erscheint. Unter Umständen problematisch in dieser Hinsicht kann allerdings die Absenkung der Mindestannahmequote durch den Bieter sein. Dieser Fall wird nachfolgend unter Punkt VIII diskutiert.

Der City Code knüpft darüber hinaus keine besonderen Rechtsfolgen an einen Bedingungsverzicht durch den Bieter. Insbesondere verlängert sich nicht die Annahmefrist und es existiert kein Rücktrittsrecht für diejenigen Aktionäre, die das Übernahmeangebot bereits angenommen haben. Dies ist Ausfluss des britischen Vertragsrechts, wonach Vertragsparteien einseitig auf Bedingungen verzichten können, die ausschließlich ihrem Interesse dienen.

VI. Anwendbarkeit auf *pre-conditions*

Die Möglichkeit des Bedingungsverzichts gilt grundsätzlich auch bei der Verwendung von *pre-conditions*. Allerdings gilt nach dem City Code keine Frist zur Erfüllung von *pre-conditions*. Eine der Rule 31.7 vergleichbare Vorschrift für *pre-conditions* fehlt.[611] Das Fehlen einer Fristbestimmung hätte zur Folge, dass für *pre-conditions* keine zeitliche Grenze für einen etwaigen Verzicht existiert. Diesem Dilemma begegnet die Praxis, indem Ankündigungen von Übernahme-

---

610 Rule 35.1 (a) (i) City Code.

611 Vgl. die Ausführungen oben in Kap. 7 § 1 A III auf S. 174.

angeboten bzw. möglichen Übernahmeangeboten regelmäßig eine Frist zur Erfüllung von *pre-conditions* enthalten. Fehlt eine solche Fristbestimmung, wirkt das Panel darauf hin, dass der Bieter eine solche Frist setzt.

VII. Einschränkungen

Der Bieter kann weder auf notwendige Bedingungen noch auf Rechtsbedingungen verzichten.

1. Notwendige Bedingungen

Bedingungen, die einen notwendigen Bestandteil der Angebotsunterlage bilden, sind einem Verzicht nicht zugänglich. Dies betrifft in erster Linie die kartellrechtliche Bedingung, soweit diese nach Rule 12.1 City Code notwendiger Bestandteil der Angebotsunterlage ist, sowie im Grundsatz auch die *acceptance condition* gemäß Rule 10 City Code. Der Bieter kann auf diese Bedingungen nicht verzichten, wenn das Übernahmeangebot geeignet ist, auf nationaler oder europäischer Ebene kartellrechtliche Bedenken auszulösen bzw. wenn das Angebot nur durch 50 Prozent oder weniger der Gesellschafter der Zielgesellschaft angenommen wird. In beiden Fällen ordnet Rule 12.1 bzw. Rule 10 City Code zwingend den Verfall des Übernahmeangebots an. Der Wille der Autoren des City Code war es, nur kartellrechtlich unbedenkliche Übernahmeangebote zuzulassen, die von der Mehrheit der Aktionäre angenommen werden. Außerdem kann unter bestimmten Voraussetzungen, insbesondere bei der Durchführung notwendiger Kapitalmaßnahmen, auch die Aufnahme eines Gesellschaftervorbehalts in die Angebotsunterlage zwingend sein.[612] Es liegt nicht in der Macht des Bieters, diese Grundanforderungen des City Code an Übernahmeangebote im Wege des Bedingungsverzichts zu umgehen.

Die Unzulässigkeit des Verzichts gilt betreffend die *acceptance condition* allerdings nicht uneingeschränkt. Der City Code sieht zwei Ausnahmen vor. Gemäß Note 1 on Rule 10 City Code kann auf die *acceptance condition* nach vorheriger Konsultation mit dem Panel in außergewöhnlichen Fällen („*exceptional cases*“) verzichtet werden. Dafür werden zwei Beispiele genannt. Zum einen ist ein Verzicht möglich, wenn es als Folge einer grundlegenden Veränderung der Geschäftspolitik der Zielgesellschaft ein Interesse der (verkaufswilligen) Aktionäre gibt, ihre Anteile zu verkaufen. Zum anderen kann eine Ausnahme gewährt

[612] Dazu im Einzelnen nachfolgend in Kap. 8 § 3 A I 1 a auf S. 224 ff.

werden, wenn das Angebot im Auftrag einer Investorengruppe abgegeben wurde, die kein inhaltliches Interesse an der Zielgesellschaft hat und deren Absicht nicht die Kontrollerlangung ist. Darüber hinaus stellt die Verbindlichkeitserklärung gemäß Rule 10 City Code dogmatisch einen Fall eines zulässigen (teilweisen) Bedingungsverzichts dar. Denn der Bieter hat sein Angebot zunächst von einer höheren Annahmequote abhängig gemacht als derjenigen Quote, zu der er das Angebot im Wege der Verbindlichkeitserklärung letztlich durchzuführen bereit ist.

2. Rechtsbedingungen

Die Unzulässigkeit des Verzichts auf Bedingungen muss auf Bedingungen erstreckt werden, die sich auf rechtlich notwendige Voraussetzungen des Übernahmeangebots beziehen (sog. Rechtsbedingungen). In Betracht kommen vor allem staatliche Genehmigungen, die nicht das Kartellrecht betreffen. Zwar ist der Bieter nicht verpflichtet, die rechtlichen Voraussetzungen einer Übernahme als Bedingungen in die Angebotsunterlage aufzunehmen. Bedient er sich aber derartiger Bedingungen, kann ein während der Annahmefrist erklärter Verzicht nicht die Wirksamkeit des Übernahmeangebots herbeiführen, weil Rechtsbedingungen nicht der privatautonomen Gestaltung unterliegen.[613] Das Übernahmeangebot könnte bei Nichteintritt der einer solchen Bedingung zu Grunde liegenden Umstände trotz des Bedingungsverzichts nicht durchgeführt werden. Die Erklärung eines Bedingungsverzichts würde daher potenziell zu einer Irreführung des Marktes allgemein und insbesondere der Aktionäre der Zielgesellschaft führen, was gemäß der ausdrücklichen Regelung in General Principle 6 Satz 2 City Code zu vermeiden ist. Der Bieter ist nach den General Principles 4 und 6 Satz 1 City Code gehalten, dem Bieter durch adäquate Informationen eine möglichst sichere Entscheidungsgrundlage bereitzustellen und Marktverzerrungen zu verhindern. Unberührt von diesem Verbot bleibt die Möglichkeit des teilweisen Bedingungsverzichts für den Bieter, wenn eine rechtlich notwendige staatliche Genehmigung nur unter Auflagen erteilt wird.[614] Denn unverzichtbar ist nur die staatliche Genehmigung an sich. Ob der Bieter das Übernahmeangebot trotz einer auflagenbeschwerten Genehmigung durchführen möchte, unterliegt dagegen seiner autonomen Entscheidung.

613 Siehe dazu oben in Kap. 2 A III 3 auf S. 16.
614 Ausführlich zu diesem Themenkomplex in Kap. 8 § 2 C auf S. 220 ff.

VIII. Sonderfall: Teilverzicht durch Verbindlichkeitserklärung

Der Bieter hat gemäß Rule 10 City Code die Möglichkeit, das Übernahmeangebot für verbindlich zu erklären, indem er die ursprünglich geforderte Mindestannahmequote, die sich als zu optimistisch herausgestellt hat, herabsetzt. Dieser teilweise Verzicht auf die Mindestannahmequote gehorcht anderen Regeln als der unter zuvor besprochene Bedingungsverzicht. In zeitlicher Hinsicht gilt für die Ausübung der Verbindlichkeitserklärung an Stelle der ansonsten für den Verzicht geltenden Frist nach Rule 31.7 City Code die 60-Tagesfrist gemäß Rule 31.6 City Code. Voraussetzungen inhaltlicher Art bestehen insofern, als dass die Verbindlichkeitserklärung nur zulässig ist, wenn mehr als 50 Prozent der Aktionäre der Zielgesellschaft das Angebot angenommen haben.

Darüber hinaus sollte allerdings auch die Verbindlichkeitserklärung mit den allgemeinen Anforderungen des britischen Vertragsrechts an den Bedingungsverzicht im Einklang stehen. Obwohl der City Code ein Akt der Selbstregulierung ist, wird durch ihn kein Sonderrecht geschaffen. Wie am Beispiel das Beispiel der Konkretisierung der *Material-Significance*-Schwelle deutlich macht, orientiert sich das Panel bei der Auslegung der *Rules* an den Regeln des britischen Vertragsrechts (z.B. der *doctrine of frustration*). Es wäre kaum vermittelbar, warum die im Rahmen eines Übernahmeverfahrens besonders schutzbedürftigen Aktionäre der Zielgesellschaft bei dem Verzicht auf Bedingungen schlechter gestellt werden als die übrigen Teilnehmer am Rechtsverkehr, für welche die Regeln des britischen Vertragsrechts gelten. Einer solchen Schlechterstellung ist außerdem durch die gerichtliche Überprüfbarkeit von Panel-Entscheidungen auch in praktischer Hinsicht ein Riegel vorgeschoben.[615] Die Möglichkeit einer Verbindlichkeitserklärung durch den Bieter ist nach britischem Vertragsrecht nur dann zu rechtfertigen, wenn das Festlegen einer Mindestannahmequote, wie der sonstige Bedingungsverzicht auch, ausschließlich den Interessen des Bieters dient. Wie die nachfolgenden Ausführungen am Beispiel einer 90-prozentigen Mindestannahmequote belegen, kann dieser Nachweis nicht immer zweifelsfrei geführt werden.

Im Verhältnis zwischen dem Bieter und den Aktionären, die das Übernahmeangebot nicht annehmen, dient die Mindestannahmequote ausschließlich dem Interesse des Bieters. Zwar haben auch die Aktionäre ein Interesse an der Erfüllung der Bedingung, da sie erst mit Erreichen der 90-Prozent-Schwelle gemäß *Secti-*

---

615 Vgl. dazu die Grundsatzentscheidung *Regina v. Panel on Takeovers and Mergers, ex parte Datafin Plc and another* [1987] 2 WLR 699 (vgl. dazu *Heinle*, S. 92 ff.).

on 430 A (1) Companies Act 1985 das Recht haben, ihre Anteile dem neuen Mehrheitsaktionär zu denselben Konditionen, wie sie dem Übernahmeangebot zu Grunde liegen, anzudienen (*Sell-out*).[616] Das Merkmal des *exclusive benefit* des britischen Vertragsrechts bezieht sich, wie aus dem Fall *Heron v. Moss* hervorgeht, allerdings grundsätzlich nur auf die jeweiligen Vertragspartner. Das Interesse der das Übernahmeangebot nicht annehmenden Aktionäre ist demzufolge ohne Belang.

Auch das Verhältnis zwischen Bieter und den Aktionären, die das Übernahmeangebot annehmen, scheint grundsätzlich unproblematisch hinsichtlich des *Exclusive-Benefit*-Merkmals. Der Bieter möchte sich durch die Erfüllung der Bedingung die Voraussetzung zur Durchführung eines *Squeeze-out* schaffen. Den annehmenden Aktionären wird es grundsätzlich gleichgültig sein, wie hoch die Annahmequote ist. Ihr alleiniges Bestreben ist der Verkauf ihrer Anteile. Allerdings ist die Konstellation denkbar und keineswegs unwahrscheinlich, dass einige Aktionäre das Übernahmeangebot von vornherein nur annehmen, weil sie fürchten bei einer 90-prozentigen *acceptance condition* in eine Position als Minderheitsgesellschafter gedrängt zu werden. Erklärt der Bieter das Übernahmeangebot nun verbindlich, obwohl zum Beispiel nur 60 Prozent das Angebot angenommen haben, bleiben die Aktionäre an ihre Annahmeerklärungen gebunden. Ein Rücktrittsrecht sieht der City Code für diesen Fall nicht vor. Die Aktionäre haben zwar auch in diesem Fall kein Interesse im Sinne eines Vorteils an der Erfüllung der *acceptance condition*, die *acceptance condition* hat ihre Annahmeentscheidung aber maßgeblich beeinflusst. Die Aktionäre können diese missliche Situation vermeiden, indem sie mit ihrer Annahmeentscheidung das Ende der Annahmefrist abwarten, um sich in der zweiwöchigen Nachfrist gemäß Rule 31.4 City Code für oder gegen die Annahme zu entscheiden. Ob sich in der Praxis jedoch alle Aktionäre dieser Möglichkeit bewusst sind, ist zu bezweifeln. Mit Blick auf das in General Principle 4 City Code festgeschriebene Gebot eines transparenten Übernahmeverfahrens müssen Übernahmeangebote deshalb einen deutlichen Hinweis enthalten, dass die Annahme des Angebots noch innerhalb von zwei Wochen nach der Verbindlichkeitserklärung möglich ist.

616 Geibel/Süßmann-*Grzimek*, Art. 7, Rn. 18; *Sieger/Hasselbach*, NZG 2001, 926, 927.

C. Rechtsfolgen unzulässiger Bedingungen bzw. bei unzulässigem Berufen auf Bedingungen

Das Panel beurteilt nicht nur die rechtliche Zulässigkeit von Bedingungen, sondern nimmt auch eine inhaltliche Überprüfung der Bedingungen vor. Dementsprechend ist hinsichtlich der Rechtsfolgen zu unterscheiden, ob eine Bedingung gegen die rechtlichen Vorgaben des City Code verstößt oder ob das Berufen auf eine Bedingung auf Grund der faktischen Gegebenheiten nicht zulässig ist.

I. Unzulässige Bedingungen

Eine Bedingung ist unzulässig, wenn sie gegen Rule 13 City Code verstößt. Grundsätzlich ist es unwahrscheinlich, dass eine unzulässige Bedingung Eingang in ein Übernahmeangebot findet. Denn dem Panel müssen jegliche Dokumente, die mit dem Übernahmeangebot im Zusammenhang stehen, übersandt werden.[617] Dies gilt bereits für die Ankündigung des Übernahmeangebots, die neben eventuellen *pre-conditions* auch alle übrigen Bedingungen enthalten muss, von denen das spätere Angebot abhängen soll.[618] Auf diese Weise erfährt das Panel grundsätzlich schon vor Angebotsabgabe von möglicherweise unzulässigen Bedingungen und wird den Bieter gegebenenfalls darauf hinweisen.

Sollte sich aber doch einmal eine unzulässige Bedingung in der Angebotsunterlage finden, wird das Panel dem Bieter in der Regel auferlegen, die Bedingung zu streichen und eine entsprechende Veröffentlichung vorzunehmen. Alternativ wird dem Bieter untersagt, sich auf die entsprechende Bedingung zu berufen. Eine Rücknahme des gesamten Übernahmeangebots wird das Panel grundsätzlich nicht gestatten. Dazu beruft sich das Panel auf General Principle 3 City Code, wonach nur derjenige Bieter ein Angebot abgeben soll, der zur Durchführung des Angebots fähig und entschlossen ist.[619] Das Panel geht davon aus, dass der Bieter mit den Regeln des City Code vertraut ist. Das Risiko einer Fehlbewertung – beispielsweise von Rule 13 City Code – hat allein der Bieter zu tragen. Dies gilt selbst für den Fall, dass die Bedingung von derart entscheidender Bedeutung für den Bieter ist, dass das gesamte Übernahmeangebot ohne sie seinen Sinn verliert. Das Panel weist regelmäßig darauf hin, dass die Möglichkeit

617 Rule 19.7 City Code.

618 Rule 2.5 (b) (v) City Code.

619 Unverbindliche Auskunft der *Panel Executive* – Telefonat mit dem ehemaligen *Assistent Secretary Brian Stockbridge* vom 26.11.2002.

der Aktionäre der Zielgesellschaft, über das Übernahmeangebot zu befinden, höchste Priorität besitzt.[620]

II. Unzulässiges Berufen auf Bedingungen

Das Berufen auf eine Bedingung ist unzulässig, wenn die den Verfall des Übernahmeangebots auslösenden Umstände für den Bieter nicht von wesentlicher Bedeutung im Sinne von Note 2 on Rule 13 City Code sind. Letztlich obliegt dem Panel die Entscheidung über die Frage, ob die *Material-Significance*-Schwelle aus Sicht des Bieters überschritten ist. Ist sie es nicht, sind die Rechtsfolgen offensichtlich: Das Panel untersagt dem Bieter, sich auf die in Frage stehende Bedingung zu berufen. Der Bieter wird auf diese Weise gezwungen, das Übernahmeverfahren fortzuführen. Beispielhaft für dieses Vorgehen ist das Übernahmeverfahren *WPP/Tempus* aus dem Jahre 2001. Mit der *Appeal*-Entscheidung vom 6. November 2001 untersagte das *Full Panel* der Bietergesellschaft *WPP*, sich vor dem Hintergrund der Terroranschläge vom 11. September 2001 auf eine MAC-Klausel zu berufen.[621] Als Folge musste *WPP* das Übernahmeangebot aufrechterhalten. Leistet der Bieter der Aufforderung des Panel keine Folge, wird er mit Sanktionen belegt.[622] In der Praxis ist ein solcher Fall – soweit ersichtlich – bisher nicht vorgekommen.

D. Sperrfrist

Scheitert der Bieter mit seinem Übernahmevorhaben, ist ihm die Abgabe eines erneuten Angebots – zeitlich befristet – grundsätzlich untersagt. Grundlage der Sperrfrist ist der Schutz die Interessen der Aktionäre der Zielgesellschaft.[623] In dem Übernahmeverfahren *Trafalgar House/Northern Electric* hat das Panel den Sinn und Zweck der in Rule 35 City Code niedergelegten Sperrfrist wie folgt beschrieben:

> „*Rule 35.1 is designed to create a reasonable balance between giving shareholders an opportunity to consider offers for their shares and enabling the business of the company in which they have invested to be carried on without*

---

620 *Weinberg/Blank*, in: Rabinowitz (Hrsg.), Rn. 4-9010.

621 *Panel Statement 2001/15* – das Dokument kann eingesehen werden unter http://www.thetakeoverpanel.org.uk/statements/200115.pdf.

622 Die Sanktionen sind in Kap. 5 Fn. 219 aufgelistet.

623 *Weinberg/Blank*, in: Rabinowitz (Hrsg.), Rn. 13-0182.

continuous uncertainty and dislocation. Inevitably the effect of this Rule may be to prevent for a period of time a new offer by a failed offeror, at whatever price, being made to shareholders in the offeree company.“[624]

I. Grundsatz

Grundsätzlich ist es dem Bieter sowie den mit ihm zusammenwirkenden Personen[625] gemäß Rule 35.1 (a) (i) City Code für den Zeitraum von 12 Monaten untersagt, im Anschluss an die Ankündigung oder die Abgabe eines Übernahmeangebots, welches nicht verbindlich geworden[626] und deshalb verfallen ist oder zurückgenommen wurde[627], ein weiteres Übernahmeangebot oder ein nur mögliches Übernahmeangebot anzukündigen.[628] Damit unterliegt der Bieter der 12-monatigen Sperrfrist, wenn das Übernahmeangebot infolge der Nichterfüllung aufschiebender bzw. der Erfüllung auflösender Bedingung oder wegen der Verwendung unzulässiger Bedingungen[629] verfällt. Taugliche Auslöser für die Sperrfrist sind zudem Angebote, soweit sie für mindestens 30 Prozent des stimmberechtigten Kapitals der Zielgesellschaft abgegeben wurden (Teilübernahmeangebote).[630] Unzulässig ist nicht nur die Ankündigung eines weiteren Übernahmeangebots, sondern auch künftige Teilübernahmeangebote, die zu ei-

624 *Panel Statement* vom 17.3.1995 zitiert nach *Pudge*, in: Button (Hrsg.), S. 219, 249 f.

625 Im Sinne eines *acting in concert*. Vgl. City Code, Defintions, „Acting in concert“.

626 Entweder im Wege einer Verbindlichkeitserklärung (nur möglich im Rahmen einer *acceptance condition*) oder – wie üblich – durch das automatische Verbindlichwerden des Übernahmeangebots bei der Erfüllung einer Bedingung. Vgl. dazu den Wortlaut der Rule 35.1 (a) (i) City Code: „*...where an offer...has not become or been declared wholly unconditional...*“.

627 Die Rücknahme des Übernahmeangebots ist nur in besonderen Fällen möglich und muss vom Panel zugelassen werden (z.B. bei einem konkurrierenden Übernahmeangebot) – unverbindliche Auskunft der *Panel Executive* gemäß Telefonat mit dem ehemaligen *Assistent Secretary Brian Stockbridge* vom 20.3.2003. Für den Verfall des Angebots infolge eines Bedingungseintritts bzw. –ausfalls spielt diese Alternative keine Rolle.

628 Dies gilt sowohl für Ankündigungen gemäß Rule 2.4 City Code als auch für solche nach Rule 2.5 City Code.

629 Dies betrifft den unwahrscheinlichen Fall, dass das Panel dem Bieter erlaubt infolge der Verwendung einer unzulässigen Bedingung, das gesamte Übernahmeangebot zurückzunehmen. Siehe oben in Kap. 7 § 1 C I auf S. 185 f.

630 Bezog sich das Teilübernahmeangebot auf einen Anteilserwerb zwischen 30 und 50 %, gilt das Verbot unabhängig von der ursprünglichen Verbindlichkeit des Teilübernahmeangebots (Rule 35.2 (a) City Code). Bezog es sich hingegen auf einen Anteilserwerb von mehr als 50 %, gilt das Verbot nur, wenn das Teilübernahmeangebot nicht verbindlich geworden ist (Rule 35.2 (b) City Code).

nem Anteilserwerb von 30 Prozent und mehr führen können, sowie der sonstige Aktienerwerb, wenn dadurch ein Pflichtangebot ausgelöst wird.[631]

Das Verbot künftiger Übernahmeaktivitäten wird nicht nur durch erfolglose Übernahmeangebote ausgelöst. Die Sperrfrist kann gemäß Rule 35.1 (b) City Code auch für denjenigen gelten, der Anlass zur Annahme eines bevorstehenden Übernahmeangebots gegeben hat, ohne aber ein solches angekündigt oder dementiert zu haben. Diese Regelung wurde in den City Code integriert, nachdem sich die *Edelman Group* im Jahre 1989 über einen Zeitraum von mehr als sechs Monaten mehrfach öffentlich als möglichen Bieter für die *Storehouse Plc* bezeichnet hat, ohne tatsächlich ein Übernahmeangebot anzukündigen oder davon Abstand zu nehmen.[632] Das Panel entschied, der *Edelman Group* für die Dauer von 12 Monaten die Abgabe eines Übernahmeangebots zu untersagen, sollte sie bis zu einem bestimmten Zeitpunkt kein Angebot in der nach Rule 2.5 City Code vorgeschriebenen Form angekündigt haben.[633] Denn nach Auffassung des Panel hatten die Äußerungen der *Edelman Group* zur Folge:

> „..*to distract management and create uncertainty in the conduct of the business of Storehouse. The pressures have been similar to those which would have existed if there had been an actual bid. They may have been somewhat less intense than would be the case during the conduct of a defence against an actual offer, but the timescale has extended over a considerable number of months and for a longer than normal offer period*".[634]

Das Panel hat das im Rahmen des Übernahmeverfahrens *Edelman/Storehouse* angewendete Verfahren seither als sog. *put up or shut up* etabliert, um allzu zögerliche Bieter zu einer Entscheidung zu zwingen.[635] In jüngerer Zeit hat das Panel diese Prozedur zum Beispiel in den Übernahmeverfahren *Botts and Pubmaster/W&DB* aus dem Jahre 2001 sowie in den Verfahren *Legendary/Moss*

---

631 Rule 35.1 (a) (i) und (ii) City Code.

632 Vgl. *Weinberg/Blank*, in: Rabinowitz (Hrsg.), Rn. 4-9005.

633 Vgl. *Weinberg/Blank*, in: Rabinowitz (Hrsg.), Rn. 4-9005.

634 Zitat siehe *Weinberg/Blank*, in: Rabinowitz (Hrsg.), Rn. 4-9005.

635 In seinem *Annual Report 2001* hat das Panel sogar einen allgemeinen Leitfaden zu dem Verfahren des *put up or shut up* veröffentlicht – siehe *Panel Statement 2001/8, Extract from the Report by the Director General contained in the Panel's 2001 Annual Report*, S. 1 f., abrufbar unter http://www.thetakeoverpanel.org.uk/statements/200108.pdf.

Bros und *Coffee Republic/Caffe Nero Group* aus dem Jahre 2002 angewendet.[636] Als möglicher Adressat dieses Verfahrens kommt grundsätzlich in Frage, wer ein mögliches Übernahmeangebot gemäß Rule 2.4 City Code ankündigt. Denn im Anschluss an eine Rule 2.4-Ankündigung existiert kein Zeitlimit, in dem der Bieter seine Absichten für oder gegen die Durchführung der Übernahme darlegen muss. Findet das Übernahmebegehren des Bieters in der Zielgesellschaft keine Unterstützung, kann die Zielgesellschaft beim Panel grundsätzlich beantragen, dem Bieter ein entsprechendes Zeitlimit zu setzen.[637] Das Panel wird dem Bieter in aller Regel vor die Wahl stellen, innerhalb von circa sechs bis acht Wochen entweder ein Übernahmeangebot in der Form von Rule 2.5 City Code anzukündigen (*put up*) oder nach Rule 2.8 City Code klarzustellen, dass er kein Übernahmeangebot abgeben wird (*shut up*).[638] Wählt der Bieter die letztgenannte Option ist er gemäß Rule 2.8 City Code grundsätzlich für die Dauer von sechs Monaten an diese Aussage gebunden und darf währenddessen kein neues Angebot abgeben. Der Bieter hat also grundsätzlich die Möglichkeit die durch Rule 35.1 (b) City Code drohende 12-monatige Sperrfrist durch die Veröffentlichung eines *statement* gemäß Rule 2.8 auf sechs Monate zu reduzieren.

Hat das Verhalten des Bieters allerdings dazu geführt, dass die Zielgesellschaft in ihrer Geschäftstätigkeit erheblich beeinträchtigt wurde („*excessive siege*"), kann das Panel gemäß Rule 35.1 (b) City Code auch die 12-Monatsfrist verhängen.[639] Die Verhängung der 12-Monatsfrist nach Rule 35.1 (b) City Code kommt aber vor allem in Betracht, wenn der Bieter auf die Aufforderung des *put up or shut up* überhaupt nicht reagiert. Zwar wendet das Panel die 12-Monatsfrist gemäß Rule 35.1 (b) Satz 4 City Code grundsätzlich nur in Einzelfällen an, sofern es Panel überzeugt ist, dass Schaden für die Zielgesellschaft größer ist als der Nachteil für die Aktionäre der Zielgesellschaft infolge eines ausbleibenden Ü-

636 *Panel Statements 2001/6, 2002/4* sowie *2002/23* – die Dokumente können abgerufen werden unter http://www.thetakeoverpanel.org.uk/statements/200106.pdf bzw. 200204a.pdf bzw. 200223.pdf.

637 *Panel Statement 2001/8, Extract from the Report by the Director General contained in the Panel's 2001 Annual Report,* S. 1 – das Dokument kann eingesehen werden unter http://www.thetakeoverpanel.org.uk/statements/200108.pdf.

638 *Panel Statement 2001/8, Extract from the Report by the Director General contained in the Panel's 2001 Annual Report,* S. 2 – das Dokument kann eingesehen werden unter http://www.thetakeoverpanel.org.uk/statements/200108.pdf.

639 *Panel Statement 2001/8, Extract from the Report by the Director General contained in the Panel's 2001 Annual Report,* S. 2 – das Dokument kann eingesehen werden unter http://www.thetakeoverpanel.org.uk/statements/200108.pdf.

bernahmeangebots.[640] Allerdings dürfte die Weigerung des Bieters auf die Aufforderung des *put up or shut up* zu reagieren, das Ermessen des Panel auf Null reduzieren. Denn ein Absehen davon, würde alle diejenigen Bieter unzulässigerweise benachteiligen, die in öffentlich von der Angebotsabgabe Abstand genommen haben und in der Konsequenz der sechsmonatigen Sperrfrist gemäß Rule 2.8 City Code unterfallen. Die Verhängung der 12-monatigen Sperrfrist dürfte damit unumgänglich sein.

Durch die Standardisierung der Prozedur des *put up or shut up* behebt das Panel die entscheidende Schwäche der Angebotsankündigung gemäß Rule 2.4 City Code. Denn so notwendig diese Form der Ankündigung zum Schutz des Kapitalmarkts vor Insidergeschäften ist, würde sie wegen ihrer Folgenlosigkeit auf Dauer zu einer Schädigung der Zielgesellschaft sowie zu einer erheblichen Verunsicherung des Kapitalmarkts führen.[641]

II. Ausnahmen

Die Anordnung der Sperrfrist durch Rule 35 City Code lässt im Ermessen des Panel stehende Ausnahmen zu. Das Panel wird grundsätzlich einen Dispens von der Sperrfrist gewähren, wenn

- das neue Übernahmeangebot durch den Vorstand der Zielgesellschaft befürwortet und den eigenen Aktionären empfohlen wird[642], oder
- das neue Übernahmeangebot im Anschluss an ein konkurrierendes Übernahmeangebot einer dritten Partei erfolgt[643], oder
- die vorhergehende Laufzeit des Übernahmeangebots gemäß Rule 12.2 City Code[644] beendet wurde und das neue Übernahmeangebot im Anschluss an die

640 So ausdrücklich Rule 35.2 (b) Satz 3 City Code.
641 Ausführlicher in Kap. 6 § 1 C I 2 auf S. 108 f.
642 Note (a) (i) on Rule 35.1 and 35.2.
643 Note (a) (ii) on Rule 35.1 and 35.2.
644 Gemäß Rule 12.2 City Code endet im Einklang im Rule 31.7 City Code die *offer period* (vgl. City Code, Definitions, „offer period“) bei der Einleitung kartellrechtlicher Verfahren auf nationaler oder europäischer Ebene. Im Unterschied zu sonstigen Bedingungen beginnt nach für den Bieter positivem Abschluss der kartellrechtlichen Verfahren automatisch eine neue *offer period*. Diese endet innerhalb von 21 Tagen nach der kartellrechtlichen Genehmigung, wenn der Bieter bis dahin kein neues Übernahmeangebot angekündigt hat, bzw. zu dem Zeitpunkt, wenn der Bieter ankündigt, kein neues Übernahmeangebot abgeben zu wollen. Entscheidend ist, welche der Alternativen früher eintritt.

Genehmigung durch die *Monopolies and Mergers Commission* bzw. durch die Europäische Kommission erfolgt[645], oder

- das neue Übernahmeangebot im Anschluss an die Ankündigung eines *white-wash proposal*[646] oder eines *reverse takeover*[647] durch die Zielgesellschaft erfolgt.[648]

Eine Ausnahme von der Sperrfrist kommt zudem in Betracht, wenn im Rahmen des Übernahmeverfahrens notwendige behördliche Genehmigungen nicht innerhalb der *offer period* eingeholt werden konnten bzw. aller Wahrscheinlichkeit nach nicht eingeholt werden können.[649] Sollte sich Letzteres schon während der Angebotslaufzeit herauskristallisieren, ist das Panel umgehend davon in Kenntnis zu setzen.[650]

Darüber hinaus bleibt es dem Panel unbenommen, weitere Ausnahmen nach seinem Ermessen zuzulassen.[651] In der Praxis hat das Panel Ausnahmen insbesondere immer dann zugelassen, wenn die Aktionäre der Zielgesellschaft nicht ausreichend Gelegenheit hatten, über das ursprüngliche Angebot zu befinden.[652] Hingegen scheiden ökonomischer Fehlentwicklungen auf Seiten der Zielgesellschaft, die der Bieter regelmäßig im Rahmen von MAC-Klauseln vorherzusehen sucht, als Grundlage für einen Dispens von Rule 35 City Code aus. Selbst wenn der sich Bieter nach positivem *Material-Significance*-Test gemäß Note 2 on Rule 13 City Code rechtmäßig auf eine solche Klausel berufen kann, kommt eine Befreiung von der Sperrfrist nicht in Frage.

So verwehrte das Panel der Bietergesellschaft *Severn Trent Plc*, ein neues günstigeres Übernahmeangebot für die *Caird Group Plc* abzugeben, nachdem *Severn Trent* das ursprüngliche Angebot wegen geschmälerter Gewinnvoraussagen auf

---

645 Note (a) (iii) on Rule 35.1 and 35.2.

646 Vgl. Note 1 der Notes on Dispensation from Rule 9 City Code.

647 Vgl. Note 2 on Rule 3.2 City Code.

648 Note (a) (iv) on Rule 35.1 and 35.2.

649 Note (b) Satz 1 on Rule 35.1 and 35.2.

650 Note (b) Satz 2 on Rule 35.1 and 35.2.

651 *Weinberg/Blank*, in: Rabinowitz (Hrsg.), Rn. 4-9007 ff.; dies macht auch der Wortlaut von Rule 35.1 (a) City Code deutlich, der einen Vorbehalt zu Gunsten des Panel enthält („*Except with the consent of the Panel...*“).

652 Das Panel hat z.B. zugelassen, dass *GC&C Brands* unter Aufhebung der Sperrfrist ein neues Übernahmeangebot für *Irish Distillers* abgeben konnte, nachdem das ursprüngliche Angebot kartellrechtlichen Grundsätzen widersprach – vgl. *Weinberg/Blank*, in: Rabinowitz (Hrsg.), Rn. 4-9010.

Seiten von *Caird* hatte verfallen lassen.[653] In der Begründung berief sich das Panel auf den Wortlaut von Rule 35 City Code, der eine derartige Ausnahmebestimmung nicht enthalte. Das Panel befand, dass, indem *Severn Trent* die Bestätigung der ursprünglich höheren Gewinnvoraussagen zum Gegenstand einer Bedingung gemacht hatte, *Severn Trent* die geschmälerten Gewinnvoraussagen hätte voraussehen müssen. Die Sperrfrist in Rule 35 City Code verstärkt demzufolge die Wirkung von Note 2 on Rule 13 City Code.[654] Ein Bieter wird sich genau überlegen müssen, das Übernahmeangebot durch das Berufen auf eine Bedingung verfallen zu lassen, da über dieser Entscheidung die Sanktion der 12-monatigen Sperrfrist schwebt.

§ 2 Wertpapiererwerbs- und Übernahmegesetz

Das deutsche Übernahmerecht enthält eine ganze Reihe von Vorschriften zur Bestimmung der Rechtsfolgen bedingter Übernahmeangebote. Diese betreffen den Bedingungsverzicht, die Rechtsfolgen unzulässiger Bedingungen sowie die Anordnung einer Sperrfrist für weitere Übernahmeangebote. Nicht geregelt hingegen sind die Rechtsfolgen (nicht) erfüllter Bedingungen.

A. Rechtsfolgen (nicht) erfüllter Bedingungen

Auf Grund der fehlenden spezialgesetzlichen Bestimmung der Rechtsfolgen (nicht) erfüllter Bedingungen, müssen diese im Grundsatz aus den allgemeinen zivilrechtlichen Vorschriften zur Regelung von Bedingungen hergeleitet werden.

I. Zivilrechtliche Grundsätze und Abweichungen

Die Rechtsfolgen (nicht) erfüllter Bedingungen sind zivilrechtlich in § 158 BGB niedergelegt. Mögliche Abweichungen von dieser Grundsatzregelung ergeben sich aus dem WpÜG direkt bzw. anhand der Besonderheiten eines Gesellschaftervorbehalts.

---

653 Vgl. *Weinberg/Blank*, in: Rabinowitz (Hrsg.), Rn. 4-9012 ff., 13-0182 f. sowie *Pearson*, in: Button (Hrsg.), S. 135, 161.

654 *Pearson*, in: Button (Hrsg.), S. 135, 160.

1. § 158 BGB

Im Hinblick auf die Rechtsfolgen von Bedingungen ist zwischen aufschiebenden und auflösenden Bedingungen zu differenzieren. Gemäß § 158 Abs. 1 BGB wird ein Rechtsgeschäft, wie das Übernahmeangebot, mit dem Eintritt der aufschiebenden Bedingung *ipso jure* wirksam. Fällt die aufschiebende Bedingung hingegen aus, wird das Übernahmeangebot endgültig wirkungslos. Die Rechtsfolgen der auflösenden Bedingung gemäß § 158 Abs. 2 BGB funktionieren nach dem umgekehrten Prinzip. Tritt bei einem auflösend bedingten Übernahmeangebot die Bedingung ein, so endigt damit die Wirkung des Übernahmeangebots und *ipso jure* tritt der Rechtszustand von vor der Angebotsabgabe wieder ein. Bei dem Ausfall der auflösenden Bedingung bleibt das Übernahmeangebot dagegen dauerhaft wirksam.[655] § 158 BGB ist ebenfalls auf Bedingungen anzuwenden, die im Rahmen der bloßen Ankündigung eines Übernahmeangebots nach § 10 Abs. 1 WpÜG verwendet werden. Dabei entscheidet der Eintritt oder der Ausfall der Bedingung darüber, ob der Bieter zur Abgabe des Übernahmeangebots verpflichtet ist oder nicht.

2. Einschränkung durch Verzicht auf Bedingungsfolgen

Gemäß den Ausführungen im Abschnitt zum Bedingungsverzicht kann der Bieter das Übernahmeangebot im Wege des Verzichts auf die Bedingungsfolgen selbst dann noch zu Stande bringen, wenn eine auflösende Bedingung bereits eingetreten ist.[656] Die Gewährung dieser zusätzlichen Option für den Bieter eines Übernahmeangebots hat zur Folge, dass die Wirkung auflösender Bedingung erst mit Ablauf der Frist nach § 21 Abs. 1 Satz 1 WpÜG einsetzt, sofern der Bieter keinen Verzicht erklärt. Bis zum Ablauf dieser Frist ist der Automatismus auflösender Bedingungen, der nach zivilrechtlichen Grundsätzen normalerweise zur sofortigen Unwirksamkeit des Übernahmeangebots führt, gehemmt. Die Regelung des § 21 Abs. 1 Satz 1 Nr. 4 WpÜG führt also zu einer Modifizierung der Wirkungsweise auflösender Bedingungen. Dagegen bleibt es für aufschiebende Bedingung bei der strikten Anwendung des § 158 Abs. 1 BGB mit der Folge, dass das Übernahmeangebot mit Bedingungserfüllung unwiderruflich wirksam wird.

---

655 Im Überblick zu den beschriebenen Rechtsfolgen gemäß § 158 BGB: Palandt-*Heinrichs*, § 158, Rn. 2 f.

656 Siehe nachfolgend in Kap. 7 § 2 B IV auf S. 201 f.

3. Abweichende Rechtsfolgen bei Anfechtbarkeit oder Nichtigkeit eines Gesellschafterbeschlusses?

Stellt der Bieter das Übernahmeangebot unter die Bedingung der Zustimmung der eigenen Gesellschafterversammlung (§ 25 WpÜG) und wird ein solcher Beschluss gefasst, ist die (aufschiebende) Bedingung eingetreten und das Übernahmeangebot und die unter ihm abgeschlossenen Erwerbsverträge werden nach § 158 Abs. 1 BGB wirksam.[657] Fraglich ist nur, ob diese Rechtsfolge auch dann noch Bestand hat, wenn ein Gesellschafterbeschluss angefochten wurde, erfolgreich angefochten wurde mit der Folge der Nichtigkeit des Beschlusses *ex tunc*[658] oder von vornherein nichtig war. Dabei sind zwei Fragen voneinander zu trennen – nämlich die Frage, ob der Gesellschafterbeschluss anfechtbar ist oder ob er erfolgreich angefochten wurde und damit nichtig ist.

Betreffend die Anfechtbarkeit des Gesellschafterbeschlusses kommt es ausweislich der amtlichen Begründung zu § 25 WpÜG für die Beschlussfassung der Gesellschafterversammlung nicht auf die Bestandskraft, also Anfechtbarkeit, des Gesellschafterbeschlusses an.[659] Eine fristgerechte Anfechtung lässt die Wirksamkeit des Übernahmeangebots unberührt.[660]

Wird der Gesellschafterbeschluss erfolgreich angefochten oder ist er bereits von vornherein nichtig, hängt das weitere Schicksal des Übernahmeangebots von dem Zeitpunkt der Nichtigkeit des Gesellschafterbeschlusses ab. Wird der Beschluss noch vor Ablauf der Annahmefrist für nichtig erklärt, was jedoch nur in seltenen Fällen eintreten dürfte, so verliert das Übernahmeangebot seine Wirkung (Bedingungsausfall). In der wahrscheinlicheren Variante, dass die Nichtigkeit erst nach Ablauf der Annahmefrist festgestellt wird, kommen die Verträge zwischen Bieter und Aktionären zu Stande und es käme nur noch eine Rückabwicklung in Betracht. Diese Möglichkeit ist abzulehnen, weil die Aktionäre der Zielgesellschaft Vertrauensschutz in Anspruch nehmen können.[661] Für die Aktionäre ist regelmäßig nicht erkennbar, ob der Gesellschafterbeschluss einen Mangel enthält, der zur Anfechtbarkeit oder Nichtigkeit des Beschlusses führt. Die Aufrechterhaltung des rechtlichen Schwebezustandes über einen Zeitraum von Monaten und Jahren, die eine Feststellung der Nichtigkeit im Wege der ge-

---

657 Steinmeyer/Häger, § 25, Rn. 6.

658 *Hüffer*, § 248, Rn. 6.

659 So ausdrücklich die Begründung zu § 25 RegE, BT-Drucks. 14/7034, S. 51.

660 Geibel/Süßmann-*Racky*, § 25, Rn. 13.

661 Geibel/Süßmann-*Racky*, § 25, Rn. 16.

richtlichen Beschlussanfechtung in Anspruch nehmen kann, ist den Aktionären nicht zumutbar und entspricht auch nicht dem Sinn und Zweck des § 25 WpÜG.

II. Frist zur Bedingungserfüllung

Auf Grund der erheblichen Auswirkungen eines Übernahmeangebots auf die Zielgesellschaft darf die Wirksamkeit des Angebots nicht zeitlich unbeschränkt in der Schwebe sein. Folglich ist zu untersuchen, innerhalb welcher Frist Bedingungen, die einem Angebot zu Grunde liegen, erfüllt sein müssen.

1. Allgemeine Frist

Es existiert eine allgemeine Frist zur Erfüllung von Bedingungen, die von der BaFin jedoch unter bestimmten Umständen verlängert werden kann.

a) Grundsatz

Das WpÜG schweigt zu der Frage, bis wann eine Bedingung eingetreten sein muss bzw. ab wann sie als ausgefallen zu betrachten ist. Unter Berücksichtigung des Grundsatzes der raschen Verfahrensdurchführung gemäß § 3 Abs. 4 Satz 1 WpÜG ist grundsätzlich davon auszugehen, dass der Eintritt einer Bedingung bis zum Ablauf der Annahmefrist feststehen sollte.[662] Die mit der Aufstellung einer Bedingung einhergehende Ungewissheit über den Ausgang des Übernahmeverfahrens darf nicht unbeschränkt aufrechterhalten werden, um im Interesse der Aktionäre der Zielgesellschaft eine ungehinderte Fortführung des Betriebs der Zielgesellschaft zu ermöglichen.[663]

b) Möglichkeit der Fristverlängerung

Ein Abweichen von dem Grundsatz, dass Bedingungen bis zum Ablauf der Annahmefrist eingetreten sein müssen, ist geboten, wenn der Bedingungseintritt – vom Bieter unverschuldet – bis zum Ablauf der Annahmefrist nicht möglich oder nicht hinreichend sicher ist. Dies betrifft insbesondere Bedingungen, die ein staatliches Zustimmungserfordernis – wie die im Rahmen von Übernahmeangeboten häufig erforderliche kartellrechtliche Genehmigung – zum Gegenstand

---

662 Geibel/Süßmann-*Geibel*, § 18, Rn. 39.
663 Vgl. § 3 Abs. 4 Satz 2 WpÜG.

haben.[664] Dabei besteht die nicht unwahrscheinliche Möglichkeit, dass das zu Grunde liegende Prüfungsverfahren über die Annahmefrist hinaus andauert und dem Einfluss des Bieters entzogen ist.[665] In diesen Fällen sollte sich die Frist zur Bedingungserfüllung grundsätzlich im Rahmen der gesetzlich vorgeschriebenen oder üblichen Fristen im Verwaltungsverfahren verlängern.[666] Eine allgemeingültige Fristverlängerung ist wegen der Besonderheiten des jeweiligen Einzelfalls nicht möglich.[667]

Die Alternative zur Fristverlängerung in Gestalt der Abgabe eines neuen Angebots nach Genehmigungserteilung ist abzulehnen, da die Abgabe eines neuen Angebots mit erheblichen Zeit- und Kostenaufwand für den Bieter verbunden ist. Um den Schwebezustand nach Ablauf der Annahmefrist nicht über Gebühr zu verlängern, sollte den Aktionären der Zielgesellschaft ein Rücktrittsrecht für den Fall eingeräumt werden, dass die Bedingung bis zu einem bestimmten Zeitpunkt nach Ablauf der Annahmefrist nicht eingetreten ist.[668] Eine Verlängerung der Frist zur Bedingungserfüllung ist allerdings nicht gerechtfertigt, wenn der Bieter nicht alles in seinen Kräften stehende zur Bedingungserfüllung in Form der Genehmigungserteilung getan hat. Dies betrifft vor allem Fälle einer verspäteten Beantragung behördlicher Genehmigung oder die nur zögerliche Beantwortung behördlicher Auskunftsersuchen.

2. Ausnahme gemäß § 25 WpÜG?

§ 25 WpÜG verpflichtet den Bieter, wenn er die Durchführung des Übernahmeangebots unter den Vorbehalt eines zustimmenden Beschlusses seiner Gesellschafterversammlung gestellt hat, den Beschluss „unverzüglich, spätestens bis zum fünften Werktag vor Ablauf der Annahmefrist, herbeizuführen“. Damit scheint für die Herbeiführung des Gesellschaftervorbehaltes eine kürzere Frist

664 Dafür plädierend Geibel/Süßmann-*Geibel*, § 18, Rn. 40, der eine allgemeine Verlängerung der Frist zur Bedingungserfüllung um 21 Tage nach Ende der ursprünglichen Angebotsfrist vorschlägt.

665 Bei einer Verfahrenseinleitung nach der europäischen Fusionskontrollverordnung besteht allerdings bei öffentlichen Kauf- und Tauschangeboten die Möglichkeit, das Angebotsverfahren gemäß § 7 Abs. 3 der Verordnung auch ohne das grundsätzliche Vollzugsverbot (§ 7 Abs. 1) durchzuführen, wenn dieses bei der Kommission angemeldet wurde und der Erwerber die mit den Anteilen verbundenen Stimmrechte nicht ausübt (oder nur unter bestimmten Voraussetzungen ausübt).

666 So auch KK-WpÜG-*Hasselbach*, § 18, Rn. 68.

667 **A.A.** Geibel/Süßmann-*Geibel*, § 18, Rn. 40.

668 Geibel/Süßmann-*Geibel*, § 18, Rn. 40; KK-WpÜG-*Hasselbach*, § 18, Rn. 68.

zu gelten als im Rahmen sonstiger Bedingungen, die bis zum Ablauf der Annahmefrist erfüllt werden müssen.

Die damit verbundene Frage, welche Rechtsfolgen ein Verstoß gegen die Fristenregelung des § 25 WpÜG auslöst, wird gleichwohl nicht einheitlich beantwortet. Übereinstimmung besteht nur insofern, dass das Übernahmeangebot nicht gemäß § 134 BGB nichtig wird, weil § 25 WpÜG kein gesetzliches Verbot beinhaltet.[669] Dagegen ist umstritten, ob die Überschreitung der Frist zur Unwirksamkeit des Übernahmeangebots infolge des endgültigen Ausfalls der Bedingung führt. Ohne explizite Begründung wird zum Teil der endgültige Bedingungsausfall angenommen, wenn die Beschlussfassung nicht in der Frist des § 25 WpÜG erfolgt ist.[670] Abweichend davon wird vertreten, dass ein nicht fristgerechter Gesellschafterbeschluss keinesfalls zum endgültigen Ausfall der Bedingung führt, da ein Bedingungsverzicht ebenfalls noch zu einem späteren Zeitpunkt möglich ist.[671] Ein Überschreiten der Frist wäre demnach nur im Rahmen der allgemeinen Missstandsaufsicht nach § 4 Abs. 1 Satz 3 WpÜG zu begegnen, solange die Beschlussfassung noch innerhalb der Annahmefrist erfolgt.[672] Wird der Beschluss erst danach gefasst, gilt die Bedingung auch nach dieser Auffassung als ausgefallen.[673]

Der zuletzt beschriebenen Ansicht ist im Ergebnis zuzustimmen. Ihr ist zuzugeben, dass Bedingungseintritt und Bedingungsverzicht bei aufschiebenden Bedingungen, wie dem Gesellschaftervorbehalt, grundsätzlich gleich zu behandeln sind, da die Rechtsfolge – nämlich die Wirksamkeit des Übernahmeangebots – identisch ist.[674] Für den Fall des Gesellschaftervorbehalts erscheint der Vergleich mit der Möglichkeit des Verzichts allerdings nicht immer passend, da die Zustimmung der Gesellschafterversammlung zur Durchführung des Übernahmeangebots rechtlich notwendig sein kann. Einen Verzicht auf eine rechtlich zwingende Voraussetzung für die Durchführung der Übernahmetransaktion wird

669 So zur Recht Haarmann/Riehmer/Schüppen-*Schröder*, § 25, Rn. 9 f. und KK-WpÜG-*Hasselbach*, § 25, Rn. 13.

670 So Geibel/Süßmann-*Racky*, § 25, Rn. 4 und *Steinmeyer/Häger*, § 25, Rn. 6.

671 KK-WpÜG-*Hasselbach*, § 25, Rn. 13; im Ergebnis ebenso, aber ohne Begründung Haarmann/Riehmer/Schüppen-*Schröder*, § 25, Rn. 9 f.

672 KK-WpÜG-*Hasselbach*, § 25, Rn. 14; Haarmann/Riehmer/Schüppen-*Schröder*, § 25, Rn. 10.

673 Ausdrücklich KK-WpÜG-*Hasselbach*, § 25, Rn. 13.

674 Ordnet man den Gesellschaftervorbehalt als auflösende Bedingung ein, so wäre der Bedingungsverzicht mit dem Bedingungseintritt gleichzusetzen. In der Sache ändert dies nichts.

man als unzulässig ansehen müssen.[675] Nichtsdestotrotz ist der letztgenannten Ansicht selbst dann zu folgen, wenn der Gesellschaftervorbehalt eine notwendige Voraussetzung zur Durchführung des Übernahmeangebots darstellt und somit die Parallele zum Bedingungsverzicht nicht gezogen werden kann. Es existiert kein Grund, warum die Frist zur Erfüllung des Gesellschaftervorbehalts kürzer bemessen sein sollte als die Frist zur Erfüllung sonstiger Bedingungen. Insbesondere gefährdet der zulässige Gesellschaftervorbehalt die Aktionärsinteressen nicht mehr als andere zulässige Bedingungen. Zwar stellt er korporationsrechtlich eine subjektive Bedingung dar, zur Vermeidung eines Verstoßes gegen § 18 Abs. 1 WpÜG bedarf es aber einer von der Verwaltung unabhängigen Gesellschafterversammlung.[676] Die Existenz von § 25 WpÜG ist damit zu rechtfertigen, dass die BaFin im Wege der Missstandsaufsicht Druck auf den Bieter ausüben kann, den Gesellschafterbeschluss möglichst zügig herbeizuführen. Denn gerade in dem Fall eines rechtlich gebotenen Gesellschafterbeschlusses kommt ein Bedingungsverzicht nicht in Betracht. Im Ergebnis ist festzuhalten, dass § 25 WpÜG nach hier vertretener Ansicht keine Ausschlussfrist für die Erfüllung des Gesellschaftervorbehalts beinhaltet.

3. Im Rahmen von angekündigten Übernahmeangeboten

Das WpÜG enthält keine Aussage darüber, bis zu welchem Zeitpunkt sich Bedingungen erfüllen müssen, von denen die Abgabe des Übernahmeangebots abhängig gemacht wurde. Die Frist des § 14 Abs. 1 WpÜG ist für diesen Fall nicht anwendbar, da sie nur für den Fall gilt, dass die Entscheidung des Bieters zur Angebotsabgabe vorbehaltlos erfolgt ist. Die Frist zur Übermittlung der Angebotsunterlage kann erst beginnen, wenn die Entscheidung zur Angebotsabgabe endgültig geworden ist.[677] Der Schutz des Kapitalmarkts und des Zielunternehmens wie auch seiner Aktionäre gebietet es, möglichst zügig Klarheit über die Abgabe eines Angebots herzustellen. In der Praxis wird man in Anlehnung an das britische Recht deshalb fordern müssen, dass jede Angebotsankündigung nach § 10 WpÜG, die unter einer Bedingung erfolgt, eine Frist zur Erfüllung dieser Bedingungen enthält. Es wird gegebenenfalls Aufgabe der BaFin sein, auf das Setzen einer solchen Frist hinzuwirken.

---

675 Siehe nachfolgend Kap. 7 § 2 B VII auf S. 205.

676 Vgl. dazu z.B. die Einschaltung einer „Zweckgesellschaft“, siehe oben in Kap. 6 § 2 B III 1 a bb (1) auf S. 139 ff.

677 So wohl auch KK-WpÜG-*Hirte*, § 10, Rn. 23.

B. Bedingungsverzicht

Ebenso wie im britischen Übernahmerecht kann der Bieter das Übernahmeangebot zu Stande bringen, indem er auf zunächst aufgestellte Bedingungen nach Abgabe des Angebots verzichtet. Im Gegensatz zum City Code ist diese Möglichkeit innerhalb des WpÜG ausdrücklich geregelt.

I. Verhältnis zum Verbot subjektiver Bedingungen

Der Verzicht auf Bedingungen verstößt nicht gegen das Verbot subjektiver Bedingungen. Denn der Bedingungsverzicht führt nicht dazu, dass sich der Bieter einseitig von dem Übernahmeangebot zu lösen vermag, sondern hat im Gegenteil zur Folge, dass der Bieter das Angebot einseitig zu Stande bringt.[678]

II. Zulässigkeit

Die Möglichkeit des Bieters zum Bedingungsverzicht ist in § 21 Abs. 1 Satz 1 Nr. 4 WpÜG kodifiziert. Der Bedingungsverzicht ist eingebettet in eine Reihe weiterer, in § 21 Abs. 1 WpÜG abschließend aufgezählter, zulässiger Angebotsänderungen. Sämtlichen Fallgruppen ist gemein, dass die jeweilige Änderung aus Sicht des Aktionärs eine Verbesserung des Angebots darstellt.[679] Der Verzicht auf Bedingungen liegt im Interesse der Aktionäre der Zielgesellschaft, da er die Ungewissheit (rechtlicher Schwebezustand)[680] über die Erfüllung der unter dem Angebot geschlossenen Kauf- oder Tauschverträge beseitigt.[681] Aus diesem Grund gilt die Zulässigkeit des Bedingungsverzichts auch für den bloß teilweisen Verzicht auf Bedingungen.

Indem das WpÜG den einseitigen Verzicht auf Bedingungen gestattet, weicht es von der geltenden Rechtsprechung ab. Der BGH fordert für einen wirksamen Bedingungsverzicht im Rahmen von Verpflichtungsgeschäften das – mindestens stillschweigende – Einverständnis des Vertragspartners (Änderungsvertrag).[682] Die abweichende Regelung des WpÜG wird durch besondere Schutzmechanismen zu Gunsten der Aktionäre kompensiert. Das Gesetz schützt den Aktionär, indem es nur außerhalb der Kontrolle des Bieters liegende Bedingungen zulässt

678 Vgl. die diesbezüglichen Ausführungen zum City Code in Kap. 7 § 1 B I auf S. 176.

679 Begründung zu § 21 Abs. 1 RegE, BT-Drucksache 14/7034, S. 49.

680 Vgl. MK-*Westermann*, § 158, Rn. 38 ff.

681 Haarmann/Riehmer/Schüppen-*Schröder*, § 21, Rn. 19.

682 BGH NJW-RR 1989, 291, 293.

und dem Aktionär beim Verzicht auf Bedingungen ein Rücktrittsrecht sowie eine verlängerte Angebotsfrist einräumt.[683]

III. Übernahmerechtliche Voraussetzungen

Ähnlich dem britischen Recht ist der Bedingungsverzicht an formelle und zeitliche Voraussetzungen geknüpft. Möchte der Bieter auf Bedingungen verzichten, so hat er unter Hinweis auf das zu Gunsten der Aktionäre bestehende Rücktrittsrecht (§ 21 Abs. 4 WpÜG) eine entsprechende Veröffentlichung vorzunehmen.[684] In zeitlicher Hinsicht ist der Bedingungsverzicht bis zu einem Werktag vor Ablauf der Annahmefrist möglich.[685] Für die Einhaltung der Frist ist die Veröffentlichung der Änderung maßgebend.[686] Der Bieter ist nicht gehalten, in der Angebotsunterlage auf die Möglichkeit des Bedingungsverzichts hinzuweisen.

Die zeitliche Beschränkung des Bedingungsverzichts hindert den Bieter, noch in der absoluten Schlussphase des Angebots auf Bedingungen zu verzichten (bzw. andere Angebotsverbesserungen durchzuführen), da das für die Änderung erforderliche Verfahren regelmäßig einige Tage in Anspruch nehmen wird.[687] Damit wird dem Bieter die Möglichkeit abgeschnitten, auf eventuelle Entwicklungen in der Schlussphase flexibel zu reagieren. Dies betrifft insbesondere die Reaktion institutioneller Investoren, die über die Annahme regelmäßig erst sehr spät entscheiden. Anlegerschutzgesichtspunkte können hierfür nicht ins Feld geführt werden, weil jede Änderung in den letzten zwei Wochen der Annahmefrist eine automatische Verlängerung der Frist um zwei Wochen – wenn nötig auch über die Maximallaufzeit des Angebots hinaus[688] – auslöst.[689] Den Aktionären der Zielgesellschaft steht in jedem Fall ein ausreichender Zeitraum für eine wohlabgewogene Entscheidung über das Angebot zur Verfügung.

683 Vgl. §§ 18 Abs. 1, 21 Abs. 4 und Abs. 5 WpÜG.
684 § 21 Abs. 2 WpÜG.
685 § 21 Abs. 1 Satz 1 WpÜG.
686 § 21 Abs. 1 Satz 2 WpÜG.
687 Haarmann/Riehmer/Schüppen-*Schröder*, § 21, Rn. 21.
688 § 16 Abs. 1 Satz 1 WpÜG.
689 § 21 Abs. 5 Satz 1 WpÜG.

IV. Verzicht auf Bedingungsfolgen

Die Frage, ob der Bieter auf die Rechtsfolgen einer Bedingung verzichten kann, ist umstritten.[690] In der Sache geht es darum, ob der Bieter nach dem Eintritt einer auflösenden Bedingung das Übernahmeangebot mit Hilfe eines Bedingungsverzichts noch zu Stande bringen kann.[691]

Im Ergebnis ist der Auffassung zuzustimmen, die den Verzicht auf die Bedingungsfolgen befürwortet. Die Bezugnahme auf den Wortlaut des § 21 Abs. 1 Satz 1 Nr. 4 WpÜG („Der Bieter kann bis zu einem Werktag vor Ablauf der Annahmefrist auf Bedingungen verzichten.“) genügt für sich genommen zur Begründung des Verzichts auf die Bedingungsfolgen allerdings nicht.[692] Der Wortlaut des § 21 Abs. 1 Satz 1 Nr. 4 WpÜG lässt Raum für Zweifel an der Möglichkeit des Verzichts auf die Bedingungsfolgen. Zwar enthält der Wortlaut keine inhaltlichen Einschränkungen in Bezug auf den Bedingungsverzicht. Gleichwohl ist die Schlussfolgerung, dass der Bedingungsverzicht deshalb auch noch nach dem Eintritt einer Bedingung bis zu einem Werktag vor Ablauf der Annahmefrist zulässig ist, nicht zwingend. Diese Argumentation setzt voraus, dass § 21 Abs. 1 Satz 1 Nr. 4 WpÜG den zivilrechtlichen Automatismus bei Bedingungserfüllung bis zum Ablauf der genannten Frist außer Kraft setzt. Bei Anwendung würde dieser Automatismus verhindern, dass der Bieter das Übernahmeangebot nach dem Eintritt einer auflösenden Bedingung noch zum Erfolg bringen könnte.[693] Denn nach zivilrechtlichen Regeln ist der rechtsgeschäftliche Wille des Bieters grundsätzlich nur beachtlich beim Aufstellen der Bedingung. Tritt eine auflösende Bedingung zu einem späteren Zeitpunkt ein, verwirklicht sich der rechtsgeschäftliche Wille des Bieters ohne sein weiteres Zutun. Das Übernahmeangebot wird automatisch unwirksam, wobei der Wille des Bieters zum Zeitpunkt des Bedingungseintritts unerheblich ist.[694] Um den Verzicht auf die Bedingungsfolgen ausschließlich aus dem Wortlaut des § 21 Abs. 1 Satz 1 Nr. 4 WpÜG herzuleiten, müsste sich die Abkehr von dieser zivilrechtlichen Bedingungssystematik deutlicher im Wortlaut der Vorschrift widerspiegeln. Denn vor dem Hintergrund dieser Systematik ließe sich der Wortlaut auch so

690 Dafür KK-WpÜG-*Hasselbach*, § 21, Rn. 27; **a.A.** Geibel/Süßmann-*Thun*, § 21, Rn. 16.

691 Bei Eintritt einer aufschiebenden Bedingung ist das Übernahmeangebot bereits wirksam geworden, ein Verzicht also nicht mehr notwendig.

692 So argumentierend KK-WpÜG-*Hasselbach*, § 21, Rn. 27.

693 In dieser Hinsicht konsequent, wenn auch nicht zustimmungswürdig, argumentierend: Geibel/Süßmann-*Thun*, § 21, Rn. 16.

694 Allgemein dazu MK-*Westermann*, § 158, Rn. 8.

interpretieren, dass der Verzicht auf Bedingungen nur solange möglich ist, wie die Bedingung nicht eingetreten ist.

Zur Begründung des Verzichts auf Bedingungsfolgen bedarf es ergänzend einer teleologischen Betrachtung von § 21 Abs. 1 WpÜG. Die Vorschrift soll es dem Bieter ermöglichen, das Übernahmeangebot einseitig zu modifizieren, ohne das gesamte Angebotsverfahren erneut durchlaufen zu müssen, sofern die Modifikation aus Sicht der Aktionäre zu einer Angebotsverbesserung führt, ihnen zusätzliche Handlungsmöglichkeiten eröffnet oder zu einer verstärkten Bindung des Bieters an sein Angebot führt.[695] Unter der Prämisse, dass § 21 Abs. 1 Satz 1 Nr. 4 WpÜG den Verzicht auf die Bedingungsfolgen gestattet und damit die zivilrechtliche Bedingungssystematik bis zum Ablauf der Frist des § 21 Abs. 1 Satz 1 WpÜG hemmt, verstärkt der Verzicht auf die Bedingungsfolgen die Bindung des Bieters an sein Angebot. Denn durch den Verzicht auf die schon eingetretene Bedingung beseitigt der Bieter den ansonsten bis zum Fristablauf bestehenden Schwebezustand des Übernahmeangebots und das Angebot wird endgültig wirksam. Darüber hinaus stellt die erneute Abgabe des Angebots – als Alternative zum Verzicht auf die Bedingungsfolgen – auch ohne Sperrfrist für keinen der am Übernahmeverfahren Beteiligten eine sinnvolle Alternative dar. Die Abgabe eines neuen Angebots würde die Zielgesellschaft fortdauernd von der Verfolgung ihrer Geschäftsinteressen abhalten und dem langfristigen Interesse der Aktionäre an einer guten *performance* der Zielgesellschaft zuwiderlaufen. Für den Bieter ist die Abgabe eines erneuten Angebots keine realistische Alternative zur Aufrechterhaltung des alten Angebots, weil – abgesehen von dem mit dem Scheitern des Übernahmeangebots einhergehenden Imageverlust – die Abgabe eines neuen Angebots mit nicht unerheblichem Zeit- und Geldaufwand verbunden ist.

V. Rechtsfolgen

In den Rechtsfolgen des Bedingungsverzichts ist zwischen der zivilrechtlichen Wirkung des Verzichts und den weiteren, speziell geregelten Konsequenzen zu unterscheiden.

[695] Begründung zu § 21 Abs. 1 RegE, BT-Drucks. 14/7034, S. 49.

1. Zivilrechtliche Wirkung

Die zivilrechtliche Wirkung des Bedingungsverzichts ist innerhalb des WpÜG nicht ausdrücklich geregelt. Eindeutig ist die Rechtslage lediglich für die Aktionäre, die es noch nicht angenommen haben. Ihnen steht nun nur noch das neue Angebot ohne die Bedingung zur Annahme offen.[696]

Umstritten ist die Wirkung des Bedingungsverzichts auf die zwischen Bieter und Aktionären bereits geschlossenen Verträge. Teilweise wird unter Bezugnahme auf das ausdrücklich in § 21 Abs. 4 WpÜG niedergelegte Rücktrittsrecht vertreten, dass diese Aktionäre zum Zweck der Annahme des geänderten Angebots erst vom ursprünglichen Angebot zurücktreten und anschließend das geänderte Angebot annehmen müssen.[697] Die bereits geschlossenen Verträge bleiben nach dieser Ansicht wirksam.

Diese Auffassung sieht sich allerdings überzeugenden Einwänden ausgesetzt.[698] Für die Aktionäre führt sie zu einem erheblichen Aufwand, da diese bis einen Tag vor Ablauf der Annahmefrist ständig auf eventuelle Angebotsänderungen des Bieters achten müssten, um sicherzugehen, dieselben Konditionen zu erhalten wie alle später annehmenden Aktionäre. Dies verstößt gegen den in § 3 Abs. 1 WpÜG niedergelegten Grundsatz der Gleichbehandlung aller Aktionäre. Während diese Ungleichbehandlung bei einer Erhöhung der Gegenleistung (§ 21 Abs. 1 Satz 1 Nr. 1 WpÜG) „nur“ zu ungleichen Konditionen führt, führt sie in Bezug auf den Bedingungsverzicht dazu, dass die bereits geschlossenen Verträge überhaupt nicht mehr wirksam werden können, da die Bedingung nicht mehr eintreten kann. Bei einem Verzicht in Form der Absenkung der Mindestannahmequote hinge das Schicksal dieser Verträge davon ab, ob die ursprüngliche Quote möglicherweise doch noch erreicht wird. Dies entspricht nicht dem Interesse der Aktionäre, welche die Angebotsverbesserung in Form des Bedingungsverzichts regelmäßig begrüßen werden, weil sie Klarheit in Bezug auf die Wirksamkeit des Übernahmeangebots schafft. Es ist deshalb davon auszugehen, dass durch die Veröffentlichung der Angebotsänderung in Form des Bedingungsverzichts die bereits bestehenden Verträge nachträglich modifiziert werden.[699] Einen Nachteil haben die betroffenen Aktionäre wegen der Vorteilhaf-

---

696 Geibel/Süßmann-*Thun*, § 21, Rn. 43; *Steinmeyer/Häger*, § 21, Rn. 5.

697 Geibel/Süßmann-*Thun*, § 21, Rn. 45; Haarmann/Riehmer/Schüppen-*Schröder*, § 21, Rn. 34 und 36 ff.

698 Siehe KK-WpÜG-*Hasselbach*, § 21, Rn. 17; *Steinmeyer/Häger*, § 21, Rn. 7 ff.

699 KK-WpÜG-*Hasselbach*, § 21, Rn. 17; *Steinmeyer/Häger*, § 21, Rn. 7 ff.

tigkeit der Angebotsänderung nicht zu befürchten. Gegebenenfalls können sie das durch § 21 Abs. 4 WpÜG gewährte Rücktrittsrecht in Anspruch nehmen.

2. Weitere Rechtsfolgen

Im Gegensatz zum City Code knüpft das WpÜG neben der Verbindlichkeit des Übernahmeangebots besondere Rechtsfolgen an die Ausübung des Bedingungsverzichts durch den Bieter. Gemäß § 21 Abs. 4 WpÜG können die Aktionäre, die das Angebot vor der Veröffentlichung der Angebotsverzichts bereits angenommen haben, von dem Vertrag bis zum Ablauf der Annahmefrist zurücktreten. § 21 Abs. 5 WpÜG sieht zudem vor, dass sich die vom Bieter ursprünglich vorgesehene Annahmefrist automatisch um zwei Wochen verlängert, sofern die Veröffentlichung der Änderung innerhalb der letzten zwei Wochen vor Ablauf der ursprünglichen Annahmefrist erfolgt. Während dieser Nachfrist sind erneute Änderungen des Angebots nach § 21 Abs. 6 WpÜG unzulässig.

VI. Anwendbarkeit auf bedingte Angebotsankündigungen

Der Bieter hat auch im Rahmen seiner Angebotsankündigung die Möglichkeit, auf dort gegebenenfalls gestellte Bedingungen zu verzichten. Als Grundlage für den Verzicht kann § 21 Abs. 1 Satz 1 Nr. 4 WpÜG unmittelbar allerdings nicht bemüht werden, da diese Vorschrift nur den Bedingungsverzicht nach Abgabe des Übernahmeangebots erfasst. Die Zulässigkeit des Verzichts von Bedingungen, von denen die Abgabe des Übernahmeangebots abhängt, folgt aber denselben Motiven, die auch § 21 Abs. 1 Satz 1 Nr. 4 WpÜG zu Grunde liegen. Ebenso wie der sonstige Bedingungsverzicht den Schwebezustand des Angebots selbst beendet, schafft der Bedingungsverzicht im Rahmen der Angebotsankündigung zu Gunsten des Kapitalmarkts insgesamt und der Aktionäre der Zielgesellschaft Klarheit hinsichtlich der Abgabe des Übernahmeangebots. Ebenso wie nach dem britischen Übernahmerecht existiert auch nach dem WpÜG keine Frist zur Erfüllung von Bedingungen, die der Angebotsankündigung zu Grunde liegen. Damit besteht auch keine zeitliche Grenze für die Ausübung eines Verzichts. Diesem Missstand muss in der Praxis abgeholfen werden, indem jede Angebotsankündigung eine Frist zur Erfüllung eventuell gestellter Bedingungen enthalten muss.[700]

---

[700] Vgl. dazu oben Kap. 7 § 2 A II 3 auf S. 198.

VII. Einschränkung bei Rechtsbedingungen

Eine Einschränkung der Möglichkeit des Bedingungsverzichts auf notwendige Bedingungen ist im deutschen Übernahmerecht nicht erforderlich, weil das WpÜG im Gegensatz zum City Code den Gebrauch bestimmter Bedingungen nicht vorschreibt.[701] Ebenso wie nach britischem Recht aber müssen Bedingungen, deren Erfüllung zur Durchführung des Übernahmeangebots aus rechtlichen Gründen notwendig ist, von der Möglichkeit des Bedingungsverzichts ausgenommen werden. Als rechtlich notwendige Voraussetzungen von Übernahmen kommen insbesondere staatliche Genehmigungen sowie rechtliche zwingende Gesellschafterbeschlüsse in Betracht. Da Rechtsbedingungen grundsätzlich nicht der privatautonomen Gestaltung unterliegen, kann ein Bedingungsverzicht nicht zur Wirksamkeit des Übernahmeangebots führen. Ein dennoch erklärter Verzicht könnte zu einer falschen Vorstellung der Marktteilnehmer über die Wirksamkeit des Übernahmeangebots führen, was vor dem Hintergrund des Gebots, den Aktionären der Zielgesellschaft durch adäquate Informationen eine sichere Entscheidungsgrundlage zur Verfügung zu stellen (§ 3 Abs. 2 WpÜG), und dem in § 3 Abs. 4 WpÜG niedergelegten Schutz vor Marktverzerrung starken Bedenken ausgesetzt wäre. Die Möglichkeit des Bieters, bei der Erteilung einer staatlichen Genehmigung unter Auflagen dem Übernahmeangebot im Wege eines teilweisen Bedingungsverzichts zur Wirksamkeit zu verhelfen, wird durch das Verbot des Verzichts auf Rechtsbedingungen nicht berührt.[702] Denn der Bieter kann nur nicht über das Erforderlichkeit der Genehmigung an sich bestimmen, über die Akzeptanz damit verbundener Auflagen hingegen schon.

VIII. Absenken der Mindestannahmequote (Verbindlichkeitserklärung)

Die Möglichkeit des Bieters, das Übernahmeangebot durch das Absenken der ursprünglich geforderten Mindestannahmequote verbindlich zu machen, wurde bereits in Kapitel 6 erläutert.[703] Die folgenden Ausführungen dienen dazu, diese dem Bieter durch § 21 Abs. 1 Satz 1 Nr. 3 WpÜG gewährte Option unter dem Blickwinkel des Bedingungsverzichts näher zu beleuchten. Das Absenken der Mindestannahmequote und der Bedingungsverzicht (§ 21 Abs. 1 Satz 1 Nr. 4 WpÜG) unterliegen nach dem WpÜG denselben Voraussetzungen und sind übereinstimmend als Angebotsänderungen eingeordnet. Sowohl die Gleichset-

---

701 Vgl. dazu sowie zu den nachfolgenden Ausführungen die Parallelproblematik im britischen Recht, erläutert in Kap. 7 § 1 B VII 1 auf S. 181 f.

702 Ausführlich dazu in Kap. 8 § 2 C auf S. 220 ff.

703 Siehe Kap. 6 § 2 B III 2 b auf S. 151.

zung der beiden Institute als auch deren Einordnung erweisen sich bei näherer Betrachtung als zutreffend.

Die Absenkung der Mindestannahmequote stellt rechtstechnisch einen teilweisen Verzicht auf eine Bedingung dar, dessen Wirksamkeit nach der Rechtsprechung des BGH einen Änderungsvertrag erfordert. Die Möglichkeit des einseitigen Verzichts auf Bedingungen gemäß § 21 Abs. 1 Satz 1 Nr. 3 bzw. Nr. 4 WpÜG rechtfertigt sich im Hinblick auf die BGH-Rechtsprechung durch die besonderen Schutzmaßnahmen, die das WpÜG im Gegenzug zu Gunsten der Aktionäre der Zielgesellschaft bereitstellt. Die Aktionäre, die das ursprüngliche Angebot schon angenommen haben, können gemäß § 21 Abs. 4 WpÜG von dem Vertrag zurücktreten. Zudem gilt für alle Aktionäre gemäß § 21 Abs. 5 WpÜG eine um zwei Wochen verlängerte Annahmefrist. Insbesondere das Rücktrittsrecht stellt einen Vorteil gegenüber dem britischen Übernahmerecht dar. Es verhindert, dass die Aktionäre, die das ursprüngliche Angebot nur angenommen haben, um eine Stellung als zukünftiger Minderheitsgesellschafter zu vermeiden, bei einer Absenkung der Annahmequote nicht zwingend an ihre Annahmeerklärung gebunden bleiben. Auch wenn die Annahmeentscheidung dieser Aktionäre im Hinblick auf die zweiwöchige Nachfrist zur Annahme nach der Verbindlichkeitserklärung nicht notwendig war, sichert das Rücktrittsrecht die Aktionäre gegen derartige Fehlentscheidungen wirksam ab.

C. Rechtsfolgen unzulässiger Bedingungen

Die Verwendung unzulässiger Bedingungen in Übernahmeangeboten hat erhebliche Konsequenzen für den Bieter. Bei einem Einschreiten der BaFin richten sich die Rechtsfolgen alternativ nach § 15 Abs. 1 Nr. 2 WpÜG oder nach der allgemeinen Missstandsaufsicht gemäß § 4 Abs. 1 Satz 3 WpÜG. § 15 Abs. 1 Nr. 2 WpÜG ist *lex specialis* gegenüber § 4 Abs. 1 Satz 3 WpÜG, sofern eine Veröffentlichung der Angebotsunterlage in Übereinstimmung mit dem in § 14 WpÜG vorgesehenen Verfahren noch nicht stattgefunden hat und es sich um einen „offensichtlichen" Gesetzesverstoß handelt.[704] Ohne Einschreiten der BaFin sind ausschließlich zivilrechtliche Rechtsfolgen denkbar.

[704] Undifferenziert Geibel/Süßmann-*Angerer*, § 15, Rn. 4. Hinsichtlich der Einschränkungen KK-WpÜG-*Seydel*, § 14, Rn. 54; § 15, Rn. 38 und KK-WpÜG-*Hasselbach*, § 18, Rn. 71.

I. Bei Einschreiten der BaFin

Die Befugnisse der BaFin für ein Einschreiten gegen unzulässige Bedingungen lassen sich systematisch in die Phase vor und nach der Angebotsveröffentlichung unterteilen. Während diese Unterteilung für die der BaFin formal zur Verfügung stehenden Mittel zum Einschreiten einen großen Unterschied bedeutet, sind die tatsächlichen Auswirkungen weitaus geringer.

1. Vor Angebotsveröffentlichung

Erlangt die BaFin im Zeitraum bis zur Angebotsveröffentlichung Kenntnis von einer unzulässigen Bedingung, so muss die sie das Angebot gemäß § 15 Abs. 1 Nr. 2 WpÜG untersagen, wenn der Verstoß gegen das WpÜG „offensichtlich" ist.[705] Die BaFin hat diesbezüglich kein Ermessen.[706] Ein offensichtlicher Verstoß gegen § 18 Abs. 1 WpÜG ist liegt vor, wenn sich die Unzulässigkeit der Bedingung evident aus der Angebotsunterlage ergibt. Darüber hinaus wird man einen offensichtlichen Verstoß auch dann annehmen müssen, wenn der Verstoß erst nach einer schwierigen rechtlichen Prüfung festgestellt werden kann, solange das Ergebnis am Ende eindeutig feststeht.[707] Dies gebietet der Gesetzeszweck von § 15 Abs. 1 WpÜG, wonach inhaltlich unzulässige Angebote verhindert werden sollen.[708] Ein Auslegung, nach der die BaFin das Angebot nur bei von vornherein unproblematischen Fällen untersagen kann, geht zu Lasten der Zielgesellschaft und ihrer Aktionäre. Eine solche Lösung wäre auch wenig sachgerecht, weil der Bieter in Abstimmung mit der BaFin die Möglichkeit hat, die Angebotsunterlage zur Vermeidung unzulässiger Bedingungen zu ändern.[709]

Vorrangig gegenüber einer Angebotsuntersagung ist allerdings regelmäßig eine Nachfristsetzung gemäß § 14 Abs. 2 Satz 3 WpÜG, um dem Bieter die Möglichkeiten zu geben, die unzulässige Bedingung zu korrigieren bzw. zu streichen. Zwar steht das Setzen einer solchen Nachfrist im Ermessen der BaFin, aber vorbehaltlich dem Vorliegen besonderer Umstände führt die Geltung des Grundsatzes der Verhältnismäßigkeit zu einer Ermessensreduzierung auf Null mit der Folge, dass die BaFin verpflichtet ist, eine entsprechende Nachfrist zu

---

705 Vgl. die Begründung zu § 14 Abs. 2 RegE, BT-Drucks. 14/7034, S. 45.
706 So ausdrücklich die Begründung zu § 15 Abs. 1 RegE, BT-Drucks. 14/7034, S. 45.
707 KK-WpÜG-*Hasselbach*, § 15 Rn. 34.
708 KK-WpÜG-*Seydel*, § 15 Rn. 34.
709 Ausführlich dazu KK-WpÜG-*Hasselbach*, § 15 Rn. 34.

setzen.[710] Denn gegenüber der sofortigen Untersagung des Angebots stellt der Hinweis auf den Gesetzesverstoß in Verbindung mit einer Nachfristsetzung das mildere Mittel dar.[711]

Fehlt es an der Offensichtlichkeit des Gesetzesverstoßes, weil etwa eine in die Angebotsunterlage aufgenommene Bedingung im Grenzbereich zwischen einer zulässigen objektiven und einer unzulässigen subjektiven Bedingung anzusiedeln ist, so kann die BaFin dennoch einschreiten, indem sie auf der Grundlage der allgemeinen Missstandsaufsicht gemäß § 4 Abs. 1 Satz 3 WpÜG dem Bieter die Veröffentlichung der Angebotsunterlage in der konkreten Fassung untersagt und dem Bieter auf diese Weise die Möglichkeit der Nachbesserung gibt oder das Berufen auf die Bedingung untersagt.[712] Eine Untersagung des Angebots insgesamt kann die BaFin im Wege der allgemeinen Missstandsaufsichtsaufsicht nicht anordnen, weil die Voraussetzungen für eine Untersagung nach § 15 Abs. 1 Nr. 2 WpÜG nicht durch Rückgriff auf die Generalermächtigung umgangen werden dürfen.[713]

Als Konsequenz einer Angebotsuntersagung durch die BaFin gemäß § 15 Abs. 1 Nr. 2 WpÜG ordnet § 15 Abs. 3 WpÜG das Verbot der Veröffentlichung der Angebotsunterlage sowie die Nichtigkeit aller auf Grund des untersagten Angebots zu Stande gekommenen Rechtsgeschäfte an. Durch das Verbot der Veröffentlichung soll das Zustandekommen von Verträgen mit den Aktionären über den Kauf oder Tausch ihrer Wertpapiere verhindert werden.[714] Wurde das Angebot trotz des Verbots veröffentlicht und von Aktionären angenommen, stellt § 15 Abs. 3 Satz 2 WpÜG klar, dass diese Verträge nichtig sind. Untersagt die BaFin die Veröffentlichung des konkreten Angebots wegen eines nicht offensichtlichen WpÜG-Verstoßes im Wege der allgemeinen Missstandsaufsicht, ergibt sich die Nichtigkeit des dennoch abgegebenen Angebots aus § 134 BGB.[715]

---

710 KK-WpÜG-*Seydel*, § 15 Rn. 45; Geibel/Süßmann-*Angerer*, § 15, Rn. 29.

711 Haarmann/Riehmer/Schüppen-*Riehmer*, § 15, Rn. 8.

712 KK-WpÜG-*Hasselbach*, § 18, Rn. 71.

713 KK-WpÜG-*Giesberts*, § 4, Rn. 14; Geibel/Süßmann-*Schwennicke*, § 4, Rn. 9. Der Hinweis von *Hasselbach* (KK-WpÜG-*Hasselbach*, § 18, Rn. 71) auf die Möglichkeit, die Veröffentlichung des Angebots zu untersagen, ist demzufolge auf das Angebot in seiner konkreten Fassung zu beziehen und beinhaltet somit nichts anderes als die Aufforderung zur Nachbesserung.

714 Haarmann/Riehmer/Schüppen-*Riehmer*, § 15, Rn. 23.

715 KK-WpÜG-*Hasselbach*, § 18, Rn. 71.

2. Nach Angebotsveröffentlichung

Die Untersagung des Angebots scheidet aus, wenn das Übernahmeangebot in Übereinstimmung mit dem in § 14 WpÜG vorgesehenen Verfahren veröffentlicht wurde.[716] Dies ergibt sich aus der Systematik des Gesetzes gemäß § 14 Abs. 2 Satz 1 und § 15 Abs. 3 WpÜG, wonach das Angebot entweder untersagt oder durch Gestattung bzw. Fristablauf rechtmäßig veröffentlicht wird. Eine Untersagung nach der Veröffentlichung des Angebots sieht das WpÜG nicht vor. Das Verbot der Angebotsuntersagung nach Veröffentlichung des Angebots hat jedoch nicht zur Folge, dass eine unbemerkt gebliebene unzulässige Bedingung oder die missbräuchliche Ausnutzung eines subjektiven Bedingungselements (z.B. im Rahmen von behördlichen Genehmigungsvorbehalten) ohne Folgen bleibt. Die BaFin kann im Rahmen der allgemeinen Missstandsaufsicht nach § 4 Abs. 1 Satz 3 WpÜG den Verzicht auf die entsprechende Bedingung anordnen oder dem Bieter das Berufen auf die Bedingung versagen. Im Interesse der Aktionäre erscheint ein Bedingungsverzicht wegen der damit einhergehenden Veröffentlichungspflicht (§ 21 Abs. 2 WpÜG) vorzugswürdig.

Auf Grund der zeitlichen Schranken für einen Bedingungsverzicht oder wegen anderer Umstände im Einzelfall kann es aber auch geboten sein, dem Bieter die Berufung auf die Bedingung verweigern. Die BaFin wird diese Rechtsfolge insbesondere in Fällen wählen, in denen der Bieter das Übernahmeangebot infolge einer auflagenbeschwerten behördlichen Genehmigung in rechtsmissbräulicher Weise verfallen lassen möchte.[717] Denn erst, indem der Bieter die Frist zur Erklärung des teilweisen Bedingungsverzichts verstreichen lässt, setzt er sich dem Vorwurf rechtsmissbräuchlichen Handelns aus. Bis zum Ablauf der Frist zur Erklärung des teilweisen Verzichts, durch den der Bieter die Auflage akzeptieren würde, liegt kein zu beanstandendes Verhalten des Bieters vor. Aus diesem Grund kann die BaFin in diesem Fall nicht den (teilweisen) Verzicht auf die Bedingung anordnen.

II. Ohne Einschreiten der BaFin

Versäumt es die BaFin auf der Grundlage der genannten Eingriffsermächtigungen gegen ein Übernahmeangebot vorzugehen, welches eine unzulässige Bedingung enthält, ist lediglich die Bedingung nach § 134 BGB nichtig. Für das gesamte Übernahmeangebot sowie die unter ihm gegebenenfalls geschlossenen

716 KK-WpÜG-*Seydel*, § 14, Rn. 54 sowie § 15, Rn. 38.
717 Ausführlich dazu in Kap. 6 § 2 B I 4 b auf S. 133 ff.

Verträge mit den Aktionären liegt ein Fall von Teilnichtigkeit vor. Inwieweit dies zu einer Gesamtnichtigkeit führt, ist gemäß § 139 BGB durch Auslegung des Übernahmeangebots zu ermitteln. Da ein unbedingtes Angebot für die Aktionäre regelmäßig von Vorteil ist und gleichsam das Interesse des Bieters an der möglichst erfolgreichen Gestaltung des Übernahmeangebots im Rahmen der Auslegung zu berücksichtigen ist, wird man das Übernahmeangebot sowie gegebenenfalls die Verträge in aller Regel als wirksam ansehen müssen.[718]

D. Sperrfrist

Die Sperrfristregelung in § 26 WpÜG hat einen vergleichsweise engeren Anwendungsbereich als ihr britisches Pendant in Rule 35 City Code. Für die deutsche Regelung ist zu differenzieren zwischen der Unwirksamkeit des Übernahmeangebots nach dem Eintritt bzw. Ausfall einer Bedingung und der Untersagung des Angebots durch die BaFin.

I. Keine generelle Sperrfrist

Eine generelle Sperrfrist für den Fall, dass ein Übernahmeangebot durch den Ausfall einer aufschiebenden Bedingung bzw. den Eintritt einer auflösenden Bedingung seine Wirkung verliert und infolgedessen die Übernahme scheitert, enthält das WpÜG nicht. Betreffend den Eintritt oder Ausfall von Bedingungen sieht § 26 Abs. 1 Satz 2 WpÜG eine einjährige Sperrfrist für die Abgabe weiterer Angebote nur für den Fall vor, dass der in der Angebotsunterlage angegebene Mindestanteil an Wertpapieren nach Ablauf der Annahmefrist nicht erreicht wurde.

Damit besteht grundsätzlich die Gefahr, dass der Bieter als Rückzugsmöglichkeit auch Bedingungen in die Angebotsunterlage aufnimmt, deren Erfüllung von vornherein unwahrscheinlich ist. Denn verläuft das Übernahmeverfahren ohne Probleme, kann er jederzeit auf diese Bedingungen verzichten und die Übernahme erfolgreich gestalten. Treten im Laufe des Verfahrens aber Umstände zu Tage, welche die Übernahme wenig attraktiv erscheinen lassen, kann sich der Bieter jederzeit von seinem Angebot zurückziehen. Eine inhaltliche Prüfung der Bedingung, wie sie der City Code vorsieht, hat der Bieter dabei nicht zu be-

718 *Steinmeyer/Häger*, § 18, Rn. 17; KK-WpÜG-*Hasselbach*, § 18, Rn. 71.

fürchten. Da ihm für diesen Fall keine Sperrfrist droht, kann der Bieter jederzeit ein neues Angebot zu einem niedrigeren Preis abgeben.[719]

II. Sperrfrist bei unzulässigen Bedingungen

Gemäß § 26 Abs. 1 Satz 1 WpÜG gilt die einjährige Sperrfrist für die Abgabe erneuter Angebote, wenn ein Angebot nach § 15 Abs. 1 oder 2 WpÜG untersagt wurde. Damit unterliegt der Bieter der einjährigen Sperrfrist, wenn die BaFin das Übernahmeangebot wegen der Verwendung unzulässiger Bedingungen gemäß § 15 Abs. 1 Nr. 2 WpÜG untersagt hat. Wie bereits dargestellt, ist dies jedoch ein praktisch wenig relevanter Fall.[720]

III. Ausnahmen von der Sperrfrist

Die Sperrfrist gilt nach § 26 Abs. 1 Satz 3 WpÜG nicht, wenn der Bieter durch zwischenzeitliche Erwerbe die Voraussetzungen für ein Pflichtangebot ausgelöst hat. Darüber hinaus steht es gemäß § 26 Abs. 2 WpÜG im Ermessen der BaFin von der Sperrfrist abzusehen, wenn die Zielgesellschaft einem entsprechenden Antrag des Bieters zustimmt. Während letztere Möglichkeit einer Befreiung von der Sperrfrist im britischen Recht ähnlich geregelt ist[721], verbietet das britische Recht vorbeugend bereits den pfichtangebotsauslösenden Aktienerwerb.[722] Nach britischem Recht können auf diese Weise die Voraussetzungen für ein Pflichtangebot gar nicht erst geschaffen werden.

§ 3 Fazit

Bei der Regelung der Rechtsfolgen, die durch (Nicht-)Erfüllung, Verzicht oder die Unzulässigkeit von Bedingungen ausgelöst werden bestehen nicht unerhebli-

---

[719] Übernahmeangebote, die durch die (Nicht-)Erfüllung von Bedingungen scheitern, lösen keinen Anspruch auf Nachbesserung gemäß §§ 31 Abs. 4 und Abs. 5 WpÜG aus – vgl. m.w.N. Geibel/Süßmann-*Thun*, § 31, Rn. 58.

[720] Siehe zuvor Kap. 7 § 2 C I 1 auf S. 207 f.

[721] Vgl. Note (a) (iii) on Rule 35.1 and 35.2 City Code. Das Panel ist im Unterschied zur BaFin, welches volles Ermessen genießt, allerdings grundsätzlich gehalten bei Zustimmung durch die Zielgesellschaft, von der Sperrfrist zu befreien („*The Panel will normally grant consent...*").

[722] Rule 35.1 (a) (ii) City Code.

che Unterschiede zwischen den Regelungen des City Code und des WpÜG. Die Unterschiede orientieren sich in der Regel konsequent an der Systematik der jeweiligen Regelwerke. Die wichtigsten Unterschiede beider Regelwerke liegen in den Sperrfristregelungen und der unterschiedlichen Bindungswirkung von Bedingungen.

Die Anordnung der Sperrfrist im britischen Recht für alle Fälle, in denen ein Übernahmeangebot infolge einer Bedingung scheitert, ist ein markanter Unterschied zum deutschen Recht. Das Panel hat zudem mit dem Verfahren des *put up or shut up* einen Weg gefunden, um durch die Androhung einer Sperrfrist die mit der Ankündigung eines möglichen Übernahmeangebots verbundenen Unsicherheiten für die Zielgesellschaft und den Kapitalmarkt insgesamt einzudämmen. Im Gegensatz dazu ordnet das WpÜG bezogen auf die Verwendung von Bedingungen eine Sperre nur für den Fall an, dass die in der Angebotsunterlage geforderte Anzahl an Mindestannahmen nicht erreicht wurde. Da der Bieter zudem keine inhaltliche Überprüfung seiner Bedingungen befürchten muss, besteht in Deutschland die Gefahr, dass der Bieter das Aufstellen von Bedingungen dazu missbraucht, um sich Möglichkeiten zur Angebotsrücknahme zu verschaffen. Allerdings wird auch die britische Sperrfrist durch einige Ausnahmetatbestände relativiert. Dies betrifft insbesondere die Fälle der Zustimmung der Zielgesellschaft zum neuen Angebot und den Verfall des alten Angebots im Anschluss an die Einleitung eines kartellrechtlichen Verfahrens.

Vor dem Hintergrund der im britischen Recht bestehenden Androhung einer Sperrfrist für alle infolge der (Nicht-)Erfüllung von Bedingungen scheiternden Übernahmeangebote lassen sich weitere Unterschiede zwischen City Code und WpÜG bei der Regelung der Rechtsfolgen von Bedingungen erklären:

- Nach britischem Übernahmerecht ist sowohl die Bedingungserfüllung als auch der Bedingungsverzicht noch nach Ablauf der Annahmefrist erlaubt. Findet die Erfüllung oder der Verzicht aber nicht innerhalb der verlängerten Frist gemäß Rule 31.7 City Code statt, verfällt das Angebot und der Bieter ist grundsätzlich für die Dauer von 12 Monaten von der Abgabe eines neuen Angebots ausgeschlossen. Das WpÜG hingegen enthält keine über die Angebotsfrist hinaus verlängerte Frist zur Erfüllung von Bedingungen. Dieser Nachteil wird aber kompensiert, indem das WpÜG ohnehin eine längere Angebotsfrist[723] als der City Code zulässt und darüber hinaus grundsätzlich keine Sperrfrist anordnet, wenn das Übernahmeangebot durch den Eintritt bzw. Ausfall einer Bedingung scheitert. Das britische Recht gewährt dem Bieter vor dem Hintergrund der drohenden Sperrfrist einen verlängerten Zeitraum für die Entscheidung, ob er das Übernahmeangebot durch Ausübung des Bedingungsverzichts verbindlich machen möchte.

- Der Verzicht auf die Rechtsfolgen auflösender Bedingungen ist für die Rechtslage im Vereinigten Königreich ebenfalls unter Berücksichtigung der drohenden Sperrfrist zu betrachten. Ohne diese Verzichtsoption müsste der Bieter die Verfallswirkung einer auflösenden Bedingung hinnehmen und wäre anschließend für die Dauer von 12 Monaten von der Abgabe weiterer Übernahmeangebote ausgeschlossen, obwohl er gewillt ist, das Übernahmeangebot zu besseren Konditionen als ursprünglich vorgesehen durchzuführen. Wie das deutsche Recht zeigt, sollte aber selbst ohne die Androhung einer Sperrfrist der Verzicht auf die Bedingungsfolgen möglich sein. Denn die Abgabe eines neuen Angebots stellt aus Sicht des Bieters keine gleichwertige Alternative dar.

Ein weiterer, praktisch sehr relevanter Unterschied beider Systeme liegt in der Abschwächung der Verfallswirkung von Bedingungen in Übernahmeangeboten durch Note 2 on Rule 13 City Code. Während die Verfallswirkung von Bedingungen in Deutschland grundsätzlich automatisch eintritt, werden die den Verfall begründenden Umstände im Vereinigten Königreich einer inhaltlichen Überprüfung durch das Panel unterzogen. Erst wenn das Panel zu dem Schluss kommt, dass diese Umstände im Kontext des konkreten Angebots für den Bieter von wesentlicher Bedeutung sind, kann sich der Bieter auf den Verfall des Übernahmeangebots berufen. Diese Regelung führt zu einer erheblich gesteigerten Bindungswirkung des Bieters an das Übernahmeangebot.

Beide Rechtssysteme ordnen die Frage des Bedingungsverzichts unterschiedlich ein. Nach deutschem Recht ist der Bedingungsverzicht ein Fall einer Angebotsänderung, in dessen Folge sich die Annahmefrist um zwei Wochen verlängert und den Aktionären der Zielgesellschaft ein Rücktrittsrecht gewährt wird. Diese Rechtsfolgen erscheinen konsequent vor dem Hintergrund, dass der Bedingungsverzicht nach deutschem Zivilrecht der Zustimmung der anderen Ver-

[723] Gemäß § 16 Abs. 1 WpÜG bis zu zehn Wochen, wohingegen gemäß Rule 31.6 (a) City Code eine Maximalfrist von nur 60 Tagen ab Abgabe des Übernahmeangebots vorgesehen ist.

tragspartei bedarf. Ebenso konsequent ist es, dass der Bedingungsverzicht nach britischem Übernahmerecht – als Ersatz für die Erfüllung einer Bedingung – grundsätzlich keine Verlängerung der Annahmefrist nach sich zieht.[724] Denn nach britischem Vertragsrecht bedarf der Bedingungsverzicht, soweit die Bedingung ausschließlich dem Interesse der verzichtenden Partei dient, nicht der Zustimmung der anderen Vertragspartei.

In den Rechtsfolgen unzulässiger Bedingung dürften in der Praxis kaum Unterschiede auftreten. Denn faktisch wird die jeweilige Aufsichtsbehörde dem Bieter aufgeben, die entsprechende Bedingung aus dem Angebot zu streichen bzw. ein Berufen auf die Bedingung zu unterlassen. Der theoretische Unterschied ist dagegen erheblich. Das WpÜG ordnet für den Fall der Verwendung unzulässiger Bedingungen grundsätzlich die Untersagung des Übernahmeangebots durch die BaFin an. Die Option, die Streichung der unzulässigen Bedingung anzuordnen, ist lediglich Ausfluss des Verhältnismäßigkeitsgrundsatzes. Gemäß dem britischen Recht ist die Streichung der Bedingung hingegen primäre Rechtsfolge unzulässiger Bedingungen. Die Rücknahme des gesamten Übernahmeangebots wird das Panel regelmäßig nicht gestatten, da die Durchführung des Übernahmeverfahrens höchste Priorität genießt.[725]

[724] Die Ausnahme hierzu bildet die Annahmefristverlängerung gemäß Rule 31.4 City Code nach Verbindlichkeit des Übernahmeangebots.

[725] Vgl. City Code, General Principles, 3.

Kapitel 8

Bedingungskatalog

Das Ziel dieses Kapitels ist es, unter Anwendung der theoretischen Grundlagen in WpÜG und City Code einen Katalog möglicher Bedingungen in Übernahmeangeboten zusammenzustellen. Dieser Überblick ist nicht abschließend, sondern beinhaltet besonders gebräuchliche sowie häufig diskutierte Bedingungen. Auf eine Unterteilung in zulässige und unzulässige Bedingung wurde bewusst verzichtet, weil die Zulässigkeit bestimmter Bedingungen oftmals von deren konkreter Ausgestaltung abhängt. Zudem müssten bei einer Trennung systematisch verwandte Bedingungen, wie zum Beispiel die verschiedenen Bedingungen in Bezug auf die Angebotsfinanzierung, willkürlich voneinander getrennt werden. Soweit Bedingungen als Gegenstand spezieller Vorschriften bereits in Kapitel 6 behandelt wurden, wird auf eine ausführliche Darstellung verzichtet und nur eine kurze Zusammenfassung der Ergebnisse geliefert.

§ 1 Mindestannahmequote (*acceptance condition*)

Die Mindestannahmequote ist die gebräuchlichste Form aller in Übernahmeangeboten anzutreffenden Bedingungen. Die Möglichkeit der Aufnahme einer Mindestannahmequote in Übernahmeangebote nach City Code und WpÜG wurde bereits ausführlich in Kapitel 6 dargestellt und soll an dieser Stelle lediglich in aller Kürze zusammengefasst werden.

A. City Code

Der Bieter ist gemäß Rule 10 City Code verpflichtet, das Übernahmeangebot von dem Erreichen einer Mindestannahmequote von über 50 Prozent der Stimmrechte der Zielgesellschaft abhängig zu machen.[726] Die Quote wird in der Praxis häufig auf 90 Prozent festgelegt, weil der Bieter bei Erreichen dieser Quote die Möglichkeit besitzt, die in der Zielgesellschaft verbliebenen Aktionäre im Wege des *Squeeze-out*-Verfahrens aus der Gesellschaft zu drängen. Ein Festsetzen der Quote auf einen Wert über 90 Prozent ist unzulässig, da der Bieter auf diese

[726] Ausführlich dazu in Kap. 6 § 1 B II 1 auf S. 101 ff.

Weise die Bindungswirkung des Übernahmeangebots zu unterlaufen droht. Stellt sich im Laufe der Annahmefrist heraus, dass der Bieter die Erfolgsaussichten seines Übernahmeangebots zu optimistisch eingeschätzt und die Annahmeschwelle deshalb zu hoch angesetzt hat, kann der Bieter die Schwelle innerhalb der 60-tägigen Annahmefrist herabsetzen und das Übernahmeangebot auf diese Weise gemäß Rule 31.6 City Code verbindlich machen (Verbindlichkeitserklärung).

B. WpÜG

Die Aufnahme eine Mindestannahmequote in die Angebotsunterlage ist nach dem WpÜG zulässig, aber nicht zwingend.[727] In den meisten Fällen wird der Bieter die Vorteile einer Mindestannahmeschwelle nutzen wollen, um seinen Einfluss auf die Zielgesellschaft zu sichern. In Betracht kommen insbesondere Schwellenwerte in Höhe von 50 Prozent (einfache Mehrheit), 75 Prozent (qualifizierte Mehrheit) oder 95 Prozent (*Squeeze-out*-Schwelle nach § 327a AktG). Ein Festsetzen der Mindestannahmequote auf einen Wert über 95 Prozent ist unzulässig, da es sich mangels eines nachvollziehbaren subjektiven Interesses des Bieters um einen faktischen Rücktrittsvorbehalt handelt. Bleibt der gewünschte Erfolg des Übernahmeangebots aus, kann der Bieter auch nach deutschem Recht die ursprünglich geforderte Quote nach § 21 Abs. 1 Nr. 3 WpÜG absenken (Teilverzicht). Da das WpÜG eine Pflichtquote nicht vorschreibt, kann der Bieter darüber hinaus auch auf die festgelegte Mindestannahmequote im Ganzen verzichten. Beide Verzichtsoptionen kann der Bieter bis zu einem Werktag vor Ablauf der Annahmefrist ausüben.

§ 2 Staatliche Genehmigungen

Eine Übernahme kann staatliche Genehmigungen unterschiedlichster Art erforderlich machen. Die konkreten Genehmigungserfordernisse können nur anhand des jeweiligen Einzelfalls ermittelt werden. Es ist deshalb nicht Ziel dieser Ausführungen, einen umfassenden Überblick über mögliche Genehmigungserfordernisse zu geben. Wegen der hohen Praxisrelevanz und der expliziten Erwähnung im City Code wird lediglich auf das kartellrechtliche Genehmigungsverfahren gesondert eingegangen. Hauptgegenstand der folgenden Untersuchung

[727] Ausführlich dazu in Kap. 6 § 2 B III 2 auf S. 148 ff.

sind die Gestaltungsmöglichkeiten von Bedingungen, wenn die Erteilung der Genehmigung nur unter Auflagen zu erwarten ist.

A. Kartellrecht

Eine Bedingung, mit der das Bieterunternehmen das Übernahmeangebot von einer kartellrechtlichen Genehmigung abhängig macht, gehört nach britischem und deutschem Übernahmerecht zu den Standardbedingungen in Übernahmeangeboten.

I. City Code

Sollte das vom Bieter geplante Übernahmevorhaben auf nationaler oder europäischer Ebene geeignet sein, fusionskontrollrechtliche Bedenken auszulösen, muss das Angebot eine kartellrechtliche Bedingungsklausel enthalten. Gemäß Rule 12.1 (a) bzw. (b) City Code muss eine solche Klausel den Verfall des Übernahmeangebots ankündigen, wenn es vor dem *first closing*[728] bzw. dem Verbindlichwerden des Übernahmeangebots (die zeitlich zuletzt eintretende Variante ist maßgebend) an die *Monopolies and Mergers Commission* überwiesen wird bzw. die Europäische Kommission ein Verfahren auf der Grundlage der europäischen Fusionskontrollverordnung einleitet. Alternativ räumt Rule 12.1 (c) City Code dem Bieter die Möglichkeit ein, das Übernahmeangebot von der Entscheidung abhängig zu machen, dass keine Überweisung an die *Monopolies and Mergers Commission* und keine Verfahrenseinleitung durch die Europäische Kommission stattfindet (sog. Negativtest bzw. *negative clearance*).

Die nachfolgend unter Punkt C aufgeführten Gestaltungsmöglichkeiten von Bedingungsklauseln betreffen nur sonstige staatliche Genehmigungen, gelten wegen des zwingenden Charakters von Rule 12.1 City Code aber nicht für die kartellrechtliche Genehmigung. Im Unterschied zu Bedingungen, die andere staatlichen Genehmigungen zum Gegenstand haben, unterliegt der Bieter grundsätzlich keiner Sperrfrist für die Abgabe eines neuen Angebots, wenn das alte Angebote infolge der kartellrechtlichen Bedingung zunächst verfallen ist, die kartellrechtliche Genehmigung schließlich aber erteilt wird.[729]

[728] Gemäß Rule 31.1 City Code muss das Übernahmeangebot für mindestens 21 Tage ab Versendung zur Annahme offen bleiben.

[729] Note (a) (iii) on Rules 35.1 and 35.2 City Code.

II. WpÜG

Nach dem deutschen Übernahmerecht ist die Aufnahme einer kartellrechtlichen Bedingung nicht vorgeschrieben. Gleichwohl kann der Bieter auch nach dem WpÜG das Übernahmeangebot unter die Bedingung einer kartellrechtlichen Genehmigung stellen.[730] In Betracht kommen insoweit die Vorschriften der nationalen Zusammenschlusskontrolle in §§ 35 ff. GWB, die Vorschriften der europäischen Fusionskontrollverordnung sowie weitere ausländische kartellrechtliche Zustimmungserfordernisse. Der Bieter kann die verschiedenen Genehmigungserfordernisse einzeln auflisten oder sich einer generellen Formulierung bedienen, die alle kartellrechtlichen Verfahren umfasst. Letztere Alternative kommt vor allem in Betracht, wenn der Bieter aus zeitlichen Gründen vor der Angebotsabgabe nicht in der Lage war, die einzelnen kartellrechtlichen Genehmigungserfordernisse prüfen zu lassen.

B. Sonstige Genehmigungs- und Untersagungsvorbehalte

Als Inhalt zulässiger Bedingungen kommen weiterhin die Erteilung sonstiger staatlicher Genehmigungen sowie der Nicht-Erlass staatlicher Untersagungsverfügungen in Betracht.[731] Welche Genehmigungs- und Untersagungsvorbehalte der Bieter im Einzelnen zu beachten hat, hängt weitgehend davon ab, in welchem Wirtschaftssektor die Übernahme stattfindet. Denkbar sind beispielsweise bank- und versicherungsaufsichtsrechtliche Untersagungsvorbehalte, medien- und telekommunikationsrechtliche Anzeigepflichten bzw. Genehmigungsvorbehalte sowie personenbezogene Betreibergenehmigungen.[732] Darüber hinaus kann der Bieter das Übernahmeangebot von der Erteilung übernahmerechtlicher Ausnahmegenehmigungen oder der Befreiung von übernahmerechtlichen Vorschriften abhängig machen. Vor allem der City Code enthält eine Reihe möglicher Ausnahmegenehmigungen – zum Beispiel Rule 9.1 (mit der Konkretisierung in den *Notes on Dispensations from Rule 9*), Note 1 on Rule 13 sowie Note on Rules 35.1 und 35.2 City Code –, die das Panel erteilen kann. Im deutschen Übernahmerecht kommt gemäß §§ 8 ff. AngebVO insbesondere eine Befreiung von der Veröffentlichungs- und Angebotspflicht nach § 35 Abs. 1 Satz und § 35 Abs. 2 Satz 1 WpÜG in Betracht. Denkbar ist zum Beispiel aber auch eine Ausnahmegenehmigung nach § 10 Abs. 1 Satz 3 WpÜG.

---

730 Begründung zu § 18 Abs. 1 RegE, BT-Drucks. 14/7034, S. 47.

731 Begründung zu § 18 Abs. 1 RegE, BT-Drucks. 14/7034, S. 47.

732 Für das deutsche Recht KK-WpÜG-*Hasselbach*, § 18, Rn. 28 ff.

Der Bieter wird in der Regel bemüht sein, die zur Durchführung der Übernahme notwendigen Genehmigungen zeitig zu identifizieren und sie zum Gegenstand einzelner Bedingungen zu machen. Es besteht aber auch die Möglichkeit, das Übernahmeangebot von der Erteilung sonstiger Genehmigungen abhängig zu machen, deren Notwendigkeit zur Durchführung der Übernahme bis zur Abgabe des Übernahmeangebots unerkannt geblieben ist. Eine derartige Absicherung ist in der britischen Übernahmepraxis Standard und soll an dem Beispiel der in dem Übernahmeangebot der *Chiron UK-1 Ltd* für die *PowderJect Pharmaceuticals Plc* vom 19. Mai 2003 verwendeten Bedingung dokumentiert werden:

> *„The offer is subject to the following condition: all authorisations, orders, grants, recognitions, confirmations, licences, consents, clearances, permissions and approvals („authorisations") necessary in any jurisdiction for or in respect of the Offer and the proposed acquisition of any shares in, or control of, PowderJect by Chiron UK being obtained in terms and in a form reasonably satisfactory to Chiron UK from all appropriate Relevant Authorities or from any persons or bodies with whom any member of the wider Chiron Group or the wider PowderJect Group has entered into contractual arrangements and such authorisations together with all authorisations necessary for any member of the wider PowderJect Group to carry on its business remaining in full force and effect and there being no notice to revoke, suspend, restrict or modify or not to renew any of the same having been made and all necessary statutory or regulatory obligations in any jurisdiction to which the wider PowderJect Group is subject having been complied with.*"[733]

Die Bedingung weist zwei Besonderheiten auf. Sie gilt für staatliche sowie für nicht staatliche Genehmigungen und erfasst zudem nicht nur die Erteilung notwendiger Genehmigungen, sondern auch den Fortbestand bereits erteilter Genehmigungen. Die Bedingung verstößt im Grundsatz nicht gegen das Verbot subjektiver Bedingungen, weil sich objektiv feststellen lässt, ob eine Genehmigung im Rahmen der Übernahme notwendig ist oder nicht. Die unter dem Gesichtspunkt des Verbots subjektiver Bedingungen auf den ersten Blick bedenklich erscheinende Formulierung „*in terms and in a form reasonably satisfactory to*" spiegelt lediglich die Möglichkeit des sowohl nach britischem als auch nach

---

733 *Appendix I, Part A, (f)* der unveröffentlichten Angebotsunterlage. Eine entsprechende Klausel gehört zu den Standardbedingungen in britischen Übernahmeangeboten – vgl. z.B. die Übernahmeangebote der *UAG UK Holdings Limited* für die *Sytner Group Plc* (13. Februar 2003), der *Capita Group Plc* für die *Mission Testing Plc* (2. September 2002) sowie von *Vince* für die *TBI Plc* (25. August 2001).

deutschem Recht zulässigen teilweisen Bedingungsverzichts wider.[734] Wird die Genehmigung nur unter Auflagen erteilt, hat der Bieter die Möglichkeit, das Übernahmeangebot entweder unter Berufen auf den teilweisen Bedingungsausfall verfallen zu lassen oder es durch einen teilweisen Bedingungsverzicht aufrechtzuerhalten.[735]

C. Gestaltung der Bedingungen bei möglichen Auflagen

Dem Bieter bieten sich bei der Gestaltung von Bedingungen, die eine staatliche Genehmigung zum Gegenstand haben, verschiedene Möglichkeiten. Die Gestaltung hängt wesentlich davon ab, in welchem Umfang der Bieter die Erteilung der Genehmigung voraussehen kann. Dies wiederum steht in einem engen Zusammenhang mit dem Stadium, in dem sich das behördliche Genehmigungsverfahren zum Zeitpunkt der Angebotsabgabe befindet. Der Bieter ist grundsätzlich gehalten, notwendige Genehmigungen im Rahmen seiner Möglichkeiten zu spezifizieren. Dies betrifft insbesondere die mit einer Genehmigungserteilung unter Umständen verknüpften Auflagen für den Bieter.[736]

I. Auflagen nicht vorhersehbar

Wenn das behördliche Genehmigungsverfahren noch gar nicht begonnen hat oder sich noch in dem Anfangsstadium befindet, kann der Bieter in aller Regel noch keine Kenntnis von möglichen Auflagen haben, die im Zusammenhang mit der späteren Genehmigungserteilung möglicherweise drohen. Der Bieter kann deshalb im Rahmen einer Bedingung die uneingeschränkte Erteilung der Genehmigung fordern. Wird die Genehmigung nur unter Auflagen erteilt, kann der Bieter das Übernahmeangebot im Wege des teilweisen Bedingungsverzichts aufrechterhalten. Diese Konstellation ist in der Praxis die Regel. So steht das am 12. Februar 2004 abgegebene Übernahmeangebot der *Carlsberg Deutschland GmbH* für die *Holsten-Brauerei AG* unter der aufschiebenden Bedingung, dass

---

[734] Siehe Kap. 7 § 1 B VIII auf S. 183 f. für das britische Recht und Kap. 7 § 2 B VIII auf S. 205 f. für das deutsche Recht.

[735] Ausführlich zu den verschiedenen Gestaltungsmöglichkeiten nachfolgend in Kap. 8 § 2 C auf S. 220 ff.

[736] In Betracht kommt ebenfalls die Erteilung der Genehmigung unter einer Bedingung. Um mögliche Missverständnisse bei der Verwendung des Begriffs der Bedingung zu vermeiden, wird im Folgenden für denkbare Beschränkungen der Genehmigung stellvertretend ausschließlich der Begriff der Auflage gebraucht.

die „Genehmigung der Holsten-Übernahme ohne Auflagen und Bedingungen durch die Europäische Kommission bis zum 30. Juli 2004“ erteilt wird.[737]

II. Auflagen vorhersehbar

Etwas anderes gilt, wenn die Auflagen auf Grund des bereits fortgeschrittenen Genehmigungsverfahrens für den Bieter in ihren Einzelheiten bereits eindeutig vorhersehbar sind. In diesem Fall muss der Bieter die Auflagen in die Bedingungsklausel aufnehmen, um sich nicht dem Vorwurf rechtsmissbräuchlichen Handelns auszusetzen.[738] Die Forderung des Bieters nach einer auflagenfreien Genehmigungserteilung würde ein faktisches Rücktrittsrecht zu seinen Gunsten beinhalten. Es läge ausschließlich in den Händen des Bieters, dass Übernahmeangebot durch die Wahrnehmung der Option des teilweisen Bedingungsverzichts zu Stande zu bringen. Nimmt der Bieter die Auflage – von den Aufsichtsstellen zunächst unbemerkt – nicht in die Bedingungsklausel auf, kann ihm das Panel auf der Grundlage von Note 2 on Rule 13 City Code bzw. die BaFin nach § 4 Abs. 1 Satz 3 WpÜG untersagen, das Übernahmeangebot durch das Berufen auf den Ausfall der Bedingung zu Fall zu bringen.

III. Auflagen vorhersehbar, nicht aber „Art und Weise“

Problematisch sind die praktisch relevanten Fälle, in denen von vornherein nicht mit einer uneingeschränkten Genehmigungserteilung gerechnet werden kann, die Art der Einschränkung zum Zeitpunkt der Angebotsabgabe jedoch nicht vorhersehbar ist. In dieser Variante erscheint es wenig praktikabel, dem Bieter aufzugeben, sämtliche Optionen möglicher Einschränkungen in der Bedingungsklausel aufzulisten. Daher kann der Bieter auch hier zunächst die uneingeschränkte Genehmigung zum Gegenstand seiner Bedingung machen. Allerdings muss der Bieter deutlich machen, dass er generell bereit ist, dass Übernahmeangebot bei einer Genehmigungserteilung unter Auflagen weiter durchzuführen (Ankündigung des möglichen teilweisen Bedingungsverzichts). Ansonsten handelt es sich um eine praktisch nicht erfüllbare und deshalb nach dem WpÜG unzulässige Bedingung bzw. wird das Panel dem Bieter das Berufen auf die Be-

737 Ziffer 10 (a) der unter http://www.bafin.de/datenbanken/wpueg_14/carlsberg.pdf veröffentlichten Angebotsunterlage.

738 Nähere Erläuterungen zu diesem Problemkreis finden sich in Kap. 6 § 1 B I 2 a dd auf S. 91 (City Code) sowie in Kap. 6 § 2 B I 4 b auf S. 133 ff. (WpÜG).

dingung mangels wesentlicher Bedeutung im Sinne von Note 2 on Rule 13 City Code versagen.[739]

Die vom Bieter anhand der konkreten Beschränkung der erteilten Genehmigung zu treffende Entscheidung, das Übernahmeangebot weiter durchzuführen oder davon Abstand zu nehmen, kann überprüft werden. Dabei hält das britische Recht einen sehr viel engeren Maßstab zur Überprüfung dieser Entscheidung bereit als das deutsche Recht. Das Panel hat die Möglichkeit, dem Bieter das Berufen auf den Bedingungsausfall bereits dann zu untersagen, wenn die Auflagen, unter denen die Genehmigung erteilt wurde, im Verhältnis zum Übernahmeangebot insgesamt eine nur untergeordnete Rolle spielen (*Material-Significance*-Test nach Note 2 on Rule 13 City Code). Der Bieter muss das Übernahmeverfahren dann weiter fortführen. Die Hürde für die BaFin, ebenso zu verfahren, liegt ungleich höher. Denn eine inhaltliche Überprüfung von Bedingungen ist dem WpÜG grundsätzlich fremd und darf auch nicht über den Umweg der allgemeinen Missstandsaufsicht der BaFin eingeführt werden. Grundsätzlich genügt es, wenn der Bieter ein rational nachvollziehbares subjektives Interesse an der Rücknahme des Übernahmeangebots auf Grund der Genehmigungserteilung unter Auflagen geltend macht. Eine Angebotsrücknahme ohne Begründung ist unzureichend.

Darüber hinaus kann die BaFin dem Bieter das Berufen auf die Bedingung versagen, wenn sich das Berufen als Fall unzulässiger Rechtsausübung darstellt. Immerhin wusste der Bieter in der vorliegenden Konstellation, dass mit einer auflagenfreien Genehmigung nicht zu rechnen war. Indem er sich trotzdem auf die Durchführung des Angebotsverfahrens eingelassen hat, muss er eine gewisses Maß an Auflagen akzeptieren, um sich nicht dem Vorwurf widersprüchlichen Handeln auszusetzen. Wird die Genehmigung schließlich unter aus Sicht des Bieters geringfügigen, im Ergebnis folgenlosen Auflage erteilt, kann die BaFin dem Bieter mit guten Gründen das Berufen auf den Bedingungsausfall versagen. In dieser Situation stellt das Berufen auf den Bedingungsausfall wegen der Geringfügigkeit der Auflage in Kombination mit dem Vorwurf widersprüchlichen Verhaltens einen Fall unzulässiger Rechtsausübung dar.[740]

---

739 Siehe Kap. 6 § 1 B I 2 a dd auf S. 91 (City Code) sowie Kap. 6 § 2 B I 4 b auf S. 133 ff. (WpÜG).

740 Allgemein dazu Palandt-*Heinrichs*, § 242, Rn. 53, 55.

§ 3 Gesellschafter- und sonstige Gremienvorbehalte

Im Rahmen der Willensbildung des Bieters zur Abgabe des Übernahmeangebots kann außer der Entscheidung des Managements auch die Zustimmung anderer Gremien eine Rolle spielen. Für die Frage, inwieweit der Bieter das Übernahmeangebot von der Zustimmung solcher Gremien abhängig machen kann, ist zwischen der Zustimmung der Gesellschafterversammlung (Gesellschaftervorbehalt) und sonstiger Gremien zu unterscheiden.

A. Gesellschaftervorbehalt

Der Gesellschaftervorbehalt gehört weder nach deutschem noch nach britischem Übernahmerecht zu den Standardbedingungen in Übernahmeangeboten. Da der Gesellschaftervorbehalt Gegenstand mehrerer WpÜG-Vorschriften ist, wurde er bereits ausführlich in Kapitel 6 besprochen. An dieser Stelle erfolgt deshalb lediglich eine Zusammenfassung der Ergebnisse. Im City Code hingegen sucht man vergeblich nach einer Kodifizierung des Gesellschaftervorbehalts. Seine Zulässigkeit folgt deshalb den allgemeinen Regeln zur Zulässigkeit von Bedingungen in Übernahmeangeboten.

I. City Code

Nach britischem Übernahmerecht ist der Gesellschaftervorbehalt eine mit einer Ausnahme zulässige, teilweise sogar rechtlich gebotene Bedingung in Übernahmeangeboten. Zunächst werden die verschiedenen Fallgruppen erörtert, in denen der Bieter sich eines Gesellschaftervorbehalts bedienen kann bzw. muss. Mit der Aufnahme eines Gesellschaftervorbehalts in die Angebotsunterlage geht der Bieter eine besondere Verpflichtung ein, die im Anschluss dargelegt wird.

1. Fallgruppen

Im Folgenden soll ein kurzer Überblick über die verschiedenen Konstellationen gewährt werden, in denen der Bieter den Gesellschaftervorbehalt in das *offer document* aufnehmen kann bzw. muss. Abschließend wird die Ausnahme von der Zulässigkeit des Gesellschaftervorbehalts beschrieben.

a) Notwendiger Gesellschaftervorbehalt

Der Gesellschaftervorbehalt ist notwendiger Bestandteil von Übernahmeangeboten, wenn die Zustimmung der Gesellschafterversammlung zur Durchführung des Angebots rechtlich zwingend ist. Im Unterschied zum WpÜG besitzt das britische Übernahmerecht die Tendenz, dem Bieter die Aufnahme der zwingenden rechtlichen Voraussetzungen der Übernahme als Bedingungen in die Angebotsunterlage aufzugeben.

aa) *Purple Book*-Vorschriften

Nach den Vorschriften des *Purple Book* bedürfen bestimmte Übernahmetransaktionen börsennotierter Unternehmen (*listed companies*) der Zustimmung der eigenen Aktionäre. Das *Purple Book* unterscheidet drei verschiedene Fallgestaltungen, bei denen die Zustimmung der Aktionäre notwendige Voraussetzung für die Durchführung der Transaktion ist. Erfüllt ein Übernahmeangebot die Voraussetzungen eines dieser Fälle und wurde die Zustimmung der Aktionäre noch nicht vor der Abgabe des Übernahmeangebots eingeholt, ist der Bieter verpflichtet, das Angebot mit einem Gesellschaftervorbehalt zu versehen.[741]

Der erste Fall sind Übernahmeangebote, die als sog. *class 1 transactions* zu qualifizieren sind.[742] Dies sind Transaktionen, bei denen der anhand bestimmter Kriterien (*assets, profits, turnover, consideration to market capitalisation, gross capital*) festgestellte Wert der Zielgesellschaft mindestens 25 Prozent des Wertes des Bieters ausmacht.[743] Zweitens bedarf der Bieter eines *reverse takeover* – also eines Tauschangebots für eine größere Zielgesellschaft mit der Folge, dass die Aktionäre der Zielgesellschaft Mehrheitsaktionäre des Bieters werden[744] – der Zustimmung der eigenen Aktionäre.[745] Der dritte Fall eines rechtlich notwendigen Gesellschaftervorbehalts betrifft sog. *related party transactions.*[746] Darunter versteht man Transaktionen zwischen einer *listed company* und einem (ehemaligen) *director* oder *substantial shareholder* (mindestens 10 Prozent der

741 *Paragraph 10.37 Purple Book* für *class 1 transactions*. Aber auch für die übrigen nachfolgend beschriebenen Fälle ist dies allgemeine Meinung – vgl. *Weinberg/Blank*, in: Rabinowitz (Hrsg.), Rn. 4-4024; *Pearson*, in: Button (Hrsg.), S. 135, 155.

742 *Paragraph 10.37 Purple Book.*

743 Vgl. *Paragraph 10.5 Purple Book.*

744 Ausführlich dazu *Stedman*, S. 73 ff.

745 *Paragraph 10.39 Purple Book.*

746 *Paragraph 11.4 (c) Purple Book.*

Stimmrechte) der *listed company oder* einem *associate* eines *director* oder *substantial shareholder.*[747]

bb) Kapitalerhöhungsbeschlüsse bei Tauschangeboten

Der Gesellschaftervorbehalt muss einen Teil der Angebotsunterlage bilden, wenn einer Bietergesellschaft zur Durchführung eines Tauschangebots bei Angebotsabgabe nicht ausreichend Kapital zur Verfügung steht.[748] Diese Fallkonstellation betrifft die zur Durchführung eines Tauschangebots notwendigen Hauptversammlungsbeschlüsse einer *company*. Ein Bieter in Gestalt einer *company* muss das Übernahmeangebot von einem zustimmenden Hauptversammlungsbeschluss abhängig machen, wenn dieser im Rahmen eines Tauschangebots zur Durchführung einer Kapitalerhöhung nach *Section 121 Companies Act 1985* und/oder einer Ausgabeermächtigung für das *board of directors* gemäß *Section 80 Companies Act 1985* notwendig ist.[749] Genügt das innerhalb des *memorandum of association*[750] festgelegte Nominalkapital (*authorised share capital*) der Bietergesellschaft zur Durchführung eines Tauschangebots nicht, muss das *authorised share capital* gemäß *Section 121 (2) (a) Companies Act 1985* durch einen das *memorandum* ändernden Hauptversammlungsbeschluss erhöht werden.[751] In diesem Fall ist zu beachten, dass die *directors* keine Befugnis haben, die neu geschaffenen Aktien auszugeben.[752] Diese Befugnis kann Ihnen gemäß *Section 80 (1) (a) Companies Act 1985* nur durch einen entsprechenden

---

747 Ein *director* oder *substantial shareholder* gilt als *related party*, wenn er diese Funktion innerhalb der letzten 12 Monate vor der Transaktion innehatte (*Paragraph 11.1 (b) (ii) bzw. (c) Purple Book)*. Ausführlich zu den verschiedenen Personengruppen *Paragraph 11.1 Purple Book.*

748 Allgemeine Ansicht, vgl. *Weinberg/Blank*, in: Rabinowitz (Hrsg.), Rn. 4-4024; *Pearson*, in: Button (Hrsg.), S. 135, 155.

749 *Weinberg/Blank*, in: Rabinowitz (Hrsg.), Rn. 4-4024; *Pearson*, in: Button (Hrsg.), S. 135, 155.

750 Der Gesellschaftsvertrag einer britischen *company* besteht aus zwei Teilen: Das *memorandum of association* regelt das Außenverhältnis und die *articles of association* betreffen das Innenverhältnis der *company* – nähere Erläuterungen dazu finden sich bei *Triebel/Hodgson/Kellenter/Müller*, Rn. 602 ff.

751 Gemäß *Section 121 (1) Companies Act 1985* muss eine Gesellschaft durch ihre *articles of association* ermächtigt sein, die Kapitalbestimmungen innerhalb des *memorandum* zu verändern. Enthalten die *articles* keine derartige Ermächtigung (die Muster-*articles* des *Table A* der *Companies Regulations 1985 (SI 1985/805)* enthalten in *Article 32 (a)* eine entsprechende Ermächtigung), sind sie die *articles* zwingend zu ändern – m.w.N. *Palmer*, Rn. 4.203.

752 *Tolley*, S5009.

Hauptversammlungsbeschluss übertragen werden.[753] Verfügt der Bieter bereits über genügend noch nicht gezeichnetes *unissued authorised share capital*, müssen die *directors* lediglich zur Ausgabe der als Gegenleistung gedachten Aktien ermächtigt sein. Im Hinblick auf bereits vorhandene Aktien kann den *directors* diese Ermächtigung nach *Section 80 (1) Companies Act 1985* entweder im Vorwege durch eine entsprechende Klausel in den *articles of association*[754] erteilt werden oder es bedarf auch hier eines Beschlusses der Hauptversammlung.[755]

Gegen die Zulässigkeit des Gesellschaftervorbehalts in den geschilderten Fällen bestehen keine Bedenken, weil das britische Recht – im Gegensatz zu der vergleichbaren Konstellation im deutschen Recht[756] – keine der Zulässigkeit entgegenstehenden Spezialvorschriften enthält. Dies hat zur Folge, dass der Gesellschaftervorbehalt im Hinblick auf durchzuführende Kapitalmaßnahmen zulässig ist, weil er nicht gegen das Verbot subjektiver Bedingungen gemäß Rule 13 City Code verstößt. Die Hauptversammlung trifft grundsätzlich eine vom Management der Bietergesellschaft unabhängige Entscheidung, obwohl sie ein Organ der Bietergesellschaft darstellt.

cc) Gesellschaftsvertragliche Regelung

Schließlich ist die Zustimmung der Gesellschafterversammlung und damit auch der Gesellschaftervorbehalt notwendiger Bestandteil des Übernahmeangebots, wenn der Gesellschaftsvertrag die Zustimmung der Gesellschafterversammlung zur Durchführung der Übernahme zwingend anordnet. In diesem Fall kann nichts anderes gelten als in den vorstehend unter den Punkten aa und bb erläuterten Fällen, weil es keinen Unterschied machen kann, ob die Notwendigkeit eines Gesellschafterbeschlusses auf einer gesetzlichen oder einer vertraglichen Regelung beruht. In beiden Varianten wäre die ohne erforderlichen Gesellschafterbeschluss durchgeführte Transaktion rechtlich mangelhaft. Da das britische Gesellschaftsrecht den *directors* einer *company* bzw. dem – soweit vorhandenen[757] – Management einer Personengesellschaft (*partnership, limited partners-*

753 *Tolley*, S5009.

754 Dies ist der Teil des Gesellschaftsvertrags, der das Innenverhältnis der Gesellschaft regelt – vgl. *Triebel/Hodgson/Kellenter/Müller*, Rn. 630 ff.

755 *Tolley*, S5020; *Palmer*, Rn. 5.705; *Goldenberg*, S. 110.

756 Siehe die Ausführungen in Kap. 6. § 2 B III 1 a bb (2) auf S. 142 f.

757 Die britischen Personengesellschaften verfügen nicht zwingend über Managementstrukturen, da die Geschäftsführung grundsätzlich in den Händen der *partner* (*partnership*), *general partner* (*limited partnership*) bzw. *member* (*limited liability partnership*) liegt.

hip, limited liability partnership) keine originären Geschäftsführungsbefugnisse zuweist, gilt für die Abgrenzung der Geschäftsführungsbefugnisse zwischen Gesellschafterversammlung und Management der Primat des Gesellschaftsvertrags.[758] So steht es (selbstverständlich) jeder Gesellschaft frei, Übernahmetransaktionen durch gesellschaftsvertragliche Regelung von der Zustimmung der Gesellschafterversammlung abhängig zu machen.

b) Freiwilliger Gesellschaftervorbehalt

Der Gesellschaftervorbehalt bleibt auch dann zulässig, wenn er auf freiwilliger Basis in das Übernahmeangebot aufgenommen wird. Dies betrifft den Fall, das weder gesetzliche Bestimmungen noch die *articles of association* einer *company* oder das *partnership agreement* einer Personengesellschaft die Zustimmung der Gesellschafterversammlung für die Durchführung einer Übernahmetransaktion anordnen. Das Management des Bieters kann das Übernahmeangebot auch von einem auf freiwilliger Basis eingeholten Gesellschafterbeschluss abhängig machen. Eine Beschränkung der Zulässigkeit des Gesellschaftervorbehalts auf die Fälle rechtlich gebotener Gesellschafterbeschlüsse ist – wie die Diskussion zu dieser Problematik im deutschen Recht zeigt[759] – nicht notwendig. Denn auch nach britischem Recht ist die Gesellschafterversammlung ein von der Geschäftsführung unabhängiges Gremium.

c) Ausnahme von der Zulässigkeit des Gesellschaftervorbhalts

Die Zulässigkeit des Gesellschaftervorbehalts gilt nicht ausnahmslos. Ebenso wie nach deutschem Übernahmerecht ist der Gesellschaftervorbehalt unzulässig, wenn das Übernahmeangebot von dem Gesellschafterbeschluss einer zum Zwecke des Wertpapiererwerbs zwischengeschalteten Tochtergesellschaft abhängig gemacht wird, deren Gesellschafterversammlung die im Hintergrund wirkende Muttergesellschaft durch die Beteiligungsverhältnisse sicher beherrscht[760]

Ausführlich zu der Innenstruktur britischer Personengesellschaften siehe *Lindley & Banks*, Rn. 15-01 ff., 31-01 ff. und *Blackett-Ord*, Rn. 21.20 ff.

758 In Bezug auf *companies*: *Triebel/Hodgson/Kellenter/Müller*, Rn. 712. Für *partnerships* ergibt sich der Vorrang des Gesellschaftsvertrags aus *Section 24 Partnership Act 1890* – der über *Section 7 Limited Partnership Act 1907* auch für die *limited partnership* gilt. Für *limited liability partnerships* enthält *Regulation 7 Limited Liability Partnership Regulations 2001* (*S.I. 2001, No. 1090*) eine deckungsgleiche Bestimmung.

759 Siehe die Ausführungen in Kap. 6 § 2 B III 1 a cc auf S. 144 f.

760 Siehe die Ausführungen zum deutschen Recht in Kap. 6 § 2 B III 1 a bb (1) auf S. 139 ff.

In diesem Fall handelt es sich um eine klassische Umgehung des Verbots subjektiver Bedingungen, da Rule 13 City Code unmittelbar nicht einschlägig ist. Denn wie sich aus der im Definitionsteil des City Code getroffenen Differenzierung zwischen dem *offeror* und anderen mit ihm zusammenwirkenden Personengruppen (z.B. *persons acting in concert*) ergibt, ist auch nach dem City Code nur Bieter, wer das Übernahmeangebot abgibt. Die Unzulässigkeit des Gesellschaftervorbehalts ergibt sich aus dem Sinn und Zweck von Rule 13 City Code, deren Auslegung gemäß Introduction 3 (a) City Code nicht durch den Wortlaut der Vorschrift begrenzt ist. Der Zweck von Rule 13 City Code besteht darin, zu verhindern, dass sich der Bieter durch einseitige Entscheidung von dem Übernahmeangebot zu lösen vermag. Auch wenn die im Hintergrund wirkende Muttergesellschaft bei formaler Betrachtung nicht Bieter des Übernahmeverfahrens ist, ist sie bei praktischer Betrachtung die treibende Kraft hinter dem Angebot. Die vorgeschaltete Zweckgesellschaft dient ihr lediglich als Werkzeug zur Durchführung der Übernahme. Das Management und die Gesellschafterversammlung der Bietergesellschaft werden deshalb stets dieselbe einheitliche, vom Management der Muttergesellschaft vorgegebene Entscheidung treffen, so dass von einer unabhängigen Entscheidung der Gesellschafterversammlung keine Rede sein kann. Es widerspricht dem Zweck von Rule 13 City Code, dass der eigentliche Bieter in Gestalt der Muttergesellschaft das Übernahmeangebot einseitig wieder zurücknehmen kann.

2. Verpflichtung des Bieters

Gibt der Bieter ein Übernahmeangebot unter einem Gesellschaftervorbehalt ab, so ist er verpflichtet, auf eine positive Beschlussfassung der Gesellschafterversammlung hinzuwirken. Dieses geht mittelbar aus der Entscheidung des Panel in dem Übernahmeverfahren *Wm Low/Budgens* aus dem Jahr 1989 hervor.[761] Die Bietergesellschaft *Wm Low* hatte ein Übernahmeangebot für die Zielgesellschaft *Budgens* angekündigt, welches unter der Bedingung der Zustimmung der Aktionäre von *Wm Low* stand. Im Anschluss an das Bekanntwerden von Informationen, welche die Übernahme ökonomisch in Frage stellten, kündigte das Management von *Wm Low* an, die Empfehlung zur Durchführung des Übernahmeangebots gegenüber den eigenen Aktionären nicht mehr aufrechterhalten zu können. Das Übernahmeangebot wurde deshalb im Einvernehmen mit *Budgens* zu-

[761] Das Verfahren ist ausführlich beschrieben bei *Weinberg/Blank*, in: Rabinowitz (Hrsg.), Rn. 13-0128.

rückgezogen. Das Panel kritisierte das Vorgehen von *Wm Low* und stellte einen Verstoß gegen General Principle 3 City Code fest.[762] Es befand unter anderem:

> „*The withdrawal of a bid after its announcement is a most undesirable step, which should not normally be considered except in the most extreme circumstances. It follows that, before announcing an offer, the directors of the offeror and its financial advisers should take all reasonable steps to satisfy themselves that, where the offer is made subject to the consent of the offeror's shareholders, they will remain able to recommend the offer to those shareholders.*"[763]

Das Panel hat durch diese Ausführung deutlich gemacht, dass ein Gesellschaftervorbehalt zwar grundsätzlich zulässig ist, er aber nicht zweckentfremdet werden darf, um das Angebot auf Grund neuer oder veränderter ökonomischer Daten scheitern zu lassen. Derartige Vorbehalte muss der Bieter im Rahmen von MAC-Klauseln vorbringen. In Bezug auf den Gesellschaftervorbehalt muss das Management auf eine positive Beschlussfassung der eigenen Gesellschafterversammlung hinwirken.

II. WpÜG

Nach dem deutschen Übernahmerecht ist die Aufnahme eines Gesellschaftervorbehalts in die Angebotsunterlage grundsätzlich zulässig.[764] Dies gilt nach der hier vertretenen Auffassung auch für den Fall, dass die Durchführung der Übernahme einen Gesellschafterbeschluss rechtlich nicht zwingend voraussetzt. Die Regel der grundsätzlichen Zulässigkeit des Gesellschaftervorbehalts erfährt allerdings zwei Einschränkungen. Zunächst ist der Gesellschaftervorbehalt unzulässig, wenn eine Muttergesellschaft zum Zweck der Angebotsabgabe eine Tochtergesellschaft (Zweckgesellschaft) einschaltet, deren Gesellschafterbeschluss sie vollständig kontrolliert. Darüber hinaus kann ein Übernahmeangebot wegen der eindeutigen Regelungen in § 13 Abs. 1 Satz 1 WpÜG sowie § 14 Abs. 1 Satz 3 WpÜG nicht von einem Gesellschafterbeschluss zur Durchführung einer Kapitalmaßnahme abhängig gemacht werden.

---

762 Vgl. *Marchant*, in: Button (Hrsg.), S. 23, 30 f.

763 Zitiert nach *Weinberg/Blank*, in: Rabinowitz (Hrsg.), Rn. 13-0136.

764 Ausführlich zu den nachfolgenden Varianten des Gesellschaftervorbehalts in Kap. 6 § 2 B III 1 a auf S. 137 ff.

B. Sonstige Gremienvorbehalte

Mit Ausnahme der soeben unter Punkt A skizzierten Fälle, in denen der Gesellschaftervorbehalt zulässigerweise in die Angebotsunterlage aufgenommen werden darf, ist es für den Bieter unzulässig, das Übernahmeangebot von der Zustimmung sonstiger Gremien abhängig zu machen.[765] Der Bieter muss seine interne Willensbildung zur Angebotsabgabe grundsätzlich bereits vor der Angebotsankündigung nach § 10 Abs. 1 Satz 1 WpÜG respektive Rule 2.5 City Code abgeschlossen haben. Eine Ausnahme gilt nur für die Zustimmung der Gesellschafterversammlung, da die Gesellschafterversammlung ein vom Management unabhängiges Organ darstellt und durch die mit der Einberufung der Gesellschafterversammlung verbundene Publikation der Tagesordnung ansonsten eine erhöhte Gefahr des Insiderhandels droht. Im deutschen Recht gilt die Unzulässigkeit von Gremienvorbehalten insbesondere für die Zustimmung des Beirats sowie – wie bereits ausführlich in Kapitel 6 diskutiert[766] – für die im Regelfall notwendige Zustimmung des Aufsichtsrats.[767]

§ 4 Bedingungen in Bezug auf die Zielgesellschaft

Der Bieter hat die Möglichkeit, das Übernahmeangebot von einer Reihe denkbarer Ereignisse in Bezug auf die Zielgesellschaft abhängig zu machen. In der Folge sollen die wichtigsten Arten derartiger Bedingungen vorgestellt werden. Von überragender Bedeutung für den Bieter ist dabei die Möglichkeit, sich durch den Gebrauch von *Material-Adverse-Change*-Klauseln (MAC-Klauseln) gegen ökonomische Verschlechterungen der Zielgesellschaft abzusichern.

A. *Material-Adverse-Change*-Klauseln

Vor allem in der anglo-amerikanischen Übernahmepraxis versucht der Bieter häufig, sich mit Hilfe von MAC-Klauseln gegen wesentliche nachteilige Veränderungen bei der Zielgesellschaft abzusichern. Der Bieter möchte auf diese Weise verhindern, an ein Übernahmeangebot gebunden zu bleiben, das ökonomisch betrachtet seinen Sinn verloren hat. Allerdings ist zu beachten, dass jede Übernahme ein wirtschaftliches Risiko darstellt, welches der Bieter auf der Grundla-

[765] KK-WpÜG-*Hasselbach*, § 18, Rn. 66; Ehricke/Ekkenga/Oechsler-*Oechsler*, § 18, Rn. 4.
[766] Siehe Kap. 6 § 2 C II 2 a auf S. 156 ff.
[767] KK-WpÜG-*Hasselbach*, § 18, Rn. 66.

ge der ihm bekannten Tatsachen bewerten muss. Bedingungen allgemein und MAC-Klauseln im Besonderen dürfen sich demzufolge grundsätzlich nur auf Faktoren beziehen, die dem Bieter bei Abgabe des Übernahmeangebots unbekannt sind.[768] Für die Frage der Zulässigkeit von MAC-Klauseln – jedenfalls nach deutschem Recht – ist zwischen allgemein formulierten und konkret ausgestalteten Bedingungen zu unterscheiden. Zunächst wird die Zulässigkeit allgemeiner MAC-Klauseln nach britischem und deutschem Übernahmerecht untersucht.

I. City Code

MAC-Klauseln sind als regelmäßige Bestandteile britischer Übernahmeangebote zulässig. Dies gilt selbst dann, wenn es sich um sehr allgemein formulierte Klauseln handelt, die keine konkreten Situationen ökonomischer Verschlechterungen bei der Zielgesellschaft vorsehen. So wurde die folgende, bereits erläuterte Klausel in dem Übernahmeverfahren *WPP/Tempus* bei Abgabe des Übernahmeangebots nicht beanstandet:

> „*no material adverse change or deterioration having occurred in the business, assets, financial or trading position or profits or prospects of any member of the wider Tempus Group.*"[769]

Unter Berücksichtigung des Verbots subjektiver Bedingungen gemäß Rule 13 City Code erscheint die Zulässigkeit einer derart allgemeinen Klausel zunächst bedenklich, da nicht definiert ist, was unter dem Begriff eines *material adverse change* zu verstehen ist. Mit Note 1 und Note 2 on Rule 13 City Code enthält das britische Übernahmerecht allerdings ein Instrumentarium, welches die Zulässigkeit derart interpretationsbedürftiger Klauseln rechtfertigt.

Zunächst sorgt die Zulässigkeit subjektiver Bedingungselemente gemäß Note 1 on Rule 13 City Code dafür, dass allgemeine MAC-Klauseln nicht bereits wegen Verstoßes gegen Rule 13 City Code unzulässig sind. Bei einem auf Schnelligkeit angelegten Übernahmeverfahren kann der Bieter selbst bei Durchführung einer *Due-Diligence*-Prüfung in der Regel nicht alle Risiken erfassen. Daher ist es aus

---

768 Diese Anforderung gilt für sämtliche Bedingungen im rechtstechnischen Sinn – vgl. MK-*Westermann*, § 158, Rn. 52.

769 *Part A, Paragraph (g)(i) of Appendix 1* des Angebots, das in *Panel Statement 2001/15, Paragraph 8*, abrufbar unter http://www.thetakeoverpanel.org.uk/statements/200115.pdf, in Auszügen wiedergegeben ist. Ausführlich dazu in Kap. 6 § 1 B I 2 b aa (4) auf S. 96 ff.

seiner Sicht – wie von Note 1 Satz 1 on Rule 13 City Code gefordert – wenig praktikabel, zu versuchen, jegliche Fallkonstellation einer wirtschaftlichen Verschlechterung der Zielgesellschaft vorherzusehen, bei deren Eintreffen er sich von dem Übernahmeangebot lösen möchte.

Entscheidend für die Zulässigkeit allgemein formulierter MAC-Klauseln ist aber die Möglichkeit des Panel, im Rahmen des *Material-Significance*-Tests nach Note 2 on Rule 13 City Code die Umstände, die nach Ansicht des Bieters zum Eintritt der MAC-Klausel führen, inhaltlich zu überprüfen. Damit unterliegt es letztlich der Feststellung des Panel, ob ein Fall eines *material adverse change* vorliegt und sich der Bieter infolgedessen mit Erfolg auf die MAC-Klausel berufen kann. In der Entscheidung *WPP/Tempus* hat das Panel die Voraussetzungen eines *material adverse change* näher konkretisiert und durch die Anwendung der Grundsätze der *doctrine of frustration* zu verstehen gegeben, dass sich der Bieter nur in absoluten Ausnahmefällen auf eine MAC-Klausel berufen kann.

An dieser Stelle werden die bereits in Kapitel 6 ausführlich erläuterten Ergebnisse der Entscheidung des Panel in dem Verfahren *WPP/Tempus* lediglich zusammengefasst. Danach kann sich der Bieter nur dann auf eine MAC-Klausel berufen, wenn eine objektiv feststellbare, nicht vorhersehbare wirtschaftliche Verschlechterung bei der Zielgesellschaft eingetreten ist. Der Bieter kann sich aber nicht auf Verschlechterungen berufen, die lediglich Ausdruck einer allgemeinen wirtschaftlichen Fehlentwicklung sind, es sei denn, die Fehlentwicklung beruht auf einem nicht vorhersehbaren Ereignis (wie z.B. die Terroranschläge vom 11. September 2001). Darüber hinaus muss es sich um langfristige Verschlechterung der wirtschaftlichen Lage der Zielgesellschaft handeln. Schließlich verlangt das Panel, dass die strategischen Gründe für die Übernahme durch die Verschlechterung entfallen sein müssen.

II. WpÜG

Die deutsche Übernahmepraxis zeigt sich sehr zurückhaltend gegenüber der Verwendung von MAC-Klauseln. Nach hiesigem Erkenntnisstand ist es bislang nicht gelungen, eine allgemein formulierte MAC-Klausel – wie sie dem britischen *WPP/Tempus*-Übernahmeangebot zu Grunde liegt – in eine Angebotsunterlage aufzunehmen. Der Grund für das Fehlen von dieser Form von MAC-Klauseln ist, dass derartig allgemein gehaltene Klauseln gegen das Verbot subjektiver Bedingungen gemäß § 18 Abs. 1 WpÜG verstoßen. Da das WpÜG keine Möglichkeit einer nachträglichen inhaltlichen Überprüfung von Bedingungen vorsieht, wie sie Note 2 on Rule 13 City Code dem Panel gewährt, läge die Feststellung einer wesentlichen nachteiligen Veränderung (*material adverse change*) der Zielgesellschaft allein in den Händen des Bieters. Folgerichtig besteht zwischen der rechtswissenschaftlichen Lehre und der Praxis der BaFin grundsätzlich Übereinstimmung, dass allgemein formulierte MAC-Klauseln, bei denen die Feststellung der Ereignisse, die zum Eintritt der Bedingung führen, im Ermessen des Bieters steht, unzulässig sind.[770]

Nicht Gegenstand dieser Arbeit ist es, unter welchen Umständen sich der Bieter ohne die Nutzung von Bedingungen von einem Übernahmeangebot lösen kann. Da das Panel im Rahmen der *Material-Significance*-Prüfung aber auf die Grundsätze der *doctrine of frustration* zurückgreift, soll aus systematischen Gründen nicht unerwähnt bleiben, dass im deutschen Recht die Anwendung des Wegfalls der Geschäftsgrundlage gemäß § 313 BGB auf Übernahmeangebote diskutiert wird.

Teilweise wird angenommen, § 313 BGB gewähre dem Bieter bereits ein Rücktrittsrecht, wenn die Zielgesellschaft zulässige Abwehrmaßnahmen ergreift, ein konkurrierendes Angebot abgegeben wird oder das Insolvenzverfahren über die Zielgesellschaft eröffnet wird.[771] Gegen eine solche weit reichende Anwendung des Wegfalls der Geschäftsgrundlage spricht das durch die §§ 17, 18, 21 und 25 WpÜG ausgedrückte Regelungsziel des Gesetzgebers, dem Bieter in nur sehr eingeschränktem Rahmen, den der Bieter in dem Angebot selbst niederzulegen hat, die Möglichkeit einer Abstandnahme von dem einmal abgegebenen Übernahmeangebot zu gewähren.[772] Aus diesem Grund dürften erhebliche Zweifel an der grundsätzlichen Anwendbarkeit der Grundsätze des Wegfalls der Geschäftsgrundlage auf Übernahmeangebote angebracht sein, welche durch die Gestaltung von Bedingungen in der Praxis gestützt werden.[773] Der Bieter eines öffentlichen Übernahmeangebots ist deshalb gehalten, möglichen Bedenken gegen die weitere Durchführung der Übernahme durch die Verwendung entsprechender Bedingungen Rechnung zu tragen. Dies führt zu der Erkenntnis, dass die Chancen des Bieters, sich auf der Grundlage einer nicht weiter konkretisierten wesentlichen Verschlechterung der Zielgesellschaft von dem Übernahmeangebot

770 KK-WpÜG-*Hasselbach*, § 18, Rn. 42; Ehricke/Ekkenga/Oechsler-*Oechsler*, § 18, Rn. 6; *Steinmeyer/Häger*, § 18, Rn. 9; Haarmann/Riehmer/Schüppen-*Riehmer*, § 18, Rn. 15 i; *Busch*, AG 2002, 145, 150 f.

771 Geibel/Süßmann-*Geibel*, § 18, Rn. 47 ff.; einschränkend *Oechsler*, NZG 2001, 817, 822.

772 So auch KK-WpÜG-*Hasselbach*, § 18, Rn. 75.

773 Siehe die unter Kap. 8 § 4 A III 2 a aa (1) (b) auf S. 244 f. und in Kap. 8 § 7 auf S. 275 f. erörterten Bedingungen.

zu lösen sowohl nach britischem als auch nach deutschem Übernahmerecht minimal sind.

III. Konkret ausgestaltete MAC-Klauseln

Mit der Verwendung konkret ausgestalteter MAC-Klauseln verfolgt der Bieter sowohl im deutschen als auch im britischen Übernahmerecht das Ziel, sich gegen konkret zu beschreibende ökonomische Verschlechterungen der Zielgesellschaft wirkungsvoll zu schützen. Für das deutsche Recht erscheint dieses Ziel wenig verwunderlich, da allgemeine MAC-Klauseln wegen des Verstoßes gegen das Verbot subjektiver Bedingungen unzulässig sind. Jedoch auch der britische Bieter bedarf eines solchen Schutzes, obwohl allgemeine MAC-Klauseln nach den Vorschriften des City Code zulässig sind. Denn wie die *WPP/Tempus*-Entscheidung des Panel zeigt, sind die Erfolgsaussichten des Bieters, sich durch das Berufen auf eine allgemeine MAC-Klausel von dem Übernahmeangebot lösen zu können, sehr gering. Bevor verschiedene Beispiele konkreter MAC-Klauseln erörtert werden, werden zunächst einige grundsätzliche Überlegungen zu deren Verwendung angestellt.

1. Grundsätzliches

Im Rahmen der grundsätzlichen Überlegungen bei der Verwendung konkreter MAC-Klauseln wird zunächst geprüft, ob konkrete MAC-Klauseln überhaupt zulässig sind. Im Anschluss werden ausgehend von einer Analyse der Grundlagen konkreter MAC-Klauseln einige Schlussfolgerungen auf notwendige die Art und Weise der Konkretisierung gezogen. Abschließend werden die Rechtsfolgen der Verwendung konkreter MAC-Klauseln dargestellt.

a) Vorrang von Preisanpassungsregelungen?

Zu überlegen wäre, ob nicht eine Anpassung des vom Bieter zu leistenden Kaufpreises gegenüber der Verwendung konkret gefasster MAC-Klauseln vorrangig ist, weil eine solche Lösung die Wirksamkeit des Übernahmeangebots unberührt ließe. Jedenfalls für das deutsche Recht ließe sich argumentieren, dass es dem Bieter an einem subjektiven Interesse zur Verwendung von MAC-Klauseln fehlen würde, wenn er sich gegen konkrete Verschlechterungen der Zielgesellschaft durch eine Preisanpassungsregelung als milderes Mittel wirksam schützen könnte.

Gegen ein solches generelles Vorrangverhältnis spricht allerdings, dass die Zulässigkeit von Preisanpassungsmechanismen in Übernahmeangeboten – wie die nachfolgenden Ausführungen unter Punkt § 5 B I deutlich machen – erheblichen Bedenken ausgesetzt ist und als ungeklärt gelten muss. Zudem wird man es dem Bieter überlassen müssen, ob er die Zielgesellschaft nach Eintritt eines spezifischen *material adverse change* – wenn auch zu günstigeren Konditionen – überhaupt noch erwerben möchte. Denn in aller Regel möchte der Bieter die Zielgesellschaft in dem zum Zeitpunkt der Angebotsabgabe bestehenden Zustand übernehmen. Gehen der Zielgesellschaft anschließend zum Beispiel wichtige Vertragsbeziehung verloren oder werden wesentliche Betriebsbestandteile vernichtet, wird der Bieter in aller Regel von der Übernahme insgesamt Abstand nehmen wollen. Aus diesen Gründen besteht grundsätzlich ein Bedürfnis des Bieters an der Verwendung konkreter MAC-Klauseln.

b) Grundlagen

Zur Bestimmung der Voraussetzungen konkreter MAC-Klauseln muss auf die Gründe der Unzulässigkeit (WpÜG) bzw. relativen Wirkungslosigkeit (City Code) allgemeiner MAC-Klauseln eingegangen werden. Grundlage der im Zusammenhang mit der Verwendung allgemeiner MAC-Klauseln auftretenden Schwierigkeiten ist, dass die Umstände, bei deren Eintreten sich der Bieter von dem Übernahmeangebot lösen möchte, mangels hinreichender Spezifizierung nicht Inhalt des Übernahmeangebots werden. Zum Zeitpunkt der Angebotsabgabe ist es weder für den Bieter noch für die Aktionäre der Zielgesellschaft als Vertragsparteien ersichtlich, unter welchen konkreten Umständen sich der Bieter auf den Eintritt einen *material adverse change* berufen wird. Der Begriff eines *material adverse change* dient lediglich als Statthalter für eine Vielzahl möglicher Verschlechterungen der Zielgesellschaft. Folgerichtig wendet das Panel im Rahmen des *Material-Significance*-Tests die Grundsätze der *doctrine of frustration* an und wäre im deutschen Recht ein Rücktrittsrecht auf Grund einer nicht näher erläuterten Verschlechterung der Zielgesellschaft allenfalls auf der Grundlage des Wegfalls der Geschäftsgrundlage diskutabel.[774]

Sowohl die *doctrine of frustration* als auch das Institut des Wegfalls der Geschäftsgrundlage erfassen ausschließlich solche Umstände, die nicht Inhalt eines Vertrags geworden sind. Erst wenn der Eintritt der Bedingung eindeutig fest-

---

[774] Nach der hier vertretenen Auffassung ist die Anwendung des Wegfalls der Geschäftsgrundlage auf Übernahmeangebote im Grundsatz abzulehnen – siehe zuvor in Kap. 8 § 4 A II auf S. 233 f.

stellbar ist, ohne dass diesbezüglich ein Einschätzungs- oder Beurteilungsspielraum für den Bieter verbleibt, wird die entsprechende – dann konkrete – MAC-Klausel zum Inhalt des Übernahmeangebots. Eine solche Konkretisierung hätte zur Folge, dass der Vorwurf der Verwendung subjektiver Bedingungen entfällt[775] und die Institute der *doctrine of frustration* bzw. des Wegfalls der Geschäftsgrundlage keine Anwendung mehr finden können.[776] Insbesondere entfiele die vom Panel in der *WPP/Tempus*-Entscheidung aufgestellte Voraussetzung der „Nicht-Vorhersehbarkeit" der Verschlechterung der Zielgesellschaft, weil dieses Merkmal der Herleitung aus der *doctrine of frustration* entspringt.

c) Kriterien zur Konkretisierung

Die Kriterien zur Konkretisierung allgemeiner MAC-Klauseln lassen sich in allgemeine, qualitative Anforderungen und besondere, quantitative Anforderungen unterteilen.

aa) Qualitative Anforderungen

Gemäß den soeben dargestellten Grundlagen muss der Bieter zur Konkretisierung von MAC-Klauseln die zum Bedingungseintritt führenden Umstände möglichst spezifisch und objektiv nachvollziehbar darlegen.[777] Dazu muss der Bieter grundsätzlich den Betrag der wesentlichen Verschlechterung der Zielgesellschaft angeben. Die Spezifizierung nur nach dem Grund der Verschlechterung ist grundsätzlich ungenügend, wenn eine summenmäßige Bezifferung möglich ist. Wenn der Bieter das Übernahmeangebot beispielsweise davon abhängig macht, dass „*no material litigation*"[778] stattfindet, ist nicht ersichtlich, unter welchen Umständen sich der Bieter auf diese Bedingung berufen möchte. In diesem Fall wäre es empfehlenswert, einen Streitwert oder eine Haftungssumme anzugeben, um den Eintritt der Bedingung objektiv nachvollziehbar zu machen.

---

775 So für das deutsche Recht: *Busch*, AG 2002, 145, 150; *Hamann*, ZIP 2001, 2249, 2253 Fn. 61; *Riehmer/Schröder*, BB 2001, Beilage 5 zu Heft 20, 1, 6; KK-WpÜG-*Hasselbach*, § 18, Rn. 42.

776 In diesem Sinne ist wohl auch *Practice Statement No. 5*, S. 3, abrufbar unter http://www.thetakeoverpanel.org.uk/PracticeStatements/ps05.pdf, zu verstehen, in dem das Panel darauf hinweist, dass nur „*...in the case of a MAC, or similar, condition...*" die der *WPP/Tempus*-Entscheidung zu Grunde liegenden strengen Anforderungen für ein Berufen auf eine Bedingung gelten.

777 Betreffend das deutsche Recht: *Busch*, AG 2002, 145, 151.

778 Vgl. *Stedman*, S. 249.

Eine Ausnahme von dem Grundsatz der summenmäßigen Erfassung der Verschlechterung gilt, wenn die wesentliche Verschlechterung auch anderweitig objektiv feststellbar ist und der Bieter ein Interesse an der entsprechenden Bedingung geltend machen kann. Dies betrifft zum Beispiel die nachfolgend unter Punkt 2 b und c dargestellten Fälle der Eröffnung des Insolvenzverfahrens und der Kündigung wichtiger Verträge.

Für den Bieter hat eine summenmäßige Fixierung nach britischem Recht zudem den Vorteil, Rechtssicherheit zu erlangen, weil das Panel die Bedingung anhand des *Material-Significance*-Tests bereits vor der Abgabe des Übernahmeangebots bewerten kann. Ohne summenmäßige Fixierung der Verschlechterung muss der Bieter ansonsten bis zum Zeitpunkt des Berufens auf die Bedingung abwarten, ehe er weiß, ob ihm das Berufen auf die Bedingung nach Note 2 on Rule 13 City Code gestattet wird. Dies führt zu einer Verunsicherung des Kapitalmarktes und der Zielgesellschaft.

Ferner ist zu beachten, dass Gegenstand von Bedingungen nur zukünftige, ungewisse Ereignisse sein können. Der Bieter kann deshalb bereits feststehende, ihm bekannte Umstände nicht zum Gegenstand einer konkreten MAC-Klausel machen. Diese Umstände werden grundsätzlich über den Preis erfasst, da sich gegenwärtige, bekannte ökonomische Verschlechterungen bereits in dem Börsenkurs der Zielgesellschaft widerspiegeln werden. Etwas anderes gilt, wenn es sich um gegenwärtige, aber unbekannte Ereignisse handelt. Eine derartige Verschlechterung kann wegen ihrer Unbekanntheit noch keine Auswirkungen auf den Börsenkurs der Zielgesellschaft haben. Der Bieter kann solche Ereignisse grundsätzlich zum Gegenstand einer Bedingung machen.[779] Allerdings tritt kein bedingungstypischer Schwebezustand ein. Das Angebot ist je nachdem, ob die der Bedingung zu Grunde liegenden Umstände vorliegen oder nicht, sofort oder überhaupt nicht wirksam.[780]

bb) Quantitative Anforderungen

Das britische und das deutsche Übernahmerecht stellen grundsätzlich unterschiedliche Anforderungen an die Quantität der zu beschreibenden Verschlechterungen der Zielgesellschaft. Erfüllt der Bieter die Voraussetzungen der hinreichenden Spezifizierung, erfolgt nach deutschem Recht keine weitere inhaltliche Überprüfung der Bedingung. Die Forderungen nach einer nachteiligen Ände-

779 Vgl. MK-*Westermann*, § 158, Rn. 52.

780 Vgl. die Ausführung zur sog. Gegenwartsbedingung in Kap. 2 § 2 A III 2 auf S. 15 f.

rung von wesentlichem Gewicht[781] oder einer der Störung der Geschäftsgrundlage nahe kommenden Verschlechterung[782] sind rechtspolitisch zwar begrüßenswert, finden innerhalb des WpÜG aber keine Stütze. Der Bieter kann sich daher grundsätzlich auch bei einer weniger gravierenden Verschlechterung der Zielgesellschaft von dem Übernahmeangebot lösen, solange er ein subjektives Interesse an der Bedingung nachweisen kann und die Verschlechterung nicht so minimal ist, dass das Berufen auf die Bedingung einen Fall unzulässiger Rechtsausübung darstellt. Im britischen Recht hingegen müssen die vom Bieter beschriebenen Umstände der wesentlichen Verschlechterung vom Panel als *material significant* im Sinne von Note 2 on Rule 13 City Code angesehen werden, damit sich der Bieter mit Erfolg auf die Bedingung berufen kann.

Die unterschiedlichen quantitativen Anforderungen an konkrete MAC-Klauseln spiegeln sich insbesondere bei der Bemessung summenmäßig bezifferbarer Verschlechterungen wider. Nach britischem Übernahmerecht gilt die Faustregel, dass eine Wertminderung der Zielgesellschaft um weniger als zehn Prozent im Regelfall nicht als wesentlich angesehen wird.[783] Da es sich allerdings nur um eine Faustregel handelt, kann daraus nicht automatisch geschlossen werden, dass eine über zehnprozentige Wertminderung den Anforderungen des *Material-Significance*-Kriteriums in jedem Fall genügt. Dies lässt sich wegen der Bindung des *Material-Significance*-Kriteriums an das konkrete Übernahmeangebot nur anhand des jeweiligen Einzelfalls verlässlich beurteilen. Das deutsche Übernahmerecht stellt grundsätzlich überhaupt keine Anforderungen an die Höhe der Verschlechterung der Zielgesellschaft. Der Betrag der Verschlechterung darf im Verhältnis zu der Transaktion insgesamt allerdings nicht so geringfügig sein, dass sich das spätere Berufen auf die Bedingung als ein Fall unzulässiger Rechtsausübung darstellt.[784]

2. Beispiele

Die Ausgestaltung konkreter MAC-Klauseln kann in Abhängigkeit von der jeweiligen Transaktion sehr mannigfaltig sein. Im Grundsatz kann unterschieden werden zwischen Verschlechterungen der Zielgesellschaft, die sich summenmäßig erfassen lassen, und sonstigen Verschlechterungen. Sonstige Verschlechterungen sind zum Beispiel die Eröffnung des Insolvenzverfahrens und die sog.

[781] *Busch*, AG 2002, 145, 147.
[782] KK-WpÜG-*Hasselbach*, § 18, Rn. 44.
[783] KK-WpÜG-*Hasselbach*, § 18, Rn. 44 in Bezug auf MAC-Klauseln.
[784] Vgl. die Ausführungen in Kap. 6 § 2 B I 3 b auf S. 131 f.

Change-of-Control-Fälle. Die Besonderheit dieser Fälle ist es, dass sich die konkrete Verschlechterung nicht oder nur unzureichend in Zahlen erfassen lässt.

a) Summenmäßig erfassbare Verschlechterungen

In Bezug auf summenmäßig erfassbare Verschlechterungen der Zielgesellschaft hat sich in Deutschland eine Praxis herausgebildet, die Bedingung an die Veröffentlichung neuer Tatsachen nach § 15 WpHG zu knüpfen. Im Übrigen bleibt es dem Bieter unbenommen, den Grund für die Verschlechterung der Zielgesellschaft weiter zu konkretisieren. Dies wird am Beispiel einer (potenziellen) Haftung der Zielgesellschaft verdeutlicht.

aa) Anknüpfung an die kapitalmarktrechtliche Publizitätspflicht

Es existiert eine Vielzahl möglicher Umstände, die zu einer summenmäßig erfassbaren Verschlechterung der Zielgesellschaft führen können. Eine solche Verschlechterung kann in der Veränderung äußerer Umstände basieren, wie zum Beispiel der Veränderung der wirtschaftlichen oder politischen Rahmenbedingungen, oder auf internem Missmanagement und den damit einhergehenden Folgen (z.B. Umsatzeinbußen, Kostensteigerung) beruhen. Im Idealfall möchte sich der Bieter durch die Verwendung einer konkreten MAC-Klausel gegen eine Vielzahl denkbarer Verschlechterungen der Zielgesellschaft schützen. Zur Vermeidung der Auflistung einer unübersichtlichen Vielzahl hat die deutsche Übernahmepraxis begonnen, den Bedingungseintritt an die kapitalmarktrechtliche Publizitätspflicht von Unternehmen zu knüpfen.

(1) Deutsche Übernahmepraxis

In der deutschen Übernahmepraxis haben sich verschiedene Bedingungsvarianten entwickelt, die an die kapitalmarktrechtliche Publizitätspflicht anknüpfen.

(a) „Neue Tatsachen“ im Allgemeinen

Das erste Beispiel einer an die kapitalmarktrechtliche Publizitätspflicht geknüpften MAC-Klausel beinhaltet das von der *Robert Bosch GmbH* am 8. Mai 2003 veröffentlichte Übernahmeangebot für die *Buderus AG*. *Bosch* hat das Übernahmeangebot davon abhängig gemacht, dass folgende Ereignisse nicht eintreten:

„Die Veröffentlichung neuer Tatsachen im Sinne des § 15 WpHG, welche nach Auffassung des Vorstands der Buderus Aktiengesellschaft bei sorgfältiger kaufmännischer Beurteilung voraussichtlich zu einer Belastung des Konzernergebnisses (vor Steuern) von Buderus, die bis zum nächsten Bilanzstichtag nicht beseitigt werden kann, von mehr als EUR 200 Mio. führen werden. Dies gilt nicht, soweit die Tatsachen im Konzernabschluss 2002 der Gesellschaft bereits berücksichtigt oder von Buderus bis zum 7. Mai 2003 durch *Ad-hoc*-Meldung gemäß § 15 WpHG bekannt gemacht worden sind. Bei der Beurteilung sind die bisher von Buderus angewandten Ansatz-, Bilanzierungs- und Bewertungsgrundsätze und die Praxis bei der Ausübung von Bilanzierungswahlrechten unverändert zugrundezulegen.“[785]

Die hier gewählte Form einer MAC-Klausel wurde von der BaFin zu Recht nicht beanstandet, weil *Bosch* ausschließlich Ereignisse beschreibt, die entweder objektiv bestimmbar sind oder zumindestens keinen Beurteilungsspielraum zu Gunsten von *Bosch* enthalten. Die als Auslöser für die Bedingung gewählte Veröffentlichung neuer Tatsachen im Sinne des § 15 WpHG durch die Zielgesellschaft ist unbedenklich, da die Veröffentlichung ein objektiv bestimmbarer Vorgang ist. Die damit zusammenhängende und nicht immer zweifelsfreie Beurteilung, wann eine solche Veröffentlichung geboten ist, eröffnet nur der Zielgesellschaft, keinesfalls jedoch dem Bieter einen Beurteilungsspielraum. Zudem bezieht sich die Veröffentlichung nur auf „neue“ Tatsachen und wird deshalb dem allgemeinen Erfordernis gerecht, wonach ausschließlich zukünftige Ereignisse Gegenstand von Bedingungen sein können. Die Angabe einer Belastung des Konzernergebnisses von mehr als EUR 200 Mio. stellt ein objektiv nachvollziehbares Merkmal dar, ab dem *Bosch* eine wesentliche nachteilige Veränderung der Zielgesellschaft als erfüllt ansieht. In Anbetracht eines börslichen Gesamtwertes der Zielgesellschaft von insgesamt von EUR 1.571.253.644,06[786] führt eine Belastung in Höhe von EUR 200 Mio. zu einer Wertminderung der Zielgesellschaft um 12,7 Prozent und ist deshalb auch nach den aus dem britischen Recht bekannten Anforderungen an die Quantität einer Verschlechterung

785 Ziffer 9 (c) der unter http://www.bafin.de/datenbanken/wpueg_14/robert_bosch.pdf veröffentlichten Angebotsunterlage.

786 Der Betrag errechnet sich aus der Gesamtzahl der von der *Buderus* ausgegebenen Aktien in Höhe von 63.001.349 (vgl. Ziffer 10.1 der Angebotsunterlage) und dem gemäß § 31 Abs. 7 WpÜG iVm. § 5 Abs. 1 AngebVO bei der Preisgestaltung zu Grunde zu legenden durchschnittlichen inländischen Börsenkurs der *Buderus*-Aktien während der letzten drei Monate vor der Angebotsankündigung in Höhe von EUR 24,94 pro Aktie (siehe Ziffer 6.1 der Angebotsunterlage).

als wesentlich einzustufen.[787] Zudem gibt *Bosch* an, ab welchem Zeitpunkt eine Belastung in genannter Höhe als maßgeblich angesehen wird. So ist eine Belastung unbedeutend, wenn sie bis zum nächsten Bilanzstichtag beseitigt werden kann. Da es insoweit eines Wahrscheinlichkeitsurteils bedarf, stellt *Bosch* in Bezug auf die Möglichkeit der Beseitigung auf die Auffassung des Vorstands der Zielgesellschaft ab. Dies ist nach § 18 Abs. 1 WpÜG zulässig.

Die in der *Bosch*-Bedingung gewählte Anknüpfung an die Veröffentlichung nach § 15 WpHG besitzt den Vorteil, dass sie den Zustand der wirtschaftlichen Verschlechterung der Zielgesellschaft ausreichend konkretisiert, aber dennoch eine Vielzahl möglicher Ursachen für die Verschlechterung erfasst. Denn gemäß § 15 WpHG muss die Zielgesellschaft unverzüglich alle Tatsachen veröffentlichen, die wegen ihrer Auswirkungen auf die Vermögens- und Finanzlage oder auf den allgemeinen Geschäftsverlauf der Zielgesellschaft geeignet sind, den Börsenpreis der Aktien erheblich zu beeinflussen. Die Veröffentlichungspflicht betrifft unter anderem Veränderungen der wirtschaftlichen oder politischen Rahmenbedingungen der betreffenden Branche, Abweichung von den im Jahresabschluss vorgezeichneten Entwicklungen (z.B. Marktumschwung, Kostensteigerungen, Umsatzrückgänge), Erwerb von Beteiligungen, Ausgang wichtiger Prozesse, Streiks, technische Probleme, außerordentliche Aufwendungen und Haftungsfälle.[788]

Das Beispiel der von *Bosch* verwendeten Klausel hat eine Initialzündung in Bezug auf die Verwendung konkreter MAC-Klauseln ausgelöst. Während in den ersten beinahe 18 Monaten seit In-Kraft-Treten des WpÜG überhaupt keine MAC-Klauseln verwendet wurden, wurden in den ersten sieben Monaten seit der Veröffentlichung des *Bosch*-Übernahmeangebots bereits fünf weitere Übernahmeangebote veröffentlicht, die eine ähnlich strukturierte Klausel enthalten.[789]

Dabei verdeutlicht insbesondere die in dem Übernahmeangebot der *2026140 Ontario Inc.* für die *W.E.T. Automotive Systems AG* verwendete MAC-Klausel

---

787 Vgl. zuvor Kap. 8 § 4 A III 1 c bb auf S. 237 f.

788 Vgl. Assmann/Schneider-*Kümpel*, § 15, Rn. 95 und 103.

789 Siehe Ziffer 4.3 (c), Ziffer 9 b) (aa) und Ziffer 9 b) der Übernahmeangebote der *2026140 Ontario Inc.* für die Zielgesellschaften *W.E.T. Automotive Systems AG*, *Gauss Interprise AG* und *IXOS Software AG* sowie Ziffer 3.2.3 und Ziffer 9.2 a) der Übernahmeangebote der *ITT Industries German Holding GmbH* für die *WEDECO AG Water Technology* und der *Agilisys B.V.* für die *infor business solutions AG*. Die vollständigen Angebotsunterlagen können unter http://www.bafin.de/datenbanken/wpueg_14liste.htm eingesehen werden.

die Problematik der fehlenden Wesentlichkeitsschwelle im deutschen Recht. Die Bietergesellschaft *Ontario* hat bei einem börslichen Gesamtwert der Zielgesellschaft W.E.T. in Höhe von EUR 139.328.000,00[790] den Betrag einer wesentlichen Verschlechterung der Zielgesellschaft *W.E.T.* bei einer Belastung des operativen Konzernergebnisses von EUR 2 Mio. festgesetzt. Dieser Betrag macht lediglich 1,4 Prozent des Wertes der Zielgesellschaft aus. Unter Berücksichtigung der Größe der gesamten Transaktion und der damit verbundenen Interessen erscheint ein Abbruch der Übernahme infolge einer derart minimalen Verschlechterung nicht gerechtfertigt.

Das Übernahmeangebot der *ITT Industries German Holding GmbH* für die *WEDECO AG Water Technology* vom 9. Dezember 2003 enthält eine konkrete MAC-Klausel, die mehrere Neuerungen gegenüber der *Bosch*-Klausel aufweist. Das Übernahmeangebot enthielt neben einer der *Bosch*-Bedingung ähnlichen MAC-Klausel noch folgende Bedingungen:

> „Nichteintritt einer oder mehrerer Tatsachen, welche die Abgabe einer *Ad-hoc*-Mitteilung im Sinne des § 15 WpHG erforderlich machen würden, wobei bei der Beurteilung der Erforderlichkeit der Abgabe einer *Ad-hoc*-Mitteilung unberücksichtigt bleibt, dass ein öffentliches Übernahmeangebot vorliegt, und die (für sich allein oder zusammen betrachtet) entweder
>
> (a) voraussichtlich zu einer Minderung des in der konsolidierten Bilanz im Konzernabschluss der WEDECO-Gruppe für das Geschäftsjahr 2003 oder in einem hierauf folgenden Quartalsbericht ausgewiesenen Netto-Eigenkapitals von mehr als EUR 12 Millionen führen werden, die bis zum 31. Dezember 2004 voraussichtlich nicht ausgeglichen werden kann, oder
>
> (b) deren Auswirkungen sich voraussichtlich dergestalt wiederholt auswirken, dass sie voraussichtlich das Betriebsergebnis (EBIT) der WEDECO-Gruppe in den Geschäftsjahren 2004 bis 2008 jeweils in Hö-

790 Der Betrag errechnet sich aus der Gesamtzahl der von der *W.E.T.* ausgegebenen Aktien in Höhe von 3.200.000 (vgl. Ziffer 6.1 der Angebotsunterlage, die eingesehen werden kann unter http://www.bafin.de/datenbanken/wpueg_14/2026140.pdf) und dem gemäß § 31 Abs. 7 WpÜG iVm. § 5 Abs. 1 AngebVO bei der Preisgestaltung zu Grunde zu legenden durchschnittlichen inländischen Börsenkurs der *W.E.T.*-Aktien während der letzten drei Monate vor der Angebotsankündigung in Höhe von EUR 43,54 pro Aktie (siehe Ziffer 6.7 der Angebotsunterlage).

he eines Betrags von mehr als EUR 1,5 Millionen negativ beeinflussen."[791]

Die Bietergesellschaft *ITT Industries* hat den Bedingungseintritt nicht an die Veröffentlichung neuer Tatsachen nach § 15 WpHG geknüpft, sondern an den Nichteintritt der eine solche Veröffentlichung auslösenden Tatsachen. Mit dieser Formulierung umgeht *ITT Industries* die mit der Anknüpfung an die Veröffentlichung neuer Tatsachen gemäß § 15 WpHG einhergehenden Unwägbarkeiten. Die Beurteilung des Zeitpunkts der Veröffentlichung eröffnet der Zielgesellschaft regelmäßig Spielräume, weil der erforderliche Realisierungsgrad der kursrelevanten Tatsache nicht immer eindeutig zu bestimmen ist und mögliche Gegenmaßnahmen zu berücksichtigen sind.[792] Des Weiteren hat *ITT Industries* einen namentlich genannten neutralen Gutachter mit der Beurteilung des Eintritts der kursrelevanten Tatsachen beauftragt, um die Beurteilung durch das Management der Zielgesellschaft auszuschließen.

Ein Novum ist auch die Anknüpfung an den Eintritt kursrelevanter Sachverhalte, deren negative Auswirkungen sich in der Zukunft in bestimmter Höhe wiederholen. Die Bietergesellschaft *ITT Industries* wählt in dieser Variante einen wesentlich niedrigeren Betrag für die Verschlechterung der Zielgesellschaft. Die veranschlagte Belastung des Betriebsergebnisses der Zielgesellschaft in Höhe von EUR 1,5 Millionen macht lediglich ein Prozent des Wertes der Zielgesellschaft aus.[793] Da es sich um eine wiederkehrende Verschlechterung handelt, können aber grundsätzlich nicht die aus der britischen Praxis bekannten Schwellenwerte gelten, sondern müssen auch geringere Werte ausreichen. Da die Bietergesellschaft hier aber lediglich den Zeitraum von 2004 bis 2008 abdeckt, erscheint der von ihr angesetzte Wert unter dem Gesichtspunkt einer wesentlichen Verschlechterung gleichwohl sehr niedrig.

---

791 Ziffer 3.2.3 (ii) der unter http://www.bafin.de/datenbanken/wpueg_14/itt.pdf abrufbaren Angebotsunterlage.

792 Vgl. Assmann/Schneider-*Kümpel*, § 15, Rn. 68 ff.

793 Diese Prozentzahl beruht auf einem börsliche Gesamtwert von *WEDECO* in Höhe von EUR 147.887.908,8. Dieser Wert errechnet sich aus den insgesamt 11.003.570 Aktien und dem gemäß § 31 Abs. 7 WpÜG iVm. § 5 Abs. 1 AngebVO bei der Preisgestaltung zu Grunde zu legenden durchschnittlichen inländischen Börsenkurs der *WEDECO*-Aktien während der letzten drei Monate vor der Angebotsankündigung in Höhe von EUR 13,44 pro Aktie (vgl. Ziffern 7.1 und Ziffer 12.1 der Angebotsunterlage, die eingesehen werden kann unter http://www.bafin.de/datenbanken/wpueg_14/itt.pdf).

(b) Bestimmte „neue Tatsachen"

Bei Übernahmen im Bereich des produzierenden Gewerbes finden sich an Stelle der soeben unter Punkt (a) beschriebenen Bedingungen zunehmend Klauseln, die den Erhalt der Produktions- und Vertriebseinrichtung der Zielgesellschaft betreffen. Auf diese Weise kann der Bieter gewährleisten, dass die Zielgesellschaft auch nach der Übernahme in der Lage sein wird, ihre Produktion und ihren Vertrieb in gewohnter Weise fortzuführen. Die im Rahmen dieser Bedingungen erfassten Tatsachen können möglicherweise bereits durch eine Klausel, wie sie vorstehend unter Punkt (a) beschrieben wurde, erfasst werden. Ohne Verwendung spezieller Klauseln liefe der Bieter allerdings Gefahr, dass Zerstörung bestimmter Anlagen der Zielgesellschaft nicht zu einer wesentlichen Belastung des Konzernergebnisses führt. Die *Continental AG* hat die Durchführung ihres am 26. April 2004 veröffentlichten Übernahmeangebots für die *Phoenix AG* unter anderem davon abhängig gemacht, dass

> „bis zum Ablauf des letzten Tages der Annahmefrist keine Veröffentlichungen der Phoenix AG gemäß § 15 WpHG vorgenommen werden dürfen, wonach Produktions- und/oder Vertriebseinrichtungen eines oder mehrerer Unternehmen der Phoenix Gruppe als Folge von höherer Gewalt (z.B. einer Naturkatastrophe, d.h. eines Erdbebens, eines Orkans, einer Überschwemmung, etc., eines Unfalls, eines Terroraktes oder eines Kriegs oder Bürgerkriegs) zerstört wurden, soweit hiervon Sachanlagevermögen der Unternehmen der Phoenix Gruppe (gemessen an den in der Konzernbilanz 2003 bzw. – soweit diese noch nicht veröffentlicht ist – in der Konzernbilanz 2002 ausgewiesenen Buchwerten) von mindestens 20 % des gesamten Sachanlagevermögens der Unternehmen der Phoenix Gruppe betroffen ist."[794]

Die Zulassung einer solchen Klausel ist nicht zu beanstanden, weil beinahe sämtliche in ihr beschriebene Umstände objektiv nachprüfbar sind. Lediglich der Begriff der „höheren Gewalt" eröffnet Interpretationsspielraum. Allerdings ist durch die Auflistung von Beispielen hinreichend umschrieben, was die Bietergesellschaft *Continental* unter höherer Gewalt versteht. Letztlich konkretisiert der Bieter auf diese Weise Umstände, die nach deutschem Rechtsverständnis zur sog. großen Geschäftsgrundlage gehören und im Rahmen des § 313 BGB zu be-

[794] Ziffer 10.1 (d) (ii) der unter http://www.bafin.de/datenbanken/wpueg_14/continental.pdf veröffentlichten Angebotsunterlage.

achten sind.[795] Die Bedingung unterstützt daher die Auffassung, dass § 313 BGB im Übernahmerecht keine Anwendung finden kann.[796]

Darüber hinaus ist es zu begrüßen, dass die Bietergesellschaft mit der Bezifferung des betroffenen Sachanlagevermögens auf einen Wert von mindestens 20 Prozent freiwillig eine Wesentlichkeitsschwelle in die Bedingung aufgenommen hat. Fehlt eine solche Bezifferung, wie zum Beispiel in der ansonsten deckungsgleichen Klausel in dem Übernahmeverfahren *Carlsberg/Holsten-Brauerei*[797], kann sich der Bieter auch bei Zerstörung geringwertiger Einrichtungen von dem Angebot lossagen. Dies ist gemessen an den Zielvorgaben für bedingte Übernahmeangebote kritikwürdig.

(2) Britische Übernahmepraxis

Im Vereinigten Königreich ist existiert für alle börsennotierten Gesellschaften eine dem § 15 WpHG vergleichbare Publizitätspflicht. Nach *Paragraph 9.1 (a) Purple Book* muss jede börsennotierte *company*

> „notify a Regulatory Information Service without delay of any major new developments in its sphere of activity which are not public knowledge and which may by virtue of the effect of those developments on its assets and liabilities or financial position or on the general course of its business, lead to substantial movement in the price of its listed securities".

Der Bieter hat demzufolge auch im britischen Übernahmerecht grundsätzlich die Möglichkeit, das Übernahmeangebot von der Veröffentlichung von Informationen abhängig zu machen, die geeignet sind, den Preis der Aktien der Zielgesellschaft erheblich zu beeinflussen und eine zu beziffernde Belastung des Ergebnisses der Zielgesellschaft nach sich ziehen. Die Nutzung einer solchen Klausel eröffnet dem Bieter die Möglichkeit, die strengen Voraussetzungen aus der *WPP/Tempus*-Entscheidung zu umgehen und gleichzeitig eine Vielzahl ökonomischer Verschlechterungen der Zielgesellschaft zu erfassen. Wie bereits erläutert, rechtfertigen sich die in der *WPP/Tempus*-Entscheidung skizzierten hohen Anforderungen für ein erfolgreiches Berufen auf eine MAC-Klausel nur, solange sich der zukünftige Eintritt der entsprechenden Bedingung zum Zeitpunkt der

---

[795] Vgl. Palandt-*Heinrichs*, § 313, Rn. 8.

[796] Zum Streitstand siehe oben in Kap. 8 § 4 A II auf S. 233 f.

[797] In Ziffer 10 (d) (iii) der unter http://www.bafin.de/datenbanken/wpueg_14/carlsberg.pdf veröffentlichten Angebotsunterlage.

Abgabe des Übernahmeangebots nicht anhand objektiver Kriterien bestimmen lässt.[798]

Wie die Beispiele aus der deutschen Praxis zeigen wird die Veröffentlichung aktienpreisrelevanter Informationen, die nach von dem Management der Zielgesellschaft zu treffender Prognose zu einer Belastung des Ergebnisses der Zielgesellschaft führen werden, den Anforderungen an die objektive Bestimmbarkeit des Bedingungseintritts durchgehend gerecht. Nach dem aktuellen Kenntnisstand finden sich in der britischen Übernahmepraxis bisher allerdings keine Beispiele, in denen Bieter versucht haben, von einer derartig strukturierten MAC-Klausel Gebrauch zu machen.

bb) Konkretisierung am Beispiel einer (potenziellen) Haftung der Zielgesellschaft

Neben der Anknüpfung an die kapitalmarktrechtliche Publizitätspflicht kann der Bieter den Grund der Verschlechterung der Zielgesellschaft selbstverständlich weiter konkretisieren. Welche Ziele der Bieter damit verfolgen kann, soll am Beispiel bereits eingetretener oder möglicher Haftungen der Zielgesellschaft erörtert werden.

(1) Zukünftige Haftungen und Haftungsrisiken

Eine über die Anknüpfung an die kapitalmarktrechtliche Publizitätspflicht hinausgehende Konkretisierung von MAC-Klauseln ist zur Absicherung zukünftiger Haftungen und Haftungsrisiken der Zielgesellschaft grundsätzlich nur von untergeordneter Bedeutung. Sowohl nach britischem als auch nach deutschem Recht gilt, dass die kapitalmarktrechtliche Publizitätspflicht alle wesentlichen, für zukünftige wirtschaftliche Verschlechterungen der Zielgesellschaft relevanten Fallgestaltungen umfasst. Allein das deutsche Übernahmerecht bietet wegen des Fehlens einer Wesentlichkeitsschwelle einen möglichen Ansatzpunkt für eine weitere Konkretisierung. Da § 15 WpHG nur Sachverhalte erfasst, die im Falle des Bekanntwerdens den Börsenpreis „erheblich" beeinflussen können, kann sich der Bieter durch die weitere Konkretisierung auch gegen Verschlechterung minderen Gewichts schützen.

Da das britische Übernahmerecht hingegen in Note 2 on Rule 13 City Code eine Wesentlichkeitsschwelle enthält, liefe eine weitere Konkretisierung zum Schutz

---

[798] Vgl. die obigen Ausführungen in Kap. 8 § 4 III 1 b auf S. 235 f.

gegen weniger bedeutsame Verschlechterung im Vereinigten Königreich ins Leere. Solange eine Anknüpfung an *Paragraph 9.1 (a) Purple Book* allerdings in der Praxis nicht stattfindet, kann der Bieter mit einer weitergehenden Konkretisierung von MAC-Klauseln versuchen, die hohen Anforderungen zu umgehen, die das Panel für ein Berufen auf allgemeine MAC-Klauseln aufgestellt hat. So könnte der Bieter das Übernahmeangebot davon abhängig machen, dass bei der Zielgesellschaft keine eine bestimmte Größenordnung überschreitende Haftungen auftreten. Der Bieter ist grundsätzlich nicht gezwungen, einen bestimmten Haftungsgrund anzugeben. Jede mögliche Inanspruchnahme der Zielgesellschaft durch Dritte ist ausreichend.

(2) Bestehende Haftungen und Haftungsrisiken

Konkretisierte MAC-Klauseln haben einen besonderen Anwendungsbereich, wenn um die Absicherung gegen bestehende, dem Bieter aber unbekannte Haftungen bzw. Haftungsrisiken geht.[799] Ein entsprechender Bedarf besteht aus Sicht des Bieters vor allem bei „feindlichen" Übernahmen oder bei Übernahmeangeboten, die unter einem hohen Zeitdruck abgegeben werden. In beiden Fällen hat der Bieter in der Regel keine Möglichkeit, mögliche Haftungsszenarien im Rahmen einer *Due-Diligence-* oder sonstigen Unternehmensprüfung bereits vor der Abgabe des Angebots aufzudecken.

(a) Bestehende Haftungen

In den skizzierten Situationen besteht für den Bieter die Gefahr, dass bestehende Haftungen nicht gemäß den jeweils geltenden Publizitätspflichten durch die Zielgesellschaft veröffentlicht wurden. Der Bieter kann deshalb grundsätzlich ein Interesse geltend machen, das Übernahmeangebot unter die Bedingung stellen, dass keine unveröffentlichten Haftungen der Zielgesellschaft bestehen. Wie das folgende Beispiel belegt, gehört eine entsprechende Klausel zu den Standardbedingungen der britischen Übernahmepraxis. In der vom 25. August 2001 datierenden Angebotsunterlage machte die Bietergesellschaft *Vinci* das für die *TBI Plc* abgegebene Übernahmeangebot unter anderem davon abhängig, dass:

> „*Vinci not having discovered that any member of the wider TBI Group is subject to any liability, contingent or otherwise, which is not disclosed in the Annual Report of Accounts of TBI for the year ended 31 March 2001.*"[800]

---

799 Sog. Gegenwartsbedingungen – Näheres dazu in Kap. 2 § 2 A III 2 auf S. 15 f.

800 *Appendix I, Part A, (k) (ii)* der unveröffentlichten Angebotsunterlage.

Die Bietergesellschaft *Vinci* hat es vermieden, die möglicherweise bei der *TBI-Gruppe* bestehenden Haftungen näher zu konkretisieren mit der Folge, dass ein erfolgreiches Berufen auf die Bedingung unter dem Vorbehalt einer vom Panel als wesentlich im Sinne von Note 2 on Rule 13 City Code eingestuften Haftung steht. Um bereits mit der Abgabe des Übernahmeangebots ein erfolgreiches Berufen auf diese Klausel zu gewährleisten, müsste der Bieter die Klausel noch um eine bestimmte Haftungssumme ergänzen. Eine entsprechende Klausel wäre auch nach deutschem Übernahmerecht zulässig.

(b) Bestehende Haftungsrisiken

Im Fall einer unterbliebenen Überprüfung der Zielgesellschaft muss der Bieter neben den bereits eingetretenen Haftungen insbesondere befürchten, dass Umstände bestehen, die eine Haftung für die Zukunft wahrscheinlich erscheinen lassen. Es ist deshalb grundsätzlich anerkannt, dass der Bieter das Übernahmeangebot davon abhängig machen kann, dass im Laufe des Übernahmeverfahrens keine Haftungsrisiken bei der Zielgesellschaft bekannt werden.[801] Allerdings bedarf eine solche Bedingung näherer Konkretisierung, weil sich objektiv kaum feststellen lässt, wann ein Haftungsrisiko besteht.

Ein möglicher Ansatz zur Konkretisierung ist, dass die Bedingung bereits an die Auslöser in Betracht kommender Haftungsrisiken anknüpft. Der Bieter kann diese Form einer weiteren Konkretisierung nutzen, um sich möglichst wirksam gegen besondere Haftungsrisiken der Zielgesellschaft zu schützen. Wie das folgende Beispiel aus der britischen Praxis verdeutlicht, sind derartige Bedingungen besonders relevant bei der Übernahme von Unternehmen, bei denen latent das Risiko einer Umwelthaftung besteht. In der am 2. September 2002 veröffentlichten Angebotsunterlage machte die Bietergesellschaft *Capita Group Plc* das Übernahmeangebot für die *Mission Testing Plc* davon abhängig, dass:

> „*Capita not having discovered that, save as publicly announced or otherwise fairly disclosed to Capita prior to 29 August 2002:*
>
> *(i) any past or present member of the wider Mission Testing Group has not complied with all applicable legislation or regulations of any jurisdiction or any notice or requirement of any Relevant Authority with regard to the storage, disposal, discharge, spillage, leak or emission of any waste or hazardous substance or any substance likely to impair the envi-*

801 KK-WpÜG-*Hasselbach*, § 18, Rn. 47.

ronment or harm human health which non-compliance would be likely to give rise to any liability (whether actual or contingent) on the part of Mission Testing in the context of the Mission Testing Group taken as a whole;

(ii) *there has been disposal, spillage, emission, discharge or leak of waste of hazardous substance or any substance likely to impair the environment or harm human health on, or from, any land or other asset now or previously owned, occupied or made use of by any past or present member of the wider Mission Testing Group, or which any such member may now or previously have had an interest, would be likely to give rise to any liability (whether actual or contingent) on the part of Mission Testing in the context of the Mission Testing Group taken as a whole;*

(iii) *there is or is likely to be any obligation or liability (whether actual or contingent) on the part of Mission Testing in the context of the Mission Testing Group taken as a whole, to make good, repair, reinstate or clean up any property now or previously owned, occupied or made use of by any past or present member of the wider Mission Testing Group or in which any such member may now or previously have had an interest under any environmental legislation or regulation or notice, circular or order of any Relevant Authority in any jurisdiction, or*

(iv) *circumstances exist whereby a person or class of persons would be likely to have any claim or claims in respect of any product or process of manufacture, or materials used therein, now or previously manufactured, sold or carried out by any past or present member of the wider Mission Testing Group which claim or claims would be likely to affect adversely the Mission Testing Group as a whole.*“[802]

Die Bietergesellschaft *Capita* knüpft in den Absätzen (i) und (ii) den Eintritt der Bedingung an den Verstoß gegen geltendes Umweltrecht sowie die Beseitigung, Ausschüttung etc. von Abfall oder gefährlicher Substanzen und macht die Bedingung insoweit objektiv nachvollziehbar. Eine entsprechende Gestaltung wäre

---

802 *Appendix I, Part A, (g)* der unveröffentlichten Angebotsunterlage. Eine entsprechende Klausel gehört zu den Standardbedingungen in britischen Übernahmeangeboten – vgl. z.B. die Übernahmeangebote der *Chiron UK-1 Ltd* für die *PowderJect Pharmaceuticals Plc* (19.5.2003), der *UAG UK Holdings Limited* für die *Sytner Group Plc* (13.2.2003) sowie von *Vince* für die *TBI Plc* (25.8.2001).

auch nach deutschem Übernahmerecht zulässig. Im Übrigen gilt die Bedingung nur dann als eingetreten, wenn der Eintritt dieser Umstände wahrscheinlich zu einer Haftung der Zielgesellschaft führt. Nach britischem Recht ist eine solche Formulierung möglich, weil die mit Beurteilungsspielräumen behaftete Prüfung der Wahrscheinlichkeit einer Haftung letztlich dem Panel im Rahmen der *Material-Significance*-Prüfung obliegt. Da das deutsche Recht keine Wesentlichkeitsüberprüfung von Bedingungen durch die BaFin vorsieht, müsste dieser Teil einer entsprechenden Bedingung so gestaltet werden, dass das im Hinblick auf die Haftung zu treffende Wahrscheinlichkeitsurteil dem Bieter keine Beurteilungsspielräume gewährt. Diesbezüglich wäre an eine Beurteilung durch den Vorstand der Zielgesellschaft, wie sie im Rahmen der Anknüpfung an die kapitalmarktrechtliche Publizitätspflicht häufig vorgesehen ist, oder durch eine neutrale Person zu denken.

Absatz (iii) betrifft den Fall einer bereits bestehenden sowie einer wahrscheinlichen Haftung für durch die Zielgesellschaft genutzten Boden. Bereits bestehende Haftungen sind objektiv nachvollziehbar und deshalb unter dem Gesichtspunkt des Verbots subjektiver Bedingungen unproblematisch. In Bezug auf die wahrscheinliche Haftung fehlt es hier im Gegensatz zu den vorherigen Absätzen an einer Anknüpfung an objektiv nachvollziehbare Tatsachen. Während dies nach britischem Recht auf Grund des Korrektivs der nachträglichen Wesentlichkeitsüberprüfung grundsätzlich nicht zu beanstanden ist, wäre eine entsprechende Bedingung nach deutschem Recht unzulässig. Gleiches gilt für die in Absatz (iv) beschriebenen Fälle einer Produkthaftung der Zielgesellschaft. Für das deutsche Übernahmerecht müsste der Begriff der „*circumstances*“ genauer beschrieben werden, um ein objektives Anknüpfungsmerkmal für den Eintritt der Bedingung zu haben.

b) Eröffnung des Insolvenzverfahrens

Nach deutschem Übernahmerecht darf der Bieter das Übernahmeangebot grundsätzlich davon abhängig machen, dass über das Vermögen der Zielgesellschaft kein Insolvenzverfahren eröffnet oder beantragt wird.[803] Es handelt sich um ein objektiv nachvollziehbare Ausformung einer MAC-Klausel. Soweit eine wirtschaftliche Verschlechterung zur Beantragung oder Eröffnung eines Insolvenzverfahrens führt, kann sich der Bieter von dem Angebot lösen. Darüber hinaus

803 Einhellige Meinung: Ehricke/Ekkenga/Oechsler-*Oechsler*, § 18, Rn. 7; Geibel/Süßmann-*Geibel*, § 18, Rn. 33; Haarmann/Riehmer/Schüppen-*Riehmer*, § 18, Rn. 15h; KK-WpÜG-*Hasselbach*, § 18, Rn. 43.

ist die Klausel aber auch dann nicht zu beanstanden, wenn ein Insolvenzverfahren beantragt oder eröffnet wird, ohne dass eine neue zusätzliche wirtschaftliche Verschlechterung der Zielgesellschaft stattgefunden hat. Eine solche Bedingung ist nicht objektiv willkürlich, da der Bieter – vor allem bei der Übernahme sanierungsbedürftiger Unternehmen – ein vitales Interesse daran hat, dass ihm nicht durch die Eröffnung des Insolvenzverfahrens und den Übergang der Leitung der Zielgesellschaft auf den (vorläufigen) Insolvenzverwalter (§§ 22, 80 InsO) die tatsächliche Übernahme der Kontrolle erschwert wird.[804]

Um einen Verstoß gegen § 18 Abs. 1 WpÜG zu vermeiden, muss der Bieter allerdings die Beantragung des Insolvenzverfahrens durch ihn selbst oder ihm zurechenbare Personen ausschließen.[805] In diesem Fall würde es sich um eine Bedingung handeln, die der Bieter bzw. der ihm zurechenbare Personenkreis ausschließlich selbst herbeiführen könnte. Einen Insolvenzgrund muss der Bieter dagegen grundsätzlich nicht in den Tatbestand der Bedingung aufnehmen, da er keinen Einfluss auf den konkreten Insolvenzgrund besitzt.[806] Die konkrete Auflistung möglicher Insolvenzgründe ist nur dann notwendig, wenn der Eintritt der Bedingung nicht erst an die Eröffnung oder Beantragung des Insolvenzverfahrens geknüpft wird, sondern bereits unmittelbar an den Eintritt eines Insolvenzgrundes. In Anlehnung an die Gestaltung von MAC-Klauseln macht die deutsche Übernahmepraxis das Übernahmeangebot von dem Nichteintritt der Veröffentlichung der Tatsache einer eingetretenen oder drohenden Zahlungsunfähigkeit oder einer Überschuldung gemäß § 15 WpHG abhängig.[807]

Nach britischem Übernahmerecht gelten grundsätzlich dieselben Grundsätze, wie sie soeben für das deutsche Recht skizziert wurden. Eine Bedingung, mit der sich der Bieter für den Fall der Beantragung bzw. Eröffnung eines der nach britischen Recht für insolvente *companies* zur Verfügung stehenden Verfahren die Abstandnahme von dem Übernahmeangebot vorbehält, ist grundsätzlich zulässig, solange der Bieter eine Beantragung durch sich selbst oder ihm zurechenbare Personen ausschließt. Damit sich der Bieter mit Erfolg auf eine entsprechende Bedingung berufen kann, müssen zudem die Voraussetzungen des *Material-*

804 KK-WpÜG-*Hasselbach*, § 18, Rn. 43.

805 Geibel/Süßmann-*Geibel*, § 18, Rn. 33; KK-WpÜG-*Hasselbach*, § 18, Rn. 43.

806 **A.A.** KK-WpÜG-*Hasselbach*, § 18, Rn. 43.

807 Siehe z.B. Ziffer 9.2 c des unter http://www.bafin.de/datenbanken/wpueg_14/agilisys.pdf veröffentlichten Übernahmeangebots der *Agilisys B.V.* für die *infor business solutions AG* und Ziffer 10 (d) (i) des Angebots der *Carlsberg Deutschland GmbH* für die *Holsten-Brauerei AG*, das unter http://www.bafin.de/datenbanken/wpueg_14/carlsberg.pdf veröffentlicht ist.

Significance-Tests vorliegen. Dies wird regelmäßig dann der Fall sein, wenn dem Bieter die Ausübung der Kontrolle über die Zielgesellschaft infolge der Einleitung eines der Insolvenzverfahren erheblich erschwert bzw. unmöglich gemacht wird.

Dies betrifft zunächst die Verfahren der Abwicklung der Zielgesellschaft durch ein Gericht (*compulsory winding up by the court*)[808] und durch die Gläubiger (*creditors' voluntary winding up*)[809], bei denen die Kontrollgewalt auf den *official receiver* bzw. die *creditors* übergeht.[810] Darüber hinaus verliert die Verwaltung der Zielgesellschaft bei dem auf Restrukturierung der Zielgesellschaft angelegten Verfahren der *administration* ihre Geschäftsführungsbefugnis, die auf einen *administrator* übergeht.[811] Schließlich bleibt den *directors* der Zielgesellschaft auch bei der Bestellung eines *(administrative) receiver*, der Sicherheiten zu Gunsten der Inhaber von Schuldverschreibungen verwertet, weniger (*receiver*) bzw. kein (*administrative receiver*) Raum zur Ausübung ihrer Geschäftsführungsbefugnisse.[812]

Bleibt den Gesellschaftern hingegen – z.B. im Rahmen eines *members' voluntary winding up*[813] – die Kontrollgewalt über die Zielgesellschaft erhalten, bliebe die Insolvenzbedingung zwar zulässig, da die Eröffnung des Abwicklungsverfahrens ein zukünftiges, ungewisses Ereignis darstellt und die Bedingung keine subjektive Bedingung darstellt. Allerdings dürften erhebliche Zweifel angebracht sein, ob das Panel ein Berufen auf die Bedingung unter dem Aspekt der *Material-Significance*-Schwelle zuließe. Denn würde der Bieter durch die Übernahme selbst Gesellschafter der Zielgesellschaft, wäre eine Einschränkung seiner Möglichkeit zur Kontrollausübung nicht gegeben.

c) *Change-of-Control*-Fälle

Einer der maßgebenden Gründe für Unternehmensübernahmen ist die Hoffnung des Bieters, das übernommene Unternehmen so in die eigene Geschäftstätigkeit zu integrieren, dass sich dabei Synergieeffekte realisieren lassen. Aus diesem Grund ist es für den Bieter von enormer Wichtigkeit, dass die für die Tätigkeit

808 *Sections 124 ff. Insolvency Act 1986.*
809 *Sections 90 und 96 Insolvency Act 1986.*
810 Vgl. *Triebel/Hodgson/Kellenter/Müller*, Rn. 777 ff., 815 ff. für eine Einführung in das britische Insolvenzrecht.
811 *Section 14 (1) Insolvency Act 1986.*
812 Dieses Verfahren ist in den *Sections 28 ff. Insolvency Act 1986* geregelt.
813 *Section 90 Insolvency Act 1986.*

der Zielgesellschaft wesentlichen vertraglichen Beziehungen zu Dritten auch nach der Übernahme noch Gültigkeit besitzen. Der Bieter kann das Übernahmeangebot deshalb unter der Bedingung abgeben, dass wichtige Vertragsbeziehungen im Fall einer Übernahme nicht automatisch wegfallen oder gekündigt werden können bzw. – wie zugesagt oder turnusmäßig – verlängert werden.[814] Dies ist insbesondere dann von Bedeutung, wenn zu befürchten ist, dass derartige Verträge sog. *Change-of-Control*-Klauseln enthalten, die den jeweiligen Vertragspartner im Fall eines Kontrollwechsels bei der Zielgesellschaft zur sofortigen oder jedenfalls kurzfristigen Kündigung berechtigen.[815]

Auf welche Weise sich der Bieter gegen das Vorhandensein derartiger *Change-of-Control*-Klauseln absichern kann, soll am Beispiel der in dem Übernahmeangebot der *Chiron UK-1 Ltd* für die *PowderJect Pharmaceuticals Plc* vom 19. Mai 2003 verwendeten Bedingung illustriert werden. Das Übernahmeangebot stand unter die Bedingung, dass:

> *„save as fairly disclosed to Chiron UK prior to the date of this document, there being no provision of any agreement, arrangement, licence or other instrument to which any member of the wider PowderJect Group is a party or by or to which any such member or any of its assets is or may be bound, entitled or subject which, as a result of the making or implementation of the Offer or the acquisition or proposed acquisition by Chiron UK of any shares in, or change in the control or management of, PowderJect would or might reasonably be expected to result in:*
>
> *(i) any moneys borrowed by or any other indebtedness (actual or contingent) of any such member becoming repayable immediately or earlier than the stated repayment date or the ability of such member to borrow monies or incur any indebtedness being withdrawn or inhibited;*
>
> *(ii) the creation or enforcement or any mortgage, charge or other security interest over the whole or any part of the business, property or assets of any such member or any such security interest (whenever arising or having arisen) becoming enforceable;*
>
> *(iii) any material assets or interest of any such member being or falling to be disposed of or charged or any right arising under which any such asset*

[814] KK-WpÜG-*Hasselbach*, § 18, Rn. 41; Ehricke/Ekkenga/Oechsler-*Oechsler*, § 18, Rn. 7.
[815] Näheres zu diesen Klauseln bei *Holzapfel/Pöllath*, Rn. 116.

or interest could be required to be disposed of or charged other than in the ordinary course of business;

(iv) the interest or business of any such member in or with any other person, firm or company (or any agreements or arrangements relating to such interest or business) being terminated or adversely affected;

(v) any such member ceasing to be able to carry on business under any name under which it presently does so;

(vi) the value of any such member or its financial or trading position or prospects being materially and adversely affected;

(vii) any such agreement, arrangement, licence or other instrument being terminated or materially adversely modified or any materially adverse action being taken or arising thereunder; or

(viii) the creation of any material liabilities (actual or contingent) by any member of the wider PowderJect Group."[816]

Die Bedingung verdeutlicht durch ihren Beginn („*save as...*"), dass nur dem Bieter unbekannte *Change-of-Control*-Klauseln zum Gegenstand von Bedingungen in Übernahmeangeboten gemacht werden können. Hat der Bieter bereits Kenntnis von dem Vorhandensein einzelner *Change-of-Control*-Klauseln, scheiden diese als tauglicher Bedingungsgegenstand aus, weil sie für den Bieter kein zukünftiges, ungewisses Ereignis darstellen. Der Bieter kann das Übernahmeangebot dann nur noch von der Nichtausübung des sich für den Vertragspartner der Zielgesellschaft aus der Klausel ergebenden Rechts abhängig machen. Sollte der Vertragspartner dieses Recht während der Annahmefrist tatsächlich nicht ausüben und das Übernahmeangebot infolgedessen durchgeführt werden, bestünde für den Bieter dabei allerdings noch immer die Gefahr, dass der Vertragspartner seine Rechte nach Abschluss des Übernahmeverfahrens ausübt.

816 *Appendix I, Part A, (g)* der unveröffentlichten Angebotsunterlage. Eine entsprechende Klausel gehört zu den Standardbedingungen in britischen Übernahmeangeboten – vgl. z.B. die Übernahmeangebote der *UAG UK Holdings Limited* für die *Sytner Group Plc* (13.2.2003), der *Capita Group Plc* für die *Mission Testing Plc* (2.9.2002) sowie von *Vince* für die *TBI Plc* (25.8.2001).

Nach deutschem Recht müsste eine entsprechende Bedingung so gestaltet sein, dass sich ihr Eintritt objektiv nachvollziehen lässt. Der Bieter muss demzufolge die *Change-of-Control*-Klauseln, bei deren Vorhandensein er die Bedingung als eingetreten ansieht, hinreichend deutlich beschreiben.[817] Diesbezüglich lässt die britische Bedingung zu wünschen übrig, wenn sie den Kreis der *Change-of-Control*-Klauseln über eindeutige Klauseln hinaus auf solche erweitert, die nur möglicherweise zu einer Beendigung der Vertragsbeziehung zu der Zielgesellschaft führen können („*which...would or might reasonably be expected to result in*"). Das Abstellen auf eine solche Wahrscheinlichkeitsprognose eröffnet Beurteilungsspielräume und wäre daher nach deutschem Recht unzulässig. Gleiches gilt, wenn die Bedingung nicht nur auf die (vorzeitige) Beendigung von Verträgen abstellt, sondern auch für wesentliche nachteilige Veränderung von Vertragsverhältnissen gilt (z.B. die Formulierung „*materially adversely modified*" in Punkt (vii) der Bedingung). Auf die Unzulässigkeit einer entsprechenden Formulierung in deutschen Übernahmeangeboten wurde bereits bei der Erörterung der Zulässigkeit von MAC-Klauseln hingewiesen.

B. Unterbleiben von Abwehrmaßnahmen

Gemäß § 33 WpÜG sowie nach General Principle 7 bzw. Rule 21.1 City Code darf das Management der Zielgesellschaft nur mit Zustimmung der Hauptversammlung Handlungen vornehmen, die zur Abwehr des Übernahmeangebots dienen.[818] Im Gegensatz zum britischen Recht kann das Management der Zielgesellschaft gemäß § 33 Abs. 2 WpÜG allerdings bereits vor der Veröffentlichung der Entscheidung zur Angebotsabgabe im Wege sog. Vorratsbeschlüsse zur späteren Vornahme von Abwehrmaßnahmen ermächtigt werden. Ausnahmsweise können auch ohne einen solchen Beschluss Abwehrmaßnahmen vorgenommen werden, wenn sie der Erfüllung bereits vor der Ankündigung des Übernahmeangebots eingegangener vertraglicher Verpflichtungen dienen (Rule 21.1 City Code) bzw. Handlungen betreffen, die ein ordentlicher und gewissenhafter Geschäftsleiter einer Gesellschaft, die nicht von einem Übernahmeangebot betrof-

817 Ehricke/Ekkenga/Oechsler-*Oechsler*, § 18, Rn. 7.

818 Nach Rule 21.1 City Code ist es dem *board* untersagt, Aktien aus genehmigtem Kapital auszugeben, Umtausch- oder Bezugsrechte auf von der Gesellschaft ausgegebene Wertpapiere zu schaffen oder einzuräumen, bedeutende Vermögenswerte zu verkaufen oder zu kaufen oder Verträge außerhalb des normalen Geschäftsbetriebs abzuschließen. Entsprechend fordert Rule 37.3 (a) City Code für den Erwerb eigener Aktien durch die Zielgesellschaft die Zustimmung der Hauptversammlung, es sei denn, dass eine bereits zuvor eingegangene Verpflichtung zum Erwerb besteht.

fen ist, vorgenommen hätte (§ 33 Abs. 1 Satz 2 WpÜG). Zulässig sind ferner Handlungen, die der Suche nach einem konkurrierenden Angebot dienen.[819]

Soweit die Zielgesellschaft von ihren Möglichkeiten zur Abwehr des Übernahmeangebots Gebrauch macht, kann es dem Bieter nicht zugemutet werden, sich auf eine kostenträchtige Übernahmeschlacht einlassen zu müssen.[820] Aus diesem Grund ist allgemein ein Interesse des Bieters anerkannt, das Übernahmeangebot unter den Vorbehalt der Nicht-Vornahme von Abwehrmaßnahmen zu stellen.[821]

In Bezug auf die Möglichkeiten der Gestaltung von Abwehrklauseln bestehen zwischen dem britischen und dem deutschen Recht im Grundsatz dieselben Unterschiede, wie sie bereits bei der Darstellung der MAC-Klauseln skizziert wurden.[822] Auf Grund der Regelung in Note 1 on Rule 13 City Code ist es dem Bieter grundsätzlich erlaubt, das Übernahmeangebot ganz allgemein von dem Unterbleiben von Abwehrmaßnahmen abhängig zu machen. Eine nähere Spezifizierung der Abwehrmaßnahmen ist nicht zwingend notwendig, weil es wegen der wegen der Fülle und Veränderung vorhandener Verteidigungsstrategien nicht unbedingt praktikabel ist, alle denkbaren Verteidigungsmaßnahmen in der Bedingungsklausel aufzulisten. Nach Note 2 on Rule 13 City Code kann das Panel dem Bieter anschließend noch immer das Berufen auf die Bedingung verweigern, wenn es der Ansicht ist, dass die in Frage stehende Verteidigungsmaßnahme für den Bieter im Rahmen des Angebots nicht von wesentlicher Bedeutung ist. Die britische Übernahmepraxis macht von dieser Möglichkeit nach hiesigem Erkenntnisstand allerdings keinen Gebrauch, sondern verwendet ausschließlich konkretisierte Abwehrklauseln. So stand das am 2. September 2002 abgegebene Übernahmeangebot der *Capita Group Plc* für die *Mission Testing Plc* zum Beispiel unter der Bedingung, dass:

> *„except as publicly announced by Mission Testing prior to 29 August 2002 or as otherwise fairly disclosed to Capita prior to 29 August 2002, no member of the wider Mission Testing Group having, since 30 June 2002:*

819 § 33 Abs. 1 Satz 2 WpÜG bzw. Rule 25.1 City Code (vgl. *Zinser*, RIW, 481, 486).

820 *Busch*, 145, 149; Ehricke/Ekkenga/Oechsler-*Oechsler*, § 18, Rn. 8.

821 *Busch*, AG 2002, 145, 149; KK-WpÜG-*Hasselbach*, § 18, Rn. 48 ff.; Geibel/Süßmann-*Geibel*, § 18, Rn. 26 ff.; Haarmann/Riehmer/Schüppen-*Riehmer*, § 18, Rn. 15 e; Ehricke/Ekkenga/Oechsler-*Oechsler*, § 18, Rn. 8. Für das britische Recht vgl. *Stedman*, S. 249; *Pearson*, in: Button (Hrsg.), S. 135, 156.

822 Siehe oben in Kap. 8 § 4 A I und II auf S. 230 ff.

(i) *issued, agreed to issue or proposed the issue of additional shares or securities of any class, or securities convertible into, or exchangeable for or rights, warrants or options to subscribe for or acquire, any such shares, securities or convertible securities (save as between Mission Testing and wholly-owned subsidiaries of Mission Testing and save for options granted, and for any Mission Testing Shares allotted upon exercise of options granted under the Mission Shares Schemes) before 29 August 2002, or redeemed, purchased or reduced any part of its share capital;*

(ii) *save for the second interim dividend of 1.5 pence in respect of the financial year ended 30 June 2002, recommended, declared, paid or made or proposed to recommend, declare, pay or make any bonus, dividend or other distribution other than to Mission Testing or a wholly-owned subsidiary of Mission Testing;*

(iii) *agreed, authorised, proposed or announced its intention to propose any merger or demerger or acquisition or disposal of assets or shares which are material in the context of the Mission Testing Group taken as whole (other than in the ordinary course of trading) or to any material change in its share or loan capital;*

(iv) *issued, authorised or proposed the issue of any debentures or incurred any indebtedness or contingent liability which is material in the context of the Mission Testing Group taken as a whole;*

(v) *acquired or disposed of or transferred, mortgaged or encumbered any asset or any right, title or interest in any asset (other than in the ordinary course of trading) in a manner which is material in the context of the Mission Testing Group taken as a whole;*

(vi) *entered into or varied or announced its intention to enter into or vary any contract, arrangement or commitment (whether in respect of capital expenditure or otherwise) which is of long-term or unusual nature or involves or could involve an obligation of a nature or magnitude, and in either case which is material in the context of the Mission Testing Group taken as whole;*

(vii) *entered into or proposed or announced its intention to enter into any reconstruction, amalgamation, transaction or arrangement (otherwise than in the ordinary course of business) which is material in the context of the Mission Testing Group taken as a whole;*

(viii) *entered into or proposed any corporate action or had any bona fide legal proceedings instigated or threatened against it for its winding-up, dissolution or reorganisation or for the appointment of a receiver, administrator, administrative receiver, trustee or similar officer of all or any of its assets and revenues (or any analogous proceedings of appointment in any overseas jurisdiction);*

(ix) *been unable, or admitted in writing that it is unable, to pay its debts or having stopped or suspended (or threatened to stop or suspend) payment of its debts generally or ceased or threatened to cease carrying on all or a substantial part of its business;*

(x) *entered into or varied or made any offer to enter into or vary the terms of any service agreement of arrangement with any of the directors of Mission Testing;*

(xi) *waived, compromised or settled any claim which is material in the context of the wider Mission Testing Group; or*

(xii) *entered into any agreement, arrangement or commitment or passed any resolution with respect to any of the transactions or events referred to in this paragraph.*“[823]

Es ist positiv zu vermerken, dass die Bedingung Verteidigungsmaßnahmen beinahe durchgehend konkret bezeichnet und dem Bieter daher kein Beurteilungsspielraum in Bezug auf den Eintritt der Bedingung verbleibt. Allein der unter Punkt (vi) bezeichnete Abschluss bzw. die Änderung langfristiger und ungewöhnlicher Verträge lässt sich nicht allein anhand objektiver Kriterien beurteilen. Allerdings lassen sich derartige, für das Geschäft der Zielgesellschaft ungewöhnliche Verträge nur schwer weiter spezifizieren. Wie Rule 21.1 (e) City Code verdeutlicht zählt der Abschluss dieser Verträge aber unumstritten zu den an-

823 *Appendix I, Part A, (g)* der unveröffentlichten Angebotsunterlage. Eine entsprechende Klausel gehört zu den Standardbedingungen in britischen Übernahmeangeboten – vgl. z.B. die Übernahmeangebote der *Chiron UK-1 Ltd* für die *PowderJect Pharmaceuticals Plc* (19. Mai 2003), der *UAG UK Holdings Limited* für die *Sytner Group Plc* (13. Februar 2003) sowie von *Vince* für die *TBI Plc* (25. August 2001).

erkannten Verteidigungsmaßnahmen der Zielgesellschaft. Ein möglicher Ansatzpunkt zur Konkretisierung wäre die Nennung eines bestimmten Gegenstandswerts des Vertrags. Diesen beschreibt die Bietergesellschaft *Capita* mit der auch bei der Beschreibung der meisten anderen Verteidigungsmaßnahmen gewählten Standardformulierung „*which is material in the context of the Mission Testing Group taken as whole*". Auf Grund der nachträglichen *Material-Significance*-Prüfung durch das Panel handelt es sich dabei um eine nach britischem Recht zulässige Gestaltungsmöglichkeit. Die Einleitung der unter Punkt (viii) beschriebenen insolvenzrechtlichen Schritte wurde bereits bei der Erörterung von MAC-Klauseln behandelt.[824] Soweit diese Schritte durch die Zielgesellschaft selbst initiiert werden, können sie auch als Verteidigungsmaßnahme interpretiert werden.

Teilweise wird auch im deutschen Übernahmerecht die Zulässigkeit von Bedingungen propagiert, die sich ganz allgemein gegen die Vornahme jedweder Verteidigungsmaßnahmen durch die Zielgesellschaft richten.[825] Soweit ersichtlich hat sich die BaFin jedenfalls in einem Fall dieser Meinung angeschlossen und zugelassen, dass die *Finba Bakery Europe AG* das Übernahmeangebot für die *Kamps AG* unter anderem davon abhängig gemacht hat, dass

> „der Vorstand der Kamps AG bis zum Vollzug dieses Übernahmeangebots keine Handlungen vornimmt, durch die der Erfolg des Übernahmeangebots verhindert werden könnte (§ 33 Abs. 1 und 2 WpÜG)."[826]

Die Zulassung derart allgemein gehaltener Klauseln ist vor dem Hintergrund des Verbots subjektiver Bedingungen gemäß § 18 Abs. 1 WpÜG schweren Bedenken ausgesetzt. Die Entscheidung darüber, ob eine Abwehrmaßnahme vorliegt, würde unzulässiger Weise in das Ermessen des Bieters gestellt. Mit der überwiegenden Meinung ist deshalb zu fordern, dass der Bieter die Abwehrmaßnahmen in der Bedingungsklausel möglichst genau zu spezifizieren hat, um sie auf diese Weise objektiv bestimmbar zu machen.[827] In Teilen beispielhaft ist insofern ausgerechnet das umstrittene – noch vor In-Kraft-Treten des WpÜG abgegebene – Übernahmeangebot von *Vodafone AirTouch Plc* an die Aktionäre

---

[824] Siehe die vorstehenden Ausführungen in Kap. 8 § 4 A III 2 b auf S. 250 ff.

[825] In diesem Sinne KK-WpÜG-*Hasselbach*, § 18, Rn. 48.

[826] Ziffer 10 (c) der unter http://www.bafin.de/datenbanken/wpueg_14/finba.pdf einsehbaren Angebotsunterlage.

[827] *Busch*, S. 145, 149; *Hamann*, ZIP 2001, 2249, 2253 Fn. 61; Ehricke/Ekkenga/Oechsler-*Oechsler*, § 18, Rn. 8; *Riehmer/Schröder*, BB 2001, Beilage 5 zu Heft 20, 1, 6; Haarmann/Riehmer/Schüppen-*Riehmer*, § 18, Rn. 15 e.

der *Mannesmann AG*, in dem sich *Vodafone* das Recht vorbehielt, das Umtauschangebot zu widerrufen, falls *Mannesmann* „Behindernde Maßnahmen" vornimmt. Die „Behindernden Maßnahmen" waren wie folgt definiert:

> „Alle Handlungen und Gegebenheiten außerhalb der direkten Kontrolle von Vodafone AirTouch seit Veröffentlichung des letzten Vierteljahresberichtes durch die Mannesmann AG vor der Bekanntgabe des beabsichtigten Umtauschangebotes vom 19.11.1999, die bereits vorgenommen wurden bzw. eingetreten sind oder deren Vornahme bzw. Eintritt hinreichend wahrscheinlich ist und die (a) zur Rechtswidrigkeit oder Undurchsetzbarkeit des Umtauschangebotes oder einer wesentlichen Verzögerung (nach dem vernünftigen Ermessen der Directors von Vodafone AirTouch) der Umsetzung des Umtauschangebotes führen würde; (b) die Veräußerung ganzer Geschäftsfelder oder wesentlicher Teile von Geschäftsfeldern des Mannesmann-Konzerns, des Betriebsvermögens oder sonstiger Vermögensgegenstände erfordern würden (mit Ausnahme der Beteiligung an der Orange Plc infolge einer Vereinbarung zwischen Vodafone AirTouch und der EU-Kommission); (c) das Geschäft, die finanziellen Verhältnisse, die Marktstellung, das Betriebsvermögen, den Gewinn oder die Gewinnaussichten eines Unternehmens des Mannesmann-Konzerns wesentlich beeinträchtigen würden; (d) eine gegenwärtige oder drohende Haftungsverpflichtung eines Unternehmens des Mannesmann-Konzerns außerhalb der normalen Geschäftstätigkeit auslösen würden; (e) die Ausgabe weiterer Aktien jeglicher Aktiengattung oder Wandelschuldverschreibungen oder sonstiger Rechte zum Erwerb vom Aktien (mit Ausnahme der im Wege der Umwandlung bestehender Wandelschuldverschreibungen und aufgrund bestehender Aktienoptionen von Mitarbeitern des Mannesmann-Konzerns ausgegebenen Mannesmann-Aktien) zur Folge haben würden; (f) eine wesentliche Veränderung des Mannesmann-Aktienkapitals zur Folge haben würden; (g) die Einleitung eines Insolvenzverfahrens der Mannesmann AG zur Folge haben würden; oder (h) die Einleitung wesentlicher Rechtsstreitigkeiten in Bezug auf den Mannesmann-Konzern zur Folge haben würden."[828]

Die *Vodafone*-Klausel bezeichnet die Art der Verteidigungsmaßnahmen konkret, so dass insoweit kein Ermessen des Bieters besteht. Einige der von (a) bis (h) verwendeten Klauseln sind sogar vollständig objektiv feststellbar. Dies betrifft

[828] Anhang I, Teil B, Ziffer 3 (e) der bei *Busch*, AG 2002, 145, 149 Fn. 32 auszugsweise einsehbaren Angebotsunterlage.

die Klauseln (e) und (g), weil sich sowohl die Ausgabe weiterer Aktien als auch die Einleitung eines Insolvenzverfahrens ohne weiteres nachvollziehen lassen. Im Bezug auf die übrigen Klauseln ist zu kritisieren, dass sie dem Bieter durch die wiederholte Verwendung das Begriffs „wesentlich" Beurteilungsspielräume einräumen. Hier ist je nach Möglichkeit auf eine weitere Konkretisierung zu drängen. Beispielsweise können zu (a) die Verzögerungsdauer, zu (c) die finanziellen Verhältnisse, das Betriebsvermögen, der Gewinn bzw. die Gewinnaussichten, zu (d) die Höhe der drohenden Haftung, zu (f) die Veränderung des Aktienkapitals und zu (h) die Rechtsstreitigkeiten durch die Angabe von Beträgen bzw. eines Streitwertes weiter konkretisiert werden.

Wie der Inhalt der *Vodafone*-Klausel in den Punkten (c), (d), (f) und (g) zeigt, lassen sich Maßnahmen, die der Abwehr von Übernahmeangeboten dienen, nicht strikt von Maßnahmen trennen, die zu einer ökonomischen Verschlechterung der Zielgesellschaft führen. Der Grund dafür liegt darin, dass die zur Abwehr von Übernahmeangeboten anerkannte Strategie der verbrannten Erde (*scorched earth*) darauf abzielt, den Wert der Zielgesellschaft zu verringern.[829] Eine ähnliche Vermengung wie innerhalb der *Vodafone*-Klausel findet sich in dem unter der Ägide des WpÜG abgegebenen Übernahmeangebot der *2016090 Ontario Inc.* für die *Gauss Interprise AG.*[830] Da die Zulässigkeit von MAC-Klauseln bereits umfassend dargestellt wurde, soll der Teil der Bedingungsklausel, der die wirtschaftliche Verschlechterung der Zielgesellschaft betrifft, an dieser Stelle vernachlässigt werden.[831] In Bezug auf die hier in Frage stehenden reinen Abwehrmaßnahmen hat die Bietergesellschaft *Ontario* das Übernahmeangebot unter anderem davon abhängig gemacht, dass keine der folgenden Handlungen durch den Vorstand von *Gauss* vorgenommen und gemäß § 15 WpHG veröffentlicht wird:

829 Vgl. *Harbarth*, ZvglRWiss 100 (2001), 275, 299 f.

830 Das Übernahmeangebot wurde am 22.9.2003 veröffentlicht.

831 Diesbezüglich hat *Ontario* hat das Übernahmeangebot davon abhängig gemacht, dass der Vorstand von *Gauss* – solange es sich nicht um Geschäfte der gewöhnlichen Unternehmensführung handelt – keine Einstandsverpflichtungen für dritte Personen eingeht, *Gauss* nicht zur Ausgabe von Darlehen, Vorschüssen oder zur Erbringung von Kapitaleinlagen oder sonstiger Investitionen verpflichtet, keine Ausgaben von mehr als EUR 20.000,00 tätigt und keine Zahlungen im Rahmen von Vergleichsvereinbarungen vornimmt – dies ist lediglich eine verkürzte Darstellung der unter den Ziffern 9 b) (dd) (5) bis (8) der Angebotsunterlage aufgelisteten Umstände. Der vollständige Wortlaut der Bedingung kann unter http://www.bafin.de/datenbanken/wpueg_14/ontario_gauss.pdf eingesehen werden.

„(1) der Vorstand von Gauss erwirbt im Namen von Gauss Gauss-Aktien gemäß §§ 71, 71a AktG; (2) der Vorstand von Gauss gibt neues stimmberechtigtes Kapital oder Wandlungs- oder Optionsrechte auf Gauss-Aktien aus, mit der Ausnahme solcher Aktien, die aufgrund im Zeitpunkt der Veröffentlichung bestehender Wandlungs- oder Optionsrechte oder die aufgrund des unter Ziffer 5.3 dargestellten Darlehensvertrages zwischen Bieter und Gauss entstehen oder ausgegeben werden; (3) der Vorstand erwirbt im Namen von Gauss mindestens einen substantiellen Anteil der Mitgliedschaftsrechte oder Vermögensgegenstände eines anderen Unternehmens, oder schließt einen Verschmelzungsvertrag mit einem anderen Unternehmen; (4) der Vorstand veräußert, vermietet oder lizensiert Vermögensgegenstände von Gauss oder von Tochtergesellschaften, die für das Geschäft des Gauss-Konzerns wesentlich sind, es sei denn es handelt sich um Geschäfte im Rahmen der gewöhnlichen Unternehmensführung von Gauss;“[832]

Die hier verwendete Bedingung umfasst die wichtigsten Verteidigungsstrategien zur Abwehr feindlicher Übernahmeangebote in Gestalt der Durchführung von Aktienrückerwerben, einer Kapitalerhöhung, von Unternehmenskäufen und der Veräußerung der sog. *crown jewels*. Die Klausel genügt in weiten Teilen den Anforderungen des § 18 Abs. 1 WpÜG. Allerdings besteht ebenso wie bei dem *Vodafone*-Übernahmeangebot auch hier weiterer Konkretisierungsbedarf. Es bleibt unklar, wann ein Anteil an einem anderen Unternehmen „substantiell“ im Sinne von Ziffer (3) ist und welche der unter Ziffer (4) genannten Vermögensgegenstände „wesentlich“ für das Geschäft des *Gauss*-Konzerns sind.

Die Zulässigkeit von Bedingung, keine behindernden Maßnahmen vorzunehmen, umfasst die gesamte Palette denkbarer Verteidigungsmaßnahmen.[833] Infolgedessen kann der Bieter das Übernahmeangebot auch davon abhängig machen, dass der Vorstand und/oder Betriebsrat der Zielgesellschaft eine das Angebot unterstützende Stellungnahme gemäß § 27 Abs. 1 bzw. Abs. 2 WpÜG abgeben.[834] Dasselbe gilt in Bezug auf die gemäß Rule 25.1 City Code erforderliche Stellungnahme des *board of directors*. Die Stellungnahme des Vorstands der Zielgesellschaft hat maßgebenden Einfluss auf die Entscheidung der Aktionäre und stellt deshalb das wichtigste Verteidigungsmittel gegen die – nach einer ne-

---

832 Ziffern 9 b) (dd) (1)-(4) des Übernahmeangebots, das vollständig eingesehen werden kann unter http://www.bafin.de/datenbanken/wpueg_14/ontario_gauss.pdf.

833 Ein Überblick möglicher Verteidigungsmaßnahmen findet sich bei *Harbarth*, ZvglRWiss 100 (2001), 275, 291 ff.

834 KK-WpÜG-*Hasselbach*, § 18, Rn. 51.

gativen Stellungnahme feindliche[835] – Übernahme dar.[836] Ein nachvollziehbares subjektives Interesse des Bieters, eine solche Bedingung in die Angebotsunterlage aufzunehmen, ist deshalb nicht zu bestreiten.

C. Zusammensetzung der Führungsgremien

Der Bieter kann unter Umständen an einer bestimmten Zusammensetzung der Führungsgremien (Vorstand und Aufsichtsrat bzw. *board of directors*) der Zielgesellschaft nach Abschluss der Transaktion interessiert sein. Dies betrifft den Fall, wenn bestimmte Einzelpersonen – im negativen wie im positiven Sinn – von besonderer Bedeutung für die Zielgesellschaft sind. Im positiven Sinn kann der Erfolg der Zielgesellschaft zum Beispiel wesentlich von dem Gründer des Unternehmens abhängen, so dass der Bieter grundsätzlich versuchen wird, diese Person wenigstens noch für einen bestimmten Zeitraum nach Abschluss der Übernahme als Vorstand oder Aufsichtsrat zu verpflichten. Umgekehrt ist es ebenso denkbar, dass bestimmte Personen dem Ruf des Zielunternehmens erheblichen Schaden zugefügt haben, so dass eine weitere Zusammenarbeit aus Sicht des Bieters nicht in Betracht kommt. In diesen Fällen hat der Bieter ein anzuerkennendes subjektives Interesse an Bedingungen, in denen er eine Verlängerung oder Auflösung der mit den in Frage stehenden Personen bestehenden Verträge fordert.

Die diesem Ergebnis widersprechende Entscheidung des Panel in dem Übernahmeverfahren *New Carlisle/Corporate Services Group (CSG)* kann nicht verallgemeinert werden. Das Panel untersagte *New Carlisle* unter Berufung auf die mangelnde Wesentlichkeit im Sinne von Note 2 on Rule 13 City Code das Berufen auf eine Bedingungen, mit der *New Carlisle* das Übernahmeangebot von dem Fortbestand des *board of directors* abhängig gemacht hatte.[837] Die Besonderheit des Falles war es, dass die Aktionäre von *CSG* bereits einen Tag vor der Ankündigung des Übernahmeangebots durch *New Carlisle* einen Antrag auf Einberufung einer außerordentlichen Hauptversammlung (*extraordinary general meeting*) zum Zweck der Abberufung von fünf Mitgliedern des *board* gestellt

---

[835] Die Einordnung des Übernahmeangebots als feindlich oder freundlich hängt allein davon ab, ob das Management der Zielgesellschaft die Übernahme begrüßt oder ablehnt – vgl. *Thümmel*, DB 2000, 461.

[836] KK-WpÜG-*Hasselbach*, § 18, Rn. 51.

[837] Siehe das *Panel Statement 1999/7* – das Dokument kann eingesehen werden unter http://www.thetakeoverpanel.org.uk/statements/199907.pdf.

hatten.[838] Ohne dass die näheren Einzelheiten des Falles veröffentlicht sind, ist zu vermuten, dass sich der anschließende freiwillige Rücktritt der betroffenen *directors* bereits zum Zeitpunkt der Angebotsankündigung so deutlich abgezeichnet hat, dass *New Carlisle* auf ein Verbleib der *directors* nicht vertrauen durfte. Unter dieser Voraussetzung wäre eine entsprechende Bedingung nach deutschem Recht als praktisch nicht erfüllbare Bedingung ebenfalls unzulässig.

D. Annahme durch bestimmte Aktionäre

Der Bieter eines Übernahmeverfahrens hat in aller Regel ein nachvollziehbares subjektives Interesse daran, das Übernahmeangebot von der Annahme durch bestimmte Aktionäre – zum Beispiel durch einen bestimmten Großaktionär – abhängig zu machen. Denn zur Verwirklichung seiner Absichten in Bezug auf die Fortführung der Zielgesellschaft wird der Bieter häufig auf die Unterstützung der Hauptversammlung angewiesen sein.

Der gegen die Zulässigkeit einer solchen Bedingung nach deutschem Recht erhobene Vorwurf eines Verstoßes gegen den Grundsatz der Gleichbehandlung aller Aktionäre der Zielgesellschaft vermag nicht zu überzeugen.[839] Das Gleichbehandlungsgebot verfolgt das Ziel, dass sich alle Aktionäre bei Zustandekommen der Übernahmetransaktion zu gleichen Konditionen von ihren Anteilen trennen können.[840] Die Bedingung der Annahme des Angebots durch einen bestimmten Aktionär hat keinerlei Auswirkungen auf die Angebotskonditionen selbst. Tritt die Bedingung ein, gelten für alle veräußerungswilligen Aktionäre exakt dieselben Konditionen, ohne dass für den in der Bedingung bezeichneten Aktionär ein Vorteil entstünde.

§ 5 Bedingungen in Bezug auf die Gegenleistung

Die folgenden Ausführungen beschäftigen sich mit möglichen Bedingungen in Bezug auf die von dem Bieter zu erbringende Gegenleistung. Diese Bedingungen betreffen in der Hauptsache mögliche Finanzierungsvorbehalte. Darüber hinaus läge es im Interesse des Bieters, mögliche, im Rahmen von Tauschange-

---

838 Das Recht zur Einberufung eines *extraordinary general meeting* durch ein Zehntel des stimmberechtigten Kapitals beruht auf *Section 368 Companies Act 1985*.

839 Diesen Vorwurf erhebend: *Steinmeyer/Häger*, § 18, Rn. 6.

840 *Liebscher*, S. 853, 858 f.

boten auftretende, Kursrisiken durch die Verwendung von Bedingungen abzusichern.

A. Finanzierungsvorbehalte

Mit einem Finanzierungsvorbehalt stellt der Bieter das Übernahmeangebot unter die Bedingung, dass ihm für die Durchführung des Angebots die notwendigen Finanzmittel zur Verfügung stehen. Die Gestaltung eines möglichen Finanzierungsvorbehalts hängt maßgebend von der Art der vom Bieter in Aussicht gestellten Gegenleistung ab. Bei einem Barangebot offeriert der Bieter einen bestimmten Geldbetrag pro übernommene Aktie, während die Gegenleistung in Rahmen eines Tauschangebots in Form von Aktien erfolgt. Sowohl im deutschen als auch im britischen Übernahmerecht ist der Bieter in der Wahl der Gegenleistung grundsätzlich frei.[841]

I. Barangebote

Innerhalb von Barangeboten darf der Bieter weder nach deutschem noch nach britischem Recht einen Finanzierungsvorbehalt verwenden.

Für das britische Übernahmerecht ergibt sich die Unzulässigkeit von Finanzierungsvorbehalten bei Barangeboten aus Rule 24.7 Satz 1 City Code. Gemäß Rule 24.7 Satz 1 City Code muss der Bieter bei der Abgabe des Übernahmeangebots eine Bescheinigung eines Dritten (Bank oder sonstiger Finanzberater) beifügen, wonach ihm ausreichend Ressourcen zur Verfügung stehen, um sämtliche Ansprüche der Aktionäre der Zielgesellschaft zu erfüllen. Hieraus geht hervor, dass der Bieter die Finanzierung eines Barangebots zum Zeitpunkt der Abgabe des Übernahmeangebots bereits sichergestellt haben muss und ein Finanzierungsvorbehalt infolgedessen unzulässig ist.

Für das deutsche Recht beruht dieses Ergebnis auf § 13 Abs. 1 Satz 1 WpÜG, wonach der Bieter bereits vor der Veröffentlichung der Angebotsunterlage die notwendigen Maßnahmen zu treffen hat, um sicherzustellen, dass ihm die zur

841 Vgl. § 31 Abs. 2 WpÜG für das deutsche Recht. Der City Code enthält keine Bestimmung, in der die Wahlfreiheit explizit niedergelegt ist. Sie ist dennoch unbestritten und ergibt sich indirekt aus Rule 24.2 City Code (m.w.N. *Knoll*, S. 129 und *Koch*, S. 246). Nur unter den in § 31 Abs. 3 WpÜG bzw. Rule 11.1 City Code beschriebenen Umständen muss der Bieter den Aktionären der Zielgesellschaft eine Geldleistung anbieten.

vollständigen Erfüllung des Angebots notwendigen Mittel zum Zeitpunkt der Fälligkeit des Anspruchs auf die Gegenleistung zur Verfügung stehen.[842] Ein mit dem Barangebot verbundener Finanzierungsvorbehalt stünde in eindeutigem Widerspruch zu dieser Regelung. In der Praxis werden Finanzierungsvorbehalte bei Barangeboten aber ohnehin kaum relevant werden, weil das die Finanzierungsbestätigung abgebende Unternehmen mit Blick auf seine nach deutschem Recht zwingende (§ 13 Abs. 2 WpÜG) und nach britischem Recht jedenfalls mögliche Haftung (Rule 24.7 Satz 2 City Code) dafür sorgen wird, dass der Bieter die notwendigen Finanzierungsmaßnahmen bereits vor der Angebotsveröffentlichung durchgeführt.

In der deutschen Lehre wird darauf hingewiesen, dass die Notwendigkeit einer haftungsbewährten Finanzierungsbestätigung, welche die Finanzierung des Angebots über einen Zeitraum von mehreren Wochen bestätigen muss, insbesondere die Finanzierung größerer Transaktionen erschweren kann.[843] Die als Alternative zu der Finanzierungsbestätigung vorgeschlagene Bedingung, welche die Annahme des Übernahmeangebots durch die Aktionäre von der vollständigen Erfüllung der Gegenleistung abhängig macht[844], steht allerdings nicht in Einklang mit dem Gesetz. Eine solche Bedingung widerspräche der eindeutigen Regelung in § 13 Abs. 1 Satz 1 WpÜG. Zudem verstieße sie gegen das Verbot subjektiver Bedingungen gemäß § 18 Abs. 1 WpÜG, weil es ausschließlich in den Händen des Bieters liegt, ob er die angebotene Gegenleistung vollständig erbringt.[845]

Ebenfalls mit dem Ziel der Vereinfachung der Finanzierung von vor allem großen Transaktionen wird vertreten, dass der Bieter einen der Finanzierungsbestätigung zu Grunde liegenden MAC-Vorbehalt in das Übernahmeangebot selbst transferieren könne.[846] Diese Ansicht ist entgegenzuhalten, dass ein solcher MAC-Vorbehalt in der Finanzierungsbestätigung allenfalls im Innenverhältnis zwischen Bieter und Wertpapierdienstleistungsunternehmen, keinesfalls jedoch im Außenverhältnis zwischen Wertpapierdienstleistungsunternehmen und den Aktionären zulässig ist.[847] § 13 Abs. 1 Satz 2 WpÜG lässt keinen Raum für eine

842 So auch Ehricke/Ekkenga/Oechsler-*Oechsler*, § 18, Rn. 3.
843 *Thaeter/Barth*, NZG 2001, 545, 548.
844 *Thaeter/Barth*, NZG 2001, 545, 548.
845 KK-WpÜG-*Hasselbach*, § 18, Rn. 63; Geibel/Süßmann-*Süßmann*, § 13, Rn. 2; *Busch*, AG 2002, 145, 147.
846 *Busch*, AG 2002, 145, 147.
847 KK-WpÜG-*Möllers*, § 13, Rn. 81; Haarmann/Riehmer/Schüppen-*Vogel*, § 13, Rn. 84; Geibel/Süßmann-*Süßmann*, § 13, Rn. 16.

derartige Beschränkung der Finanzierungsbestätigung, deren materieller Aussagegehalt den in § 13 Abs. 1 Satz 2 WpÜG aufgestellten Anforderungen zu genügen hat.[848] Die Aufnahme einer Bedingung in die Angebotsunterlage, die dem Bieter für den Fall einer wesentlichen Verschlechterung seiner wirtschaftlichen Lage ein Abstandnehmen von dem Angebot ermöglicht, ist daher unzulässig.[849] § 13 Abs. 1 Satz 1 WpÜG macht deutlich, dass es unzulässig ist, ein wie auch immer geartetes Finanzierungsrisiko auf Seiten des Bieters zum Gegenstand des Übernahmeangebots zu machen und damit die Zielgesellschaft und deren Aktionäre zu belasten.[850]

II. Tauschangebote

Der Gegenstand eines möglichen Finanzierungsvorbehalts bei Tauschangeboten ist die Schaffung neuer Aktien im Wege der Kapitalerhöhung. Denkbare Anknüpfungspunkte für einen Finanzierungsvorbehalt sind dabei der Beschluss der Gesellschafterversammlung, die Eintragung der Kapitalerhöhung in das Handelsregister und die Zulassung der jungen Aktien zum Börsenhandel.

1. Gesellschaftervorbehalt

Die Zulässigkeit eines zur Durchführung des Tauschangebots notwendigen Kapitalerhöhungsbeschlusses beurteilt sich nach deutschem Recht anders als nach britischem Recht.

Wie bereits hinlänglich in Kapitel 6 ausgeführt darf nach umstrittener Ansicht ein entsprechender Gesellschaftervorbehalt nach deutschem Übernahmerecht nicht in die Angebotsunterlage aufgenommen werden, weil zur Sicherstellung der Angebotsfinanzierung im Sinne von § 13 Abs. 1 Satz 1 WpÜG auch die notwendige Zustimmung der Gesellschafterversammlung gehört.[851] Jede abweichende Auslegung setzt sich in Widerspruch zum Gesetzgeber, der – angeregt durch die im Laufe des Gesetzgebungsverfahrens geäußerte Kritik[852] – § 14 Abs. 1 Satz 3 WpÜG in das WpÜG eingefügt hat, um dem Bieter ausreichend Zeit zu gewähren, „erforderliche Kapitalmaßnahmen" noch vor der Übermitt-

848 Haarmann/Riehmer/Schüppen-*Vogel*, § 13, Rn. 84.
849 KK-WpÜG-*Hasselbach*, § 18, Rn. 64.
850 KK-WpÜG-*Hasselbach*, § 18, Rn. 63.
851 Ausführliche Begründung siehe Kap. 6 § 2 B III 1 a bb (2) auf S. 142 f.
852 Siehe die Beschlussempfehlung des Finanzausschusses des Deutschen Bundestags, BT-Drucks. 14/7477, S. 52.

lung des Angebots an die BaFin durchführen zu können. Eine solche Regelung wäre sinnlos, wenn der Bieter das Übernahmeangebot – unter Verwendung einer entsprechenden Bedingung – auch ohne vorherige Einholung eines Gesellschafterbeschlusses abgeben könnte.

Im Gegensatz zu der Rechtslage im WpÜG kann der Bieter unter dem Regime des City Code – wie unter Punkt § 3 A I 2 ausführlich beschrieben – ein Übernahmeangebot auch von einem Gesellschafterbeschluss abhängig machen, der zur Kapitalerhöhung und/oder zur Ermächtigung des *board of directors* zur Ausgabe der neuen Aktien notwendig ist. Die Einholung dieser Gesellschafterbeschlüsse gehört mangels ausdrücklicher Regelung nicht zu den vom Bieter im Vorfeld der Angebotsabgabe durchzuführenden Finanzierungsmaßnahmen.

2. Handelsregistereintragung

Eine Bedingung des Inhalts, dass die Durchführung der Sachkapitalerhöhung im Handelsregister eingetragen wird, ist nach deutschem Übernahmerecht gemäß einhelliger Ansicht zulässig.[853] Das denkbare Gegenargument, dass die Sicherstellung der Finanzierung gemäß § 13 Abs.1 Satz 1 WpÜG auch die Handelsregistereintragung betreffend die Durchführung der Kapitalerhöhung umfassen müsse, weil das Kapital gemäß § 189 AktG erst mit der Eintragung in das Handelsregister erhöht wird, verfängt nicht. Eine solche Auslegung hätte die untragbare Folge, dass es einem Bieter in der Rechtsform einer Aktiengesellschaft unmöglich wäre, ein entsprechendes Tauschangebot abzugeben, da Sacheinlagen gemäß § 188 Abs. 2 iVm. § 36a Abs. 2 AktG bereits vor der Eintragung vollständig zu leisten sind.[854] Die Aktionäre wären demzufolge gezwungen, dem Bieter ihre Aktien noch vor der Abgabe des Übernahmeangebots zu übertragen.

Im Vereinigten Königreich ist eine entsprechende Bedingung ohne praktische Relevanz, da die nach *Section 123 Companies Act 1985* erforderliche Mitteilung an den *Registrar of Companies*[855] betreffend die Kapitalerhöhung nur deklaratorische Bedeutung hat.[856] Die Kapitalerhöhung wird allein durch den Hauptver-

853 *Busch*, AG 2002, 145, 147; KK-WpÜG-*Hasselbach*, § 18, Rn. 59; Geibel/Süßmann-*Geibel*, § 18, Rn. 36; Haarmann/Riehmer/Schüppen-*Riehmer*, § 18, Rn. 15 c.

854 Zutreffend Geibel/Süßmann-*Geibel*, § 18, Rn. 36.

855 Geregelt in den *Sections 704 ff. Companies Act 1985*.

856 Auch ohne offizielle Mitteilung (*official notification*) der Kapitalerhöhung an den *Registrar of Companies* ist die Kapitalerhöhung wirksam. Die unterlassene Mitteilung führt gemäß *Section 42 (1) (a) Companies Act 1985* lediglich dazu, dass sich der Bieter gegen-

sammlungsbeschluss bewirkt.[857] Die Mitteilung an den *Registrar of Companies* hat keine Auswirkung auf die Finanzierung des Übernahmeangebots. Sollte der Bieter dennoch versuchen, eine entsprechende Bedingung in die Angebotsunterlage aufzunehmen, müsste ihm die Aufnahme versagt werden, da die Bedingungserfüllung ausschließlich in seinen Händen läge.

3. Börsenzulassung

Die Zulassung der als Gegenleistung angebotenen Aktien des Bieters zum Börsenhandel kann sowohl nach WpÜG als auch nach City Code als Bedingung in das Übernahmeangebot aufgenommen werden, da es sich um eine objektive Bedingung handelt.[858] Der Bieter ist allerdings verpflichtet, die Zulassung nach Börsengesetz und Börsenzulassungsverordnung bzw. nach den Vorschriften des *Purple Book* sorgfältig vorzubereiten und alles Erforderliche zu tun, damit das Zulassungsverfahren zügig und ordnungsgemäß durchgeführt werden kann. Im Unterschied zum deutschen Recht, das gemäß § 31 Abs. 2 Satz 1 WpÜG ausschließlich zum Handel an einem organisierten Markt zugelassene Aktien als Gegenleistung vorsieht, können im Vereinigten Königreich auch nicht zugelassene Aktien angeboten werden.[859] Soweit § 31 Abs. 2 Satz 1 WpÜG fordert, dass die Aktien des Bieters zum Handel an einem organisierten Markt zugelassen sind, ist dies nach einhelliger Meinung so zu verstehen, dass die Aktien spätestens zum Zeitpunkt der Übereignung an die Aktionäre zugelassen sein müssen.[860]

über gutgläubigen Dritten nicht auf die Kapitalerhöhung berufen kann – vgl. zum Ganzen: *Farrar*, S. 83 ff., 88.

857 *Charlesworth/Morse*, S. 125 f.

858 Für das deutsche Recht: *Busch*, AG 2002, 145, 148; KK-WpÜG-*Hasselbach*, § 18, Rn. 61; Geibel/Süßmann-*Geibel*, § 18, Rn. 37; Haarmann/Riehmer/Schüppen-*Riehmer*, § 18, Rn. 15 c; Ehricke/Ekkenga/Oechsler-*Oechsler*, § 18, Rn. 6. Für das britische Recht: *Pearson*, in: Button (Hrsg.), S. 135, 156; *Stedman*, S. 218.

859 Der City Code enthält keine dem § 31 Abs. 2 Satz 1 WpÜG entsprechende Beschränkung in Bezug auf die Gegenleistung des Bieters, der infolgedessen Wahlfreiheit genießt. So auch die unverbindliche Auskunft der *Panel Executive* – Telefonat mit dem ehemaligen *Assistant Secretary Brian Stockbridge* vom 17.7.2003.

860 KK-WpÜG-*Kremer/Osterhaus*, § 31, Rn. 28; Haarmann/Riehmer/Schüppen-*Haarmann*, § 31, Rn. 90; *Busch*, AG 2002, 145, 148.

B. Preisbedingung bei Tauschangeboten

Grundsätzlich von der Frage der Finanzierung zu trennen ist die Höhe der von dem Bieter bei Tauschangeboten zu erbringenden Gegenleistung und die Möglichkeit des Bieters, der Gefahr einer Überzahlung infolge starker Kursschwankungen der eigenen Aktien entgegenzuwirken. Insbesondere im deutschen Recht ist die Zulässigkeit einer Bedingung zur Absicherung dieses Risikos nicht unumstritten, weshalb im Mittelpunkt der nachfolgenden Diskussion das deutsche Übernahmerecht steht.

I. WpÜG

Bei Tauschangeboten für deutsche Zielgesellschaften ist es bislang gängige Praxis, die Höhe der Gegenleistung durch ein festes Umtauschverhältnis (z.B. zwei Aktien des Bieters für eine Aktie der Zielgesellschaft) festzulegen. Bei der Berechnung des Umtauschverhältnisses ist nach § 5 Abs. 1 bzw. § 7 iVm. § 5 Abs. 1 AngebVO der gewichtete Durchschnittspreis der Aktie der Zielgesellschaft bzw. des Bieters während der letzten drei Monate vor der Veröffentlichung der Entscheidung über die Abgabe eines Übernahmeangebots als Mindestpreis (Aktie der Zielgesellschaft) bzw. als Maximalwert (Aktien des Bieters) zu Grunde zu legen.[861] Eine nachträgliche Änderung des Marktwertes der Gegenleistung, also des Kurses der Bieter-Aktien, führt bei dieser Praxis zu keiner Anpassung. Steigt der Kurs der Bieter-Aktien, läuft der Bieter Gefahr, einen zu hohen Preis für die Zielgesellschaft zu zahlen.[862] Aus diesem Grund besteht ein allgemein anerkanntes Bedürfnis des Bieters, sich gegen eine solche Form der Überzahlung abzusichern. Lediglich die Art und Weise der Absicherung ist umstritten.

In Betracht kommt eine Bedingung, mit der sich der Bieter ein Abstandnehmen von dem Übernahmeangebot vorbehält, sollte der Kurs der Bieter-Aktien während der Annahmefrist einen bestimmten Wert übersteigen.[863] Alternativ zu der

861 *Busch*, AG 2002, 145, 151.

862 Beispiel: Der anhand der dreimonatigen Referenzperiode ermittelte durchschnittliche Kurs von Bieter- und Zielgesellschafts-Aktie beläuft sich auf EUR 50,00. Das Umtauschverhältnis muss demnach mindestens 1:1 lauten. Da der Bieter den Aktionären der Zielgesellschaft durch die Gewährung einer Prämie zur Annahme des Angebots bringen will, bietet er den Aktionären ein Tauschverhältnis von 2:1 an. Steigt nur der Kurs der Bieter-Aktie auf EUR 75,00 beträgt die Gegenleistung des Bieters nicht mehr EUR 100,00 (wie geplant), sondern EUR 150,00.

863 *Busch*, AG 2002, 145, 150 f; Haarmann/Riehmer/Schüppen-*Riehmer*, § 18, Rn. 15 i.

Verwendung einer Bedingung wird verschiedentlich vorgeschlagen, der Bieter könne die Gegenleistung durch Nutzung von Preisanpassungsmechanismen variabel – also abhängig von der Entwicklung der Börsenkurse – gestalten.[864] Die (zweifelsfreie) Zulässigkeit derartiger Preisanpassungsmechanismen hätte zur Folge, dass die Verwendung von Bedingungen grundsätzlich unzulässig wäre. Es bestünde insoweit kein nachvollziehbares subjektives Interesse des Bieters an der Verwendung von Bedingungen, die im Gegensatz zu einer Preisanpassungsklausel das Scheitern des gesamten Übernahmeangebots zur Folge hätten.[865]

Die Zulässigkeit von Preisanpassungsmechanismen darf jedoch als ungeklärt bezeichnet werden und unterliegt nach hiesiger Auffassung nicht unerheblichen Zweifeln.[866] Als erste Möglichkeit der Preisanpassung ist zu diskutieren, ob der Bieter nicht statt eines fixierten Umtauschverhältnisses ein fixiertes Wertverhältnis verwenden kann, womit er den Aktionären anhand der dreimonatigen Referenzperiode einen bestimmten Wert pro Aktie zusagt, das endgültige Umtauschverhältnis jedoch erst in Abhängigkeit der Kursentwicklung der Bieter-Aktien festgelegt wird.[867] Allerdings führt diese Lösung im Ergebnis zu einer nach § 7 iVm. § 5 Abs. 1 AngebVO unzulässigen Überbewertung der Bieter-Aktien.[868]

864 *Kopp*, S. 11; KK-WpÜG-*Kremer/Osterhaus*, § 31, Rn. 18.

865 Ebenso KK-WpÜG-*Hasselbach*, § 18, Rn. 46, der allerdings – insofern inkonsequent – eine Bedingung zulassen will, wenn die Ausgabe der neuen Aktien im Hinblick das Verbot der Überbewertung von Sacheinlagen gemäß § 255 Abs. 2 AktG unzulässig wird. Nach überwiegender Ansicht führt die Überzahlung durch den Bieter aber nicht zu einer Überbewertung der Sacheinlagen gemäß § 255 Abs. 2 AktG, da für die Wertrelation das Datum der Festlegung des Umtauschverhältnisses und nicht die nachträgliche Wertverschiebung maßgebend ist – m.w.N. KK-WpÜG-*Kremer/Osterhaus*, Anhang § 31, Rn. 10; *Busch*, AG 2002, 145, 151.

866 Soweit ersichtlich hatte die BaFin bisher noch nicht über die Zulässigkeit von Preisanpassungsmechanismen zu befinden und war auf Nachfrage auch zu keiner Stellungnahme diesbezüglich bereit.

867 Der Bieter bietet anhand des oben geschilderten Beispiels (Fn. 862) pro Aktie der Zielgesellschaft Aktien mit einem Gegenwert (zu einem Stichtag kurz vor Ablauf der Annahmefrist) von EUR 100,00.

868 Sofern der Kurs der Bieter-Aktien in dem in Fn. 862 genannten Beispiel EUR 50,00 übersteigt und der Bieter deshalb weniger als zwei Aktien pro Aktie der Zielgesellschaft zahlen will, bewertet der Bieter seine Aktien mit einem über dem Referenzwert liegenden Kurs von über EUR 50,00. Der Betrag von EUR 50,00 stellt gemäß § 7 iVm. § 5 Abs. 1 AngebVO die Obergrenze des für die Bieter-Aktie anzusetzenden Wertes dar – vgl. KK-WpÜG-*Kremer/Osterhaus*, Anhang § 31, Rn. 7. Im Ergebnis anhand eines weiteren Beispiels ebenso *Busch*, AG 2002, 145, 152.

Darüber hinaus könnte der Bieter in der Angebotsunterlage eine Neufestsetzung des Umtauschverhältnisses innerhalb der Annahmefrist festschreiben, sofern die Aktie des Bieters einen bestimmten Wert überschreitet. Eine solche Lösung erscheint im Hinblick auf das in § 21 Abs. 1 WpÜG enthaltene Verbot der nachträglichen einseitigen Verschlechterung des Übernahmeangebots aus Sicht der Aktionäre der Zielgesellschaft zumindestens bedenklich.[869] Das mitunter ins Feld geführte Argument, eine solche Preisanpassung stelle keine einseitige nachträgliche Angebotsänderung dar, da der Anpassungsmechanismus bereits Teil des ursprünglichen Angebots sei[870], erscheint zweifelhaft. Durch eine solche Auslegung könnte der Bieter das Angebot jederzeit zum Nachteil der Aktionäre der Zielgesellschaft verändern, wenn er sich eine entsprechende Änderung in der Angebotsunterlage nur vorbehält. Abgesehen von einem Verstoß gegen den Transparenzgrundsatz (§ 3 Abs. 2 WpÜG) würde § 21 Abs. 1 WpÜG auf diese Weise umgangen. Zudem stellt ein Absenken des Umtauschverhältnisses faktisch auch immer eine nach § 7 iVm. § 5 Abs. 1 AngebVO unzulässige Überbewertung der eigenen Aktien dar.[871] Auf Grund dieser Zweifel an der Zulässigkeit von Preisanpassungsmechanismen in Übernahmeangeboten, darf dem Bieter eine Rückgriff auf eine Bedingung zur Vermeidung der Überzahlung nicht verwehrt werden.

Allerdings scheint auch eine Bedingung, mit der sich der Bieter im Falle einer erheblichen Steigerung des Kurswertes seiner eigenen Aktien ein Rücktrittsrecht von dem Übernahmeangebot vorbehält, vor dem Hintergrund des Verbots subjektiver Bedingungen nicht völlig unbedenklich. Schließlich ist der Bieter in der Lage, den Kurs seiner Aktien zu beeinflussen. Allerdings steht es nicht im Belieben des Bieters, wann er den Markt mit kurssteigernden Informationen versorgt, weil er kursbeeinflussende Tatsachen gemäß § 15 Abs. 1 WpHG unverzüglich veröffentlichen muss. Darüber hinaus liegt es nicht – wie nach § 18 Abs. 1 WpÜG erforderlich – „ausschließlich" in den Händen des Bieters, einen bestimmten Kurswert seiner Aktien herbeizuführen, da die Kursentwicklung sich erst anhand der Beurteilung relevanter Informationen durch den Markt er-

869 Zweifelnd auch *Busch*, AG 2002, 145, 152.

870 So *Kopp*, S. 11 und ihm folgend KK-WpÜG-*Kremer/Osterhaus*, § 31, Rn. 18.

871 Wenn man den ursprünglichen Referenzkurs von EUR 50,00 zu Grunde legt, kann ein Absenken des Tauschverhältnis im geschilderten Beispiel (Fn. 862) von 2:1 auf z.B. 1,5:1 theoretisch als ein bloßes Abschmelzen der Übernahmeprämie verstanden werden, (anstatt 2 Aktien im Wert von insgesamt EUR 100,00 erhalten die Aktionäre nun nur noch 1,5 Aktien im Wert von zusammen EUR 75,00). Faktisch möchte der Bieter jedoch nicht die Prämie abschmelzen, sondern den auf über EUR 50,00 gestiegenen Wert seiner Aktie der Preisfindung zu Grunde legen.

gibt. Schließlich kann die BaFin nach Abgabe des Übernahmeangebots noch immer im Rahmen der allgemeinen Missstandsaufsicht einschreiten, sollte der Bieter versuchen, den Kurs seiner Aktien künstlich nach oben zu treiben, um sich auf diese Weise von dem Übernahmeangebot zu lösen. Aus diesen Gründen verstößt eine Preisbedingung im Grundsatz nicht gegen das Verbot subjektiver Bedingungen und ist im Ergebnis als zulässig anzusehen.[872]

II. City Code

Die Zulässigkeit von Bedingungen, die dem Bieter die Möglichkeit zur Angebotsrücknahme ermöglichen, sofern ihm als Konsequenz erheblicher Kursschwankungen eine Überzahlung droht, wird in der britischen Rechtswissenschaft – soweit ersichtlich – nicht diskutiert. Grundsätzlich ist davon auszugehen, dass keine grundlegenden Zweifel an der Zulässigkeit derartiger Preisbedingungen bestehen. Denn im Gegensatz zum deutschen Recht muss der Bieter kein subjektives Interesse an der Aufstellung von Bedingungen nachweisen. Die Verwendung einer Bedingung ist infolgedessen nicht nachrangig gegenüber der Verwendung von Preisanpassungsmechanismen, die hier deshalb außer Acht bleiben können.

Der Bieter hat also grundsätzlich die Möglichkeit, das Übernahmeangebot von einer anhand des Börsenkurses festzustellenden wesentlichen Wertverschiebung zwischen Bieter- und Zielgesellschaft abhängig zu machen. Sobald sich der Bieter auf die entsprechende Bedingung berufen will, wird das Panel prüfen, ob die Wertverschiebung von wesentlicher Bedeutung im Rahmen des Übernahmeangebots ist. Möchte der Bieter bereits vor der Abgabe des Übernahmeangebots Gewissheit haben, ob er letzten Endes mit seiner Bedingung durchdringen wird, so muss die Wertverschiebung konkret beziffern, um dem Panel eine Vorab-Prüfung zu ermöglichen. In Bezug auf mögliche Bedenken gegen die Zulässigkeit einer Preisbedingung gelten die schon zum deutschen Recht vorstehend unter Punkt I gemachten Ausführungen entsprechend.

---

[872] Im Ergebnis ebenso: Haarmann/Riehmer/Schüppen-*Riehmer*, § 18, Rn. 15 i; *Busch*, AG 2002, 145, 150 f.; Ehricke/Ekkenga/Oechsler-*Oechsler*, § 18, Rn. 7.

§ 6 Konkurrierende Angebote

Nach deutschem Übernahmerecht ist eine Bedingung des Inhalts zulässig, dass während der Laufzeit des Übernahmeangebots kein konkurrierendes Angebot eines Dritten abgegeben wird.[873] Zwar besteht kein Zwang des Bieters, als Reaktion auf ein konkurrierendes Angebot sein eigenes Angebot zu erhöhen.[874] Dennoch besteht ein Bedürfnis des Bieters an einer entsprechenden Bedingung, weil der Bieter ansonsten Gefahr liefe, die Wertpapiere derjenigen Aktionäre, die nicht von ihrem Rücktrittsrecht nach § 22 Abs. 3 WpÜG Gebrauch gemacht haben, erwerben zu müssen, obwohl die Transaktion insgesamt ihren Sinn verloren hat.[875] Diese Gefahr dürfte sich in der Praxis indes als sehr theoretisch erweisen, da der Bieter das Angebot in aller Regel von dem Erreichen einer Mindestannahmeschwelle abhängig macht und die meisten Aktionäre ihr Rücktrittsrecht in Anspruch nehmen werden, um das höhere Konkurrenzangebot annehmen zu können.

Der mitunter befürchtete Nachteil einer solchen Bedingung, dass sich der Bieter der Möglichkeit beraube, auf Konkurrenzangebote durch Erhöhung des eigenen Angebots zu reagieren[876], besteht nach der hier vertretenen Auffassung zu den Rechtsfolgen bedingter Übernahmeangebote nicht. Denn die Besonderheit der Möglichkeit des Bedingungsverzichts im Übernahmerecht ist es, dass der Bieter bis zum Ablauf der Annahmefrist auch dann noch auf Bedingungen verzichten kann, wenn diese bereits eingetreten sind.[877]

Auch im britischen Übernahmerecht ist eine Bedingung, mit der sich der Bieter bei Abgabe eines konkurrierenden Angebots ein Abstandnehmen vom eigenen Übernahmeangebot vorbehält, zulässig, weil der Bieter keinen Einfluss auf die Abgabe von Konkurrenzangeboten hat. Im Unterschied zum deutschen Recht hält der City Code allerdings kein Rücktrittsrecht für die Aktionäre bereit, die das Angebot bereits angenommen haben. Auf den ersten Blick erscheint die Aufnahme einer solchen Bedingung deshalb sinnwidrig, da der Bieter sein Angebot unter Umständen auch bei Vorliegen eines höheren Konkurrenzangebots noch zum Erfolg bringen kann.

---

873 KK-WpÜG-*Hasselbach*, § 18, Rn. 52; Haarmann/Riehmer/Schüppen-*Riehmer*, § 18, Rn. 15 g; Geibel/Süßmann-*Geibel*, § 18, Rn. 35; Ehricke/Ekkenga/Oechsler-*Oechsler*, § 18, Rn. 6.

874 So zu Recht KK-WpÜG-*Hasselbach*, § 18, Rn. 52.

875 Geibel/Süßmann-*Geibel*, § 18, Rn. 35.

876 So Geibel/Süßmann-*Geibel*, § 18, Rn. 35.

877 Ausführlich zu diesem Problemkreis in Kap. 7 § 2 B IV auf S. 201 ff.

Allerdings werden sich die meisten Aktionäre gerade auch im Hinblick auf mögliche Konkurrenzangebote bis zum Ende der Annahmefrist Zeit lassen, ehe sie das Angebot annehmen. Darüber hinaus wird der Bieter eventuell kein Interesse haben, nur eine Minderheitsbeteiligung an der Zielgesellschaft zu erwerben und auf diese Weise schließlich den Plänen des konkurrierenden Bieters ausgeliefert zu sein. Unter diesen Gesichtspunkten kann eine Bedingung, die dem Bieter für den Fall eines konkurrierenden Angebots die Rücknahme seine Angebots erlaubt, auch in der britischen Übernahmepraxis durchaus sinnvoll sein. Nicht notwendig ist eine entsprechende Bedingung innerhalb der Ankündigung des Übernahmeangebots nach Rule 2.5 City Code, weil der Bieter gemäß Note 2 on Rule 2.7 City Code ohnehin das Recht besitzt, von der weiteren Durchführung des Übernahmeangebots abzusehen, sollte in dieser Phase ein höheres Konkurrenzangebot abgegeben werden.

§ 7 Störung des gesamtwirtschaftlichen Gleichgewichts

In Deutschland bedienen sich die Bieter zunehmend Bedingungen, die bei Störung des gesamtwirtschaftlichen Gleichgewichts ein Abstandnehmen vom Übernahmeangebot vorsehen. Im Anschluss an eine erstmals in dem Übernahmeverfahren *BCP/Celanese*[878] verwendete Klausel stand zuletzt das von der *Continental AG* für die *Phoenix AG* abgegebene Übernahmeangebot unter folgender aufschiebender Bedingung:

„(i) Bis zum Ablauf des letzten Tages der Annahmefrist darf keine Anordnung eines Bankenmoratoriums oder einer Börsenschließung gemäß § 47 Abs. 1 Nr. 2 bzw. Nr. 3 des Kreditwesengesetzes erfolgt sein.

(ii) Bis zum Ablauf des letzten Tages der Annahmefrist darf kein Absinken des Deutschen Aktienindex DAX gemessen an dem jeweils von der Deutschen Börse AG veröffentlichten Tagesschlusskurs an fünf oder mehr aufeinander folgenden Börsentagen auf weniger als 2.881,25 Punkte (d.h. um mehr als 1000 Punkte unter den Referenzwert von 3.881,25 Punkten vom 29. März 2004, dem Tag der Veröffentlichung der Ent-

[878] Vgl. Ziffer 4 (a) (viii) des unter http://www.bafin.de/datenbanken/wpueg_14/bcp.pdf einsehbaren Übernahmeangebots der *BCP Crystal Acquisition GmbH & Co. KG* für die *Celanese AG*.

scheidung der Continental AG zur Abgabe dieses Übernahmeangebotes) eingetreten sein."[879]

Die Bedingung konkretisiert Umstände, die nach deutschem Rechtsverständnis zur sog. großen Geschäftsgrundlage gehören und im Rahmen des § 313 BGB zu beachten sind.[880] Sie unterstützt daher die Auffassung, dass § 313 BGB im Übernahmerecht keine Anwendung finden kann.[881] Die Verwendung einer solchen Bedingung bietet dem Bieter die Möglichkeit, sich wirksam gegen die Risiken einer plötzlichen wirtschaftlichen Krise zu schützen. Die Bedingung ist objektiv nachprüfbar und daher zulässig. Auch das Absinken des DAX um ein Drittel ist unter dem Gesichtspunkt, dass nur wesentliche Veränderungen ein Loslösen vom Übernahmeangebot ermöglichen sollen, unbedenklich.

Durch die Verwendung derartiger Klauseln kann sich der Bieter auch gegen plötzliche Terrorattacken, wie die des 11. Septembers 2001, schützen, weil damit regelmäßig ein erhebliches Absinken der jeweiligen Aktienindexe einhergeht. Auf diese Weise könnte der Bieter jedenfalls die strengen Voraussetzungen, die das Panel für das als Alternative in Betracht kommende Berufen auf eine traditionelle MAC-Klausel in der *WPP/Tempus*-Entscheidung aufgestellt hat, umgehen.

§ 8 Fazit

Die Katalogisierung von Bedingungen in Übernahmeangeboten offenbart einige Unterschiede zwischen dem britischen und dem deutschen Übernahmerecht bei der Beurteilung der Zulässigkeit von Bedingungen. Dabei ist zwischen allgemeinen und konkreten Bedingungen zu unterscheiden.

Allgemein formulierte Klauseln, bei denen sich der Bedingungseintritt nicht ohne weiteres objektiv feststellen lässt, sind nur nach britischem Recht zulässig. Wie das Beispiel der *WPP/Tempus*-Entscheidung verdeutlicht, wird dieser Unterschied zum deutschen Recht aber dadurch relativiert, dass ein Berufen auf eine allgemeine Bedingung wegen der hohen Anforderung des *Material-*

---

879 Ziffer 10.1 (f) der unter http://www.bafin.de/datenbanken/wpueg_14/continental.pdf veröffentlichten Angebotsunterlage.

880 Vgl. Palandt-*Heinrichs*, § 313, Rn. 8.

881 Zum Streitstand siehe oben in Kap. 8 § 4 A II auf S. 233 f.

Significance-Tests in diesem Fall nur in Ausnahmefällen Aussicht auf Erfolg hat. Aus diesem Grund sind die Bieter sowohl nach britischem als auch nach deutschem Recht gehalten, die zum Bedingungseintritt führenden Umstände möglichst konkret darzulegen. In der deutschen Übernahmepraxis hat diese Notwendigkeit zu einer bemerkenswerten Konkretisierung von MAC- und Abwehrklauseln geführt. Die weitaus ältere Übernahmepraxis im Vereinigten Königreich weist insgesamt eine größere Bandbreite verschiedener Bedingungen auf. Allerdings wurden soweit erkennbar bislang keine Lehren aus der *WPP/Tempus*-Entscheidung gezogen, so dass es an einer konkreten Gestaltung der besonders praxisrelevanten MAC-Klauseln weiterhin fehlt.

In Bezug auf die grundsätzliche Bewertung eindeutig spezifizierter Bedingungen zeigt die Untersuchung große Übereinstimmung zwischen dem britischen und dem deutschen Übernahmerecht. Da diese Bedingungen nicht gegen das in beiden Rechtssystemen geltende Verbot subjektiver Bedingungen verstoßen, sind sie prinzipiell zulässig. Dies betrifft die Festlegung einer Mindestannahmequote, Vorbehalte betreffend behördliche Genehmigungen, den Gesellschaftervorbehalt, sofern dieser nicht die Finanzierung von Tauschangeboten betrifft, sämtliche Bedingungen in Bezug auf die Zielgesellschaft mit Ausnahme allgemeiner MAC- und Abwehrklauseln, Bedingungen in Bezug auf die Börsenzulassung der als Gegenleistung angebotenen Aktien, Preisbedingungen sowie Bedingungen betreffend die Abgabe konkurrierender Übernahmeangebote.

Unterschiede zwischen beiden Rechtssystemen bestehen bei den quantitativen Anforderungen, die an den Inhalt konkretisierter Bedingungen gestellt werden. Gemäß der in Note 2 on Rule 13 City Code standardmäßig vorgesehenen inhaltlichen Überprüfung von Bedingungen kann der Bieter ein Übernahmeangebot unter Berufung auf eine Bedingung nur dann scheitern lassen, wenn die dem Bedingungseintritt zu Grunde liegenden Umstände in Ansehung des konkreten Angebots von wesentlicher Bedeutung für ihn sind. Diese Anforderung gilt für sämtliche Bedingungen. Besondere Auswirkungen hat die Wesentlichkeitsschwelle aber bei der Abfassung konkreter MAC-Klauseln. Während nach britischem Recht von vornherein nur ökonomische Verschlechterung der Zielgesellschaft von einigem Gewicht als tauglicher Gegenstand konkreter MAC-Klauseln in Betracht kommen, kann nach deutschem Recht jede Verschlechterung bedingungsmäßig erfasst werden. Als äußerste Grenze gilt insoweit nur der Grundsatz von Treu und Glauben.

Kapitel 9

Schlussbetrachtung

Als Abschluss dieser Arbeit sollen die wichtigsten bisherigen Ergebnisse in Beziehung zueinander gesetzt und bewertet werden. Auf der Grundlage dieser Bewertung werden im Anschluss einige Schlussfolgerungen in Bezug auf die zukünftige Entwicklung bedingter Übernahmeangebote gezogen.

§ 1 Bewertung bisheriger Fazite

Die ökonomische Analyse von Unternehmensübernahmen hat gezeigt, dass die Durchführung öffentlicher Übernahmeangebote bei gesamtwirtschaftlicher Betrachtung von Nutzen ist. Die Besonderheit eines bedingten Übernahmeangebots ist es, dass durch die Wirkung der Bedingungen potenziell ein Scheitern des Übernahmeangebots droht. Das Scheitern eines Übernahmeangebots kann ökonomisch betrachtet zu Problemen führen. Es besteht die Gefahr, dass anfängliche Kursgewinne wieder entfallen, die Fortführung der Zielgesellschaft gestört wird oder die Kurse der Zielgesellschaft manipuliert werden.

Das Ziel bei der Regulierung bedingter Übernahmeangebote muss es sein, diesen Gefahren entgegenzuwirken, ohne dabei die Interessen der Bieter an der wunschgemäßen Durchführung von Übernahmeangeboten über Gebühr zu beschränken. Die Beurteilung der Zulässigkeit von Bedingungen in Übernahmeangeboten muss infolgedessen anhand einer Interessenabwägung erfolgen, bei der sich die Bedürfnisse nach einem transparenten Regelwerk und einem möglichst bindenden Übernahmeangebot einerseits und der Wunsch des Bieters nach einer möglichst freien Angebotsgestaltung andererseits gegenüberstehen. Auf Grund der beschriebenen Risiken bei der Durchführung bedingter Übernahmeangebote und der daraus resultierenden Interessen der Zielgesellschaft und des Kapitalmarkts genießt die Schaffung transparenter Regeln, die eine maximale Bindungswirkung von Übernahmeangeboten garantieren, innerhalb dieser Abwägung Vorrang vor dem Interesse des Bieters an einer freien Gestaltung der Angebotsunterlage. Jedes Regime zur Regelung öffentlicher Übernahmeangebote sollte deshalb ein möglichst hohes Maß an Bindungswirkung garantieren, ohne dem Bieter die Möglichkeit zu nehmen, seine wesentlichen Vorbehalte zum Gegenstand von Bedingungen zu machen.

Das britische Recht hat insgesamt eine bessere – wenn auch keine ideale – Lösung gefunden, den Notwendigkeiten bei der Regelung bedingter Übernahmeangebote Rechnung zu tragen, als das deutsche Recht. Dabei unterliegen bedingte Übernahmeangebote in beiden Rechtssystemen annährend identischen Grundsatzbestimmungen. Sowohl Rule 13 City Code als auch § 18 Abs. 1 WpÜG ordnen ein Verbot subjektiver Bedingungen an. Nach den Vorschriften des WpÜG ist dies allerdings die einzige explizite Beschränkung für die Verwendung von Bedingungen in Übernahmeangeboten. Im britischen Übernahmerecht hingegen gelten gemäß Note 2 on Rule 13 City Code zusätzlich besondere Anforderungen für das Berufen auf Bedingungen. Diese Bestimmung sowie zwei weitere Aspekte des britischen Übernahmerechts sorgen für eine gegenüber dem deutschen Recht erhöhte Bindungswirkung von Übernahmeangeboten:

- Im britischen Übernahmerecht gilt der Grundsatz, dass sich der Bieter nur auf solche Bedingungen berufen kann, die unter Berücksichtigung der konkreten Übernahmesituation von wesentlicher Bedeutung für ihn sind. Diese in Note 2 on Rule 13 City Code niedergelegte Wesentlichkeitsschwelle stellt den folgenreichsten Unterschied zum deutschen Übernahmerecht dar. Die Regelung ist im Grundsatz zu begrüßen, weil der Bieter ein Stück seiner Gestaltungsfreiheit behält, aber zu Gunsten der Bindungswirkung des Übernahmeangebots gezwungen ist, seine Vorbehalte gegen die Durchführung des Übernahmeangebots auf die wesentlichen Punkte zu beschränken. Sie besitzt zudem den Vorteil, dass das Panel die Gefahr des Missbrauchs, die durch die Zulassung subjektiver Bedingungselemente entsteht, durch die Möglichkeit einer nachträglichen inhaltlichen Überprüfung effektiver kontrollieren kann. Allerdings führt die Zulässigkeit subjektiver Bedingungselemente in Verbindung mit der Möglichkeit nachträglicher Kontrolle potenziell auch zu einem Mangel an Transparenz für das Übernahmeverfahren. Der Bieter muss sich nicht festlegen, unter welchen konkreten Umständen er sich von dem Übernahmeangebot lösen möchte. Der City Code eröffnet ihm die Möglichkeit, dies zum Nachteil des Kapitalmarkts und der Zielgesellschaft erst im Laufe des Übernahmeverfahrens offenzulegen. Das britische System birgt daher die Gefahr eines möglichen Auseinanderfallens von bloß zulässigen Bedingungen und zulässigen Bedingungen, auf die sich der Bieter im Ernstfall mit Erfolg berufen kann. Unter Berücksichtigung des Gebots eines möglichst transparenten Übernahmeverfahrens und dem damit verbundenen Schutz vor Marktverzerrung kann dieser Zustand nicht als ideal bezeichnet werden.

  Im deutschen Übernahmerecht existiert kein der britischen *Material-Significance*-Schwelle entsprechendes Kriterium. Der Bieter kann sich deshalb nach den Buchstaben des Gesetzes erfolgreich auf jede Bedingung berufen, solange sie nicht gegen das Verbot subjektiver Bedingungen verstößt. Die Bindungswirkung von Übernahmeangeboten wird auf diese Weise zu Gunsten der Gestaltungsfreiheit des Bieters auf eine Minimum reduziert. Dies birgt die Gefahr, dass sich der Bieter durch die Aufstellung entweder einer großen Anzahl von Bedingungen oder die hohen Anforderungen, die er an die Erfüllung der Bedingung knüpft, faktische Rücktrittsvorbehalte schaffen kann. Darüber hinaus kann sich der Bieter bei jeder auch noch so geringfügigen Verschlechterung der Zielgesellschaft von dem Übernahmeangebot lösen. Die nach der hier vertretenen Auffassung bestehende Möglichkeit einer inhaltlichen Überprüfung von Bedingungen beschränkt sich auf das Vorliegen eines subjektiven Interesses des Bieters an der Aufnahme der Bedingung in die Angebotsunterlage. Eine inhaltliche Gewichtung der Bedingung im Verhältnis zu dem Übernahmeangebot insgesamt findet grundsätzlich nicht statt. Eine solche Wesentlichkeitsüberprüfung von Bedingungen kann nur im Einzelfall durch den Rückgriff auf die allgemeine, auf dem Grundsatz von Treu und Glauben basierende, Konstruktion unzulässiger Rechtsausübung erfolgen. Weder das Kriterium des subjektiven Interesses noch die Anwendung des Instituts unzulässiger Rechtsausübung können als etablierte Instrumente einer inhaltlichen Überprüfung bedingter Übernahmeangebote gelten. Aus der Praxis sind bisher keine Fälle bekannt, in denen sich die BaFin diese Instrumente zu Eigen gemacht hat.

- Der City Code stärkt die Bindungswirkung von Übernahmeangeboten, indem er für den Fall, dass das Übernahmeangebot oder die Ankündigung des Übernahmeangebots infolge des Berufens auf eine Bedingung nicht verbindlich wird, eine 12-monatige Sperrfrist anordnet. Ergänzt wird diese Regelung durch die Möglichkeit, die Sperrfrist auch dann anzuwenden, wenn ein potenzieller Bieter Anlass zur Annahme eines bevorstehenden Übernahmeangebots gegeben hat, ohne ein solches aber tatsächlich angekündigt oder dementiert zu haben. Für diesen Fall der Schaffung eines Übernahmegerüchts hat das Panel durch die Einführung des *put up or shut up*-Verfahrens zudem eine wirksames Instrument erfunden, um den Bieter, der ein mögliches Übernahmeangebot nach Rule 2.4 City Code ankündigt, zu einer schnellen Entscheidung zu zwingen. Der Bieter kann durch die Abgabe einer verpflichtenden Erklärung, kein Übernahmeangebot abzugeben (Rule 2.8 City Code), die 12-Monatsfrist auf die Dauer von sechs Monaten verkürzen.

Nach dem deutschen Recht hingegen ist der Bieter grundsätzlich frei, jederzeit ein neues Übernahmeangebot abzugeben, wenn er das ursprüngliche Angebot durch das Berufen auf eine Bedingung zu Fall gebracht hat. § 26 Abs. 1 Satz 2 WpÜG ordnet eine Sperrfrist nur für den Fall an, dass die vom Bieter festgesetzte Mindestannahmequote nicht erreicht wurde. Die Unterscheidung zwischen der Mindestannahmequote und sonstigen Bedingungen in Bezug auf die Anordnung einer Sperrfrist erfolgt ohne erkennbaren Grund und ist deshalb als willkürlich zu bezeichnen.

- Als Kompensation für die konsequente Anordnung einer Sperrfrist erlaubt das Panel dem Bieter bei einem auf der Grundlage einer Bedingung gescheiterten Übernahmeangebot, das Übernahmeangebot durch einen Verzicht auf die Folgen einer Bedingung selbst dann noch zu Stande zu bringen, wenn eine *condition subsequent* bereits eingetreten ist. Diese Option reduziert das Risiko, dass ein einmal abgegebenes Übernahmeangebot durch den Eintritt einer Bedingung endgültig scheitert. Dies bedeutet umgekehrt, dass die potenzielle Verbindlichkeit bedingter Übernahmeangebote steigt.

  Wie die Ausführungen in Kapitel 7 zeigen, erlaubt auch das deutsche Übernahmerecht grundsätzlich den Verzicht auf bereits eingetretene auflösende Bedingungen. Es bleibt aber abzuwarten, ob sich die BaFin dieser Auffassung anschließt oder den Verzicht auf die Bedingungsfolgen unter Hinweis auf die zivilrechtliche Funktionsweise von Bedingungen untersagt. Da es im deutschen Übernahmerecht an der Regelandrohung einer Sperrfrist für bedingte Übernahmeangebote fehlt, ist der Verzicht auf Bedingungsfolgen – anders als im britischen Recht – nicht unter dem Gesichtspunkt der Kompensation notwendig. Dennoch sprechen gute Gründe für die Zulassung einer solchen Verzichtsoption zu Gunsten des Bieters, da die Abgabe eines neuen Übernahmeangebots aus Image-, Zeit- und Kostengründen keine äquivalente Alternative zur Aufrechterhaltung des ursprünglichen Angebots darstellt.

Im Übrigen gilt, dass weder das britische noch das deutsche Recht ein durchgehend stringentes Regime zur Regelung bedingter Übernahmeangebote bereitstellen. Insgesamt verfolgt der City Code aber den konsequenteren Ansatz in Bezug auf die Regelung von Bedingungen in Übernahmeangeboten:

- Dies gilt in erster Linie für die Kodifizierung bestimmter Bedingungsarten, wie zum Beispiel der Mindestannahmequote und der kartellrechtlichen Bedingungen. Beide Bedingungen gehören zu den Standardbedingungen in der Praxis und sind nach britischem Recht mitunter zwingender Bestandteil der Angebotsunterlage. Aus diesem Grund sind beide Bedingungen Gegenstand eigenständiger Bestimmungen innerhalb des City Code.

Das deutsche Recht hingegen hat es vermieden, bestimmte Bedingungsarten gesondert zu regeln. Dieser Ansatz ist insoweit nicht zu kritisieren, als dass sich alle Bedingungen grundsätzlich auch durch die konsequente Anwendung der allgemeinen bedingungsrelevanten Vorschriften regeln lassen. Eine separate Regelung der wichtigsten Bedingungen würde allerdings für mehr Klarheit in Bezug auf die Zulässigkeit besonders praxisrelevanter Bedingungen sorgen. Zudem könnten auf diese Weise Probleme beseitigt werden, die dadurch entstanden sind, dass sich im deutschen Recht vereinzelt Hinweise zu bestimmten Bedingungen finden, ohne dass die Zulässigkeit dieser Bedingungen in den entsprechenden Vorschriften abschließend geregelt ist. Dies betrifft insbesondere den Gesellschaftervorbehalt, der in einzelnen Vorschriften des WpÜG Erwähnung findet, ohne dass auf seine Zulässigkeit eingegangen wird.

- Sowohl der City Code als auch das WpÜG versäumen es darüber hinaus, die Zulässigkeit von Finanzierungsvorbehalten innerhalb von Übernahmeangeboten bzw. im Rahmen der Ankündigung von Übernahmeangeboten zulänglich zu regeln. Für das deutsche Recht trifft § 13 Abs. 1 WpÜG zwar grundsätzlich eine klare Regelung, die allerdings in Bezug auf die möglicherweise notwendige Durchführung von Kapitalmaßnahmen zur Durchführung von Tauschangeboten durch die in § 18 Abs. 1 iVm. § 25 WpÜG angedeutete grundsätzliche Zulässigkeit des Gesellschaftervorbehalts wieder an Klarheit verliert. Insoweit wäre eine Klarstellung wünschenswert.

  Das britische Recht beinhaltet überhaupt keine explizite Regelung zur Finanzierung von Übernahmeangeboten. Zusätzliche Verwirrung stiftet Rule 2.5 (c) City Code, die eine Finanzierungsbestätigung nur für die Ankündigung von Pflichtangeboten vorsieht. In Bezug auf die Finanzierung von Übernahmeangeboten und die damit verbundene Frage nach der Zulässigkeit von Finanzierungsvorbehalten besteht daher ein Regelungsbedarf im britischen Recht.

- Als ungenügend darf die deutsche Regelung zur Ankündigung von Übernahmeangeboten in § 10 WpÜG bezeichnet werden. Wie am Beispiel der britischen Bestimmungen in Rule 2.4 und Rule 2.5 City Code deutlich wird, sind innerhalb der Angebotsankündigung zwei grundsätzlich unterschiedliche Interessen zu berücksichtigen. So erfordert der Schutz vor Insidergeschäften eine möglichst frühzeitige Ankündigung des Übernahmeangebots, während man dem Bedürfnis des Marktes nach möglichst sicheren Informationen am ehesten mit einer sehr späten Angebotsankündigung Rechnung tragen kann. Es ist deshalb unmöglich, beiden Gesichtspunkte innerhalb einer einzigen Form der

Angebotsankündigung gerecht zu werden. So stellt die Veröffentlichung der Entscheidung zur Abgabe eines Übernahmeangebots nach § 10 WpÜG letztlich eine Zwitterform der Angebotsankündigung dar. Auf der einen Seite ist es gemäß der Gesetzesbegründung der primäre Zweck der Angebotsankündigung, dem Insiderhandel vorzubeugen. Insoweit entspricht § 10 WpÜG der Ankündigung eines möglichen Übernahmeangebots nach Rule 2.4 City Code, so dass die Form der Ankündigung mit sehr wenigen Informationen in Bezug auf das spätere Angebot durchaus folgerichtig erscheint. Auf der anderen Seite eröffnet die Veröffentlichung nach § 10 WpÜG bereits das Übernahmeverfahren, weil ab der Veröffentlichung die Frist zur Abgabe des Übernahmeangebots zu laufen beginnt. In dieser Hinsicht soll § 10 WpÜG gleichzeitig die Aufgabe übernehmen, die im britischen Recht die inhaltlich wesentlich umfangreichere Angebotsankündigung gemäß Rule 2.5 City Code übernimmt. Diese Überbeanspruchung des § 10 WpÜG hat zur Folge, dass die Zulässigkeit von Bedingungen innerhalb der § 10-Entscheidung äußerst umstritten und nur schwer lösbar ist.

Die Auswirkungen der systematischen Unterschiede zwischen City Code und WpÜG auf die praktische Gestaltung von Bedingungen in Übernahmeangeboten sind insgesamt gering. Der grundsätzliche Unterschied, dass nach britischem Recht allgemein formulierte Klauseln zulässig sind, wird weitgehend dadurch wieder eingeebnet, dass sich der Bieter – wie an dem Beispiel *WPP/Tempus* deutlich wird – nur selten mit Erfolg auf diese Bedingungen wird berufen können. Nach beiden Rechtssystemen kann der Bieter wirksamen Schutz gegen missliebige Veränderungen während der Annahmefrist nur durch eine möglichst weit reichende Konkretisierung der zum Bedingungseintritt führenden Umstände erlangen.

Die sich entwickelnde deutsche Übernahmepraxis orientiert sich bei der Gestaltung von Bedingungen teilweise an den Standardbedingungen im britischen Rechtsraum. Die britischen Übernahmeangebote zeichnet augenblicklich noch eine größere Bandbreite verschiedener Bedingungen aus. Dabei neigt die britische Praxis oft zu sehr detaillierten Klauseln, die sich nicht selten über mehrere klein gedruckte Seiten erstrecken. Die Verwendung von Bedingungen in Übernahmeangeboten erfreut sich aber auch in Deutschland zunehmender Popularität. Während der Bedingungsteil zum Zeitpunkt des In-Kraft-Tretens des WpÜG selten mehr als eine halbe Seite beanspruchte, erstreckt er sich heute in der Regel über mehrere Seiten. Dabei ist mittlerweile auch in Deutschland die nicht immer vorteilhafte Tendenz zu beobachten, die Klauseln – insbesondere MAC- und Abwehrklauseln – immer ausführlicher zu gestalten. Insgesamt aber zeigt die deutsche Praxis auch erhebliche innovative Gestaltungskraft, indem sie beispielsweise mit der Anknüpfung von MAC-Klauseln an die Veröffentlichung oder den Eintritt neuer Tatsachen gemäß § 15 WpHG eine abstrakte Möglichkeit zur Gestaltung von MAC-Klauseln entwickelt hat. Zudem hat sie auch eine Lösung entwickelt, mit der Störungen des gesamtwirtschaftlichen Gleichgewichts bedingungsmäßig erfasst werden können.

§ 2 Schlussfolgerungen und Ausblick

Wie die Ausführungen in § 1 gezeigt haben, erfüllt das deutsche Übernahmerecht die Anforderungen an die Regelung bedingter Übernahmeangebote nur unzureichend, da es dem Bedürfnis nach einem möglichst verbindlichen Übernahmeangebot nicht ausreichend Rechnung trägt. Die Hauptursache dafür ist, dass die gesetzlichen Vorschriften eine inhaltliche Überprüfung bedingter Übernahmeangebote nicht vorsehen.

Zur Beseitigung dieses Missstands sind grundsätzlich zwei Wege denkbar. Zum einen könnte die BaFin ihre Rolle als Hüterin eines ordnungsgemäßen Übernahmeverfahrens weit interpretieren und auf der Grundlage des Verbots faktischer Rücktrittsvorbehalte in Verbindung mit dem allgemeinen Verbot unzulässiger Rechtsausübung eine inhaltliche Überprüfung bedingter Übernahmeangebote ausüben. Eine solche Lösung ist wegen des sehr beschränkten Anwendungsbereichs des Grundsatzes unzulässiger Rechtsausübung unzureichend. Eine Überprüfung von Bedingungen auf ihre Wesentlichkeit im Verhältnis zum Übernahmeangebot insgesamt wäre auf die Fälle eines missbräuchlichen Berufens auf Bedingungen beschränkt. Aus diesem Grund ist der deutsche Gesetzgeber aufgefordert eine inhaltliche Überprüfung bedingter Übernahmeangebote durch die Einfügung einer Wesentlichkeitsschwelle in das WpÜG zum Standard erheben. Dieser zweite Weg wird zudem dem Bedürfnis des Kapitalmarkts nach transparenten Regeln am ehesten gerecht.

Im Unterschied zum britischen Recht sollte die Wesentlichkeitsschwelle ausdrücklich bereits an die Zulässigkeit von Bedingungen anknüpfen und nicht erst bei dem Berufen auf Bedingungen zum Tragen kommen. Eine solche Lösung hätte den Vorteil, dass der Bieter im Grundsatz weiterhin gehalten wäre, Bedingungen so konkret wie möglich zu formulieren. Nur in Ausnahmefällen, in denen eine Konkretisierung unmöglich ist, sollte eine nachträgliche inhaltliche Überprüfung zugelassen werden. Dies beträfe zum Beispiel Übernahmeangebote, die von der Erteilung einer behördlichen Genehmigung abhängig gemacht wurden, die schließlich nur unter vom Bieter nicht vorhersehbaren Auflagen erteilt wird. Möchte sich der Bieter unter Berufung auf die Bedingung lossagen, sollte der BaFin die Möglichkeit offen stehen, ihm das Berufen auf die Bedingung unter dem Hinweis mangelnder Wesentlichkeit der Auflage im Verhältnis zum Übernahmeangebot insgesamt zu untersagen. In derartigen Fällen nicht vorhersehbarer Wendungen im Laufe des Übernahmeverfahrens kann die aus der Zulässigkeit allgemeiner Bedingungen resultierende Unsicherheit für den Kapitalmarkt und die Zielgesellschaft toleriert werden. Im Übrigen sollte an der Unzulässigkeit allgemeiner Bedingungen festgehalten werden. Die deutsche Übernahmepraxis hat gezeigt, dass selbst schwer kalkulierbare Risiken, die normalerweise in den Anwendungsbereich des Wegfalls der Geschäftsgrundlage fallen würden, bedingungsmäßig erfasst werden können.

Ein System der Vorabkontrolle von Bedingungen käme auch der Funktionsweise des deutschen Übernahmerechts und der darin vorgesehenen Rolle der BaFin entgegen. Eine nachträgliche Kontrolle von Bedingung erfordert eine besonders transparente Entscheidungspraxis des jeweiligen Aufsichtsorgans, um die Marktteilnehmer ausreichend über die jeweils geltenden Anforderungen für das Berufen auf Bedingungen zu informieren. Das Panel gibt regelmäßig und in kurzen Abständen in Form von (*practice*) *statements* öffentlich Auskunft über seine Tätigkeit, wodurch (potenzielle) Teilnehmer an einem Übernahmeverfahren über die geltenden Standards informiert werden. Eine entsprechende Praxis existiert in Deutschland nicht. Eine Vorabkontrolle von Bedingungen würde eine entsprechende Information bereits durch die zentrale Veröffentlichung der Übernahmeangebote, wie es auf der Homepage der BaFin Standard ist, gewährleisten. Darüber setzt eine nachträgliche Kontrolle von Bedingungen eine sehr flexible Aufsichtstätigkeit voraus, da die Aufsichtsorgane ihre Entscheidungen innerhalb kürzester Zeit während der laufenden Annahmefrist treffen müssen. Der BaFin aber ist die auf dem britischen System der Selbstregulierung fußende, stark beratend geprägte und auf Schnelligkeit angelegte Rolle des Panel grundsätzlich fremd. Eine dem eigentlichen Angebotsverfahren vorausgehende Kontrolle von Bedingungen wäre von dem Druck der laufenden Annahmefrist befreit. Idealerweise müsste eine solche Kontrolle bereits vor der eigentlichen Angebotsankündigung stattfinden, damit an die Stelle der Annahmefrist als zeitlich limitierender Faktor nicht die Frist zur Abgabe des Übernahmeangebots tritt. Auch aus diesem Grund sollte die nach dem WpÜG vorgeschriebene Angebotsankündigung in ein zweistufiges Verfahren nach britischem Vorbild überführt werden. Die Überprüfung von Bedingungen könnte dann im Anschluss einer

Rule 2.4 City Code entsprechenden Vorankündigung des Übernahmeangebots erfolgen.

Weiterer Korrekturbedarf für das deutsche Übernahmerecht besteht im Hinblick auf die Sperrfristregelung des § 26 Abs. 1 Satz 2 WpÜG, die eine Sperrfrist nur für den Fall anordnet, dass die vom Bieter festgesetzte Mindestannahmequote nicht erreicht wurde. Die Anordnung einer Sperrfrist sollte erweitert werden auf alle Fälle, in denen der Bieter durch das Berufen auf eine Bedingung das Übernahmeangebot scheitern lässt. Als Gegengewicht für die Regelandrohung einer Sperrfirst bei der Verwendung von Bedingungen in Übernahmeangeboten wäre es notwendig, dass sich die BaFin der Auffassung anschließt, die den Verzicht auf bereits eingetretene auflösende Bedingungen als von § 21 Abs. 1 Satz 1 Nr. 4 WpÜG gedeckt ansieht. Die Durchführung dieser Maßnahmen hätte den Vorteil, dass die Bindungswirkung bedingter Übernahmeangeboten zusätzlich gestärkt würde.

In Bezug auf die Beurteilung und Entwicklung spezieller Bedingungen wird Folgendes angeregt:

- Sowohl der City Code als auch das WpÜG sollten die Bieter verpflichten, die rechtlich zwingenden Voraussetzungen einer jeden Übernahme in Form von Bedingungen in die Angebotsunterlage aufzunehmen. Im Vereinigten Königreich gilt diese Pflicht zwar bereits in Bezug auf die – nur nach britischem Recht erforderliche – Festlegung einer Mindestannahmequote, die kartellrechtliche Genehmigung und die unter Umständen notwendige Zustimmung der Gesellschafterversammlung des Bieters. Allerdings fehlt es in Bezug auf den Gesellschaftervorbehalt an einer expliziten Regelung im City Code. Zudem werden sonstige (staatliche) Genehmigungserfordernisse nicht von dieser Pflicht erfasst. Durch die Pflicht zur bedingungsmäßigen Erfassung dieser Umstände würde das Übernahmeverfahren zu Gunsten des Marktes und der Aktionäre der Zielgesellschaft an Transparenz gewinnen. Der zu befürchtende Nachteil für die Bieter, bei Anordnung einer allgemeinen Sperrfrist möglicherweise unverschuldet von der Abgabe weiterer Übernahmeangebote ausgeschlossen zu werden, wenn zum Beispiel behördliche Prüfungsverfahren nicht rechtzeitig vor Ablauf der Frist zur Bedingungserfüllung abgeschlossen werden, besteht nicht. Soweit die Erfüllung derartiger Bedingung nicht in den Händen der Bieter liegt, können die Aufsichtsorgane von der bereits bestehenden Möglichkeit der Verlängerung der Frist zur Bedingungserfüllung Gebrauch machen. Eine Ausnahme von der Sperrfristregelung ist daher nicht erforderlich.

- Es wird die Aufgabe der nationalen Aufsichtsstellen sein, die bestehenden Schwachpunkte im WpÜG bzw. City Code in Bezug auf die Zulässigkeit einzelner Bedingungen durch konstante Entscheidungen in der Praxis auszugleichen, solange WpÜG bzw. City Code diesbezüglich nicht geändert werden. In diesem Punkt ist die BaFin gefordert, insbesondere zu der umstrittenen Zulässigkeit des Gesellschaftervorbehalts und der Verwendung von Bedingungen innerhalb der Angebotsankündigung, mit denen sich der Bieter die Abgabe des Übernahmeangebots vorzubehalten sucht, Stellung zu nehmen. Eine vergleichbare Aufgabe kommt dem Panel in Bezug auf die unzureichend geregelte Zulässigkeit von Finanzierungsvorbehalten zu.

- Die Entwicklung neuer Bedingungen in Übernahmeangeboten wird in erster Linie von der Kreativität der Bieterunternehmen in Bezug auf die Schaffung neuer Bedingungen bestimmt. Vor allem das deutsche Übernahmerecht weist wegen seiner noch jungen Übernahmepraxis erhebliches Entwicklungspotenzial für die Schaffung neuer Bedingungen auf. Aber auch im Vereinigten Königreich gilt es für die Bieterunternehmen, die Lehren aus der *WPP/Tempus*-Entscheidung zu ziehen, indem sie die ökonomischen Rahmenbedingungen einer Übernahme möglichst konkret formulieren. In Bezug auf die Entwicklung neuer Bedingungsarten bzw. die Umstrukturierung bereits bekannter Bedingungen kommt dem Panel bzw. der BaFin die Aufgabe zu, eindeutige Grenzen für die Zulässigkeit dieser Bedingungen zu definieren. Sollte die britische Praxis zum Beispiel Vorschläge für eine Neustrukturierung von MAC-Klauseln vorlegen, wird das Panel die Frage beantworten müssen, ob und wenn ja unter welchen Voraussetzungen es von den hohen Anforderungen für ein Berufen auf MAC-Klauseln Abstand nehmen wird. Darüber hinaus bedarf nach dem Stand der aktuellen Debatte auch die Zulässigkeit der aus Sicht des Bieters besonders interessanten Preisbedingungen einer Klärung.

Die Schaffung eines einheitlichen EU-Übernahmerechts wird nach Lage der Dinge keinen Einfluss auf die Entwicklung bedingter Übernahmeangebote haben. Art. 13 lit. e) der EU-Übernahmerichtlinie fordert zwar eine Regelung zur Zulässigkeit von Bedingungen in Übernahmeangeboten, lässt den Mitgliedstaaten aber freie Hand in Bezug auf die Ausgestaltung dieser Regelung. Die derzeitigen Regime zur Regelung bedingter Übernahmeangebote im Vereinigten Königreich und Deutschland werden daher mit hoher Wahrscheinlichkeit auch nach der Umsetzung der EU-Übernahmerichtlinie in nationales Recht noch Bestand haben.

Schrifttum

Altmeppen, Holger — Neutralitätspflicht und Pflichtangebot nach dem neuen Übernahmerecht, ZIP 2001, 1073-1084.

Applebey, George — Contract Law, London 2001.

Asquith, Paul — Merger Bids, Uncertainty, and Stockholder Returns, 11 J.Fin.Econ. (1983), 51-83.

Asquith, Paul/ Wizman, Thierry A. — Event Risk, Covenants, and Bondholder Returns in leveraged buyouts, 27 J.Fin.Econ. (1990), 195-213.

Assmann, Heinz-Dieter/ Bozenhardt, Friedrich — Übernahmeangebote als Regelungsproblem zwischen gesellschaftsrechtlichen Normen und zivilrechtlich begründeten Verhaltenspflichten, in: Assmann/Basaldua/Bozenhardt/Peltzer, Übernahmeangebote, ZGR-Sonderheft Nr. 9, S. 1-156.

Assmann, Heinz-Dieter/ Schneider, Uwe H. — Kommentar zum Wertpapierhandelsgesetz, 3. Aufl., Köln 2003.

Assmann, Heinz-Dieter/ Basualda, Nathalie/ Bozenhardt, Friedrich/ Peltzer, Martin — Übernahmeangebote, ZGR-Sonderheft Nr. 9, Berlin, New York 1990.

Auerbach, Alan J. (Hrsg.) — Corporate Takeovers: Causes and Consequences, Chicago, London 1988.

Basualda, Nathalie — Der Vorschlag für eine dreizehnte Richtlinie des Rates auf dem Gebiet des Gesellschaftsrechts über öffentliche Übernahmeangebote, in: Assmann/Basaldua/Bozenhardt/Peltzer, Übernahmeangebote, ZGR-Sonderheft Nr. 9, S. 157-177.

Baumbach, Adolf/ Hopt, Klaus J.	Handelsgesetzbuch, 31. Aufl., München 2003.
Baumbach, Adolf/ Hueck, Alfred	GmbH-Gesetz, 17. Aufl., München 2000.
Bebchuk, Lucian A.	The Case for Facilitating Competing Tender Offers, 95 Harv.L.Rev. (1981), 1028-1056.
ders.	The Case for Facilitating Competing Tender Offers: A Reply and Extension, 35 Stanf.L.Rev. (1982), 23-50.
Begg, Peter F.C.	Corporate Acquisitions and Mergers – A Practical Guide to the Legal, Financial and Administrative Implications, Losebl., London 1994.
Begründung zum RegE	BT-Drucks. 14/7034, S. 27-33 (Allgemeiner Teil) und S. 33- 70 (Besonderer Teil).
Begründung zum TransPuG	Abrufbar unter http://www.bmj.bund.de/media/archive/301.pdf, S. 18-22 (Allgemeiner Teil) und S. 22-79 (Besonderer Teil).
Behrens, Peter	Die ökonomischen Grundlagen des Rechts. Politische Ökonomie als rationale Jurisprudenz, Tübingen 1986.
von Bernstorff, Christoph	Einführung in das englische Recht, 2. Aufl., München 2000.
Blackett-Ord, Mark	Partnership, 2. ed., London 2002.
Boston Consulting Group	Growing Through Acquisitions – The Successful Value Creation Record of Acquisitive Growth Strategies, unter http://www.bcg.com/publications/files/Growing_Through_Acquisitions_rpt.pdf abrufbare Studie.

Bradley, Michael — Interfirm Tender Offers and the Market for Corporate Control, 53 J.Bus. (1980), 345-376.

Bradley, Michael /Desai, Anand/ Kim, Han E. — The Rationale behind Interfirm Tender Offers: Information or Synergy?, 11 J.Fin.Econ. (1983), 183-206.

Bradley, Michael/ Jarrell, Gregg A. — Comment, in: Coffee/Lowenstein/Rose-Ackermann (Hrsg.), Knights, Raiders & Targets, S. 253-259.

Brown, Charles/ Medoff, James L. — The Impact of Firm Acquisitions on Labor, in: Auerbach (Hrsg.), Corporate Takeovers: Causes and Consequences, S. 9-25.

Bundesaufsichtsamt für den Wertpapierhandel — Rundschreiben an die Vorstände der zum Amtlichen Handel oder zum Geregelten Markt zugelassenen Aktiengesellschaften sowie die persönlich haftenden Gesellschafter der zum Amtlichen Handel oder zum Geregelten Markt zugelassenen Kommanditgesellschaften auf Aktien. Abrufbar unter http://www.bafin.de/schreiben/92_2002/020426.htm.

Burgard, Ulrich — Ad hoc-Publizität bei gestreckten Sachverhalten und mehrstufigen Entscheidungsprozessen, ZHR 162 (1998), 51-100.

Busch, Torsten — Bedingungen in Übernahmeangeboten, AG 2002, 145-152.

Button, Maurice (Hrsg.) — A Practitioner's Guide to the City Code on Takeovers and Mergers, Surrey 2003/2004.

Cheshire, Geoffrey C./ Fifoot, Cecil H.S./ Furmston, Michael P. — Cheshire, Fifoot and Furmston's Law of Contract, 13. ed., London 1996.

Coffee, John C. Regulating the Market for Corporate Control: A Critical Assessment of the Tender Offer's Role in Corporate Governance, 84 Colum.L.Rev. (1984), 1145-1296.

Coffee, John C./ Lowenstein, Louis/ Rose-Ackermann, Susan (Hrsg.) Knights, Raiders & Targets, New York, Oxford 1988.

Collier, J.G. Conflict of Laws, 3. ed., Cambridge 2001.

Dennis, Debra K./ McConnell, John J. Corporate Mergers and Security Returns, 16 J.Fin.Econ. (1986), 143-187.

Dodd, Peter/ Ruback, Richard S. Tender Offer and Stockholder Returns – An empirical analysis, 5 J.Fin.Econ. (1977), 351-373.

Drygala, Tim Die neue deutsche Übernahmeskepsis und ihre Auswirkungen auf die Vorstandspflichten nach § 33 WpÜG, ZIP 2001, 1861-1871.

Easterbrook, Frank H./ Fischel, Daniel R. Corporate Control Transactions, 91 Yale L.J. (1982), 698-737.

Eckbo, Espen B. Horizontal Mergers, Collusion, and Stockholder Wealth, 11 J.Fin.Econ. (1983), 241-273.

Ehricke, Ulrich/ Ekkenga, Jens/ Oechsler, Jürgen Wertpapiererwerbs- und Übernahmegesetz, München 2003.

Emmerich, Volker/ Habersack, Mathias Aktien- und GmbH-Konzernrecht, 3. Aufl., München 2003.

Expertenkommission Unternehmensübernahmen Eckpunkte eines künftigen Übernahmegesetzes, in: Pötzsch/Möller, Das künftige Übernahmerecht, WM 2000, Sonderbeilage Nr. 2, S. 37-38.

Fama, Eugene F. — Efficient Capital Markets: A Review of Theory and Empirical Work, 25 J.Fin. (1970), 383-417.

Fama, Eugene F./ French, Kenneth R. — Value versus Growth: The international Evidence, 53 J.Fin. (1999), 1975-1999.

Farrar, John H. — Farrar's Company Law, 4. ed., London, Dublin, Edinburgh 1998.

Festschrift für Walter Stimpel — Zum 68. Geburtstag am 29. November 1985, Berlin, New York 1985.

Financial Services Authority — Newsletter 87: Endorsement of the City Code on Takeovers and Mergers and the Rules Governing Substantial Acquisitions of Shares. Unter http://www.fsa.gov.uk/pubs/cp/cp87_newsletter.pdf einsehbar.

Finanzausschuss des Deutschen Bundestags — Beschlussempfehlung und Bericht des Finanzausschusses (7. Ausschuss), BT-Drucks. 14/7477.

Fleischer, Holger — Zum Begriff des öffentlichen Angebots im Wertpapiererwerbs- und Übernahmegesetz, ZIP 2001, 1653-1660.

Frazer, Peter — The Regulation of Takeovers in Great Britain, in: Coffee/Lowenstein/Rose-Ackermann (Hrsg.), Knights, Raiders & Targets, S. 436-451.

Geibel, Stephan/ Süßmann, Rainer — Kommentar zum Wertpapiererwerbs- und Übernahmegesetz (WpÜG), München 2002.

Gilson, Ronald J. — A Structural Approach to Corporations: The Case Against Defensive Tactics in Tender Offers, 33 Stanf.L.Rev. (1981), 819-891.

Gilson, Ronald J./ Kraakman, Reinier H. — The Mechanisms of Market Efficiency, 70 Virg.L.Rev. (1984), 549-644.

Goldenberg, Philip Guide to Company Law, 3. ed., Oxfordshire 1990.

Gower, Laurence C.B. Gower's Principles of Modern Company Law, 6. ed., London 1997.

Großkommentar Aktiengesetz 4. Aufl., §§ 192-206, Berlin, New York 2001 (zit.: Großk-AktG-*Bearbeiter*).

Grunewald, Barbara Europäisierung des Übernahmerechts, AG 2001, 288-291.

Haarmann, Wilhelm/ Riehmer, Klaus/ Schüppen, Matthias Öffentliche Übernahmeangebote – Kommentar zum Wertpapiererwerbs- und Übernahmegesetz, Heidelberg 2002.

Hahn, Dieter Die feindliche Übernahme von Aktiengesellschaften. Eine juristisch-ökonomische Analyse, Diss. München 1992.

Hamann, Uwe Die Angebotsunterlage nach dem WpÜG – ein praxisorientierter Überblick, ZIP 2001, 2249-2257.

Handelsrechtsausschuss des DAV e.V. Stellungnahme vom April 2001 zum RefE des BMF für ein Gesetz zur Regelung von öffentlichen Angeboten zum Erwerb von Wertpapieren und von Unternehmensübernahmen (WÜG), NZG 2001, 420-432.

Happ, Wilhelm Zum Regierungsentwurf eines Wertpapierhandelsgesetzes, JZ 1994, 240-246.

Happ, Wilhelm/ Semler, Johannes Ad hoc-Publizität im Spannungsfeld von Gesellschaftsrecht und Anlegerschutz, ZGR 1998, 116-141.

Harbarth, Stephan Abwehr feindlicher Übernahmen in den USA, ZVglRWiss 100 (2001), 275-303.

ders.	Kontrollerlangung und Pflichtangebot, ZIP 2002, 321-332.
Healy, Paul M./ Palepu, Krishna G./ Ruback, Richard S.	Does Corporate Performance Improve After Mergers?, 1990 (unveröffentlicht) – zitiert nach Romano, A Guide to Takeovers: Theory, Evidence, and Regulation, 9 Yale J.Reg. (1992), 119, 125 Fn. 17.
Heinle, Daniel C.	City Code und Übernahmekodex – Eine Rechtsvergleichung, Diss. Frankfurt am Main 2001.
Herkenroth, Klaus E.	Konzernierungsprozesse im Schnittfeld von Konzernrecht und Übernahmerecht, Diss. Berlin 1994.
Herman, Edward S./ Lowenstein, Louis	The Efficiency Effects of Hostile Takeovers, in: Coffee/Lowenstein/Rose-Ackermann (Hrsg.), Knights, Raiders & Targets, S. 211-240.
Heymann, Ernst	Kommentar zum Handelsgesetzbuch, Band 2, 2. Aufl., Berlin, New York 1996.
Hindley, Brian	Separation of Ownership and Control in the Modern Corporation, 13 J.L.E. (1970), 185-221.
Hochrangige Gruppe von Experten auf dem Gebiet des Gesellschaftsrechts	Bericht über die Abwicklung von Übernahmeangeboten, abrufbar unter http://europa.eu.int/comm/internal_market/en/company/company/news/hlg01-2002_de.pdf.
Holzapfel, Hans-Joachim/ Pöllath, Reinhard	Unternehmenskauf in Recht und Praxis, 11. Aufl., Köln 2003.
Hopt, Klaus J.	Grundsatz- und Praxisprobleme nach dem Wertpapierhandelsgesetz, ZHR 159 (1995), 135-163.
Hopt, Klaus J./ Wymeersch, Eddy (Hrsg.)	European Takeovers – Law and Practice, London u.a. 1992.

Hüffer, Uwe — Aktiengesetz, 6. Aufl., München 2004.

Jarrell, Gregg A./ Brickley, James A./ Netter, Jeffrey M. — The Market for Corporate Control: The Empirical Evidence since 1980, 2 J.Econ.Persp. (1988), 49-68.

Jarrell, Sherry L. — Do Takeovers Generate Value? Evidence on the Capital Market's Ability to Assess Takeovers, 1991 (unveröffentlicht) – zitiert nach Romano, A Guide to Takeovers: Theory, Evidence, and Regulation, 9 Yale J.Reg. (1992), 119, 125 Fn. 17.

Jensen, Michael C. — Agency costs of Free Cash Flow, Corporate Finance, and Takeovers, 76 Am.Econ.Rev. (1986), 323-329.

ders. — Takeovers: Their Causes and Consequences, 2 J.Econ.Persp. (1988), 21-48.

ders. — The Takeover Controversy: Analysis and Evidence, in: Coffee/Lowenstein/Rose-Ackermann (Hrsg.), Knights, Raiders & Targets, S. 314-354.

Jensen, Michael C./ Ruback, Richard S. — The Market for Corporate Control, 11 J.Fin.Econ. (1983), 5-50.

Jewell, Michael — An Introduction to English Contract Law, 2. Aufl., Baden-Baden 2002.

Johnston, Alexander — The City Take-over Code, Oxford 1980.

Kallmeyer, Harald — Neutralitätspflicht des Vorstands und Entscheidungsbefugnis der Hauptversammlung im Übernahmerecht, AG 2000, 553-554.

von Kapff, Klaus — Übernahmeangebote (take over bids und offres publiques d'achat) in England und Frankreich, Diss. Augsburg 1975.

Kessler, Klaus — Übernahmeangebote (take-over bids) im englischen Gesellschafts- und Börsenrecht, Diss. Kiel 1971.

Kiem, Roger/Kotthoff, Jost — Ad-hoc-Publizität bei mehrstufigen Entscheidungsprozessen, DB 1995, 1999-2004.

Kirchner, Christian — Managementpflichten bei „feindlichen" Übernahmeangeboten, WM 2000, 1821-1830.

Knoll, Karl-Heinz — Die Übernahme von Kapitalgesellschaften, Diss. Baden-Baden 1992.

Koch, Beate — Hindernisse für öffentliche Übernahmeangebote im deutschen und britischen Recht, Diss. Frankfurt am Main 1996.

Kölner Kommentar zum Aktiengesetz — Band 2, 2. Aufl., §§ 76-117, Köln, Berlin Bonn, München 1996; Band 6, 2. Aufl., §§ 291-328, Köln, Berlin Bonn, München 1987 (zit.: KK-AktG-*Bearbeiter*).

Kölner Kommentar zum WpÜG — Köln, Berlin, Bonn, München 2003 (zit.: KK-WpÜG-*Bearbeiter*).

Kopp, Thomas — Die Aktie als Akquisitionswährung: Wer trägt die Marktrisiken?, Börsen-Zeitung vom 12.3.2002, S. 11.

Körner, Marita — Die Neuregelung der Übernahmekontrolle nach deutschem und europäischem Recht – insbesondere zur Neutralitätspflicht des Vorstands, DB 2001, 367-371.

Krause, Hartmut — Das obligatorische Übernahmeangebot. Eine juristische und ökonomische Analyse, Diss. Baden-Baden 1996.

ders. Zur Gleichbehandlung der Aktionäre bei Übernahmeangeboten und Beteiligungserwerb (Teil II), WM 1996, 893-900.

ders. Das neue Übernahmerecht, NJW 2002, 705-716.

ders. BB-Europareport: Die EU-Übernahmerichtlinie – Anpassungsbedarf im Wertpapiererwerbs- und Übernahmegesetz, BB 2004, 113-119.

Land, Volker Das neue deutsche Wertpapiererwerbs- und Übernahmegesetz – Anmerkungen zum Regierungsentwurf –, DB 2001, 1707-1713.

Land, Volker/ Hasselbach, Kai Das neue deutsche Übernahmegesetz – Einführung und kritische Anmerkungen zum Diskussionsentwurf des BMF –, DB 2000, 1747-1755.

Larenz, Karl/Wolf, Manfred Allgemeiner Teil des Bürgerlichen Rechts, 9. Aufl., München 2004.

Lee, Peter T. Takeover Regulation in the United Kingdom, in: Hopt/Wymeersch (Hrsg.), European Takeovers, S. 133-141.

Lehn, Kenneth/ Poulsen, Annette Free Cash Flow and Stockholder Gains in Going Private Transactions, 44 J.Fin. (1989), 771-787.

Liebscher, Thomas Das Übernahmeverfahren nach dem neuen Übernahmegesetz, ZIP 2001, 853-869.

Lindley, Lord W. B./ Banks, Roderick C. I'Anson Lindley & Banks on Partnership, 18. ed., London 2002.

Lowenstein, Louis Pruning Deadwood in Hostile Takeovers: A Proposal for Legislation, 83 Colum.L.Rev. (1983), 249-334.

Lutter, Marcus Organzuständigkeiten im Konzern, in: FS für Walter Stimpel, S. 825-854.

Lutter, Marcus/ Hommelhoff, Peter — GmbH-Gesetz Kommentar, 15. Aufl., Köln 2000.

Magenheim, Ellen B./ Mueller, Dennis C. — Are Acquiring-Firm Shareholders Better Off after an Acquisition?, in: Coffee/Lowenstein/Rose-Ackermann (Hrsg.), Knights, Raiders & Targets, S. 172-193.

Maier-Reimer, Georg — Verhaltenspflichten des Vorstands der Zielgesellschaft bei feindlichen Übernahmen, ZHR 165 (2001), 258-279.

Malatesta, Paul H. — The Wealth Effects of Merger Activity and the Objective Functions of Merging Firms, 11 J.Fin.Econ. (1983), 155-181.

Mandelker, Gershon — Risk and Return: The case of merging firms, 1 J.Fin.Econ. (1973), 303-336.

Manne, Henry G. — Mergers and the Market for Corporate Control, 73 J.Pol. Econ. (1965), 110-120.

Marchant, Simon — The Approach, Announcements and Independent Advice, in: Button (Hrsg.), A Practitioner's Guide to the City Code on Takeovers and Mergers, S. 23-51.

Marris, Robin — A Model of the „Managerial" Enterprise, 77 Qu.J.Econ. (1963), 185-209.

Maul, Silja/ Muffat-Jeandet, Danièle — Die EU-Übernahmerichtlinie – Inhalt und Umsetzung in nationales Recht (Teil I), AG 2004, 221-234.

dies. — Die EU-Übernahmerichtlinie – Inhalt und Umsetzung in nationales Recht (Teil II), AG 2004, 306-318.

Merkt, Hanno — US-amerikanisches Gesellschaftsrecht, Heidelberg 1991.

ders.	Verhaltenspflichten des Vorstands der Zielgesellschaft bei feindlichen Übernahmen, ZHR 165 (2001), 224-257.
Mitchell, Mark L./ Lehn, Kenneth	Do Bad Bidders Become Good Targets?, 98 J.Pol.Econ. (1990), 372-398.
Mørck, Randall/ Shleifer, Andrei/ Vishny, Robert W.	Characteristics of Targets of Hostile and Friendly Takeovers, in: Auerbach (Hrsg.), Corporate Takeovers: Causes and Consequences, S. 101-134.
Morse, Geoffrey K.	The City Code on Takeovers and Mergers – Self Regulation or Self Protection?, J.B.L 1991, 509-524.
Mülbert, Peter O./ Birke, Max	Das übernahmerechtliche Behinderungsverbot – Die angemessene Rolle der Verwaltung einer Zielgesellschaft in einer feindlichen Übernahme –, WM 2001, 705-718.
Münchener Handbuch des Gesellschaftsrechts	Band 4, Aktiengesellschaft, 2. Aufl., München 1999 (zit.: MünchHdb-*Bearbeiter*).
Münchener Kommentar zum Bürgerlichen Gesetzbuch	Band 1, 4. Aufl., §§ 1-240, München 2001; Band 5, 4. Aufl., §§ 705-853 München 2004 (zit.: MK-*Bearbeiter*).
Neye, Hans-Werner	Die EU-Übernahmerichtlinie auf der Zielgeraden, ZIP 2001, 1120-1123.
Oechsler, Jürgen	Der ReE zum Wertpapiererwerbs- und Übernahmegesetz – Regelungsbedarf auf der Zielgeraden!, NZG 2001, 817-826.
Ott, Claus/ Schäfer, Hans-Bernd (Hrsg.)	Ökonomische Analyse des Unternehmensrechts. Beiträge zum 3. Travemünder Symposium zur ökonomischen Analyse des Rechts, Heidelberg 1993.

Palandt, Otto	Bürgerliches Gesetzbuch, 63. Aufl., München 2004.
Palmer, Francis Beaufort	Palmer's Company Law, 25. ed., London 1992, Losebl. Stand Februar 2003 (89. Lieferung).
Panel on Takeovers and Mergers	• Panel Statement 1999/7 Abrufbar unter http://www.thetakeover panel.org.uk/statements/199907.pdf. • Annual Report 1998 Abrufbar unter http://www.thetakeoverpanel. org.uk/areports/1998.asp. • Panel Statement 1999/14 Extract from the Report by the Director General contained in the Panel's 1999 Annual Report. Abrufbar unter http://www.thetakeoverpanel. org.uk/statements/199914.pdf. • Annual Report 2000 Abrufbar unter http://www.thetakeoverpanel. org.uk/areports/2000.asp. • Panel Statement 2001/6 Abrufbar unter http://www.thetakeoverpanel. org.uk/statements/200106.pdf. • Panel Statement 2001/8 Extract from the Report by the Director General contained in the Panel's 2001 Annual Report. Abrufbar unter http://www.thetakeoverpanel. org.uk/ statements/200108.pdf. • Panel Statement 2001/12 Abrufbar unter http://www.thetakeoverpanel. org.uk/statements/200112.pdf.

• Panel Statement 2001/15
Abrufbar unter http://www.thetakeoverpanel.org.uk/statements/200115.pdf.

• Panel Statement 2002/4
Abrufbar unter http://www.thetakeoverpanel.org.uk/statements/200204a.pdf.

• Panel Statement 2002/23
Abrufbar unter http://www.thetakeoverpanel.org.uk/statements/200223.pdf.

• Practice Statement No. 5
Note 2 on Rule 13 – Invocation of Conditions. Abrufbar unter http://www.thetakeoverpanel.org.uk/PracticeStatements/ps05.pdf.

Pearson, Christopher — Mandatory and Voluntary Offers and their Terms, in: Button (Hrsg.), A Practitioner's Guide to the City Code on Takeovers and Mergers, S. 135-163.

Pennington, Robert R. — Pennington's Company Law, 7. ed., London 1995.

Pötzsch, Thorsten/ Möller, Andreas — Das künftige Übernahmerecht – Der Diskussionsentwurf des Bundesministeriums der Finanzen zu einem Gesetz zur Regelung von Unternehmensübernahmen und der Gemeinsame Standpunkt des Rates zur europäischen Übernahmerichtlinie – WM 2000, Sonderbeilage Nr. 2, S. 1-38.

dies. — Das neue Übernahmerecht – Der Regierungsentwurf vom 11. Juli 2001, ZIP 2001, 1256-1300.

Presseberichte — • „Deutschland will mehr Giftpillen", Frankfurter Allgemeine Zeitung vom 2.5.2001, S. 17.

• „Eifersucht und goldene Aktien", Süddeutsche Zeitung vom 3.5.2001, S. 25.

• „Manager mit Einfluss in Berlin", FINANCIAL TIMES DEUTSCHLAND vom 7.6.2001, S. 2.

• „Sanofi: Politische Einflussnahme erzürnt Wirtschaft", FINANCIAL TIMES DEUTSCHLAND vom 18.3.2004, abrufbar unter http://www.ftd.de/ub/in/1079170665560. html?nv=rs.

• „Beschäftigte wittern zweiten Fall Mannesmann", SPIEGEL ONLINE vom 26.4.2004, abrufbar unter http://www.spiegel.de/wirtschaft/0,1518,297104,00.html.

• „Aventis-Belegschaft protestiert gegen Übernahme", FINANCIAL TIMES DEUTSCHLAND vom 27.4.2004, abrufbar unter http://www.positionet.de/ub/in/10830707956 73.html?nv=rs.

• „Fusionen ermöglichen höhere Aktienkurse", Süddeutsche Zeitung vom 17.5.2004, S. 23.

• „Clement greift bei Aventis-Übernahme ein", DIE WELT vom 19.5.2004, unter http://www.welt.de/data/2004/01/28/229521.html abrufbar.

Pudge, David — Conduct During the Offer; Timing and Revision; and Restrictions Following Offers, in: Button (Hrsg.), A Practitioner's Guide to the City Code on Takeovers and Mergers, S. 219-251.

Rabinowitz, Laurenc (Hrsg.) — Weinberg and Blank on Takeovers and Mergers, London, Losebl. Stand Juni 2002, Release 26 (zit.: *Weinberg/Blank*, in: Rabinowitz).

Ravencraft, David J./ Scherer, F.M.	Mergers, Sell-Offs, and Economic Efficiency, Washington D.C. 1987.
dies.	Mergers and Managerial Performance, in: Coffee/Lowenstein/Rose-Ackermann (Hrsg.), Knights, Raiders & Targets, S. 194-210.
Reul, Jürgen	Die Pflicht zur Gleichbehandlung der Aktionäre bei privaten Kontrolltransaktionen, Diss. Tübingen 1991.
Riehmer, Klaus/ Schröder, Oliver	Praktische Aspekte bei der Planung, Durchführung und Abwicklung eines Übernahmeangebots, BB 2001, Beilage 5 zu Heft 20, 1-16.
Roll, Richard	The Hubris Hypothesis of Corporate Takeovers, 59 J.Bus. (1986), 197-216.
Romano, Roberta	A Guide to Takeovers: Theory, Evidence, and Regulation, 9 Yale J.Reg. (1992), 119-180.
Roßkopf, Gabriele	Selbstregulierung von Übernahmeangeboten in Großbritannien, Diss. Berlin 2000.
Schaaff, Petra	Möglichkeiten der Abwehr von Takeover Bids in Großbritannien und USA, RIW 1985, 273-280.
Schäfer, Frank A. (Hrsg.)	Kommentar zum Wertpapierhandelsgesetz, Börsengesetz mit Börsenzulassungsverordnung, Verkaufsprospektgesetz mit Verkaufsprospektverordnung, Stuttgart 1999.
Schneider Uwe H./ Burgard, Ulrich	Übernahmeangebote und Konzerngründung – Zum Verhältnis von Übernahmerecht, Gesellschaftsrecht und Konzernrecht, DB 2001, 963-969.
Scholz, Franz	Kommentar zum GmbH-Gesetz, Band I, 9. Aufl., §§ 1-44, Köln 2000.

Schwartze, Andreas — Europäische Regelungen für Unternehmensübernahmen – eine kapitalmarktorientierte Betrachtung –, in: Ott/Schäfer (Hrsg.), Ökonomische Analyse des Unternehmensrechts, S. 264-284.

Shiller, Robert J. — Fashions, Fads, and Bubbles in Financial Markets, in: Coffee/Lowenstein/Rose-Ackermann (Hrsg.), Knights, Raiders & Targets, S. 56-68.

Shleifer, Andrei/ Summers, Lawrence H. — Breach of Trust in Hostile Takeovers, in: Auerbach (Hrsg.), Corporate Takeovers: Causes and Consequences, S. 33-56.

Shubik, Martin — Corporate Control, Efficient Markets, and the Public Good, in: Coffee/Lowenstein/Rose-Ackermann (Hrsg.), Knights, Raiders & Targets, S. 31-55.

Sieger, Jürgen J./ Hasselbach, Kai — Ausschluss von Minderheitsaktionären (Squeeze-out) im ausländischen Recht, NZG 2001, 926-930.

Smith, John C. — Smith and Thomas – A casebook on contract, 9. ed., London 1992.

von Staudinger, Julius — Kommentar zum Bürgerlichen Gesetzbuch mit Einführungsgesetz und Nebengesetzen, §§ 134-163, Neuarbeitung, Berlin 2003 (zit.: Staudinger-*Bearbeiter*).

Stedman, Graham — Takeovers, London 1993.

Steinmeyer, Roland/ Häger, Michael — WpÜG – Kommentar zum Wertpapiererwerbs- und Übernahmegesetz mit Erläuterungen zum Minderheitenausschluss nach §§ 327a ff. AktG, Berlin 2002.

Thaeter, Ralf/Barth, Daniel — RefE eines Wertpapiererwerbs- und Übernahmegesetzes, NZG 2001, 545-550.

Thümmel, Roderich C. — Haftungsrisiken von Vorständen und Aufsichtsräten bei der Abwehr von Übernahmeversuchen, DB 2000, 461-465.

Tolley's Company Law — Croydon 1999, Losebl. Stand Februar 1999 (43. Lieferung).

Touche Ross & Co. — The Effect of Mergers, Acquisitions and Tender Offers on American Business, S. 12 – zitiert nach Reul, Die Pflicht zur Gleichbehandlung der Aktionäre bei privaten Kontrolltransaktionen, S. 161 Fn. 201.

Treitel, Guenter H. — The Law of Contract, 11. ed., London 2003.

Triebel, Volker/ Hodgson, Stephen/ Kellenter, Wolfgang/ Müller, Georg — Englisches Handels- und Wirtschaftsrecht, 2. Aufl., Heidelberg 1995.

Wackerbarth, Ulrich — Von golden shares und poison pills: Waffengleichheit bei internationalen Übernahmeangeboten, WM 2001, 1741-1753.

of Weedon, Alexander — Takeovers: The Regulatory Scene, J.B.L 1990, 203-216.

Weinberg, Mark A./ Blank, M. V. — in: Rabinowitz (Hrsg.), Weinberg and Blank on Takeovers and Mergers, Losebl. Stand Juni 2002, Release 26.

Wiesner, Peter M. — Die neue Übernahmerichtlinie und die Folgen, ZIP 2004, 343-350.

Zimmer, Daniel — Internationales Gesellschaftsrecht und Niederlassungsfreiheit. Das Rätsel der Lösung?, BB 2000, 1361-1366.

Zinser, Alexander — Unternehmensübernahmen in Europa und den USA, RIW 1999, 481-488.

ders. Übernahmeangebote (takeover bids) im englischen und deutschen Recht, Diss. Frankfurt am Main 2000.

Kolibri 360 GmbH
Ferdinand-Jühlke-Straße 7
99095 Erfurt, Deutschland
produktsicherheit@kolibri360.de

Druck:
CPI Druckdienstleistungen GmbH
im Auftrag der
Kolibri 360 GmbH
Ferdinand-Jühlke-Str. 7
99095 Erfurt